중세 유럽문화의 이해 II

숭실대학교 유럽중세사연구실

숭실대학교 출판국

중세 유럽문화의 이해 Ⅱ

초판발행 2012년 11월 5일
지은이 박은구, 김민경, 손채연, 오두영, 이영재, 이희만, 한지환
펴낸이 김대근
펴낸곳 **숭실대학교 출판국**
서울 동작구 상도로 369
등록 제14-2호(1982.1.25)
TEL.02-820-0772
FAX.02-817-5297
http://press.ssu.ac.kr
찍은곳 **한컴인쇄정보**
TEL.02-2274-3394
FAX.02-2274-3397
값 19,000원
ISBN 978-89-7450-294-2 94920
978-89-7450-292-8 (전2권)

중세 유럽문화의 이해 Ⅱ

▲ 성 프란시스의 생가

▲ 프란시스 성당

▲ 라베르나 교회에 있는 성 프란시스가 임종시 입고 있었던 옷

▲ 산타 마리아 델리 안젤라 교회 안에 위치한 포르치운콜라 교회는 성 프란시스가 가장 즐겨찾던 곳 중 하나였다.

▲ 성 프란시스가 기도하던 중에 처음으로 신의 음성을 들었다는 십자가. 이 십자가는 산타 클라라 교회에 있다.

▲ 성 프란시스 일대기

▲ 프란시스회

▲ 도미니크회

▲ 교황 이노센트 3세로부터 승인을 받는 프란시스회

▲ 마이스터 에크하르트

▲ 짜르 알렉세이 미하일로비취

▲ 총대주교 니콘

▲ 오쁘리취니끼

▲ 이삭성당(상트 피터스부르그)

▲ 이삭성당 내부

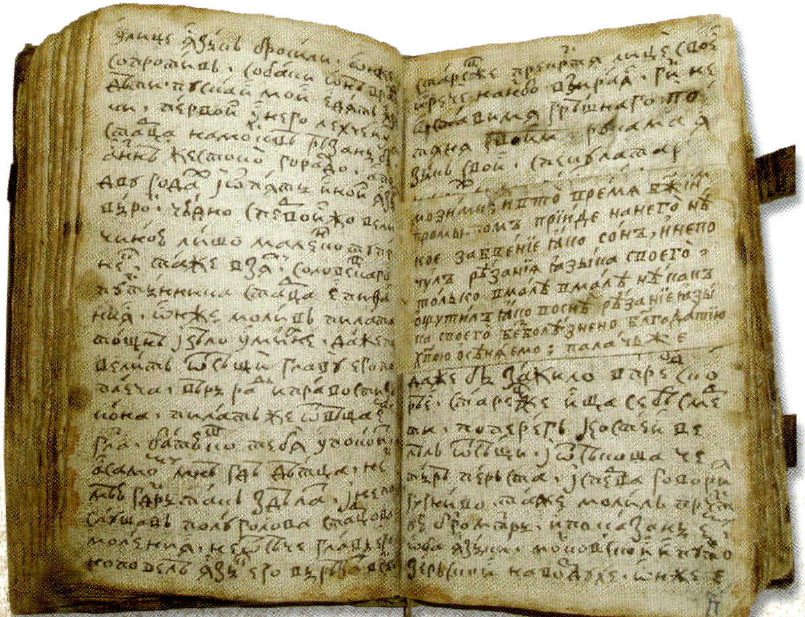

▲ 아바쿰의 생애전

▲ 흑사병

▲ 백년전쟁 중 크레시 전투

▲ 한자동맹에 소속된 함부르크

▲ 이탈리아에서의 금융업의 발전

▲ 프랑스의 루이 성왕. 오른쪽은 정의를 왼쪽은 자비를 상징하고 있다.

▲ 랭스 대성당

▲ 니콜라 오렘과 혼천의

▲ 스테파네스키 성당의 세폭의 그림, 지오토

엮은이의 말

본서는 숭실대학교 유럽중세사연구실의 연구자 7인이 지난 3년 여 간의 연구 모임을 통해 중세 유럽 문화의 구조와 특징에 관해 도달한 공동 작업의 산물이다. 필진은 중세 유럽의 문화를 이해하기 위한 방법론에 있어서 근년의 역사 서술에서 활용되고 있는 문화사적 접근을 채택하자는데 공감을 하였다. 그렇기는 하지마는 필진은 중세 유럽의 문화구조를 이해함에 있어서 정치적 역학관계, 사회경제적 체제 등의 비중을 해명하는 일에도 꾸준한 관심을 기울이고자 하였다. 필진은 중세 유럽의 문화가 근대 유럽의 문화는 물론 오늘날 우리네 문화의 형성에도 의미있는 유산이라는 인식을 공유하고 있는 것이다.

원래 한 권의 책으로 구상되었던 본서는 가독성을 고려하여 2권의 책으로 나뉘게 되었다. 따라서 제1권과 제2권은 중세 유럽의 문화에 대한 필진의 일관된 이해의 산물인 셈이다. 본서의 제1권에서는 중세 유럽 형성의 핵심적 기조, 즉 로마제국의 해체와 이를 뒤이어 유럽의 대두, 특히 역사적 전개가 어떻게 진행되었던가를 살펴보고자 하였다. 특히 초기 중세인들이 어떤 사회적 제도를 모색하였던가를 그리스도교와의 관계 하에서 검토해보고자 했으며, 라틴 가톨리시즘이 유럽적 토양에서 어떻게 자리잡게 되었던가를 교황청 제도를 중심으로 해명해보고자 하였다. 뿐만 아니라 중세 유럽이 남긴 영원한 유산으로 평가받고 있는 보편적 고등교육기관으로서의 대학 및 다양한 계층적 지역적 이해관계를 조율한 사회 통합적 정치제도로서의 신분제 의회도 조망하고자 하였다. 중세 유럽의 정치 구조를 이해함에 있어서 필수불가결한 이념이었던 교권과 속권과의 관계를 단순한 갈등의 관계를 넘어 영토 국가의 대두와 교황청 국가의 정비라는 역동적이고 생산적인 관계로 인식하고자 하였다.

제2권에서는 수도원운동의 꽃이자 가장 완성된 형태의 한 인간으로서 성 프란시스의 삶과 이념을 조명하고자 하였다. 또한 중세 스콜라주의를 집대성한 학자로 평가받고 있는 성 토마스 아퀴나스가 이성과 계시의 조화를 통해 인간의 본원적 신성성을 확인시켜주고 있다는 점에서 그를 중세가 낳은 매우 소중한 인류의 지적 스승으로 새롭게 규명하고자 하였다. 이와 더불어 인간의 고결함과 가치를 일깨워주고 있을 뿐만 아니라 현대 사회에 여전히 의미있는 이념이 되고 있는 중세 인문주의를 소개하고자 하였다. 그리고 아직 국내에는 소개가 미진한 러시아 중세 사회의 주요 문제들에 관한 글들 또한 본서에 포함시켰다. 러시아 중세 사회의 구조와 특성을 드러내는 이른바 '국가적 봉건제'와 농노소유권 문제 및 이반 4세의 정치 개혁과 교회 개혁 등을 다루고 있는 글들은 유럽의 지평을 서유럽에 국한하지 않고 러시아를 포함한 동유럽으로 확대하고자 하는 필진의 공통된 인식을 반영하고 있다. 한편 중세 말엽 봉건제가 해체되고 교황청이 위기를 맞는 와중에서 새로운 정치 질서와 교회 질서를 모색하였을 뿐만 아니라 흑사병이라는 전례없는 자연재해 등에 직면하면서도 굴하지 않았던 중세 서유럽인들의 삶의 태도는 오늘날의 유럽 문화의 소중한 정신적 유산이 되었다.

그 동안 국내의 유럽중세사 연구가 그 내용과 깊이를 더해가면서 관련 저서 및 연구 논문들이 적지 않게 소개되었고, 연구자들의 연구 역량 또한 축적된 것이 사실이다. 그럼에도 불구하고 아직 미진한 연구 분야가 많이 있고, 우리네 사회에 화두를 던져줄 수 있는 보편적인 주제에 대한 도전적인 연구가 요구되고 있는 것 또한 사실이다. 본서가 유럽중세사 연구의 지평을 확대할 뿐만 아니라 우리네 교양계층에게 중세 유럽 문화가 지향한 보편적 이념 내지 가치가 오늘날의 서구 문명은 물론 우리네 문화의 소중한 토대임을 새롭게 인식할 수 있는 기회를 제공할 수 있다면 필진으로서는 더할 나위 없는 기쁨이라 하겠다.

한편 일관된 문제의식, 체제의 균형, 용어의 통일 등을 공유하기 위해 여러 차례에 걸친 필진의 토론과 논의에도 불구하고, 본서에서 이 같은 점들이 충분히 구현되었는지에 대해서는 두려움이 앞선다. 독자 여러분의 질정을 통해 오류들을 교정할 수 있기를 바란다. 본서는 여러 사람들의 수고와 헌신의 산물이다. 필진의 원고를 편집하는 번거로운 작업을 맡아준 이희만 박사에게 감사를 표한다. 무엇보다 이 책이 햇빛을 볼 수 있도록 협력을 아끼지 않은 숭실대학교 출판부에 마음으로부터의 감사를 전하고자 한다.

2012년 10월
숭실대 유럽중세사연구실을 대표하여 박 은 구

차 례

제6장 중세 러시아 사회 / 오두영

제7장 말기 중세 사회 / 박은구

Culture in the Middle Ages

V

중세 문화의 유형

토마스 아퀴나스와 학문체계도.

1. 수도원 운동의 꽃 : 성 프란시스 아씨시

성 프란시스는 사망한 지 2년이 채 안되어 성인으로 시성될 정도로 생전에 사람들의 광범위한 존경을 받았던 인물이다. 그는 그리스도교 신자는 물론, 비 그리스도교도들과 프란시스 수도회에 관심이 없는 사람들에게 조차 존경을 받았다. 여기에는 무엇보다도 프란시스 만의 독특한 삶과 위대한 사상이 큰 자리를 차지하고 있다. 성인들 중에 프란시스 만큼이나 그리스도의 그 훌륭한 정신을 그대로 구현해낸 성인은 거의 없다. 프란시스의 전 생애를 통해 그의 인간에 대한 깊고 무한한 이해와 사랑이 확인된다. 한편으로 프란시스는 항상 그리고 철저하게 시대정신에 닿아 있었다. 다른 성인들은 세상과는 동떨어진 삶을 살았던 반면, 그는 아씨시가 자유를 쟁취한 것을 아씨시 도시민들과 함께 감격해 했고, 아씨시에 대해 항상 애정을 가지고 소중하게 여겼으며 프로방스의 노래를 즐겨 부르기도 하였다. 또한 항상 모든 이들의 의견을 존중하고 그 누구에게도 상처를 주려고 하지 않았던 프란시스의 인간성도 사람들의 존경을 불러일으켰다. 그는 기사적인 면모도 갖추었고, 시인으로서의 재능도 타고 났으며, 그의 설교에는 물론 행동이나 말에도 그의 서정적인 감성과 미적 감각이 깃들어 있었다.

1) 성 프란시스의 삶

(1) 성 프란시스의 인간상

성 프란시스 아씨시는 1181년 혹은 1182년에 움부리아의 아씨시에서 태어났다. 그의 아버지 피에트로 베르나르도네는 아씨시의 부유한 직물업자였고, 그의 어머니 피카에 대해서는 알려진 것이 많지 않지만 프로방스의 귀족 가문 출신이었으며 형제가 여럿 있었다고 전해지고 있다. 프란시스가 마굿간에서 태어났다고 하는 이야기가 전해지고 있기는 하나 이것은 15세기 이후에 소개된 이야기로 프란시스의 삶을 그리스도의 삶과 동일시하려던 후대의 작가들의 여망이 반영된 것으로 여겨진다. 프란시스가 태어났을 때의 세례명은 요한이었는데 아버지 베르나르도네가 프랑스 출장에서 돌아온 후에 아들의 이름을 프란시스로 바꾸었다. 프란시스의 이름이 어렸을 때 바뀐 것으로 보아 프란시스가 프랑스어를 잘하긴 했어도 일부에서 제기되었듯이 그것 때문에 이름을 바꾸었다는 것은 근거가 미약해 보인다.

프란시스는 어렸을 때, 아씨시의 성 조오지 교회의 신부들에게서 읽기와 쓰기 등의 기초 교육을 받았다. 이들 외에도 성 프란시스는 당시 이탈리아의 교양인의 취향에 많은 영향을 미치고 있었던 트루바두르[1]를 통해서도 그 밖의 여러 가지 것들에 대해서 배웠을 것이다. 하지만 가난한 자의 생활에 대해서는 프란시스가 직접 목격하였다. 프란시스가 어렸을 때 다니던 성 조오지 교회에 빈민 구호시설이 있었고 어린 프란시스가 학교를 오가며 이 시설을 통하여 아주 가까이서 빈자의 생활을 볼 수 있었다. 또한 사제를 통해서도 프란시스는 빈자에 대한 이야기를 전해들을 수 있었으며 빈자를 보살피던 이들의 모습을 보고 빈자를 대하

1) 중세에 주로 프랑스 남부 지방에서 활약한 음유 서정시인들.

는 태도를 익힐 수 있었다.

젊은 프란시스는 재치가 뛰어나고 노래도 잘 하였다. 귀족 출신은 아니었지만 아버지 베르나르도네의 전폭적인 지지를 받으며 자랐던 그는 화려하게 장식된 좋은 옷을 입고 다녔다. 그래서 프란시스는 아씨시 시민들에게 곧잘 부유한 귀족 출신으로 여겨졌었고 아씨시의 젊은 귀족들도 쾌활하며 친절하였던 프란시스를 좋아하여 프란시스는 아씨시 도시의 축제에서 언제나 왕 역할을 하였다.[2] 이러한 축제에서도 프란시스의 관대함이 돋보인다는 점에서 빈자를 대하는 프란시스의 인식을 엿볼 수 있다.

프란시스가 20살이었을 때 아씨시는 오랜 경쟁 도시였던 이웃한 페루지아와 전쟁을 하였다. 이 전쟁에 아씨시 도시민과 함께 프란시스도 참여하였지만 아씨시가 패하였다. 이때 프란시스는 많은 다른 이들과 함께 포로가 되어 페루지아 감옥에서 일 년 이상 지냈으며 아버지 베르나르도네의 노력으로 마침내 아씨시로 돌아왔다. 이후 프란시스의 생각에 커다란 변화가 있었다. 아씨시로 돌아온 프란시스는 오랫동안 병상에 있으면서 지난 자신의 삶에 대해 그리고 전쟁의 참혹함 등에 대해 되새겨 보기 시작하였다. 프란시스의 이와 같은 인식적 변화는 나는 누구인가, 지금 무엇을 하고 있나, 이제 어디로 갈 것인가 등 내적 성찰을 수반하였고 영원히 추구할 수 있는 가치나 의미는 무엇인가를 찾게 되었다.

하지만 프란시스가 다시 건강을 회복하자 이전 생활에서 꿈꾸었던 열정이 되살아났다. 여기에는 아씨시의 상황도 일조를 하였다. 당시 아씨시에는 아씨시 출신의 기사 월터 브리엔느가 십자군에 합류하기 위해 아풀라에 머물고 있었다. 이 소식을 들은 프란시스는 다시 기사가 되어

---

2) R, Armstrong ed., *Francis of Assisi: Early Documents* v.1, *The Saint* (Franciscan Institution Publication, 1999), p. 183.

야겠다는 생각을 품게 되었다. 또한 프란시스는 꿈에 십자가가 그려져 있는 무기로 가득찬 방을 보고 "이것은 네 것이고, 너의 군사들이다" 라는 소리를 듣고는 자신이 반드시 기사가 될 것이라는 확신도 있었다. 그러나 아풀라로 가는 도중에 건강이 악화된 프란시스는 스폴레토에 머물면서 잠시 쉬어야 했다. 이 때 프란시스는 다시 아씨시로 돌아가라는 꿈을 꾸었으며, 그 목소리 역시 이전의 것과 똑같았다. 그러자 그는 지체 없이 아씨시로 돌아갔다. 이때가 1205년이었다.

아씨시로 돌아 온 프란시스에게는 많은 것이 달라져있었다. 프란시스는 이전 동료들과 여전히 어울리기는 하였으나 이전의 화려하고 소비적인 삶을 많은 부분 포기하고 이들과 떨어져 기도와 독거 생활을 하면서 자신의 삶에 대한 의미와 가치를 찾고 있었다. 가끔씩 무언가를 골몰히 생각하고 있는 프란시스의 모습도 자주 눈에 띄었다. 그의 동료들은 프란시스가 혼인할 신부를 생각하고 있기 때문이라고 여겼다. 실제로 프란시스가 "뛰어나게 아름다운 신부를 맞이하려고 해"라고 대답하기도 하였다.[3] 이 때 이미 프란시스는 자신이 영원히 추구해야 할 가치는 '청빈'을 통해서 실현될 것이라는 확신이 있었다. 그래서 프란시스는 자신의 신부는 '청빈부인'(Lady Poverty)이라고 동료들에게 자신 있게 소개할 수 있었다.

이후의 프란시스의 여정은 어떻게 사는 것이 온전한 삶인가를 확인하는 과정이었다. 그것은 또한 신의 뜻을 찾아가는 과정이기도 하였다. 그는 우선 자신의 의지를 포기하는 것으로 시작하였다. 우연히 만난 나병 환자와의 만남에서 프란시스는 본능적인 불쾌감을 무릅쓰고 말에서 내려 나병 환자에게 입을 맞추고 가진 것을 전부 그에게 주었다. 로마의 사도 베드로의 무덤 앞에서는 지갑을 몽땅 털어서 헌금하고 그 날 하루 종

---

3) 앞의 책, p. 186.

일 단식하며 거지들과 함께 지내기도 하였다. 프란시스는 자신의 유언에 특히 나병환자와의 만남에 대해 언급하면서 자신의 의지를 포기하고 나병환자에게 입맞춤을 하고나니 신적인 무한한 자유를 느꼈다고 밝히고 있다.[4]

프란시스가 처음에 자신이 해야 할 일이라고 생각했던 것은 교회의 수리였다. 로마 순례에서 돌아온 프란시스가 아씨시 외곽에 자리한 거의 방치되다시피한 성 다미아노 예배당의 낡은 십자가 상 앞에서 기도를 하고 있었을 때 프란시스는 "가라, 프란시스야, 가서 내 집을 수리하여라. 너도 그것들이 허물어지고 있는 것을 알지 않느냐!"고 하는 말을 들었던 것이다. 프란시스는 기도 중에 들은 이 말이 신의 뜻이라고 간주하여 이를 자구적으로 해석하였다. 그래서 프란시스는 성 다미아노 교회를 수리할 돈을 마련하기 위해 즉시 아버지의 상점에 있던 옷감을 말에 싣고 당시 큰 시장이 있던 폴리뇨로 갔다. 프란시스는 가져간 옷감은 물론 말도 팔아 성 다미아노의 사제에게 주고 왔다.

프란시스의 이러한 행동은 아버지 베르나르도네의 실망을 샀다. 프란시스 역시 아버지의 기대를 알고 있었던 터라 아버지를 피해 성 다미아노 교회 근처의 동굴에 한 달여를 숨어 지냈다. 프란시스가 이 동굴에서 나와 아씨시에 다시 모습을 드러내었을 때 프란시스의 모습은 마치 광인 같았다. 그동안 굶어서 야위었기도 하거니와 씻지도 않아 불결하였던 프란시스를 사람들이 야유를 하고 진흙과 돌멩이를 던지며 놀려댈 정도였다. 이 모습을 본 아버지 베르나르도네 역시 자신의 아들이 광인이 되었다고 판단하여 프란시스를 결박하여 집으로 데려와 어두운 골방에 가두어 두었다. 하지만 어머니 피카의 생각은 달랐다. 어머니 피카가 보기에 아들 프란시스는 이전의 프란시스가 아니었다. 기도와 은둔

4) 앞의 책, p. 125.

생활로 몸은 야위었지만 프란시스에게는 알 수 없는 확신이 가득했다. 그래서 어머니 피카는 아버지 베르나르도네가 집을 비운 사이 프란시스를 풀어 주었다. 프란시스가 집에서 나와 곧바로 간 곳은 성 다미아노 교회였다. 이제 프란시스는 이곳에 머물면서 대부분의 시간을 기도하며 지낼 것이었다.

아버지 베르나르도네가 원했던 것은 프란시스가 예전처럼 생활을 하며 가업을 물려받는 것이었다. 그렇게 하기 위해 아버지 베르나르도네가 할 수 있었던 것은 프란시스를 도시 법정에 고소하는 일이었다. 아버지 베르나르도네가 아직 모르고 있었던 것은 프란시스는 이미 온전한 삶을 살기 위해 신의 의지를 묻는 그러한 사람이 되었다는 사실이었다. 프란시스는 이 점을 아버지 베르나르도네에게 분명히 밝힐 필요가 있었다. 그리하여 프란시스는 도시 법정이 아닌 주교 법정에서 재판을 받기를 원하였고 신 앞에서, 아버지 앞에서 그리고 아씨시 도시민 앞에서 자신의 생각을 분명히 밝힐 생각이었다. 주교 법정에서 재판을 받던 프란시스는 자신이 입고 있었던 옷을 모조리 벗어 아버지 베르나르도네에게 건네주었다. 그리고는 "이제까지는 당신을 나의 아버지라고 불러왔습니다. 그러나 이제부터 나는 오로지 하늘에 계신 분을 아버지라고 부를 것입니다"라고 말하였다. 이는 프란시스가 신 앞에서 자신이 오래전에 신부감으로 정해 놓고 사랑해 왔던 신부 청빈(Lady Poverty)과 혼인을 실행한 것과 다름 아니었다.

프란시스가 이해하고 있었던 '청빈'은 자신의 의지는 물론 모든 물질적이고 현세적인 특권들을 전적으로 포기하는 것이었다. 그는 자신의 삶을 통해 이를 하나씩 실천해가고 있었다. 프란시스는 아무것도 지니지 않은 채 오직 신에 대한 찬가를 부르고 다녔다. 그러는 동안 도둑에게 봉변을 당하기도 하고 먹을 것을 얻기 위해 근처 수도원에서 부엌 심부름꾼으로 지내기도 하였다. 그렇지만 그는 자신이 교회를 수리해야한다는 것을 잊지 않았다. 프란시스는 구걸하여 돌을 얻었고 그것으로 직접 교회를 수리하였다. 이 때 성 프란시스가 수리한 교회는 성 다미아노 성당을 비롯하여 아씨시에서 약간 떨어진 성 베드로교회와 아씨시 아래쪽 평지 포르치운콜라에 있는 천사들의 성모 마리아교회 등이 있다.

(2) 수도사 프란시스

성 프란시스가 자신에 대한 신의 뜻을 보다 폭넓게 이해하게 된 것은 1208년 2월 24일 미사가 진행되던 때였다. 이날 프란시스는 신이 직접 자신에게 전해준 메시지를 분명히 들을 수 있었다. 미사 참여중이었던 프란시스는 그리스도의 사도들이 금도 은도 지니지 않고 전도 여행 시 전대도, 지팡이도, 여벌의 옷도 지니지 않고 맨발로 다니며 죄인들을 회개하라고 권고하고 신의 나라를 선포하였다는 구절을 들었다.[5] 이것이 프란시스에게는 사도들처럼 살라고 하는 신의 명령으로 새겨졌다. 미사가 끝나자마자 프란시스는 신의 명령을 실행하고자 신고 있던 신발, 입고 있던 옷, 가지고 있던 지팡이와 전대를 모두 버려 버렸다. 그리고는 움부리아의 농부들이 입는 거친 방모 부대자루 같은 옷의 허리를 밧줄로 묶고 다니면서 아씨시 사람들에게 회개할 것과 형제처럼 사랑할 것과 평화를 권고하기 시작하였다.

이런 성 프란시스를 바라보는 아씨시 사람들의 인식도 예전과는 많이 달라져 있었다. 그들은 프란시스에게 존경심을 보이기 시작하였다. 심지어 프란시스를 추종하는 사람들도 생겨났다. 아씨시 출신의 베르나르 퀸타발레가 프란시스를 따르는 최초의 추종자가 되었고, 이어서 아씨시 주교좌 성당의 성직자 피터 카타네오가 그 뒤를 이었다. 프란시

---

5) 이 미사는 성 프란시스가 기거하던 오두막 근처에 있는 천사들의 성모 마리아 교회에서 진행된 미사였다. 미사 중에 사제가 강독한 마태복음 10장 9-10절의 구절을 강독하였다.

스는 이들에게 복음서에 있는 그대로를 실천하는 것, 그것이 바로 자신들의 삶의 방식이라고 선포하였다.[6)] 그의 추종자들도 자신이 가진 것을 가난한 자들에게 모두 나누어 주고 성 프란시스와 같은 복장을 하고 포르치운콜라에 있는 성 프란시스의 오두막 옆에 움막을 짓고 모여 살기 시작하였다. 며칠 후 세 번째 추종자로 질레스[7)]가 들어 왔다. 성 프란시스와 초기 추종자들이 말뿐이 아니라 행동으로도 그리스도의 사도적 삶을 실천하고 있다는 것에 깊이 감동한 사람들이 더 많이 생겨났다. 사바티누스, 모리쿠스, 존 카펠라, 필립 등도 또한 그러한 삶을 실천하고자 왔고 그 후 4명이 더 왔다.

이들 초기 추종자들이 총 11명이 되자 성 프란시스는 이들에게 회칙을 정해주어야 할 적당한 시기가 되었다고 판단하여 '회칙'[8)]을 정하였다. 이 회칙은 유실되었다. 하지만 그것은 프란시스가 복음서의 구절 중에서 자신의 초기 추종자들이 완벽하게 실행하기를 원했던 것을 짧고 간단하게 규정해 놓은 것이라고 추정해 볼 수는 있다. 당시의 관행으로 보면 소규모 집단에서 정한 회칙에 대해 반드시 교황의 승인이 있어야 되는 것은 아니었다. 하지만 프란시스는 교황으로부터 이 회칙의 승인을 받기 위해 초기 추종자와 함께 로마로 갔다.

교황 이노센트 3세가 성 프란시스를 만난 것에 대해서는 다양한 해석이 있을 수 있지만 확실한 것은 그 당시 아씨시의 주교 귀도가 로마에 있

---

6) 성 프란시스가 이들과 같이 할 일은 알아보기 위해 성 니콜라스 교회로 가서 당시의 관행대로 제단에 놓인 복음서를 세 번 펼쳐 보았는데, 그때 마다 그리스도가 사도들에게 모든 것을 버리고 자신을 따르라고 하는 구절이 펼쳐졌다. 이에 프란시스는 '이것이 우리의 삶의 방식이 될 것이다'고 말하였다.

7) 질레스는 성 프란시스의 추종자들 중에 지혜로운 신비가로 알려진 자이다

8) 성 프란시스와 그의 추기 추종자들이 교황의 승인을 받으러 갈 때까지는 스스로를 '아씨시의 회개자들'이라고 불렀다. 그래서 이 회칙을 '아씨시의 회개자들(Penitents of Assisi)의 회칙', 혹은 첫 번째 회칙이라고도 부른다.

었고 그가 프란시스를 추기경 존 생 폴에게 소개시켰으며 그 후 이루어진 교황과 프란시스와의 첫 번째 접견에서 교황이 프란시스의 회칙에 대한 승인을 거절하였다는 점이다. 더구나 추기경 중 일부는 프란시스가 제정한 회칙을 따르는 삶의 방식은 안정적이지 않으며 실천 불가능한 것으로 간주했다. 하지만 프란시스의 회칙은 비록 구두이긴 하지만, 교황의 승인을 얻어내었다. 교황 이노센트가 꿈에서 비틀거리는 라테란 성당을 받치고 서있는 프란시스의 모습을 보고는 프란시스의 삶의 방식을 승인해 주었으며 그와 그의 추종자가 회개를 권고하는 설교도 할 수 있도록 허락하였다.

11명의 추종자와 함께 아씨시로 돌아온 성 프란시스는 아씨시 외곽에 자리한 리보 토르토의 움막을 거처로 정하였다 그리고 이 소규모 집단으로 구성된 프란시스 수도회를 '작은 형제회'[9)]라고 불렀다. 그러나 그들이 이곳에 오래 있지는 못하였다. 이들이 아씨시 근처에 영구적인 수도회 거처를 마련한 것은 1211년의 일이었다. 몬테 수바시오의 베네딕트 수도회가 자신들의 교회인 천사의 성모 마리아 교회(일명 포르치운콜라 교회)를 프란시스에게 기부하였는데 소박한 이 교회 옆에 프란시스와 초기 추종자들이 작은 움막과 오두막집을 직접 지었다. 이것들이 바로 프란시스 수도회의 요람이며 프란시스의 삶에 있어서 핵심적인 위치를 차지하게 될 프란시스 수도회 최초의 건물들이다. 이후 프란시스 수사들이 이곳에 기거하면서 둘씩 짝을 지어 아씨시 주변 촌락과 마을을 다니며 사람들에게 회개를 설교하면서 다녔다.

---

9) 성 프란시스가 작은 형제회라고 부른 것에 대해서는 'minor'의 자구적인 의미인 '낮은 자들'이 되라는 의미에서이거나 혹은 마태복음 25장 40~45절을 차용하여, 이들 집단에게 '겸손'을 항상 상기시키기 위해서라는 등의 해석이 있다.

(3) 수도회와 수녀회의 설립

프란시스 수도회 수사들은 자신들을 '신의 광대'라고 간주하였다. 그래서 이들은 가는 곳 마다 마치 어린 아이들처럼 노래를 하며 자신들이 느끼는 기쁨을 전하고 다녔다. 또한 이들은 세상 전체를 그들의 수도회로 간주하였다. 그래서 그들은 마구간이나 동굴, 교회 문 앞에서 자고 농부들과 함께 논밭에서 일을 하여 먹을 것을 얻었다. 아무도 그들에게 할 일을 주지 않았을 때에는 그들은 탁발을 하여 먹을 것을 얻었다. 이러한 프란시스 수도회의 삶의 방식은 사람들에게 커다란 반향을 불러일으켜 사회적 신분과 사고방식이 다른 다양한 사람들이 수도회에 들어오기 시작하였다. 이 때 입회한 사람 중에 후에 프란시스의 전기를 서술한 그 유명한 세 명의 동료들이 포함되었다. 귀족출신의 기사였던 안젤로 탄크테디, 프란시스의 고해자이자 비서였던 레오 그리고 성 클라라의 조카 루피노가 그들이다. '신의 이름난 광대'라고 불리던 주니퍼도 이때 입회하였다.

성 프란시스는 또한 여성을 위한 수녀회도 설립하였다. 1212년 사순절[10] 기간에 당시 18세였던 아씨시의 귀족 출신의 클라라[11]가 프란시스의 강연에 감동을 받아 프란시스를 찾아와서 프란시스 수도회에 받아줄 것을 요청하였고 이에 프란시스는 프란시스 수도회의 삶의 방식을 따르는 것을 허락하고 이들이 지내기에 적합한 성 다미아노 교회 옆에 직접 수녀원을 지어 주었다. 이로서 클라라와 그의 여동생 아그네스와

---

10) 사순절은 재의 수요일부터 부활절까지 일요일을 제외한 40일간 단식 및 참회를 하는 기간을 말한다.

11) 클라라는 부모의 반대를 무릅쓰고 종려주일에 자신의 집에서 몰래 빠져 나와 프란시스의 조언에 따라 포르치운콜라 교회에서 프란시스로부터 직접 머리를 자르고, 프란시스의 삶의 방식을 따라도 좋다는 허락을 받았다. 그러나 이들에게 기거할 곳이 마땅히 없었으므로 프란시스가 거처할 곳을 지어주었고, 그곳이 성 다미아노 수녀원의 기원이 되었다.

그 밖의 미혼 여성들이 프란시스의 삶의 방식을 좇아 청빈과 회개 그리고 명상의 삶을 살아가는 프란시스 제2회 수도회 클라라 수녀원이 설립되었다.

이후 성 프란시스는 중부 이탈리아 지방을 중심으로 전교 여행에 힘썼다. 또한 예루살렘으로의 순례 여행도 두 번이나 시도하였다. 1212년 가을에는 사라센들을 개종시키기 위해 시리아를 향한 배에 올랐다. 하지만 이 배는 스라보니아 연안에서 난파되어 프란시스는 하는 수 없이 이탈리아의 앙코나로 돌아왔다. 1214년 프란시스는 또 다시 성지로 가고자 시도하였다. 프란시스는 필요하다면 '순교'하려고 까지 마음을 먹었다. 그러나 모로코를 향해 가는 도중에 프란시스는 심한 병에 시달렸다. 그래서 프란시스는 성지에 가지 못하고 스페인에서 다시 이탈리아로 돌아올 수밖에 없었다.

이후 18개월 동안의 프란시스의 삶에 대해서는 알려져 있는 부분이 매우 적다. 프란시스가 1215년 라테란 공의회에 참석했다고도 하나 확인할 길이 없다. 1216년 교황 이노센트 3세가 페루지아에서 임종할 때 프란시스가 그 곁에 있었다고 알려져 있기는 하지만 이 또한 확실하지는 않다.

그러나 성 프란시스 수도회는 수도회 총회를 개최할 정도로 규모가 커졌다. 1214~1215년 겨울 많은 귀족들과 학자들이 수도회의 신입회원으로 들어 왔고 그 중에는 프란시스의 전기를 서술하게 될 토마스 첼라노도 포함되어 있었다. 제1차 총회는 1217년 5월 포르치운콜라에서 열렸다. 이 총회에서 프란시스 수도회의 관구[12]를 확정지었고 해외선교사 파견도 결정되었다. 특히 프랑스는 프란시스가 가고 싶어 했던 곳이어

12) 총회에서 토스카니, 롬바르드. 프로방스, 스페인, 독일 등 5개의 관구를 정하고 수사들을 파견하기로 결정하였다.

서 프란시스가 직접 가는 것으로 결정이 났었다. 프란시스 수도회의 해외 선교는 커다란 성공을 거두었다. 프란시스의 프랑스로의 전교여행은 무산되었지만[13] 프란시스 대신 파견된 시인이었던 수사 파치피쿠스와 수사 아그네루스가 프랑스를 거쳐 영국으로 가 그곳에 프란시스 수도회를 설립하는 개가를 올렸다.

성 프란시스 수도회의 성공과 함께 수도회 내부에서 교황청의 일부 성직자가 프란시스의 삶의 방식에 대해 비호의적이라는 것을 우려하는 목소리가 커지고 있었다. 프란시스 수사들은 교황청이 프란시스의 생각과는 반대로 프란시스 수도회가 준수하고 있던 삶의 방식을 다른 수도원들의 회칙으로 대치시킬 수도 있다는 것 때문에 불안해하였다. 따라서 수도회 차원에서 이러한 불안을 종식시키기 위해 1217년 혹은 1218년에 프란시스는 로마 교황청을 방문하였다. 이때 성 프란시스가 성 도미니크를 만났다고 추정된다.

(4) 십자군 원정 참여

이후 성 프란시스는 이탈리아에서의 전교활동에 전념하였다. 시장이나 교회 앞, 성의 안뜰 등 주로 야외에서 이루어진 프란시스의 설교는 청중이 친숙하게 느낄 수 있는 이탈리아로 된 간결하고도 비형식적인 것이어서 청중들에게 깊은 감동을 주었다. 프란시스를 따르려고 하는 사람들도 상당히 많아졌다. 심지어 한 마을의 주민 전체가 프란시스 수도회에 들어오겠다고 요청한 일도 있었다.[14] 이에 프란시스는 세속적인

---

13) 우골리노 추기경은 1차 총회가 열리기 전인 1226년에 성 프란시스 수도회의 후원자로 임명되었다. 그는 프란시스가 선교여행을 떠나는 것에 우려를 표명하였고 그래서 프란시스가 프랑스로 직접 선교 여행을 떠나는 대신 다른 수사들을 보내는 것으로 결정되었다.

14) 성 프란시스가 아씨시 근처의 카마라(Camara)라는 작은 마을에서 설교를 마쳤을 때, 감동한 그 마을 사람 전체가 수도회에 들어오겠다고 요청하였다.

생활과 수도원적인 삶을 절충한 공동체인 프란시스 수도회 제3회를 구상하게 되었다. 이 공동체는 프란시스 수도회나 클라라 수녀원에 들어오기 위해서 집을 떠날 수도 없고 자신이 했던 일상생활에서의 서약들을 파기할 수도 없는 사람들을 위한 것이었다. 프란시스는 이들에게 무기를 소유하지 않고 소송에 관여하지 않는다는 등의 구체적인 임무를 부여하고 이들을 위한 공식적인 회칙을 제정하여 1219년에 교황 니콜라스 4세의 승인을 받았다.[15)]

이교도를 복음화하기 위해 성지로 가려던 성 프란시스의 시도가 마침내 실현되었던 것은 1219년 열린 제2차 총회를 통해서였다. 총회에서 성지로의 선교가 결정되었다. 평소에 십자군과 사라센이 전쟁을 벌이고 있는 지역의 이교도에게 복음을 전하고 싶어 했던 프란시스는 수사 일루미나토와 피터 카타네오와 함께 그해 6월 21일 앙코나를 출발하여 아크레를 향해 떠났다. 십자군이 사라센과의 전투에서 승리하여 다미에타를 점령했을 때 프란시스도 그곳에 있었다. 프란시스는 그곳의 십자군 군사들에게 설교를 한 후 대담하게 사라센 진지로 건너갔다. 이 때 보여준 프란시스의 진정성이 술탄의 높은 평가를 받았고, 술탄으로부터 더 많은 그리스도교 포로들을 풀어 주겠다는 약속이 있었다.

성 프란시스 수사들에게 예루살렘의 수호자라는 지위가 획득된 것을 근거로 하여 프란시스가 이곳에 머무는 동안 성지를 방문했다고 추정된다. 하지만 보다 분명한 것은 프란시스가 서둘러 이탈리아로 돌아와야만 했다는 점이다. 프란시스가 없는 동안 수도회 내부에서 여러 가지 문제점들이 야기되었고 이러한 소식이 프란시스에게도 알려졌다. 프란시스가 성지에 있는 동안 수도회를 책임지고 있었던 수도회 총부원장

---

15) 이것은 현재 준수되는 제3회의 회칙은 아니다. 이 회칙이 시간이 지나면서 조금씩 수정이 되어 현재 제3회의 회칙이 된 것으로 여겨진다.

매튜 나르니와 그레고리 나폴리가 총회를 소집하여 수사들에게 회칙에 규정되어 있는 것보다 더욱 엄격한 단식 조항을 부과하는 내용의 수정안들을 제안하였다. 또한 우골리노 추기경이 클라라 수녀원에게 제시한 회칙이 실질적으로 베네딕트 수녀원의 회칙이었는데도 클라라 수녀원을 돌보는 임무를 맡았던 수사 필립이 이를 받아들였다. 설상가상 프란시스의 초기 추종자 중의 한 명인 존 카펠라가 새로운 나병환자들의 수도 공동체를 구성할 요량으로 상당수의 남녀 나병환자들의 집회를 열었으며 자신이 이들을 위해 제정한 회칙을 승인받기 위해 로마로 떠났다. 종국에는 성 프란시스가 죽었다는 소문도 퍼져있었다. 프란시스 수사들 사이에는 이미 이러한 문제들로 인한 불안감이 상당히 조성되어 있었으므로 1220년 7월 프란시스는 수사 엘리아와 함께 성지를 떠나 이탈리아의 베니스로 돌아 올 수밖에 없었다.

(5) 성 프란시스 수도회 회칙

이와 때를 같이 하여 수도회 내부에서의 변화도 가시화되었다. 프란시스 운동의 초기적 특징이었던 단순성, 친밀성, 비형식적인 성격이 프란시스 수도회에서 점차적으로 사라졌고, 프란시스 수도회 초창기 때부터 프란시스와 초기 추종자들이 철저하게 실천하였던 청빈 역시 엄청나게 빠른 속도로 그 수가 증가한 수도회의 수사들로서는 실천하기가 상당히 어려운 것으로 간주되고 있었다. 이러한 변화에 대해 수도원 차원에서의 대응이 이미 진행되고 있었다. 그 일은 프란시스에게 깊은 존경심을 갖고 있었으며 후에 교황 그레고리 9세가 된 우골리노 추기경에게 맡겨져 있었다. 바로 이러한 이유로 일부에서는 프란시스 수도회가 조직화되는 과정에서 우골리노의 영향이 있었다고 주장되기도 하였다.

1220년 또는 1221년 성령강림절[16]에 개최된 '돗자리 총회'[17]는 짧은 기간에 급속히 성장한 프란시스 수도회를 보여주는 좋은 예이다. 이 총회에 약 5000명에 달하는 수사들이 참석하였고 또한 이때에 500여명이 넘는 사람이 수도회의 입회를 요청하였다고 전해진다. 이 많은 사람들에게 머물 곳이 필요했지만 프란시스는 의도적으로 이를 제공하지 않았다. 프란시스는 이들에게 필요한 것은 이웃의 자선을 통하여 얻어야 한다는 것을 알려주려고 하였고 실제로도 이웃들이 이들에게 음식과 거처 등을 제공하였다.

이와 때를 같이 하여 성 프란시스는 수도회의 총원장직을 피터 카타네오에게 위임하였다. 프란시스 수도회에 입회한 수도자들 중 각자의 능력에 맞게 회칙을 완화하자고 주장하는 사람들이 많아짐에 따라 수도회가 보다 체계적일 필요가 대두되었다. 그러나 그러한 일이 자신과는 맞지 않는다고 여긴 프란시스는 피터가 그러한 일을 해주기를 바라고 수도원 총원장직을 피터에게 위임하였던 것이다.[18]

이후 몇 해 동안 성 프란시스는 수도회의 일과는 거리를 두고 스스로를 성찰하면서 라베르나 산을 비롯하여 그 밖의 은둔지에서 기도도 하고 휴식도 취하는 명상생활을 자주 하였다. 특히 라베르나는 프란시스가 기도 중에 성흔을 받았을 정도로 치열하게 그리스도를 명상하며 기도하던 장소이다. 그러나 프란시스는 다른 은수자들과는 달리 전교활

---

16) 부활절 다음 일곱 번째 일요일이 성령강림축일인데 이날부터 시작되는 일주일간을 말한다.

17) 돗자리 총회가 개최된 정확한 날짜와 참석한 수사의 수에 대해서는 여전히 논란의 여지가 많다.

18) 그러나 피터는 총원장이 된지 일 년도 못 되어 사망하였다. 그 후 피터의 뒤를 이어 수사 엘리아스가 총원장 대리직을 맡아 프란시스 수도회를 이끌었다. 엘리아스가 프란시스 사후에 프란시스 시신을 안장하기 위해 프란시스 사원을 건축하였는데, 그 웅장한 규모로 인해 프란시스의 청빈 이상이 훼손되었다고 생각했던 수사들과의 갈등이 야기되기도 하였다.

동과 명상생활을 따로 떼어 놓고 생각하지 않았다. 프란시스의 이와 같은 인식은 프란시스가 제정한 '은둔자들의 회칙'을 통해서도 보다 분명히 드러나 있다.

성 프란시스는 프란시스 수도회 수사들의 할 일에 대해서는 행동으로 모범을 보여주었다. 프란시스는 특히 청빈과 회칙의 준수에 있어서는 확고하고도 단호한 본을 보여주었다. 일례로 볼로냐 수도회에서의 일을 들 수 있다. 프란시스가 일찍이 동방에서 돌아오는 길에 볼로냐에 들렸을 때 그곳의 수도회에 들어가기를 거절하였는데, 그 이유는 모든 것을 포기하는 것을 회칙으로 엄수해야 하는 프란시스 수사들이 그들의 볼로냐 수도회를 '수사들의 집'이라고 부르고 있었고, 또한 그 수도회에 학교를 세웠기 때문이었다. 이에 프란시스는 모든 수사들에게 심지어 병든 수사들까지도 그곳에 들어가지 말라고 지시하였다.

이러한 성 프란시스의 태도는 편협한 것도 지나친 것도 아니다. 프란시스의 지식에 대한 태도를 보면, 프란시스는 수사라면, 그들에게 가장 중요한 전교 활동을 수행할 수 있을 만큼의 신학적 지식을 갖추고 있어야한다고 여겼다는 것은 분명하다. 그러나 프란시스가 볼로냐 수도회에 대해 그와 같은 태도를 취했던 것은 고가의 책을 쌓아 놓는 것 자체가 수사들이 준수하는 청빈과 모순된다는 것을 인지시키기 위해서였다. 한편으로 당시에 널리 퍼져있던 실천적 교육이 아닌 이론적 교육에 대한 욕구를 금지시킬 필요도 있었다. 프란시스가 보기에 이와 같은 욕구는 프란시스의 삶과 이상의 대부분을 차지하고 있는 단순성을 위협하는 요인이었으며 무엇보다도 프란시스가 가장 중요시하는 기도하는 마음을 억제시킬 우려가 있었다.

1221년 성 프란시스는 프란시스 수도회 수사를 위한 새로운 회칙을 제정하였다. 사실 '1221년 회칙'이라고도 하는 이 '회칙'은 교황 이노센트가 구두로 승인했던 '첫 번째 회칙'과 전혀 다른 새로운 회칙은 아니었다. '첫 번째 회칙'이 유실된 이후 12년이라는 시간이 지나면서 '첫 번째 회칙'에 일부 조항을 첨가하고 수정하여 '두 번째 회칙'이 제정된 것이다. 이 '두 번째 회칙'은 다시 제정된 것이기는 하나 그 형태가 너무 길고 의미도 명확하게 규명되어 있지 않아서 이것을 수도회의 공식적인 회칙으로 정하는 데에는 어려움이 뒤따랐다. 그래서 2년 후 프란시스는 수도회의 일에서 벗어나 리에티 근처의 폰테 콜롬보에서 명상생활을 하면서 '두 번째 회칙'을 다시 보완하여 23장으로 구성된 '회칙'을 제정하였다. 프란시스가 이전보다 간결하면서도 보다 명확히 규정된 '회칙'을 다시 제정하여 당시 프란시스 수도회 총원장 대리직을 맡고 있었던 수사 엘리아스에게 주었지만 엘리아의 부주의로 이 '회칙'은 분실되었다. 프란시스는 폰테 콜롬보로 돌아가 '회칙'을 또 다시 제정해야 했다. 이 후 제정된 회칙은 23장에서 12장으로 더욱 간결해 졌으며 추기경 우골리노의 의견이 반영되어 특정 조항들의 일부 세부사항이 수정되었다. 이렇게 제정된 '회칙'이 1223년 11월 29일에 교황 호노리우스 3세에 의해 승인되었다. 이 '회칙'[19]이 그 이후부터 지금까지 프란시스 수도회의 회칙으로 준수되고 있다.

회칙은 '청빈, 자선, 순복'이라는 세 가지 서약에 그 토대를 두고 있으며 그 중 '청빈'이 특히 강조되고 있다. 이 절대 청빈의 서약은 성 프란시스에 의해 수도회 회칙으로 도입된 아주 새로운 서약이었다. 수사들 개인의 청빈은 물론 수도회의 청빈도 회칙에 명시되었다. 청빈은 프란시스가 프란시스 수도회의 가장 중요한 요소로 간주했던 것으로 수사들도 이 '청빈'의 준수를 무엇보다 중요하게 생각했다. 그래서 수사들 사이에서 그것에 대한 해석을 두고 특히 수도회의 청빈에 관하여 서로 대립하는 결과가 야기되기도 하였다.

---

19) 이 '회칙'을 흔히 '승인 회칙'(*Regula Bullata*)이라고 부른다.

(6) 성흔과 임종

1223년에 이르러 성 프란시스는 그리스도에 관해 명상하는 시간이 더욱 많아졌다. 또한 그리스도의 탄생을 보다 많은 사람들과 같이 축하하고 싶어했다. 그러기 위한 한 방편으로 그레치오교회에 베들레헴 구유를 재현해 놓았는데 이것은 크리스마스 축일[20]을 기념하기 위한 프란시스만의 새로운 방식이었다. 실제로 그리스도의 탄생을 기념하는 크리스마스 축일은 프란시스가 가장 기념한 축일이었다. 크리스마스 축일을 기하여 세상의 모든 것들이 그리스도의 탄생을 축하하기를 원했던 프란시스는 황제를 설득하여 가난한 사람에게는 물론 새들과 짐승들에게까지도 먹을 것을 제공하도록 하였다.

1224년 8월 초 성 프란시스는 그 무엇보다도 그리스도의 고통에 대해 명상하기 위해 은둔지인 라베르나 산으로 갔다. 그곳에서 4일간 단식을 하며 프란시스는 그리스도의 고통에 대한 의미를 성찰하고 가슴깊이 새기고 있었다. 기도하는 중에 프란시스는 천사의 환영을 보았고[21] 이때 그리스도의 오상의 성흔을 받았다. 성 프란시스의 가슴 속에는 이미 오래 전에 그리스도의 십자가가 새겨져 있었는데 이제 그의 몸에도 십자가가 새겨졌다. 프란시스와 같이 있었던 레오는 이것은 확실하고도 분명한 기적이라고 자신이 저술한 프란시스의 전기에 기록해 놓고 있다.

그러나 성 프란시스는 성흔을 받은 후 더욱 심한 통증에 시달렸다. 프란시스는 자신의 육신에게 그 동안 너무 심하게 혹사하고 아프게 해서 미안하다고 용서를 빌 정도로 끊임없이 고된 금욕 생활을 하여왔던 터

---

20) 크리스마스 축일은 크리스마스 이브에서 부터 새해 첫날까지의 기간을 말한다. 지역에 따라 1월 6일까지를 크리스마스 시즌으로 간주하기도 한다.

21) 성 프란시스가 천사의 환영을 본 것은 그리스도가 지고 간 십자가를 명상하고 경배하는 성 십자가 현양 축일 즈음이다. 이 축일의 기원은 정확히 알 수 없으나, 여러 문헌에 따르면 세르지오 1세 교황 때인 7세기 말경으로 여겨진다.

라 성흔을 받았을 때 이미 그의 병은 많이 위중해져 있었고 눈도 거의 보이지 않을 지경에 이르고 있었다.

성 프란시스는 서서히 자신의 임종을 맞을 차비를 하였다. 프란시스는 마지막으로 성 다미아노 수녀원의 성 글라라를 방문하였다. 1225년 9월 프란시스는 성 다미아노 수녀원 뜰에 세워진 작은 갈대 오두막에 머물면서 〈태양의 찬가〉[22]를 지었다. 또한 그곳에 머물면서 그는 주위의 권유로 병 치료도 받았다. 프란시스는 리에티에서 눈 치료도 받았으나 조금도 나아지지는 않았다. 1225~1226년 겨울을 시에나에서 보내며 치료를 받은 후에 프란시스의 건강이 아주 조금 호전되었다. 이에 프란시스는 1226년 4월 코르토나의 은둔지 첼레로 가서 〈유언〉을 작성하였다. 프란시스는 이 유언에 프란시스 수도회 수사들이 준수해야 할 원칙들을 다시 한 번 분명하고 명확하며 간결한 문장으로 강조해 두었다. 프란시스는 〈유언〉을 통하여 모든 수사들은 자발적으로 상급자에게 순복하고 '해석'없이 회칙 특히 청빈을 준수하며 육체적 노동의 의무를 지키라고 당부하였던 것이다.

〈유언〉을 작성한 이후 성 프란시스의 건강 상태는 더욱 나빠졌다. 1226년 7월 프란시스는 마침내 자신의 고향인 아씨시에 돌아왔다. 1226년 초가을 프란시스는 임종이 다가왔음을 느끼고 수사들에게 가장 사랑하는 포르치운콜라의 작은 오두막으로 자신을 데려다 달라고 부탁하였다. 프란시스는 자신의 생애 마지막 날까지도 그리스도를 생각하였다. 자신의 첫 번째 추종자 베르나르 퀸타빌레와 총원장 대리 엘리아스를 비롯한 다른 수사들에게 빵을 잘라 나누어주며 프란시스는 "나는 내 일을 다 하였습니다. 이제부터는 그리스도께서 여러분에게 여러분이

---

22) 〈태양의 찬가〉는 성 프란시스가 이탈리어로 지은 아름다운 시로, 신을 찬미하는 피조물들을 영광스런 존재로 표현하고 있다.

할 일을 알려 주실 겁니다"라고 말하였다. 그러고 나서 프란시스는 입던 옷을 벗어 땅에 깔고 그 위에 누워 다른 사람의 옷을 덮어 달라고 하고 그러는 동안 다른 수사들은 시편을 불러 줄 것을 부탁하였다. 프란시스 자신도 시편 141장을 같이 불렀으며 수사들이 시편 142장의 마지막 구절[23)]을 끝내자 프란시스는 평온하게 숨을 거두었다. 이때 성 프란시스 나이 44세 1226년 10월 3일 토요일 저녁이었다.

다음은 성 프란시스의 생애를 간략하게 요약한 것이다.

1182(?)	이탈리아 아씨시에서 출생
1190~1200	아씨시에서 귀족과 도시민 간의 내전이 일어남 이 때 도시민으로서 내전에 동참
1202	페루지아와의 전쟁 전쟁 포로로 페루지아 감옥에 투옥
1203~1204	아씨시로 돌아와 병상에서 지냄
1205~1206	산 다미아노의 십자가 앞에서 기도 중에 신의 목소리를 들었음 아버지와의 갈등으로 주교 법정에 출두. 이후 로마 순례도 하고 나병 환자를 돌보기도 하였음
1206~1208	은수자 복장을 하고 교회를 수리하고 다님
1209	프란시스의 삶의 방식이 교황의 구두 승인을 받았음 포르치운콜라에 거처를 마련하고 설교를 시작
1212	성 클라라 수녀회 창설

23) 시편 142장 7절의 내용은 다음과 같다: 내 영혼을 감옥에서 이끌어 내사, 주의 이름을 감사하게 하소서. 주께서 나에게 갚아주시리니 의인들이 내 주위를 둘러 설 것이리다.

1215	제4차 라테란 공의회가 개최됨
1217	수도회 총회 개최-해외 전도 결정
1219~1220	이집트의 다미에타에서 십자군과 무슬림에게 설교
1220	수도회 총원장직 사임
1221	회칙이 제정되었으나 유실
1223	다시 제정한 회칙이 교황의 승인을 받음
1224	라베르나 산에서 성흔을 받음
1225	〈태양의 찬가〉를 지음
1226년 4월	〈유언〉 작성
1226년 10월 4일	포르치운콜라에서 타계

2) 성 프란시스의 이념

(1) 사랑

성 프란시스에게서 그 무엇보다 강조되고 있는 것은 신적인 사랑이다. 프란시스는 "성인이 죄인들과 섞여 그들과 같이 있을 때 더욱 고결해진다"고 하였다. 또한 프란시스 수사들에게 이르기를 "죄를 지은 수사가 있다면 그의 죄가 얼마나 중하던지 간에 그에게 연민을 보여주어라. 만약 그가 자비를 구하지 않는다고 하더라도 그에게 자비를 원하지 않느냐고 물어 보아라. 그렇게 하면, 내가 너희들이 신과 나를 사랑한다고 여길 것이다"라고 하였다. 중세에는 악을 행한 자들을 공평하게 다루지도 않았고, 그들에게 법을 적용하지도 않았다. 더구나 사람들이 그들에게 신의를 베풀 필요조차 없다고 여겼었다.

그러나 성 프란시스는 악을 행한 자들도 공평하게 대해야 할 뿐 아니라 용기 있게 먼저 그들을 사랑해야 한다고 가르쳤다. 프란시스에게 있어서 하기 어렵다고 생각되는 사랑을 먼저 실천하는 것 또한 신적인 요소 중의 하나였다. 그래서 프란시스는 자신의 수사들도 이와 같이 용기 있게 먼저 사랑을 실천하라고 가르쳤다. 이는 프란시스의 다음과 같은 말에 보다 확실히 드러나 있다. "우리에게 오는 사람은 그 사람이 친구이던, 적이던, 혹은 도둑이던 강도이던 간에 모두 친절하게 맞이하십시오."

성 프란시스에게 있어서 사랑의 대상은 인간만이 아니었다. 거기에는 자연과 무생물까지도 포함되어 있다. 프란시스는 자연의 것들도 친구 같은 존재로 간주하여 이것들에게 애정을 갖고 대하였다. 프란시스의 초기 전승에 전해지는 많은 일화들에 성 프란시스와 자연과의 깊은 우애가 마치 한 폭의 풍경화처럼 그려져 있다. 프란시스의 부드러운 태도에 깊은 감동을 받은 굽비오의 늑대 일화[24]를 비롯하여 프란시스의 베바냐에서의 설교를 경청하던 동물들과 새들의 일화 등이 있다. 특히 베바냐에서의 일화는 프란시스가 이들에 대한 관심을 보다 일찍 깨닫지 못한 것을 자책하기 까지 했다고 전하고 있다. 이외에도 프란시스는 들꽃이나 청명한 봄 날씨, 따뜻한 화롯가, 움부리아 골짜기에서 떠오르는 찬란한 태양 등과 같은 자연을 늘 감사하며 가까이 하였다. 실제로 프란시스의 자연에 대한 깊은 이해심은 초기 사도들보다 심지어 사도 바울보다도 깊었다고 여겨진다.

성 프란시스가 사람들과 그리고 자연과도 이렇게 친밀한 관계를 맺을 수 있었던 것은 이들에 대한 프란시스의 태도가 온전한 진실함과 꾸밈없는 단순함이었기 때문이었다. 프란시스가 신을 대하는 태도도 이와 같았다. 프란시스는 신이 인간 그 자체를 알고 있다고 이해하고 있었다.

---

24) 굽비오에서 사나운 늑대가 마을 사람들의 가축을 탈취해갔다. 성 프란시스는 사람들에게 늑대가 배가 고파서 그런 짓을 저지른 것이니 그 늑대를 용서해 주라고 하였다. 이후 늑대도 온순해져서 그 뒤로는 마을 사람들에게 해를 끼치지 않았다.

그래서 프란시스는 신이 나에 대해 다 알고 있는데 자신이 아닌 다른 것을 꾸며서 드러내는 행위는 잘못이라고 가르쳤다. 프란시스는 자신이 가르친 바를 그대로 실천하였다. 그는 누구에게나 진실하게 꾸밈없이 대하였다. 그가 자주 인용한 신에 대한 모방도 바로 이러한 의미에서였던 것이다.

(2) 실천적 이상: 청빈, 평화, 자율주의

성 프란시스가 또 하나 강조하고 있는 것은 실천적 이상이다. 프란시스가 가장 원했던 것은 사회적 지위와 상관없이 모든 사람들이 진실한 것을 실천하면서 살아가는 것이었다. 프란시스에게 있어서 진실한 것 중에서 가장 으뜸은 그리스도적인 사랑이었다. 그래서 성 프란시스 자신도 인간에 대한 사랑을 실천하려고 끊임없이 노력하였으며 실질적으로도 그는 그리스도와 같은 사랑을 실천해내었다. 프란시스의 전체 삶과 정신에 그리스도에 대한 사랑이 깃들어 있어서 그리스도가 원했던 것을 성 프란시스도 원하였다. 프란시스의 최고의 목표는 바로 그리스도였던 것이다. 이는 그리스도를 더욱 철저히 더욱 절대적으로 닮으려는 노력 없이는 불가능한 일이어서 프란시스는 그리스도의 가르침을 자구적으로 단호하면서도 이상적으로 실천하였다. 의심할 바 없이 프란시스가 그리스도의 청빈을 그리스도 다음으로 세상에서 가장 단호하고 열정적으로 그리고 절대적으로 실천한 유일한 사람이며 그리스도적인 사랑도 실제적으로 구현해 낸 사람이기도 하다.

평화 또한 성 프란시스가 청빈 다음으로 추구한 이상이었다. 평화 또한 이상적으로 추구했다는 것은 프란시스가 반목과 분열을 '소유' 다음으로 싫어했다는 점에서 보다 분명해진다. 프란시스가 생애 말기에 아씨시의 도시 정무관과 아씨시 주교를 화해시킨 일은 평화를 실천하고

자 했던 프란시스를 보여주는 한 사례이다. 프란시스가 이 둘을 화해시킴으로써 아씨시 도시민 간의 반목으로 생겨난 아씨시 도시민들의 폭발적인 분노가 약화되었고 불안에 떨고 있던 아씨시 도시민들도 안정을 되찾을 수 있었다.

성 프란시스가 자신의 삶을 통하여 보여주었던 이와 같은 이념은 프란시스를 추종하는 수사들이라고 해도 수도원 내에서 혹은 학교 안에서 그냥 적당히 실천할 수 있는 것들이 아니었다. 이는 자율적으로 그리고 적극적으로 사람들과 하나가 되어야 실천 가능한 것들이었다. 프란시스 스스로가 사람들 사이에 살면서 그들과 하나가 되고자 했던 것과 마찬가지로 수사들에게도 자율적으로 그들과 같은 사람이 되라고 가르쳤다. 프란시스는 신의 종인 수사들이 자발적으로 그러한 사람의 일원이 되는 것이 한편으로는 고통 받는 사람들에게는 격려가 되고 위안이 될 것이며 다른 한편으로는 고통을 주는 부덕함을 극복하는 힘이 될 것이라는 확신이 있었다. 그리하여 프란시스는 수사들에게 가장 하찮고 가장 수고스런 일을 하고 그 대가로 얻은 것으로 삶을 살아가라고 가르쳤다. 프란시스의 이러한 가르침은 수사들과 일반인들 사이의 간격을 좁히는데 기여하였다.

그러나 성 프란시스가 지금까지 가르친 것은 어떤 새로운 교리가 아니었다. 프란시스 스스로가 복음서에 있는 삶을 택하고 사랑을 베풀라고 한 그리스도의 가르침을 그대로 실천한 결과 새로운 삶을 얻었고 새로운 사람이 되었다. 그리하여 프란시스 수사들도 자신과 같은 선택을 하고 새로운 사람이 되기를 간절히 바라는 마음에서 프란시스는 복음 그대로의 실천을 강조한 것이었다.

3) 성 프란시스의 탈교조주의

성 프란시스를 추종하며 프란시스의 이념을 실천하였던 사람들이 전부 프란시스처럼 높은 차원에서 신과 교감할 수 있었던 것은 아니었다. 프란시스에게서 그러한 것이 가능했던 이유는 프란시스가 자신을 '신의 음유시인'이라고 불렀을 정도로 진정한 의미에서의 탈교조주의자였기 때문이다.[25)]

성 프란시스가 탈교조주의자라고 해서 그를 교리에 대한 이해가 없는 인물로 이해하는 것은 잘못된 것이다. 프란시스의 종교적 신념이 가톨릭 교리 전체를 포괄적으로 표현한 것이라고 해야 맞다. 그럼에도 불구하고 프란시스의 설교가 교리적이지 않고 교훈적이라고 느껴지는 것은 그의 설교가 시대가 요구하는 그런 내용의 것이었기 때문에 그러하다. 사람들 대부분이 교리적인 설교를 듣고도 그것을 실천하지 않는다는 것을 프란시스는 분명히 인식하고 있었다. 그러한 상황에서 교리적인 설교를 하는 것은 무의미할 따름이다. 사람들이 복음에 대한 설교를 듣고 그 복음을 반드시 실천할 수 있도록 프란시스의 설교에서는 그 무엇보다도 복음의 실천이 가장 중요시 되고 있었다.

또한 성 프란시스를 피조물 전체를 친구로 여기며 사랑하고 자연의 아름다움을 노래한 인물로만 이해하는 것도 프란시스가 지니고 있었던 그 외의 신비주의적인 측면을 간과하는 것이다. 르낭도 인정했듯이[26)] 프란시스는 그리스도이후 초월자와 절대적으로 교감한 유일한 사람이다. 프란시스는 치열하게 금욕을 실천했음에도 불구하고 오히려 자주

---

25) 성 프란시스에게 있어서 이 세상은 하나의 견고한 사다리였다. 세상이라는 사다리를 타고 신에게로 다가가 신을 만날 수 있는 그러한 곳이 바로 우리가 사는 세상이었다. 그래서 온 세상이 그의 수도회라고 간주하였던 것이다.

26) Ernst Renan, *The Life of Jesus* (BiblioLabs LLC, 2011), p. 56.

낭만적인 인물로 비춰졌다. 이는 그가 '청빈'을 전혀 비유적인 뜻에서가 아니고 아주 구체적으로 '청빈부인'이라고 부른 것에 기인한다. 또한 그가 뛰어난 상상력을 발휘하여 취한 행동은 자주 무용담으로 여겨졌다. 이는 프란시스가 자신의 모든 행동을 보다 감동적으로 표현하기 위해 자신의 생각에 맞추어 몸을 움직이는 것을 좋아했다는 것에 비추어보아도 충분히 짐작할 수 있다.

성 프란시스는 철저하게 금욕을 실천하며 영혼의 가장 깊은 곳까지 예리하게 성찰하였던 신비주의자였고 그래서 자신의 내면에서 초월자와 인간이 아주 긴밀히 교감을 할 수 있었다. 아무리 하찮은 피조물이라 하더라도 프란시스는 그 속에서 신의 손길을 발견하고 그것들 속에서 깃들어 있는 창조주의 아름다움, 전능함, 지혜 그리고 고결함 등을 즐겨 예찬하였다. 이 점은 "돌덩이에서도 교훈을 얻고 세상 모든 것에서 선함을 찾았다"는 프란시스의 말에서 분명히 확인된다.

한편 성 프란시스의 순수하고 어린아이 같은 단순성은 프란시스의 이념을 보다 철저히 확립하는 토대가 되었다. 프란시스에게는 모두가 신의 피조물인 우리 모두가 실제로 한 가족으로 여겨졌다. 프란시스가 생물이나 무생물이나 할 것 없이 모두를 형제라고 한 것도 이와 같은 근거에서였다. 프란시스가 〈태양의 찬가〉에 여러 무생물들을 의인화하여 표현한 것은 단순한 문학적인 형상화 그 이상의 것을 의미한다. 그것은 한편으로는 프란시스의 다정다감한 정서적인 성향이 시적으로 표출된 것이며 다른 한편으로는 프란시스의 말과 행동의 기저에 존재하는 신에 대한 철저한 사랑을 드러낸 것이라 하겠다.

성 프란시스의 쾌활한 태도 역시 그가 신중하지 않다는 것을 의미하지는 않는다. 프란시스는 많은 시련을 혼자 기도하며 극복해낸 인물이었다. 그는 자주 은둔지에 머물면서 혼자서 고뇌하며 치열하게 내적 성찰을 하였다. 프란시스가 수도회의 불화를 감지하고 자신의 이념들이 실천되지 않는 것이 아닐까하여 아무도 모르게 고뇌하며 홀로 기도하는 시간도 상당히 많았다. 그럼에도 불구하고 프란시스는 기쁠 때는 터져 나오는 기쁨을 악기로 연주하기도 하고 무언극으로도 표현하고 크게 노래를 부르는 등 일상에서는 항상 쾌활함을 유지하였다. 프란시스가 쾌활함을 유지할 수 있었던 것은 바로 자신을 둘러싸고 있는 것이 모두 신이 사랑하는 피조물이라는 강한 낙관적인 확신이 있었기 때문이었다.

성 프란시스의 탈교조주의적 특성은 프란시스에게 그리스도와의 직접적인 교감을 통한 무한한 자유를 경험하게 했다. 프란시스가 그리스도 성체 성사의 신비를 가장 경외하게 된 것도 이와 같은 맥락에서였다. 프란시스는 성체 성사와 결부된 모든 것에 경의를 표했다. 그는 성체 성사를 진행하는 성직자들에게 그에 상응하는 존경을 표하였다. 그는 허름한 교회들을 청소하고 교회들에 필요한 성스러운 용기들을 찾아다니기도 하였고 자신이 직접 만든 성찬용 빵을 교회에 제공하기도 하였다. 실제로 프란시스가 사제들에게 표하는 존경심은 상당해서 자신이 성체 성사와 관련이 있는 사제가 된다는 것은 겸손한 프란시스로서는 도저히 생각조차 할 수 없는 일이었다.

이와 같은 겸손 역시 의심할 바 없이 성 프란시스의 특성 중의 하나이다. 열정적이고 대중적인 존경을 받고 있었던 프란시스는 스스로를 가장 낮은 사람들보다 더 낮은 사람으로 여겼다. 프란시스는 고통을 받는 자를 진심으로 위로하고자 했으며 그렇게 하기 위해서 자신이 그들과 같아져야 한다는 확신이 있었다. 일례로 프란시소는 수사들에게 낮고 볼품없는 식탁만 사용할 것을 권고하였는데 그래야만 거지들이 수사들을 자신들과 같은 사람이라고 여기고 수사들 옆에 앉아 자신의 처지를 부끄러워하지 않을 것이기 때문이라는 것이다.[27] 프란시스의 겸손은 나병환자들에 대한 그의 태도에 보다 더 잘 드러나 있다. 프란시스는 나병환자들과 같은 집에서 지내기도 하고 심지어 같은 그릇에서 음식을 먹는 것도 마다하지 않았다.

성 프란시스가 자신의 내부에서 들리는 즉 꿈에서 들은 바를 자발적으로 순명한 것은 실로 놀라울 정도이다. 심지어 그 꿈이 의미하는 바가 무엇인지 잘 모르던 청년기에도 프란시스는 그것에 순명하였다. 자신의 이상을 확고히 세운 후에는 가톨릭교회의 권위자들에게 프란시스는 자발적으로 순명하였다. 이점에서 프란시스는 당시의 개혁가들보다 오히려 더 자발적이었다. 프란시스의 이와 같은 사도 정신은 실제로 가장 고귀한 혁신 정신을 구현한 것이라 할 것이다. 프란시스는 자신의 이념을 철저히 실천함으로써 가톨릭 제도 내에 잘못된 것이 있다면 그것을 바로잡으려고 했다. 그러나 이보다 더 중요한 것은 프란시스는 이 모든 것이 자율적으로 이루어지도록 하였다는 점이다. 프란시스는 원하지 않는 자들에게 자신의 이상을 강요하지 않았다.

성 프란시스가 그의 시대의 사람들의 심성에 미친 영향력 및 그 이후 시대의 사람들에게 제공한 활력은 실로 엄청나다. 프란시스는 가톨릭교회에 강한 활력을 불어 넣었고 그리스도교가 창시된 이래 가장 강력한 대중 복음화 운동인 프란시스 운동을 이끌어 내었다. 프란시스 운동은 분명 종교적 성격의 운동이다. 프란시스의 최종 목표가 그리스도처럼 복음을 실천하는 것이었다는 점에서 그러하다. 또한 프란시스 수도

---

27) 다음과 같은 일화도 있다. 어느 날 성 프란시스 수도회의 한 수사가 잠에서 일어나 "죽을 것 같다"고 울었다. 프란시스는 일어나서 "너는 누군데 왜 죽을 것 같은가?"라고 묻자, 그는 "배가 고파 죽을 것 같다"고 대답하였다. 프란시스는 얼른 식탁을 차리고 배고파 우는 수사 옆에 앉았다. 프란시스는 그 수사가 혼자 먹는 것을 창피해 할까봐, 다른 수사들도 모두 같이 식사하라고 지시하였다.

회 제3회가 중세 사회를 재그리스도교화하는 쪽으로 상당히 진척시켰다는 것도 널리 알려진 사실이다.

그렇다 하더라도 프란시스 운동은 사회적인 성격의 운동과 병행되어야 보다 생명력을 가질 수 있는 것이다. 프란시스는 사람들에게 신에 대한 사랑을 다시 일깨우고 공동체 정신과 인류애를 다시 소생시키는 것이 자신의 소명이라는 분명한 확신이 있었다. 또한 프란시스는 자신의 소명대로 신의 정의를 추구하고 인류애를 우선적으로 다시 일깨우려면 다른 많은 사회적인 것들이 더불어 실천되어야 한다는 것도 분명히 인식하고 있었다. 프란시스 운동은 프란시스 이념이 사회로 퍼져나가서 사회적인 것들을 변화시키는 지속적인 영감이 되었다는 것을 의미한다. 이로 인해 그 다음 이어지는 세기에서도 유럽 사회는 지속적으로 성 프란시스에게 주목하였다.

4) 문학과 회화

다양한 방면에 광범위하게 영향을 미쳤던 성 프란시스이지만 프란시스로부터 깊은 영향을 받았던 사람들은 특히 예술가와 지식인들이었다. 아르놀드의 지적에 따르면 프란시스는 열정적이어서 자신을 산문체 글로 표현하는 것에 만족할 수가 없어서 운문체 시를 지었다고 한다. 이것이 기원이 되어 이탈리아의 시 장르가 발달하였으며 이는 단테의 '신곡'으로까지 이어진다. 프란시스의 시를 통하여 사람들은 궁정의 라틴 시인들 및 프로방스 시인들의 운문체 형식의 시와 이탈리아어로 작성된 시에 친숙해질 수 있었다. 프란시스의 시 형식을 따라했던 자코포네 토디의 찬미송(laudi)과 송가(canti) 등을 통하여 이러한 형식의 이탈리아어 시가 널리 퍼졌다. 또한 성 프란시스는 드라마의 부활에도 중요한 역할을 하였다. 프란시스가 그레치오에 베들레헴의 구유를 재현한 것과 같은 표현 양식은 이탈리아 최초의 신비극이었다.

성 프란시스가 노래와 시를 좋아한 것이 이탈리아 시의 서막이었다고 한다면 그의 생애에 관한 그림은 이탈리아 회화의 기원이었다. 프란시스의 삶을 주제로 한 그림이 어디서나 즐겨 그려지는 하나의 전통이 되었다. 초기 프란시스의 전승들에 포함된 다채로운 특색과 극적인 요소들 그리고 인간적인 사랑이 담긴 일화 들은 그리스도의 생애에 이어 화가들에게 가장 잘 알려진 소재를 제공하였던 것이다. 실제로 프란시스는 특히 신비주의적인 움부리아파 화가들 사이에서 가장 많이 그려졌다. 또한 치마부에[28)]이전의 화가들로부터 귀도 레니[29)], 루벤스[30)], 반 다이크[31)]에 이르기까지의 유명한 화가들이 남긴 프란시스 초상화를 따라가다 보면 그리스도교 미술사를 고찰할 수 있다는 말은 결코 지나친 말

---

28) 치마부에(Cimabue, 1240년 경~1302년 경). 이탈리아의 화가. 지오조토의 스승이며, 피렌체파 화가의 스승으로 일컬어지고 있다. 그의 작품은 비잔티움 예술의 전통을 이어받아 우아함 · 자연스러움 · 현실감 등이 깃들어 있다. 성 프란시스 사원의 하부 교회에 〈그리스도와 성 프란시스〉가 있으며 그 밖에도 〈십자가형〉, 〈묵시록〉, 〈성모〉 등의 벽화가 있다.

29) 귀도 레니(Guido Reni)는 이탈리아의 바로크 시대의 화가로 1575년 11월 4일 태어나서 1642년 8월 18일 사망했다. 그는 주로 성서의 주제들을 그렸는데, 그의 화법은 아름다운 색깔과 우아한 인물화로 성서의 극적인 장면들을 완벽하게 묘사하였다. 귀도의 유화로 그린 〈환영을 보는 성 프란시스 성인〉과 잘 알려진 〈세례 요한의 머리를 움켜쥔 살로메〉 등이 있다.

30) 페테르 루벤스(Peter Paul Rubens, 1577년 6월 28일~1640년 5월 30일)는 독일 태생으로 17세기 바로크를 대표하는 벨기에 화가이다. 그는 역동성, 강한 색감 그리고 관능미를 추구하며 초상화, 풍경화, 신화나 사실을 바탕으로 그린 역사화 그리고 교회 제단을 위해 그린 반종교개혁적인 세 폭 제단화로 유명하다. 루벤스의 성 프란시스에 대한 작품으로는 〈오상을 받는 성 프란시스〉, 〈성 프란시스의 오상〉이 있다.

31) 안토니 반 다이크(Anthony van Dyck, 1599년 5월 22일~1641년 12월 9일)는 플랑드르의 화가이다. 특히, '플랑드르 회화'의 대표적 초상화가로 유명하다. 루벤스에게 배우고 이탈리아에 유학하여 티치아노, 베로네세 등 베니스 대가의 감화를 받았으며, 영국의 회화 특히 초상화에 큰 영향을 끼쳤다.

이 아니다.

우리에게 알려진 가장 오래된 성 프란시스의 초상화는 수비아코의 사크로 스페코에 보관되어 있다. 이 초상화는 1218년 그곳을 방문한 프란시스를 베네딕트 수도승이 그린 것이라고 전해진다. 이 프레스코화에 그려진 프란시스가 당대의 모습이라고는 하지만 그것은 오늘날의 의미에서의 초상화는 아니다. 프란시스의 전기 작가 토마스 첼라노에 의하면 프란시스의 모습은 다음과 같았다.

> 중키의 작다고 할 수 있는 성 프란시스는 중간 크기의 둥근 형의 머리에 얼굴은 약간 길지만 윤곽이 뚜렷하고 이마는 매끈하고 들어갔으며 크지도 작지도 않은 검고 깊은 눈은 가졌다. 머리는 검고 눈썹은 곧고 코는 가늘고 곧게 대칭을 이루고 있으며 귀는 일자로 작았고 관자놀이는 평평했다. 그의 설교는 온화하고 열정적이면서도 예리하였고 목소리는 힘이 있으면서도 부드러우며 맑고 울림이 있었다. 치아는 틈이 없이 가지런하고 희며 입술은 작고 얇았고 수염은 검은 색이나 숱은 많지 않았고 목은 길었다. 곧은 등과 짧은 팔에 손은 가늘고 손가락은 길며 손톱은 길게 자라 있었다. 다리는 가늘고 발은 작았으며 피부는 부드러웠고 살은 없었다.[32)]

토마스 첼라노가 묘사한 프란시스의 이와 같은 모습은 거의 사실에 가깝다. 이 글을 통하여 한 개인으로서의 프란시스의 모습은 물론 그의 섬세함과 기품 그리고 그 밖의 품성도 그려볼 수 있다.

5) 사료의 문제

성 프란시스에 대한 사료들은 대체적으로 상당히 적다. 실제로 중세

---

32) R. Armstrong ed. *Francis of Assisi: Early Documents* v1: The saint (Franciscan Institution Publication, 1999), p. 253.

에 철저하게 문서로 그 기록을 남겨 놓은 인물도 거의 없었다는 점도 지적해두는 것이 좋겠다.

성 프란시스 자신이 직접 작성한 글[33)]들은 그리 길지 않으며 그 글 속에 프란시스의 이념이 체계적으로 드어나 있는 것도 아니다. 하지만 그것이 성 프란시스가 설교한 것과 전혀 다르지 않은 내용들을 담고 있자는 점에서 이 글들은 성 프란시스의 이념을 분명히 드러내고 있다고 여겨진다. 프란시스는 자신의 이념을 표현함에 있어서 성서에서 취한 일부 주요 구절들만으로도 충분하다고 여겼다. 그래서 그는 자신의 글에 성서의 구절들을 반복적으로 언급하였다. 이 구절들은 듣는 사람들에 따라 그들의 필요에 맞게 적절한 다른 말로 표현되어 있다. 간결하고 단순하며 형식에 구애 받지 않았던 프란시스의 글들은 그의 이상을 드러내기 위해 상당히 구체적이면서도 그 내용에 있어서는 복음에 대한 온전한 순명이 표현되어 있었고 형식에 있어서는 은유와 의인화 같은 성서적 표현법이 풍부하게 사용되었다.

그러나 성인이 작성한 글들이 전부 우리에게 알려져 있는 것은 아니다. 또한 공식적으로 프란시스의 글이라고 알려져 있었던 일부 글들은 최근에 이르러서는 그의 글들이 아닐 가능성도 상당히 커졌다는 것도 지적해두자.

성 프란시스 자신이 작성한 글들 외에도 프란시스에 대한 사료들에는 일찍이 공포된 교황의 교지들과 프란시스의 삶과 행동들을 서술한 공식적인 기록들이 있으며, 전기들이 여기에 포함된다. 이 전기들에는 프

---

33) 성 프란시스의 글들은 유언을 비롯하여 프란시스 수도회 회칙과 그 밖의 종교적 공동체를 위한 몇 편의 지침들 외에도, 〈온 세상의 모든 그리스도교도들에게 보내는 서한〉를 포함하여 〈프란시스회 수사들에게 보내는 영적 권고문〉, 〈창조주에게 바치는 찬가〉 혹은 〈태양의 찬가〉를 비롯한 몇 편의 찬미 시들, 성 프란시스 자신이 사용하기 위해 편집한 〈성무일도서〉 및 일부 기도문 등이 있다.

란시스 수도회의 수사 토마스 첼라노가 1229년부터 1247년에 걸쳐 작성한 2편의 전기 및 레오, 루피노, 안젤로 등 성 프란시스와 아주 친밀한 관계에 있었던 3명의 초기 추종자들이 1246년에 공동으로 작성한 전기 그리고 성 보나벤투라가 1263년 작성한 그 유명한 전기가 있다. 그 밖에도 레오가 서술한 것으로 알려진 전기 『완덕의 거울』이 있는데 이는 그 내용에 관해 다소 논쟁이 있는 저서이다. 또한 전기들의 연장선상에 상당히 가치가 있는 수도회의 13세기 연대기들이 있다. 조르단, 에크레스톤, 베르나르 베세 등에 의해 기술된 『연대기 총서 권 24』와 『고귀한 삶』 등이 그것이다. 이 후에 작성된 모든 성 프란시스의 전기들이 이러한 문헌들을 토대로 하여 서술되었다.

2. 스콜라주의 : 성 토마스의 정치사상

1) 문제의 제기

성 토마스 아퀴나스(Thomas Aquinas)의 정치사상이 오늘날 우리들에게 가지는 의미는 무엇일까? 이 같이 근본적인 역사학적 질문에 대한 답변은 무엇보다도 지금까지 아퀴나스의 정치사상에 대해 가해진 평가들의 검토로부터 시작되어야 할 것 같다. 지금까지의 평가를 요약해 보면, 성 토마스는 그리스도교적 아리스토텔레스주의자(Christian Aristotelian)였고, 교회와 국가의 분업적 협력체계를 변론했던 정치적 병행주의자(political parallelist)였으며, 자신의 집안의 기벨라인적(Ghibelline) 속권주의 성향을 크게 벗어나지 않았다. 한편 그는 당대의 정치적 현안들에 관해 사실상 체계적이라 할 정치적 주장들을 제기하지는 않았으며, 또한 그의 중요한 정치적 견해들조차 기본적으로는 아리스토텔레스주의의 반복, 그것도 편의에 따라서 부분적으로 재조직된 반복이다. 따라서 성 토마스를 독창적인 정치사상가라고 보기는 어렵다 등이 그 대표적인 예들이다.[34]

한편 이 같은 평가는 아퀴나스의 정치사상에 대한 3가지 광범위한 대중적 합의도 수반하였다. (1) 성 토마스는 아리스토텔레스 정치사상의

34) M. M. Keys, *Aquinas, Aristotle, and the Promise of the Common Good* (Cambridge Univ. Press, 2006), p. 15; J. Finnis, *Aquinas–Moral, Political and Legal Theory* (Oxford Univ. Press, 1998), p. 3.

핵심적 속성인 자연주의(naturalism)와 합리주의(rationalism)를 가톨릭적 서유럽에 최초로 소개하였다. (2) 성 토마스의 정치적 견해를 그러나 충분히 아리스토텔레스적이라고 보기는 어렵다. 왜냐하면 그는 넓은 의미에서 그리스도교라는 편견으로부터 벗어나지 못했고, 그가 제공했던 세속 정치권력의 자율성조차 교회와의 보완적 분업체계를 그 조건으로 하고 있기 때문이다. (3) 따라서 강한 그리스도교적 오리엔테이션을 가졌던 성 토마스가 유럽 정치사상사에서 점하는 위상은 제한적일 수밖에 없다. 특히 오늘날의 정치적 담론이 가지는 탈종교적 성격에 비추어 볼 때, 그것이 미래적 정치 담론의 근거로 기능하기는 더욱 어려울 것이다.

그러나 필자는 바로 여기에 성 토마스의 정치적 담론이 가지는 고유한 특성이 있다고 생각한다. 물론 그의 담론의 목적론적인 오리엔테이션은 많은 함정들을 가지고 있다. 그럼에도 불구하고 아리스토텔레스류의 자연주의와 합리주의가 오늘날의 정치적 담론에서 가지는 의미는 그 자체로서가 아니라, 오히려 그것이 보편적 가치 내지 규범의 문제와 결부되어 해석될 때 비로소 진정한 의미를 가질 수 있다는 것이 필자의 생각이다. 특히 아퀴나스의 공동선 이론(theory of common good), 혼합정부론(theory of the mixed constitution), 법률적 정의론(theory of legal justice), 정치적 관용론(theory of political magnanimity) 등이야말로 진정하고 미래지향적인 정치적 주제들이다.[35)]

---

35) 이에 관하여는 다음과 같은 근년의 연구들을 참고할 수 있다. J. Blythe, *Ideal Government and the Mixed Constitution in the Middle Ages* (Princeton, 1992); J. Canning, *A History of Medieval Political Thought* 300~1450 (London, 1996); B. Davies, *The Thought of Thomas Aquinas* (Oxford Univ. Press, 1992); R. W. Dyson, *Normative Theories of Society and Government in Five Medieval Thinkers* (Lewiston NY, 2003); D. M. Gallagher, *Thomas Aquinas and His Legacy* (Washington D.C., 1994); M. S. Kempshall, *The Common Good in Late Medieval Thought* (Oxford Univ. Press, 1999); N. Kretzmann, *The Cambridge Companion to Aquinas* (Cambridge Univ. Press, 1993); G. A. McCool, *The Neo-Thomists* (Marquette Univ. Press, 1994); C. J. Nederman, *Medieval Aristotelianism and its Limits* (Brookfield, 1997); P. Hall & E. Goerner, "Goerner, & Respose to

뿐만 아니라 그가 제기했던 비공리주의적인 공동선의 문제, 및 공동선과 개인적 이해관계에 관한 성찰들, 그리고 사회적 시민적 덕성과 윤리의 문제들, 또한 자연법적 규범과 인간의 본성적 습관(synderesis) 등에 대한 폭넓고 깊이 있는 논의는 여전히 그리고 앞으로도 흥미로운 정치적 화두가 아닐 수 없다.[36] 예를 들어보자. 먼저 그는 국가(*civitas*)에 대해서, "인간 결사의 목표는 덕스러운 삶이며, 정치적 시민적 사회란 정부와 법률을 반드시 필요로 하고, 이들로 조직된 국가는 신의 본원적 계획의 일부이다"라고 지적했다.[37]

그리고 그는 자유(*libertas*)와 공동선(*utilitas*)에 대해서도, "신민의 자유와 공동선에 대한 보호가 합법적인 정부의 표식이다"라고 밝혔으며,[38] 또한 공동선과 개인적 이해관계에 관하여는, 한편으로는 "모든 개인이 공동체의 일원으로 존재하는 한, 그는 전체의 일부로서 존재할 수밖에 없다. 모든 개인은 국가의 일원이기 때문에 국가의 공동선에 스스로를 적응시키지 않고 개인적 이익을 확보하는 것은 불가능하다"라고 밝히면서도,[39] 다른 한편으로는 "국가의 공동선과 한 개인의 개별적 이익은 정도의 차이뿐만이 아니라 그 성격이 다르다. 왜냐하면 전체의 논리가 부분의 논리와 다른 것처럼, 공동선의 논리(*ratio*)는 개인적 이익의 논리

Hall" *Political Theory*, 18, (1990), pp. 638~655; 박은구, 『서양중세 정치사상 연구』 (혜안, 2001,) pp. 441~498; 이진남, 아퀴나스 자연법 이론의 세 요소, 『중세철학』, 10호 (2004), pp. 93~117; W. 울만, 『서양중세 정치사상사』, 이희만 옮김 (숭실대출판부, 2000), pp. 177~221.

36) Keys, pp. 4~6 참조.

37) *ST* Ia/IIae.94.2. resp; I.96.4. resp; *Commentary on Ethics* I, I; *Commentary on Sentences* 44.4.4. ad 1; *On Kingship*, chs.7, 9, 12, 14,

38) *ST* I.92.4. resp; *On Kingship* ch.1; *Commentary on Sentences*, d.44.2.2, ad 1.

39) *ST* Ia/IIae 58.3 resp; *ST* Ia/IIae 92.1 ad 3 등.

와는 처음부터 다르기 때문이다"라고 주장하였다.[40] 더욱이 이 같은 성 토마스의 정치적 견해들이 무엇보다도 실천적으로 보여주고 있는 '분별력 있는 성찰의 원리'(principle of prudential calculation)[41]야말로 오늘날 그리고 앞으로도 우리들에게 절실히 요구되는 정치적 담론의 화두들이다.

요컨대 필자는 아퀴나스의 정치적 견해가 오늘날의 정치이론가들에게도 매우 유용하며, 아마도 관건적인 중요성조차 가진다고 생각한다. 구체적으로 볼 때, 그의 법률 및 덕성에 관한 이론들은 사회적 시민적 삶의 토대 그 자체에 깊이 뿌리박고 있어서 국가, 자유, 정의, 평화 그리고 생명 등에 대한 그의 성찰은 우리들에게 정치적 행위의 목표와 가치에 대한 새로운 지평의 이해와 성찰을 제공할 수 있다. 뿐만 아니라 전체적으로 보더라도 그가 완강하게 실천했던 지적 원리, 즉 이성 대 계시(reason versus revelation)가 아니라 이성과 계시(reason and revelation)의 원리야말로 현대 문명의 위기에 대한 한 진정한 치유책의 토대가 아닐까?

냉혹하고 무분별해서 대수술이 불가피해 보이는 오늘날의 시장합리주의에 대한 정치적 성찰의 고전적 근거를 어디서 찾을 수 있을까 하는 문제의식, 여기에 13세기 유럽의 신학자였던 성 토마스 아퀴나스의 정치적 견해들을 검토해 보려는 이유가 있다. 단지 본고에서는 이 같은 노력의 첫걸음으로서, 성 토마스의 정치적 주제에 관한 견해들을 비교적 쉽고 균형 있게 정리한 R. 다이슨의 입문적인 글을 소개하는 것으로 만족해야 할 것 같다.[42] 이 같은 류의 글이나마 진지한 학부 전공학도들에

---

40) *ST* Ia/IIae 58.7 ad 2 등.

41) A. Black, *Political Thought in Europe* 1250~1450 (Cambridge Univ. Press, 1992), p. 150; D. M. Nelson, *The Priority of Prudence–Virtue and Natural Law in Thomas Aquinas and the Implications for Modern Ethics* (Penn. State Univ. Press, 1992) 역시 유용하다.

42) R. W. Dyson, *Aquinas: Political Writings* (Cambridge Univ. Press, 2002), xvii~xviii, xxiii~xli. 이

게 약간의 깨달음과 학문적 관심의 계기가 될 수 있다면 큰 보람이겠다.

2) 성 토마스의 삶

성 토마스 아퀴나스는 1225년 남부 이탈리아의 부유하고 유력한 가문에서 태어났다.[43] 그의 부친 란둘프는 아퀴노 지역의 백작이었으며, 그의 모친 테오도라는 테아노 지역의 여백작이었다. 그리고 그의 집안은 황제 하인리히 6세와 프리드리히 2세 그리고 아라곤, 프랑스, 카스티유 등의 군주들과 교분을 맺고 있었다. 그의 교육은 1230년 몬테 카시노에 있는 베네딕트 수도원의 유년 예비수사(oblate)로서 시작되었는데, 그곳의 대수도원장이 그의 삼촌 란둘프 심발디였다. 1238년 그는 나폴리 대학(*Studium generale*)에 입학하였다. 그리고 1245년 그는 집안의 맹렬한 반대에도 불구하고 도미니크 수도회에 입회하여 수사가 되었고, 또한 파리 대학에도 입학하여 당시 저명한 독일인 신학자였던 알베르투스 마그누스를 만나 수학하게 되었다. 그리하여 1248년에는 그를 좇아 쾰른으로까지 장소를 옮겨가며 철학과 신학 연구에 증진하였다. 당시 교수자격증(*licentia docendi*)을 준비하고 있었던 토마스 아퀴나스는 아마도 그 과정의 일부로서 1252년에서 1256년 사이에 『명제집 주석서』를 출

하 "Dyson"으로 표기함.

43) 성 토마스의 생애와 사상에 대한 통전적 이해를 위해서는 다음의 연구가 여전히 매우 유용하다. G. K. Chesterton, *St. Thomas Aquinas: the Dumb Ox* (New York, 1956); J. Pieper, *A Guide to Thomas Aquinas* (Notre Dame, 1987); J. P. Torrell, *Saint Thomas Aquinas*, v. 1, *The Person and His Work* (Washington, D.C., 1996); J. A. Weisheipl, *Friar Thomas d'Aquino: His Life, Thought, and Works* (Washington, D.C., 1983); 이재룡 옮김, 『토마스 아퀴나스 수사-생애, 작품, 사상』(성 바오로, 1998); F. Copleston, 박영도 옮김, 『중세철학사』(서광사, 1988), pp. 391~551; E. Gilson, 김기찬 옮김, 『중세철학사』(현대지성사, 1999), pp. 501~529; A. Kenny, 강영계 옮김, 『토마스 아퀴나스』(서광사, 1980); T. Zimmermann, 김율 옮김, 『토마스 읽기』(성 바오로, 2004); 장욱, 『토마스 아퀴나스의 철학: 존재와 진리』(동과서, 2003).

간하였다. 이는 중세 대학 교과과정의 표준적인 일부였던 피터 롬바르드의 『명제집 *Sentences*』에 대한 그의 주석적 연구의 한 성과였다.

토마스 아퀴나스가 교수자격증을 부여받은 것은 1256년의 일이었다. 그 이후 18년 동안 토마스는 파리, 나폴리, 오르비에또, 비테로보 그리고 로마 등지에서 가르치고 연구하는 교수생활을 영위하였다. 그가 스페인과 북아프리카에 파견되는 선교사들의 지침서로 집필했던 『반이교도 대전』은 1264년 오르비에또에서 완성되었다. 또한 그가 『신학대전』의 집필을 시작한 것은 1266년 로마에서의 일이었는데, 그는 이를 건강이 악화되어 모든 집필 작업을 중단할 수밖에 없었던 1273년까지 계속하였다. 한편 1269년에서 1272년의 기간은 토마스가 파리 대학에 재임했던 마지막 시기로서 그는 아리스토텔레스의 『윤리학』과 『정치학』 등에 대한 12권의 주석서들을 이 시기 동안 집필하였다.

성 토마스가 남긴 방대한 저술이 49년이라는 그의 짧은 생애 동안 이루어졌다는 사실은 참으로 놀랍다.[44] 이 엄청난 저술 작업이 수반했을 고통을 감안한다면, 그의 건강이 급속히 악화되었으리라는 점은 오히려 놀라운 일이 아니다. 아마도 뇌졸중이 1273년 12월 나폴리에서 토마스에게 일어났던 것 같다. 그가 『대전』을 끝내지 못한 이야기, 즉 다소 신비스런 경험에 관한 이야기도 아마 그가 미사에 참석했을 때 찾아왔던 이 질병의 발병과 관련이 있었을 것이다. 명백히 토마스는 쇠약한 상태에서 2차 리옹 공의회에 참석하기 위해 1274년 2월 나폴리를 출발했다. 그리고 그는 1274년 3월 7일 페사노바 근교의 시토회 수도원에서 세

---

44) 아퀴나스의 저작들에 대한 전체적 이해와 이들에 대한 근년의 연구동향 그리고 그가 사용한 용어들에 관한 현대적 개념을 위해서는 다음의 연구들이 기본적이다. I. T. Eschmann, 'A Comprehensive Catalogue of St Thomas's Works' in E. Gilson, *The Christian Philosophy of St Thomas Aquinas* (New York, 1961), p. 381 이하; R. Ingardia, *Thomas Aquinas: International Bibliography* 1977~1990 (Bowling Green, 1993); M. Stockhammer, *Thomas Aquinas: Dictionary* (New York, 1965).

상을 떠났다. 그가 성인이 된 것은 1323년 교황 요한 22세 때의 일이다.

1277년 로마교회는 토마스 아퀴나스 사상의 몇몇 명제들을 공식적으로 정죄하였다.[45] 교회에 의해 성인으로 시성된 이후에도 오랫동안 성 토마스는 앞으로 그에게 부여될 위상을 점하지 못했다.[46] 20세기에 들어와서 가톨릭 철학 교육에서 토마스주의 이론이 점하게 되었던 사실상의 독점적인 위상은 1879년 8월 4일 교황 레오 13세가 반포한 칙령 『영원한 아버지 *Aeterni patris*』가 그 계기였다. 여기서 교황 레오는 스콜라 사상, 특히 성 토마스의 저술을 교회내 자유주의적 사조의 위협을 극복하는 수단으로 추천하였다. "면밀하게 선별된 교수들로 하여금 토마스 아퀴나스의 이론을 학생들의 정신에 새기도록 하고, 토마스의 건강성과 탁월함을 명확히 제시토록 하십시오. 대학들도 토마스주의 이론을 해명하고 변론하며, 이를 만연된 오류들에 대한 반박의 논리로 활용하십시오."[47]

여기서 성 토마스 아퀴나스의 연대기를 간략히 소개하면 아래와 같다.

1225	이탈리아 아퀴노 마을, 로카세카 성에서 출생
1230	몬테 카시노 수도원에서 교육을 받기 시작함
1238	나폴리 대학(*Studium generale*) 입학

---

45) 이에 관해서는 다음의 연구들이 흥미롭고 자세하다. D. A. Callus, *The Condemnation of St. Thomas at Oxford* (London, 1955); A. Hyman & J. Walsh eds., *Philosophy in the Middle Ages* (Indianapolis, 1987), p. 584 이하; S. Tugwell, *Albert and Thomas: Selected Writings* (New York, 1988), p. 237 이하.

46) 성 토마스가 그리스도교 사상에 미친 영향은 사도 바울과 성 아우구스티누스에 비견될 만하며, 인용 횟수에 있어서도 예수 그리스도 다음으로 자주 언급될 정도이다. A. Richardson & J. Bowden eds., *A New Dictionary of Christian Dictionary* (London, 1983) 참조.

47) *Acta Leonis XIII*, 283~285 (Rome, 1879), Dyson, xviii 재인용.

1245	도미니크 수도회 입회
	파리 대학 입학, 알베르투스 마그누스를 만남
1248	스승 알베르투스 마그누스와 함께 쾰른으로 이주
1252~1256	교수자격증 획득
	(박사학위와 신학교수 자격을 이 때 취득함)
	『피터 롬바르드의 명제집 주석서』 저술
1259~1268	파리, 나폴리, 오르비에또, 비테르보, 로마 등지에서 교수생활
1264	『반이교도 대전』 완성
1266	『신학대전』 집필 시작
1267	『군주정부론』 집필 시작. 이 글은 아마도 실제로는 존재하지 않았을 사이프러스의 군주 헨리에게 헌정될 예정이었다. 이 미완의 글은 그러나 몇 년 후 역사가 톨로메오 루카(Tolomeo of Lucca)에 의해 완성되었다.
1269~1272	파리에서 교수생활
	아리스토텔레스에 대한 『주석서』 집필
1272~1273	나폴리 도미니크 수도회 신학원에서 교수생활
1273년 12월	뇌졸증 발병
	『신학대전』 집필 중단
1274년 3월 7일	페사노바에서 타계함

3) 지적 배경

(1) 아리스토텔레스의 재발견

전체적으로 보아 성 토마스(1225~1274)의 철학사상의 가장 두드러진 특징은 아리스토텔레스의 아이디어와 사고 패턴으로부터 받은 영향이 매우 크다는 점에 있다. 성 토마스는 아리스토텔레스를 언제나 '유일한 철학자'(the Philosopher)라고 불렀다. 이 점에서 토마스는 당시 일어나고 있던 새로운 지적 운동의 가장 탁월한 기수였다.

12세기 말엽 내지 13세기 초엽까지도 아리스토텔레스의 정치 및 윤리사상은 유럽 사회에 알려지지 않았다. 이 점은 무엇보다도 성 아우구스티누스(354~430)의 저술을 통해서 신플라톤주의가 그 동안 크게 번성했다는 사실에 주로 기인된다. 6세기를 경과하면서 몇몇 아리스토텔레스의 논리학 저술들은 보에티우스(480~525)의 라틴어 번역본을 통해서 유럽에 소개되었다. 그러나 그의 윤리학적 정치학적 저술들에 대한 연구는 오랫동안 아랍 주석학자들에 의해 수행되었다. 이들 가운데 대표적인 학자가 아비세나(980~1037)와 아베로이스(1126~1196)이다.

13세기에 접어들어 아리스토텔레스의 이 같은 저작들이 점차 유럽에 알려지게 된 것은 몇몇 모험적인 학자들, 이를테면 제라르 크레모나(d.1187), M. 스코투스(d.1235), 알베르투스 마그누스(d.1280), 윌리엄 뫼르벡(d.1286) 등과 같은 이들의 번역 내지 주석 작업들 덕분이었다. '아리스토텔레스의 재발견'이라고도 불리는 이 새로이 재개된 아리스토텔레스 연구는 특히 파리 대학을 중심으로 진행되었다.[48] 이 같은 시대적

---

48) N. Kretzmann eds., *The Cambridge History of Later Medieval Philosophy: From the Rediscovery of Aristotle to the Disintegration of Scholasticism 1100~1600* (Cambridge, 1982), ch. II, Aristotle in the Middle Ages 등.

지적 맥락 하에서 토마스 아퀴나스는 파리 대학에서 알베르투스 마그누스의 지도 아래 아리스토텔레스의 저술들을 접하게 되었던 것이다.

교회가 아리스토텔레스의 재발견을 적대적으로 대했다는 사실은 조금도 놀라운 일이 아니다. 아리스토텔레스 자신이 이교도였다는 점 이외에도 그가 오랫동안 아랍 학자들에 의해 연구됨에 따라 그의 사상 역시 이슬람에 의해 채색되었다고 하는 의심에는 충분한 근거가 있었다. 특히 아베로이스의 해석은 그리스도교의 핵심적 요소들과 일치하지 않는다고 판단되었다. 그렇기는 하지마는 라틴 세계에서 이 같은 경향의 대표적인 기수는 시제르 브라방(1240~1281)이라는 파리 대학의 철학 교수였다.

교회의 거듭된 심문을 통해서 아리스토텔레스의 13 명제가 마침내 1270년 파리 주교 에티엔느 탕피에르에 의해 이단적인 것으로 정죄되었으며, 1277년에는 이러한 판단이 거듭 확대되었다.[49] 그러니까 성 토마스의 교수 생활 대부분은 아리스토텔레스에 대해 적대적이었던 시기에 걸쳐 있었다. 그럼에도 불구하고, 어쩌면 바로 이 같은 풍토 때문에 성 토마스는 점차 아리스토텔레스의 가르침과 교회의 가르침이 조화를 이룰 수 있다고 확신하게 되었다. 명백히 아리스토텔레스는 신성한 계시가 주는 요소들을 결여하고 있었다. 이 점에서 진리에 대한 그의 이해는 결함이 있었다. 그러나 그는 인간 이성이 이를 수 있는 최대한의 지적 탐구를 수행하였다.

아리스토텔레스의 결론들이 계시된 진리에 의해 올바르게 해석되고, 보완적으로 교정되기만 한다면, 그리하여 결과적으로 이성과 계시가 종합을 이룰 수만 있다면, 그것이야말로 완벽한 지적 체계가 될 것이다. 이것이 성 토마스의 확신이었다. 오늘날 우리가 『신학대전』을 통해서

---

49) Gilson, 『중세철학사』, pp. 533~587 참조.

확인하는 바도 다름이 아니라, 성 토마스가 필생의 작업으로 이성과 계시의 종합을 이룩하기 위해서 수행했던 아리스토텔레스에 대한 면밀한 철학적 분석의 과정, 바로 그것이다.[50)]

(2) 성 아우구스티누스의 유산에 대한 재해석

성 토마스 아퀴나스의 정치사상은 기본적으로 그 이전 세대에서 압도적이었던 플라톤주의적 및 아우구스티누스주의적 성향과는 현저하게 다르다.[51)] 성 아우구스티누스와 그의 영향을 받았던 자들은 현세에서의 정치를 전체적으로 보아 유감스럽고 지저분한 과업으로 간주하였다. 기껏해야 그것은 피할 수 없는 악에 불과하였다. 정치적 협약들 역시 타락한 인간의 원죄적 상황과 결코 무관하지 않았다. 인간의 원죄가 없었다면 정부 그 자체도 존재할 필요가 없었을 것이었다. 정부는 그 기원이 인간의 탐욕 내지 서로를 지배하려고 하는 인간의 욕망에 있었다. 정부의 이러한 한계를 보완하는 장점이 있다면, 정부가 인간의 파괴적 본성을 억누르고 규제하며, 범죄자를 징벌하고, 의로운 자의 신앙을 검증해 주는 기능을 가진다는 데 있었다.

이 땅에서의 평화와 정의는 실현하기 어렵고 일시적이며 불안정한 것

---

50) 필자는 바로 여기에 성 토마스의 정치적 논술이 가지는 현재적이고도 미래적인 위상이 있다고 생각한다. 설령 그것이 비체계적이고 포괄적이지 못하며, 아리스토텔레스의 '정치적 동물'(*zoon politikon*)에 대해서조차 불충분한 이해에 기초하고 있어 보인다 하더라도, 여전히 우리는 그것에서 인간의 존엄성과 권리에 대한 신념과 사회적 공동선에 대한 치열한 성찰들을 읽을 수 있다. 뿐만 아니라 우리는 그에게서 정치공동체, 정부, 법률, 정의와 평화, 개인과 집단, 그리고 소유 등과 같은 정치적 주제들에 관하여 단순히 합리적이고 실용적이며 현상영합적인 담론의 지평 너머에 있는 보편과 가치의 세계에 대한 불굴의 소망을 읽을 수 있고, 또한 무엇보다도 우리는 그에게서 인간과 사회의 '이성적' 잠재력 및 '합리너머의' 가능성에 대해서도 흔들리지 않는 낙관과 열정을 읽을 수 있기 때문이다.

51) J. P. Canning, *The Cambridge History of Medieval Political Thought c.350~c.1450*, ed. J. H. Burns, (Cambridge, 1988), pp. 360~362 등 참조.

으로서, 이는 하늘나라에서 구현될 진정한 평화와 정의의 불충분한 복제품에 지나지 않았다. 그런데 진정한 평화와 정의는 이 땅의 역사가 종결된 이후, 영원한 복락을 유산으로 물려받은 신국이 출현한 다음 비로소 실현될 수 있었다. 그러니까 이 땅에서는 타락한 인간이 서로를 지배하기 위하여 벌이는 필연적인 투쟁에 의해서 전쟁, 탐욕, 싸움, 고통이 끊임없이 이어질 수밖에 없었다.[52] 특히 서임권 투쟁기(1075~1122)로 알려진 시기 동안, 교권에 대한 세속 제후들의 완전한 복속만이 인정 정부(human government)의 총체적 타락을 구제하는 유일한 방법이라는 인식은 더욱 강화되었다. 다시 말해서 로마 교황이 관리하는 교회의 계도와 감독이 속권의 유일한 구제책이라는 것이다.[53]

이 같은 유형의 정치이론이 13세기까지 그리고 그 이후로도 서유럽에서 진행된 정치적 논의의 지배적인 틀이었다. 13세기 성직자정치론을 주창한 이론가들이 자주 인용했던 경구는 성 아우구스티누스의 신국론(2: 21)을 축약한 것으로써, "진정한 정의는 그리스도가 건설하고 통치하는 공화국 이외의 곳에서는 실현될 수 없다"는 것이었다.[54]

---

52) R. Dyson, *The Pilgrim City: Social and Political Ideas in the Writings of St Augustine of Hippo* (Woobridge, Suffolk, 2001); E. Atkins & R. Dodaro, *Augustine : Political Writings* (Cambridge Univ. Press, 2001), xv~xxiv; H. Deane, *The Social and Political Ideas of St Augustine of Hippo* (New York, 1963) 등.

53) 이 주제에 관해서는 I. S. Morris, *The Papacy 1073~1198* (Cambridge, 1990); C. Morris, *The Papal Monarchy 1050~1250* (Oxford, 1989); B. Tierney, *The Crisis of Church and State 1050~1300* (Englewood Cliffs, NJ, 1980); 박은구, 『서양중세사연구』 (탐구당, 1987), pp. 337~368 등을 참조하기 바람. 특히 H. J. Berman이 이 주제를 "the Papal Revolution"이라 부른 것은 매우 흥미롭다: *Law and Revolution* (Harvard Univ. Press, 1983), p. 47 이하.

54) Dyson, xxv; D. Bigongiari, "The Political Ideas of St Augustine" in H. Paolucci ed., *St Augustine: The Political Writings* (Washington D.C., 1996), pp. 343~358 역시 여전히 매우 계몽적이다.

4) 성 토마스의 정치사상

(1) 현세사회

아리스토텔레스의 재발견은 성 토마스 아퀴나스로 하여금 새로운 유형의 정치이론을 조탁해내도록 하였다. 아퀴나스의 정치이론을 우리는 보다 온건하고 낙관적인 성격의 논리라고 그 특징을 말할 수 있다. 왜냐하면 이는 기본적으로 현세적 삶과 그 종말의 무가치함에 대한 아우구스티누스의 엄격하고 일관된 논리를 다소 완화하고 있기 때문이다. 이 점에서 아퀴나스의 논리는 유럽 정치사상사에 있어서 한 전환점이다.[55)]

그리스도교적 플라톤주의자였던 성 아우구스티누스의 시각은 초월적인 내세에 고정되어 있었다. 그리하여 그는 현세를 범죄로 가득하고 비본성적이며 파괴적이고 무질서하다고 보았으며, 현세 정치 또한 폭력적이고 강제적인 특징을 가지고 있다고 규정하였다. 아우구스티누스에 있어서 모든 개인은 현세가 아니면 내세 즉 하늘나라에 각각 속하고 있었으며, 어느 한 나라에 속한다는 것은 다른 나라와는 멀어진다는 것을 의미하고 있었다.

---

55) 특히 이 주제에 관한 연구로는 다음의 성과들이 유용하다.W. P. Baumgarth ed., *Saint Thomas Aquinas: On Law, Morality and Politics* (Indianapolis, 1988); D. J. Bradley, *Aquinas on the Twofold Human Good* (Washington D.C., 1997); J. Dunn ed., *Aquinas* (Cheltenham, 1997), 2 vols. in "Great Political Thinkers" 4; A. P. D'Entreves, *Aquinas: Selected Political Writings* (Oxford, 1978); R. M. Hutchins, *St. Thomas and the World State* (Marquette Univ. Press, 1949); M. S. Kempshall, *The Common Good in Late Medieval Thought* (Oxford, 1999); A. J. Lisska, *Aquinas's Theory of Natural Law: An Analytic Reconstruction* (Oxford, 1996); A. Maurer, *St. Thomas and Historicity* (Marquette Univ. Press, 1979); S. Mc'Donald, *Aquinas's Moral Theory* (Ithaca, 1998); C. J. Nederman, *Medieval Political Theory–A Reader: The Quest for the Body Politic 1100~1400* (London, 1993); P. Ricoeur, *The Reality of the Historical Past* (Marquette Univ. Press, 1984); P. E. Sigmund, *St. Thomas Aquinas on Politics and Ethics* (London, 1988); M. A. Smith, *Human Dignity and the Common Good in the Aristotelian–Thomistic Tradition* (Lewiston, 1995).

그러나 아퀴나스는 달랐다. 그는 아리스토텔레스가 묘사했던 합리적이고 인간적이며 질서잡힌 현세를 부정해야 한다고 생각하지 않았다. 물론 아퀴나스가 명시적으로 아우구스티누스에 이의를 제기한 적은 없다. 그럼에도 불구하고 그는 이 땅에서 현세적 소유를 취득하는 것과 내세에서 영원한 삶을 획득하는 것이 반드시 모순된다고는 생각하지 않았다. 전자가 후자를 지향하는 한, 그리고 전자에 빠져 후자를 소홀히 하지 않는 한, 양자는 충분히 조화될 수 있었다. 즉 현세에 대한 관심과 내세에 대한 관심은 공존적이라는 생각이 아퀴나스의 기본 시각이었다. 이 같은 인식이 그로 하여금 '인간은 본성적으로 정치적 동물이다'는 아리스토텔레스의 널리 알려진 경구를 긍정적으로 수용하도록 만든 근거였다.[56)]

그러나 이 경구는 아우구스티누스의 신념, 즉 "신은 자신의 형상을 따라 지어진 합리적 피조물인 인간으로 하여금 결코 비이성적 피조물 이외의 사물들에 대한 지배권을 허용하지 않았다. 다시 말해서 인간의 동물에 대한 지배는 가능하지만, 인간의 인간에 대한 지배는 부당하다(『신국론』 19:15)"는 주장과는 상충하고 있었다. 명백히 인간에게는 아리스토텔레스가 몰랐던 진정하고 종국적인 목적이 있다. 인간의 진정한 목표는 내세에 신과 함께 누리는 영원한 복락이다. 그러나 이 땅에서의 좋은 삶 역시 영원한 복락의 성취에 위배되지 않고, 이에 기여하는 한, 양자 모두를 성취하는 것은 가능하고 또 바람직하다. 따라서 이를 획득하기 위한 정치적 수단 또한 정당하다. 심지어 비그리스도교도의 그리스도교도에 대한 통치조차 그것이 신앙을 타락시키거나 위험에 빠뜨리지 않는 한 합법적일 수 있다. 통치와 지배는 인정법(human law)을 통해서 수행된다. 그런데 은총의 산물인 신법은 인간의 자연이성(natural

---

56) *ST* Ia 96:4; *De Regimine Principum* 1:1; Dyson, xxv, 4, 특히 주17 참조.

reason)에 기초한 인정법을 결코 폐하지 않는다. 그러니까 그리스도교도와 비그리스도교도 간의 구분이 전자에 대한 후자의 통치권을 배제하지는 않는 것이다.[57)]

아퀴나스에 따르면, 이 땅의 삶이라고 해서 아우구스티누스가 묘사했듯이 그렇게 불행한 것만은 아니며, 현세적 좋은 삶의 성취라는 목표 역시 비록 제한적이고 부차적인 것이기는 하지마는 긍정적인 가치를 가지는 것으로서, 이 같은 목표와 관련해서 인간이 부끄러워해야 할 이유도 전혀 없었다. 그런데 이 땅에서의 좋은 삶을 이루기 위해서는 인정정부가 반드시 있어야 했다. 이는 그러나 아우구스티누스적 정부가 결코 아니었다. 이 정부는 인간의 파괴성을 폭력과 공포로 억제하는 기능 외에는 다른 아무것도 하지 않도록 만들어진 제도가 아니었던 것이다.

그에 의하면, 본성적으로 사회적이며 상호작용적 피조물인 인간에게는 자애로운 행정이 필요하였다. 누구도 생활에 필요한 모든 것들을 스스로 조달할 수는 없었다. 인간은 분화된 노동의 소산들을 확보하기 위해서 상호의존적인 협업을 할 수밖에 없다. 인간이 비록 이성적이기는 하지마는, 어떤 측면에서는 동물들보다도 더욱 취약하다. 동물들은 본능적으로 방어하고 도피하는 수단들을 가지고 있으며, 또한 이들은 무엇이 그들에게 해로운가 하는 것도 본능적으로 알아차리기 때문이다. 인간이 목표를 이루는 방법은 여러 가지가 있다. 따라서 인간은 이에 관해 지혜롭게 안내될 필요가 있다. 마치 배가 항구에 안전하게 정박하기 위해서는 안내가 필요하듯이 말이다. 이 점은 인간의 원죄성과는 무관하다. 이는 그야말로 인간 본성의 일부이다. 인간은 본성상 유기적 공동체를 통해 집단의 목표를 이루기 위해서 공공선을 지향하는 지혜로운

---

57) *ST* IIaIIae 10:10; Dyson, p. 270 이하.

리더십을 필요로 하게 마련이다.[58] 세속정부의 목표는 억압과 징벌이 아니라 이 땅에서의 좋은 삶의 성취에 있다는 것이었다.

뿐만 아니라 그는 이렇게 지적하고 있다. 현세적 복락이 신체적 보존 및 경제적 포만의 문제만은 아니다. 다른 사람들과 함께 하는 조화롭고 상호협력적인 삶은 행복하고 덕스러운 삶의 적극적인 토대가 될 수 있다. "공동체가 결성되는 목표는 덕스러운 삶을 영위하려는데 있다. 인간이 공동체를 이루는 이유는 각각의 개별화된 삶만으로는 이루어 질 수 없는 좋은 삶을 살기 위함이다. 좋은 삶이란 미덕을 구현하는 삶이니만큼, 인간 결사의 목표 역시 덕스러운 삶의 성취에 있다."[59]

아퀴나스가 『신학대전』에서 순복에 관해 밝힌 지적들은 다소 오해를 살만큼 잘못 표현되어 있다.[60] 그러나 이는 본질에 있어서는 올바른 것으로서 순복이 인간 본성과 구별되는 요소는 아니다. 물질적 사물들은 자연의 보다 강한 힘에 의해 움직여지는 것이 당연한 일이다. 이와 마찬가지로 인간에 있어서도 태생적으로 우월한 자의 명령에 따르는 것은 이상한 일이 아니다. 순복은 미덕으로서 이는 인간이 가지고 있는 모든 다른 덕성들을 강화시킨다. 하위자의 상위자에 대한 순복은 신성한 질서의 일부로서 인간은 태생적 상위자가 합법적으로 내린 모든 명령들을 마땅히 지켜야 한다는 것은 신의 뜻에 부합하는 일이다. 인간은 신의 뜻에 위배되지 않는 한, 이들의 모든 명령에 순복해야 한다. 그리스도교도들은 자신이 그리스도교도라는 사실을 이유로 세속군주에 대한 순복이 면제되었다고 생각해서는 안 된다는 것이었다.

---

58) *De Regimine Principum* 1:1 : Dyson, p. 5 이하.

59) *De Regimine Principum* 1:15.

60) *ST* IIaIIae 104; Dyson, p. 57.

(2) 정치권력

성 토마스는 『군주정부론』에서 인간이 사회가 필요로 하는 유형의 통치권은 군주에 의해 가장 잘 제공될 수 있다고 주장하였다.[61] 왜냐하면 군주제는 한 사람이 지배하는 정부로서 가장 본성적 체제이기 때문에 가장 좋은 유형의 정부일 수 있었다. 그 원형이 바로 우주를 다스리는 신의 정부였으며, 이는 또한 자연의 모든 영역에 반영되어 있었다. 그리하여 아퀴나스도 아리스토텔레스가 그랬던 것처럼 '군주'를 벌에 비유하였다. 군주제는 군주의 권한이 분리되어 있지 않고, 군주는 무제한적인 행위의 선택권을 보장받기 때문에 가장 효율적인 유형의 정부였다. 군주는 누구와도 타협할 필요가 없으며, 누구로부터도 조언을 구할 필요가 없고, 누구도 그에게 이의를 제기할 수 없었다. 물론 군주정은 전제정으로 타락할 수 있으며, 이는 나쁜 정부 가운데서도 가장 사악한 정부 형태이다. 그러나 군주제는 정부를 여러 개로 쪼갤 수도 있는 내부 분쟁에 노출되어있지 않기 때문에 타락할 가능성도 가장 적은 형태의 정부이기도 하였다.[62]

정부형태에 관한 『군주정부론』의 논의는 미완성인 채로 남겨졌다. 아퀴나스는 이 주제를 다시 다루지 못한 채, 『군주정부론』을 미결의 과제로 남겨 놓았기 때문이다. 『신학대전』 IaIIae 105:1에서 그는 민주정적 요소와 과두정적 요소가 포함된 제한적이고 완화된 군주제를 추천하였다.[63] 이 체제는 『군주정부론』 I:7에서도 이미 시사된 바 있었다.[64] 명백히 이 점은 아리스토텔레스의 혼합정부에 대한 선호를 반영하고 있다.

---

61) *De Regimine Principum* 1:3; Dyson, p. 10.

62) *De Regimine Principum* 1:6; Dyson, p. 16.

63) *ST* IaIIae 105:1; Dyson, p. 52.

64) *De Regimine Principum* 1:7; Dyson, p. 17.

아퀴나스가 아리스토텔레스에 동의했던 이유도 이 같은 체제의 정부가 사회의 모든 계층들을 만족시킴으로써 그 사회의 안정을 가져 올 것이라는 사실 때문이었다.

그러나 그리스도교도 군주는 자신의 기능이 단지 물질적인 것들을 지배하는 일만이 아님을 반드시 알아야 했다. 종국적으로 그의 임무는 인민들로 하여금 현세적 번영과 복지를 넘어 초자연적 목표를 성취하게 만드는 여건들을 제공하는데 있었다. 그가 이룩하는 물질적 업적은 단지 중간 단계의 목표였다. 그가 받을 진정한 보상은 결코 물질적인 소득이 아니며, 인간적 명성에 근거한 덧없는 영광도 아니었다. 그것은 오히려 하늘나라의 영원한 축복이었다.[65] 물론 이 같은 류의 기록은 성직자 저술가들의 일상적 표현이며, 통치자에 대한 이처럼 종교적인 권고의 기원은 성 아우구스티누스로서, 그는 『신국론』 5:24에서 그리스도교도 황제에 대해 널리 알려진 예찬을 이미 밝힌 바 있었다. 아퀴나스가 『군주정부론』에서 제시한 설명도 바로 이 구절에 대한 해제였다.

> 우리가 그리스도교 황제의 행복을 이야기 할 때, 그가 오래 통치했다거나, 그가 평화롭게 세상을 떠났고, 황제직을 승계할 아들을 두었다거나, 그가 제국의 적들을 정복했다거나, 또는 그가 반란을 피했으며, 이를 시민들로 하여금 진압토록 했다는 점 등을 그 이유로 들지는 않는다. 오히려 우리는 그리스도교 황제들이 공정하게 통치했던가, 그가 다른 사람들을 지배하기에 앞서 무엇보다도 자신의 악한 욕망들을 제대로 억제했던가, 설령 그가 이를 행했다 하더라도 그것이 헛된 영광을 위해서가 아니라 영원한 복락에 대한 사랑에 입각해서 했던가 하는 등의 이유를 그들의 행복의 근거로 평가한다. 우리는 이 땅에서 이 같은 그리스도교 황제들을 소망 가운데 행복한 통치자라고 말하며 우리가 지금 고대하는 날이 올 때 앞으로 이들은 영원한 복락을 성취

---

65) *De Regimine Principum* 1:9~16; Dyson, p. 24 이하.

하는 행복을 누리게 될 것이라고 말할 수 있다.[66)]

얼핏 보기에 이러한 지적이 반드시 자연스러워 보이지는 않는다. 왜냐하면 아퀴나스 역시 통치자가 어떻게 행동해야 하는가 하는 문제에 관심을 가졌음에도 불구하고 그가 '교회와 국가'의 문제를 충분히 다루지는 않았기 때문이다. 그 이유가 어디에 있을까? 여기서 우리는 교회와 국가의 문제를 다룬 중세의 주요 저술들이 예외없이 특정한 형태의 논쟁에 참여하였다는 사실을 떠올리게 된다. 그러니까 앞서의 의문에 대한 한 간명한 해명을 우리는 그가 여하한 형태의 정치적 논쟁에도 스스로 참여하지 않았다는 사실 그 자체에서 찾을 수 있는 것이다. 다시 말해서 이 주제에 관한 아퀴나스의 몇몇 지적들은, 설령 정교하지는 않다 하더라도, 그의 지속적인 관심을 명확히 드러내고 있다고 하겠다.[67)]

(3) 교회와 국가

아퀴나스의 논술은 일반적 방식을 따르고 있다. 이를테면 로마 교황은 최고 사제로서 이 땅에서 그리스도를 대리하고 있다, 군주는 사제의 영적 계도에 반드시 복속해야 한다, 몇몇 경우들에 있어서는 군주가 교회의 현세권에 복속해야 한다, 신앙을 버린 배교자 군주의 신민은 그 군주에 대한 충성 서약에 의해 규제되지 않는다 등이 그 예들이다. 이에 관해 아퀴나스의 견해가 가장 잘 드러나 있는 지적을 인용하면 아래와 같다.[68)]

---

66) *De Regimine Principum* 1:9; Dyson, p. 26 이하.

67) *ST* IIaIIae 12:2; *De Regimine Principum* 1:15; *Scripta super Libros Sentiatiarum* II, dist. 44, qu. 3, art. 4; Dyson, pp. 39, 276 이하.

68) *Scripta super Libros Sententiarum* II, dist. 44, qu. 3; Dyson, p. 278.

교권과 속권은 모두 신적 권한으로부터 유래되었다. 따라서 속권은 교권이 신에 의해 제정된 것인 한, 영혼의 구원에 속한 일들의 경우 교권에 복속하여야 한다. 따라서 이 같은 일들에 있어서는 속권에 앞서 교권에 복속하여야 한다. 그러나 사회적 이해관계에 속하는 일들에 있어서는 속권이 교권에 앞서는 권한을 가지고 있다. 마태복음 22:21에, "카이사르의 것은 카이사르에게 돌리시오"라고 기록되어 있지 않는가. 그렇지 않고 교권과 속권이 결합되어있는 경우에는, 교권과 속권 모두의 정점에 있는 교황의 예와 같이, 사제이며 군주인 그리스도의 섭리에 따라 멜기세덱이 명했던 바와 같이, 이는 영원히 사제직에 속한다.

위의 인용문과 그 밖의 다른 관련된 글들이 공통으로 가리키는 결론은 아퀴나스가 '범죄를 이유로(*ratione peccati*)의 원리'를 대체로 교황 이노센트 3세의 교황령 등과 결부시켜 이해하였다는 점이다.[69] 즉 군주의 사법권은 교황의 그것과는 구분되어야 한다, 교황이 현세사에 일상적으로 개입해서는 안 된다, 그러나 교황은 '범죄가 이유인 경우에는' 군주를 판단하고 징벌할 수 있다 등의 그의 지적이 그것이다. 크게 보아 이는 교황 이노센트 3세(1196~1216)로부터 보니파키우스 8세(1294~1303)에 이르는 시기에 교황청이 취한 표준적 태도이다. 따라서 아퀴나스가 이와 다른 견해를 주장했더라면 그것이 오히려 놀라운 일일 것이다. 다시 말해서 아퀴나스가 이같이 표준적인 역사적 전례들을 가지고 특별히 논증하거나 해명하지 않았다는 사실이 그 자체로서 예외적인 일은 전혀 아니었던 셈이다.

(4) 폭군론

아퀴나스에 있어서는 정치가 자애롭고 긍정적인 활동이며 사회적 행

---

69) Tierney, pt. III, ch. 4 및 *New Catholic Encyclopedia*, v.2 (1967), pp. 671~673; H. Tillmann, *Pope Innocent III* (Amsterdam, 1978).

복이 가치 있는 목표였기 때문에, 전제정에 대해서도 전통적인 성 아우구스티누스의 그것과는 다른 견해를 가지고 있었다. 아우구스티누스에 있어서는 잔인한 전제자의 권력조차 신성한 기원을 가지고 있어서 일종의 종교적 타당성을 가지고 있었다. 신은 전제자에게 범죄자를 징벌하고 의로운 자의 신앙을 시험하는 권한을 주었다. 전제자의 압제 아래 놓이는 경우 우리는 마땅히 그것을 우리들의 범죄적 상황의 대가로 간주해야 하며, 최대한의 선의를 가지고 그것에 복속해야 한다.

여기서 유일한 예외가 있다면 전제자가 우리들로 하여금 명백히 신의 뜻에 위배되는 행위를 하도록 강요하는 경우이다. 예를 들어 전제자가 우리들로 하여금 우상에게 제사지내도록 강요한다거나 하는 경우 우리는 마땅히 이를 따르지 않아야 한다. 그러나 동시에 우리는 이러한 불복이 수반하는 결과에 관한 한 이에 저항하기보다는 이를 받아들이는 것이 좋다. 아우구스티누스는 사회적 불복종이라고 할 만한 아무것도 지원하지 않았다. 만약 양심상 순복할 수 없다면 순교자의 뒤를 따를 수밖에 없다는 것이었다.[70)]

그러나 아퀴나스의 견해는 이와는 판이하였다. 물론 이 문제에 관한 그의 생각이 아우구스티누스적 요소들로부터 완전히 벗어나 있지는 않았다. 그럼에도 불구하고 아퀴나스는 전제정을 이를테면 신성한 의도에 따른 징벌이라고는 전혀 생각하지 않았다. 그리고 전제자의 명령이 신의 뜻에 직접적으로 모순되는 경우에만 그에게 불복하는 권리가 정당할 수 있다고 한정하지도 않았다. 군주는 단지 악을 억누르고 신앙을 시험하는 일 이상의 과업을 위한 존재였다. 군주란 공공선 내지 대중의 이익을 성취하기 위한 존재였다. 그러므로 군주가 이 같은 과업이 아니라 자신의 사사로운 이익을 추구함으로써 스스로 아리스토텔레스가

70) Dyson, *The Pilgrim City*, ch. 2 참조.

『정치학』 3권에서 밝혀놓은 전제자로 전락하는 경우, 그는 이미 신이 자신에게 부여한 목표를 저버렸다. 따라서 신민은 그에게 순복해야 할 아무런 의무도 가지지 않는다. 오히려 신민은 전제자에 대해 『신학대전』에서 밝힌 바와 같이 저항할 수도 있다는 것이 그의 논지였다.[71] 아퀴나스의 저항(*resistere*)에 대한 변론은 결코 부수적이거나 우연한 성격의 논술이 아니었다고 하겠다.[72]

아퀴나스가 생각하였던 신민이 택할 수 있는 정당한 저항행위가 무엇이었던가 하는 것은 충분히 밝혀져 있지 않다. 아마도 부분적으로는 그 이유가 아퀴나스 자신에게 있는 것 같다. 왜냐하면 그 스스로 이 문제에 관해 어떤 명쾌한 답변을 생각하지는 않았기 때문이다. 일부 주석가들은 이 문제에 관한 한 아퀴나스가 일관성이 없으며, 심지어 무기력하기조차 하다고 평하였다. 그가 비교적 젊은 시절에 집필했던 『명제집 주석서』에서는 시저에 대한 살해를 외견상 수용했으며, 그리하여 폭군박멸론(tyrannicide)에 대해서도 동의하는 것처럼 보였다. 전제자가 극단적이 되고, 다른 저항행위를 선택할 여지가 없어질 때는 폭군살해조차 정당화될 수 있다는 것이었다.[73]

명백히 아퀴나스는 『군주정부론』에서도 폭군에 저항하는 행위가 취해질 수는 있지만, 그러나 이는 오직 그러한 행동을 할 권한이 있는 사람들에 의해서만 수행되어야 한다고 밝혔다.[74] 즉 공식적으로 군주를 '추대할 권한'이 있는 자 또는 억압받는 신민의 의사를 대변하는 역할을

---

71) *ST* IaIIae 96:4 ad.3; IaIIae 96:6 ad.1; IaIIae 97:4; Dyson, pp. 145~146, 155 이하.

72) 아퀴나스가 택했던 "resistere"는 자구적 의미에 있어서도 "defugere, vitare, declinare" 등 보다도 강한 함의를 가지고 있다. 이는 '단순한 회피' 내지 '수동적 불복종'의 뜻을 너머 '명백한 항거'의 의미를 담고 있다.

73) *Scripta super Libros Sententiarum* II, dist. 44, qu. 2; Dyson, p. 72 이하.

74) *De Regimine Principum* 1:7; Dyson, p. 17.

수행하는 자 등이 그들이었다. 폭군이라 하더라도 우연히 그를 싫어하게 된 사람들의 사사로운 판단에 의해 그 폭정이 전복되는 일은 결코 바람직하지 않았다. 왜냐하면 그렇게 생각하지 않는 사람들이 사회 전반에 불안을 야기할 수 있을 것이기 때문이었다.

여기서 다시 아퀴나스는 전제정이라 하더라도 상대적으로 온건한 경우에는 이를 관용하는 것이 옳으며, 폭군에 대한 저항행위는 그것에 수반될 공익이 이로 인해 야기될 해악보다 더 큰 경우에만 택해져야 한다고 주장하였다.[75] 우리는 아퀴나스의 이러한 담론들을 그의 전쟁과 폭력에 관한 진술과 함께 결부시켜 읽을 필요가 있다.[76] 즉 전쟁은 (1) 침략을 물리치기 위해서, (2) 압제로부터 벗어나기 위해서 수행될 수 있으며, 납득할 만한 무력이 (1) 자기방어를 위해서, (2) 악의적이지 않게 사용되는 경우, 이는 도덕적 정당성을 가진다. 그러나 이 경우에도 우리는 피할 수 없을 정도로 많은 손실이 가해지지는 않도록 마땅히 주의를 기울여야만 한다. 아퀴나스의 전제정에 대한 이 같은 입장은 그 자체로서 그리고 학대와 침략을 당한 민족이 어떻게 행동해야 하는가 하는 주제에 관한 아퀴나스의 일반적 견해와도 상충하지 않는다. 그는 이 문제에 대해서도 결코 무기력하거나 회피적이지 않았다. 그의 지적들을 종합해보면, 충분히 이해가능한 신중한 보수주의, 즉 극단적 조치들이 때로는 정당화될 수 있지만, 그러나 이는 가능한 한 반드시 회피되어야 한다는 입장이었다.

---

75) *ST* IIaIIae 104:6 ad.4; IIaIIae 42:2 ad.3; *De Regimine Principum* 1:7 ; Dyson, pp. 17, 71, 250 이하 등.

76) 예를 들면, ST IIaIIae 40 "전쟁론": IIaIIae 42 "폭동론"; IIaIIae 64 "살인론" 등이 대표적이다; Dyson, p. 239 이하.

(5) 재산권

아퀴나스가 현세적 제도와 관행들에 대하여 가졌던 적극적인 정신과 태도는 사적 소유에 관한 태도 및 재산권의 세부사항들에 대한 검토 등에서도 잘 드러나고 있다.[77] 성 암브로즈와 성 아우구스티누스도 수용했던 라틴 스토아 사상, 즉 본원적으로 모든 사물은 공유되어야 한다는 전통적 신념을 아퀴나스가 포기한 것은 결코 아니었다. 그러나 여기서도 아퀴나스는 노골적인 시각의 불일치를 노정시키지 않은 채 성 아우구스티누스류의 사물관과는 사실상 다른 견해를 표명하였다. 그는 사적 소유의 문제를 단지 범죄, 탐욕 및 타락한 인간 본성 등과만 결부시키지 않았다. 그에게 있어서도 인간이 재산을 소유하는 것은 기본적으로 인정법(human law)에 의한 것이었다. 그러나 이는 현세 사회의 실천적 여건들을 고려할 때 자애로운 것으로서 충분히 정당화된다는 것이 아퀴나스의 주장이었다.

그에 의하면 사적 소유제를 제정한 인정법은 자연법(the law of nature)으로부터 벗어난 것이 아니라 그것에 대한 보완책이다. 만약 사적 소유제가 없다면 이 땅의 재원들은 확실한 동기를 가진 개인들에 의해 소유되고 관리될 때만큼 제대로 경작될 수 없을 것이다. 개인이 공유된 재화에 비해 사적으로 소유한 재화에 보다 많은 정성을 기울이게 되는 것은 불가피한 일이다. 이는 인간이 타락했거나 범죄를 저질렀기 때문이 아니라, 인간이 사물을 보는 눈 자체가 애초부터 제한적이고 부분적이기 때문이다. 만약 소유를 명확히 정해주는 법률이 없다면, 이 땅의 분쟁은 훨씬 더 늘어날 것이다. 그러니까 재산제는 현세적 복지에 기여하는 제도로서, 이에 대한 공격은 명백히 범죄 행위에 속한다는 것이었다.

흥미로운 점은 여기서 아퀴나스가 이러한 성격의 공격 행위를 전례

---

77) Dyson, pp. 205~232 참조.

없이 세밀하게 논의하였다는 사실이다. 이 주제에 관한 한 그는 당시까지 어느 그리스도교 사상가도 입증할 만한 가치를 느끼지 못했던 점들에 대해서조차 진지하게 검토하였다. 특히 고리대금업에 관한 논의는 비그리스도교적 사조가 성 토마스에게 미친 영향을 여실히 드러내고 있다.[78] 물론 교부들이 고리대금업에 반대했던 이유는 이를 나위없이 성서적 인도주의적 고려 때문이었다. 성서는 고리대금을 정죄했으며, 고리대금업자를 이웃의 불행을 착취하는 냉혈동물로 규정한 바 있다. 그러나 아퀴나스가 고리대금업에 반대했던 이유는 화폐의 성격과 그 사용법에 관한 아리스토텔레스의 견해, 및 '대체될 수 있는 사물'(*res fungibilia*)의 로마법적 개념에 관한 전문적인 분석에 그 근거가 있었던 것이다.[79]

사적 소유에 대한 아퀴나스의 논술은 이른바 '근대적' 재산이론과는 중요한 한 측면에서 뚜렷이 구별된다. 아퀴나스에 따르면 인정법은 인간에게 자연으로부터 재산을 창출하여 이를 책임있게 관리토록 하는 권리를 부여하였다. 그렇기는 하지마는 인정법이 재산의 획득과 사용에 관한 무제한의 권리를 인간에게 부여한 것은 아니었다. 소유권과 사용권의 구분 개념은 근대 재산이론에서는 사실상 소멸되었다. 그러나 이 점을 이해해두는 것은 (성 토마스의 재산권 개념을 해명하는 작업에 있어서) 중요한 일인데, 여기서도 그 기원은 아리스토텔레스였다. 인간은 이 땅을 살아가는데 필요한 수요를 안락하게 충당시킬 수 있는 정도의 재산을 충분히 소유할 권리가 있다. 그러나 이러한 정도의 (적정) 수요를 넘는 과도한 재산은 가난한 사람들에 대한 도덕적 의무를 수반한다. 사적 소유권은 인정법을 통해 자연의 법에 부여된 일종의 잠정적인

---

78) Dyson, *The Pilgrim City*, ch. 3(d).

79) *ST* IIaIIae 78 "On the Sin of Usury"; Dyson, p. 220 이하.

편의수단이다. 인정적 권리에 속하는 것으로는 자연권 내지 신성한 권리에 속하는 여하한 것도 결코 제한할 수 없다. 따라서 그의 결론도 다음과 같이 내려질 수밖에 없었다.

그 필요성이 매우 분명하고 절박한 경우, 이는 가용한 모든 수단을 통해 반드시 즉각 충족되어야 한다. 예를 들어서 어떤 사람이 여하한 도움도 받을 수 없는 긴박한 위험에 처하는 경우, 누구든 다른 사람의 소유를 가지고서라도 그의 절박한 필요를 돕는 것은 정당한 일일 수 있다. 이 경우 그 수단이 공개적인 것이든 비밀스러운 것이든 심지어 절도 내지 도적질의 성격을 띠는 것이든, 이 점은 사실상 문제되지 않는다. 엄밀히 말한다면, 극단적으로 도움이 필요한 경우 다른 사람의 재산을 비밀리에 취하고 사용하는 것은 절도에 해당되지 않는다. 왜냐하면 누군가의 생명을 구하기 위해 취해진 긴급구호는 이미 그것의 소유권이 이전되었기 때문이다.[80)]

여기서 아퀴나스는 잉여재산의 경우 그것을 실제로 어떻게 분배해야 할 것인가 하는 문제에 관해서는 이를 소유자의 개인적 양심의 영역의 문제로 남겨두었다. 그러나 오늘날 성 토마스 아퀴나스의 이러한 논리는 명백히 누진적 내지 재분배 지향적 과세조치를 변론하는 주장이 될 것이다.

(6) 법률론

아퀴나스의 정치적 저술들 가운데 가장 널리 알려지고 많이 토론된 주제가 법률 및 그 유형에 관한 그의 분석이다.[81)] 아퀴나스는 법률을 영원법, 자연법, 인정법, 신법 등의 4 유형으로 구분하였다. 특히 그의 자연

---

80) *ST* IIaIIae 66:7 responsio & ad 2; Dyson, p. 216 이하.

81) *ST* IaIIae 90~97 및 IIaIIae 57~60; Dyson, p. 76 이하.

법 견해는, 비록 그것이 새로운 것은 아니었지만 그리스도교 문헌에서는 물론 이교도 문헌들에서도 선례를 찾기 어려울 정도로 면밀한 철학적 검토를 포함하고 있다. 그가 법률의 문제를 다루는 성향은 물론 플라톤적이라기보다는 아리스토텔레스적이었다. 우리가 아퀴나스의 법률론을 읽는데 느끼는 어려움은 대체로 두 가지이다. 첫째, 법률론이라는 주제의 본성적 어려움이 그것이고, 둘째, 그의 고유한 서술양식에 따른 어려움이 그것이다. 그렇기는 하지만 그가 말하고자 하는 논지의 핵심을 파악하는 일이 반드시 어렵지는 않다.

아퀴나스에 따르면 법률은 '이성의 규칙 및 척도였다'. 이 명제는 약간의 수정이 있기는 했지만 그가 여러 차례 반복해서 제안한 정의였다. 그는 법률을 플라톤의 형태론 내지 이데아론을 상당한 정도로 연상시키는 방식으로 일종의 합리적 패턴이라고 규정하였다. 상위자와 하위자 간의 모든 관계는 하위자가 어떠해야 하며 또 무엇을 해야 하는가에 관한 상급자의 정신적 인식을 포함한다. 예를 들어서 장인은 무엇이든 실제로 그것을 만들기 전에 머릿속으로 그가 만드는 물건이 어떠할 것인가에 대한 아이디어 즉 일종의 합리적 패턴을 가진다. 통치자와 신민 간의 관계에 있어서도 통치자는 자신의 신민이 무엇을 행해야 하는가에 대해서 정신적으로 가지는 아이디어가 있다. 이것이 바로 법률이다.

이 '규칙과 척도'는 신민의 행위를 지배하며, 또한 신민은 이를 마땅히 행함으로써 법률의 제정에도 '참여하게' 되는데, 이는 식탁이 목수의 머릿속에 있음으로 인해 식탁이 어떠해야 하는가 하는 문제에 '참여하는' 것과도 다를 바 없었다. 신은 모든 사물의 최고 통치자임으로 그의 정신 속에 있는 우주의 관리에 관한 합리적 패턴이야말로 가장 총체적이고 포괄적인 의미의 '법률'이었다. 그리하여 신의 정신 속에 있는 이 합리적 패턴을 아퀴나스는 영원법이라고 부르고, 피조된 우주의 모든 사물은 이 영원법에 복속되어야 했다. 이에 아퀴나스는 "영원법이란 모

든 행위와 동작을 명하는 신적 지혜 즉 합리적 패턴에 다름 아니다"라고 정의하였던 것이다.[82)]

한편 인간도 우주적 질서의 일부이기 때문에 영원법의 일부는 반드시 인간의 고유한 행위에 관해서도 적용될 수밖에 없다. 이것이 바로 자연법이었다.[83)] 이 경우 사용된 용어는 '*lex naturalis*'로서 원래 여기에는 "natural law"와 "law of nature"의 개념이 혼재해 있었다. 모든 동물은 본성의(natural) 법칙을 가지고 있다는 생각이 널리 퍼져 있었다. 모든 인지능력을 가진 피조물은 스스로를 보호하고 재생산하고자 하는 본능적 충동을 가지고 있다는 것이었다. 그러나 인간에게 적용되는 자연법은 생존과 번식이라는 단순한 본능만은 아니었다. 그것은 인간에게 마땅히 행해야 할 바가 무엇인지를 말해주는 규범적(prescriptive) 본성이었다. 자연법은 인간에게 선을 행하고 악을 피하라고 말하며, 또한 이웃들과 평화를 유지하라고 가르치고 있다. 인간은 본성적으로 자연법적 규범을 명백히 이성적이라고 느낀다. 따라서 이 같은 규범은 우리들에게 적어도 부분적으로는 '본성의 일부'이다. 다시 말해서 인간은 무엇이 자연법적 규범인가를 학습하거나, 이를 구태여 법률로 제정할 필요가 없다. 이는 모든 인간 심지어 이교도들에게도 '사리에 부합하는' 자명한 규범이라는 것이었다.[84)]

그러니까 인간은 본성적으로 무엇이 옳고 또 무엇이 그런지를 분별할 줄 아는 피조물이다. 즉 인간은 우주의 합리적 본성으로부터 올바른 행위의 패턴을 식별할 수 있다. 그렇다면 왜 인간은 또한 인정법을 가지는 것이 필요할까? 이러한 질문에 대한 아우구스티누스의 답변은 충분히 짐작되었던 바와 같이 아래와 같았다. 즉 죄악은 인간의 가슴에서 자

---

82) *ST* IaIIae 93:1 responsio; Dyson, p. 102 이하 참조.

83) 이진남, 앞의 글, pp. 84~114; 박은구, 앞의 책, pp. 181~190, 385~415 등 참조.

84) Dyson, xxxiii.

연법을 지워버렸기 때문에 인간의 파괴성을 강제력과 공포로 억누르는 인정법이 바야흐로 필요하게 되었다는 것이다. 여기서도 아퀴나스는 아우구스티누스와의 불일치를 명시적으로 드러내지는 않았다. 그러나 그의 답변의 내용은 실제로 상당히 달랐다. 아퀴나스에 따르면 자연의 법은 인간에게 분명하였다. 그러나 그것의 조항들은 인간 행위의 직접적인 지침이 되기에는 너무나 개괄적이었다. 우리 모두는 선을 행하고 악을 피해야 한다는 것을 잘 알고 있다. 그러나 이 점이 우리들에게 구체적인 상황들 하에서 무엇이 선이고 또 무엇이 악인지를 반드시 말해주지는 않는다. 뿐만 아니라 우리는 악을 행한 자를 어떻게 해야 하는지, 및 어떠한 징벌이 마땅한지, 그리고 누가 이를 부과해야 하는지 등에 대해서도 알고 있지 못하다. 자연법의 일반 원칙에 대한 인식과 인간 행위의 세부 규칙에 대한 필요 사이의 이러한 간격은 인정법으로 메울 수밖에 없는 공간을 만들어 놓았다.

인정법은 자연법에 근거한 실천적 추론들에 의해 나온 구체적인 추정들이다. 인정법이 자연법으로부터 유래된다는 사실은 인간이 과학적 및 사변적 추론을 행함에 있어서 일반 원칙으로부터 특정한 결론들을 추론해내는 것과 크게 다르지 않다. 몇몇 인정법은 자연의 일반 원칙과 매우 유사해서 알려져 있는 모든 민족이 이를 공유하고 있음을 확인하게 된다. 이 같은 법률을 로마법에서는 전통적으로 만민법(*ius gentium*)이라고 불렀다. 그 밖에 보다 구체적인 유형의 시민법(civil law)은 특정한 정치 공동체에 고유한 것으로서, 이는 보다 긴 추론의 과정을 통해 외연상 자연법으로부터 떨어져 나온 것들이다. 그러나 엄밀하게 말해서 모든 인정법은 그 법률적 성격을, 비록 거리를 두고서라도, 그것이 자연법의 일반 원칙을 반영하고 있다는 사실에 의해 부여받는다. 따라서 인정법은 변화하는 시간과 예외적인 상황에 부합되도록 수정되거나 그 시행이 면제될 수도 있지만, 자연법의 일반 원칙은 변경될 수 없으며, 마땅히 항상 준수되어야 한다. 뿐만 아니라 아퀴나스는 아리스토텔레스의 다음과 같은 신념도 공유하고 있었다. 즉 인정법이 우리들에게 덕스러운 행위의 규범을 외형적으로나마 수행하도록 요구하는 경우, 이는 우리들에게 실제로 덕스러운 습관을 형성할 수도 있다. 이처럼 인정법은 도덕 교육에 있어서도 일종의 강제력이 될 수 있다는 것이다.

바꾸어 말하면 자연법으로부터 유래되지 않은 법률은 그것이 신민을 억압하거나 신민의 공익을 이루지 못한다는 의미에서 부당한 법률이다. 그러니까 이는 진정한 의미에서 법률이 아니며, 따라서 그것에 순복해야 할 의무가 없다. 아퀴나스에 따르면 이는 법률의 성격보다 폭력의 성격을 더 많이 가지고 있었던 것이다.[85] 여기에 우리가 앞서 전제정과 결부시켜 검토했던 조건과 유사한 한 조건이 제기된다. 불의한 법률에 대한 불복종의 결과가 이 불복종에 수반될 수 있는 이익보다 더 나쁜 경우, 우리는 불의한 법률조차 준수해야 한다. 그렇기는 하지마는 이에 대한 순복이 강제될 수는 없다. 왜냐하면 문제가 된 '법률'이 참된 의미에서 법률이 아닌 경우, 그것이 강제력을 가질 수는 없기 때문이다. 이 점은 라틴어에서 더욱 쉽게 확인된다. '법률'(*lex*)은 어원상 구속하다(*ligare*)와 결부된 용어가 아니었던가?

여기서 다시 우리는 아우구스티누스류의 원리에 대한 성 토마스의 새로운 재확인과 도전을 동시에 읽게 된다. 아퀴나스는 먼저 기존 질서에 대하여 인간은 일정 정도의 도덕적 속성 즉 정의가 구현될 것을 마땅히 기대할 수 있으며, 이를 결여하는 기존 제도는 인간으로부터 충성을 요구할 수 없다고 하는 아우구스티누스의 견해를 잠정적으로나마 재확인하였다. 그러나 동시에 그는 정상적 상태 하에서는 누구도 기존 질서에 반대하는 권리를 가지지 못한다는 아우구스티누스류의 원리에 도전하

---

85) *ST* IaIIae 96:4, responsio; Dyson, p. 144 이하 참조.

였던 것이다.

끝으로 네 번째 유형의 법률이 신법이다. 신법은 자연의 보다 일반적인 원칙으로부터 합리적인 추론의 과정을 통해 나온 것이 아니라는 점에서 그리고 그것의 모든 지침이 이성에 입각한 것이 아니라는 점에서 인정법과는 달랐다. 신법은 영원법의 일부로서 성서와 교회의 가르침을 통해 인간에게도 이해 가능해진 계시된 법률이었다. 신법은 별도의 자율적인 법률 영역으로서, 그것으로부터 인정법이 유래된 것은 아니지마는, 그러나 모든 인정법은 그것에 위반될 수 없었다. 그렇다면 합리적 피조물인 인간이 자연법과 인정법 이외에 계시된 법률을 필요로 하는 이유는 어디에 있을까? 이에 대한 답변은 인정법이란 단지 인간의 공적 사회적 생활상의 일들과 관련된 정의만을 다룬다는 점에 있다. 영원한 구원은 인간이 사적인 영역의 행위와 의도에서도 올바를 것을 요구한다. 신법은 그러니까 누구도 볼 수 없는 인간 행위의 사적 영역을 규제하는 법률이다. 다시 말해서 신법의 징벌은 인간이 범법자(criminal)라는 이유에서가 아니라 죄인(sinner)이라는 지평에서 부과되는 것이다. 신법은 사회적 영역이 아니라 종교적 영역에서 인간의 의무들을 깨우쳐 주는 규범이다.

따라서 전체적으로 볼 때, 아퀴나스는 주의주의적(voluntaristic)이라기보다는 주지주의적(intellectual)이라고 할 수 있는 유형의 법률이론을 발전시켰다. 그가 법률을 도덕적으로 중요한 성격의 규범으로 간주했던 근거는 그것이 입법권자의 의지 내지 명령을 반영하고 있기 때문이 아니라, 그것이 구현하고자 하는 합리적 내용들 때문이었다. 뿐만 아니라 그는 자연법을 위반하거나 이를 제도화하지 못하는 입법적 조치들은 당연히 법률의 성격을 가질 수 없다고 생각하였다. 또한 아퀴나스는 법률을 실체화시키는 중요한 요소로서 공포와 강제를 지적하였는데, 여기서 악법도 법이라는 명제의 의미는 그것에 수반된 공식적 전문적 의미 때문이었다. 그러나 자연에 반하는 무엇을 명령하거나 공포하는 자는 마땅히 온전한 의미의 법률을 제정할 수 없었다. 종국적으로 법률의 의미는 영원하고 변하지 않는 도덕적 원칙들로부터 유래된 그것의 정당성에 달려 있었다. 그리고 이 같은 원칙의 의미와 적용을 규정하는 업무가 반드시 교회의 영역에 속하는 것도 아니었다. 아우구스티누스류의 인식 모드에 따르면 부여하기 어려웠던 위엄을 아퀴나스는 아리스토텔레스적 논리를 토대로 해서 인간 입법권자(human legislator)에게 부여하였던 것이다.

5) 맺는말

그렇다면 이제 우리는 성 토마스의 정치사상에 대한 전체적 평가를 어떻게 내려야 할까? 여기서 한 가지 점은 반드시 지적할 수밖에 없다. 즉 그가 지나칠 정도로 철학자로서만 과대평가되고 있다는 점이 그것이다. 엄격히 말해서 교황 레오 13세의 회칙 『영원한 아버지 *Aeterni Patris*』가 그를 가톨릭교회의 '공식적' 철학자로 지명한 것은 아니었지만, 그러나 사실상 교황의 회칙은 성 토마스를 공식적으로 그렇게 한 것처럼 간주되었다. 그리하여 1960년대에 이르기까지 가톨릭교회의 신학과 철학 교육은 거의 전적으로 이 '천사적 박사'(Angelic Doctor) 및 그의 후견 아래 있었던 이들에 의해 주도되었다. 교회가 아퀴나스에게 부여했던 이와 같은 지위는 지적 탐구에 미친 영향력이 매우 권위주의적이었다. 그리하여 그는 여하한 비판으로부터도 효과적으로 격리되었다. 1960년대에 와서야 비로소 견실하고 공정한 아퀴나스 연구가 가능해졌으며, 이른바 맹목적으로 외경적이었던 태도도 완화되었다. 그리하여 오늘날에는 그의 오류에 대한 솔직한 시인도 가능하기에 이르렀다.

앞서도 지적했듯이, 사실 아퀴나스의 문체는 퍽 난해하다. 그는 정교하고 난잡한 부주제들을 추구하는 경향이 있었으며, 그의 논지도 지나치게 세밀하고 사소한 구분들로 인해 때로는 흐려지곤 하였다. 아마도 이 같은 비판은 스콜라사상 전반에 대해 가해지는 지나친 핍론이기도 할 터이다. 그렇기는 하지마는 이것이 완전히 터무니없는 평가만은 아닐 것이다. 뿐만 아니라 종국적으로 보아 성 토마스를 지적으로 불편부당했다고 평하기도 어렵다. 아마도 그를 순결할 정도로 고집스러운 성품이었다고 말하는 것은 보다 관대한 평가가 될 성 싶다. 그는 처음부터 특정한 배타적인 종교적 도덕적 신앙체계를 수용하였다. 그리하여 성 토마스의 이른바 '철학적' 논증들은 예외없이 그의 그리스도교 신앙을 변론하고 확인하기 위해서 진술된 것이 아니었던가?

그렇기는 하지마는 성 토마스 역시 13세기의 다른 모든 그리스도교 사상가들이 가졌던 태도와 신앙과 편견들을 함께 공유하고 있었다는 사실을 비난하는 것이 역사가의 과제라고 보기는 어렵다.[86] 더욱이 우리는 그가 추구했던 아리스토텔레스와 그리스도교를 화해시키는 작업이 지극히 영웅적인 지적 추구임을 인정하지 않을 수도 없다. 따라서 그의 이와 같은 작업의 많은 부분이 오늘날 마치 오류처럼 그리고 생경해 보인다는 사실조차 따지고 보면 전혀 문제가 아닌 것이다. 특히 정치이론의 지평에서 우리는 적어도 3 가지 점은 지적할 수 있을 것 같다. 첫째, 성 토마스는 아리스토텔레스의 정치 및 윤리사상을 라틴 서유럽의 교육 및 교과과정에 도입하는데 있어서 당시까지 가장 유능하고 가장 적극적인 역할을 한 주인공이었다. 이 사실은 그 자체로서 상당한 의미를 가지고 있다. 아리스토텔레스의 이러한 복권은 다음과 같은 결과도 직

86) 이재경, 『토마스 아퀴나스와 13세기 심리철학』 (대구가톨릭대 출판부, 2002); F. 방 스텐베르겐, 『토마스 아퀴나스와 급진적 아리스토텔레스주의』, 이재룡 옮김 (성바오로, 2000); J. 피이퍼, 『정의에 관하여』, 강성위 옮김 (서광사, 1994) 등을 참조하기 바람.

접적으로 수반하였기 때문이다.

둘째, 성 토마스는 정치적 활동과 참여를 교회와는 전혀 무관하게 그러나 여전히 의미 있는 인간 활동들로 전면 재평가 받도록 하는데 크게 기여하였다. 지나친 단순화라는 문제점이 없지는 않지만, 이 같은 맥락에서 보면 아퀴나스야말로 표준적인 '근대적' 정치이론의 출현이 가능하도록 도와 준 장본인이었다. 셋째, 성 토마스 자신이 '교회와 국가의 문제'를 광범위하게 검토하지는 않았다. 그러나 그는 자신의 후계자들 특히 마르실리우스 파두아(Marsilius of Padua) 같은 이들에 의해 불가결하게 활용될 유용한 지적 장치들을 제공하였다. 이들은 성 토마스 아퀴나스가 고안해 낸 지적 장치들을 가지고 유럽의 정치적 담론에서 오랜 기간 뒤섞여 온 세속적인 그리고 종교적 주제들에 대한 구분과 해명을 마침내 시작할 수 있었다. 이 같은 사실들이 바로 성 토마스 아퀴나스를 유럽의 정치사상사에서 가장 중요한 인물의 하나로 평가받게 하는 근거이다.

〈박은구〉

3. 중세 인문주의의 대두[87)]

1) 인문주의의 개념

중세사가들은 대체로 '-주의'(ism)라는 어휘를 잘 사용하지 않고 있다. 이들 어휘는 역사상 비교적 최근에 주조된 것들이어서 이 어휘들을 활용하는 것은 보다 뒷시대의 아이디어들을 과거에 주입하는 것이 된다는 것이다. 그러나 이들 어휘들 중 봉건주의, 낭만주의 그리고 인문주의와 같은 일부 어휘들은 역사상의 여러 시대와 아주 밀접한 관련을 맺고 있었기 때문에 각 시대의 주요 특성들을 설명하는데 종종 활용되었던 이들 어휘들을 언급하지 않고 그 시대에 관해 서술하기가 거의 불가능할 정도이다. 이들 어휘들이 각 시대의 사실들과 현상들을 왜곡시키는 것이기도 하지만 한편으로는 그러한 것들을 함축적으로 알려주는 것이기도 하다. 그래서 우리는 이 어휘들이 의미하는 바가 무엇인지 그리고 이 어휘들이 각 시대의 주요 특징들을 정확히 설명하고 있는지를 때로는 물어보아야할 필요가 있다.

'인문주의'란 용어가 갖고 있는 난제 중의 하나는 그 용어가 서로 연관성은 있지만 현저하게 다른 두 가지 의미를 갖고 있어서 역사가들이 경우에 따라서 각기 다른 두 가지 의미 중의 하나로 혹은 이 두 가지 의

---

87) R. W. Southern, *Medieval Humanism and other studies* (Oxford, 1970), pp. 29~60를 우리말로 옮긴 것이다.

미를 혼합하여 복합적인 의미로 사용하였다는 점에 있다. 이는 상당할 정도의 혼란을 초래해왔다. 옥스퍼드 영어 사전에 의하면 이 용어의 가장 일반적인 의미는 '인간 혹은 인류 전체에 관련된 사상이나 행위의 체계'이다. 현재 이 용어는 특히 인문주의자들 사이에서 바로 이러한 의미로 가장 널리 활용되고 있다. 이런 의미에서 본다면 인문주의는 인간의 지식과 활동 영역을 확장하는 것과 관련이 있다. 따라서 인문주의는 결과적으로는 인간사에 있어서의 초자연적인 요소를 제거하거나 부분적으로 제한하는 것과 결부된다. 그 주요 수단은 과학적 지식이며 궁극적으로는 이 과학적 지식이 인간의 본성을 포함하여 자연 전체에 관한 유일하고도 일관된 합리적 조망을 제시해 줄 것이라고 간주된다. 필자는 이를 '과학적'(scientific) 인문주의 (인문주의 유형 1)라고 부를 것이다. 필자가 보기에 이러한 유형의 인문주의를 지지하는 사람들은 대부분 중세를 그들이 가장 심하게 반대하는 모든 것이 구현된 시기로 간주한다. 즉 중세에는 인간의 초자연적인 목적이 강조되었고, 학문 중에는 신학이 우위를 점하고 있었으며, 보편적인 교황권 아래 계서적인 성직자 조직과 문화가 지배적이었다는 것이다.

대중적이었던 이와 같은 의미에서의 과학적 인문주의와 더불어 르네상스시대로까지 거슬러 올라가는 '문학적'(literary) 인문주의도 있다. 필자가 보기에 이 의미로의 인문주의의 본질적인 면은 고대 라틴 및 그리스 문학의 연구이며 당시 대학 집단에서 이러한 연구를 하는 사람과 학문을 '인문학 교수'와 '인문학과'라고 불렀다. 중세에 공식적이고 체계적인 연구들이 이루어졌던 스콜라 신학 및 교회법 그리고 논리학 등의 학문들은 인간성을 배제하고 문체의 유려한 스타일을 파괴하였으며 세상과 인간사로부터 유리되었다고 여겨졌던 반면 고전 그리스 문학의 연구는 보다 인간적인 것으로 간주되었다. 필자는 이를 '문학적' 인문주의(인문주의 유형 2)라고 부를 것이다. 이러한 관점에서 초기 문학적 인문주의자들은 중세를 적으로 여겼다. 다시 말하면 중세에는 고전 걸작들의 문학적 탁월성이 무시되었을 뿐만 아니라 고전 문헌들에 대한 연구를 통해 배울 수 있었던 인간 본성도 무시되었다고 여겼던 것이다.

따라서 이 두 유형의 인문주의자들은 양자 모두 일반적으로 중세를 적대시하였다. 그러나 역사가들은 이 점에 대해 실질적으로 많은 근거들을 제시하며 항변해 왔다. 역사가들은 중세 천여 년을 다른 점이라고는 전혀 없었던 하나의 단일한 시기라고 볼 수 없다고 지적하였다. 그래서 그들은 카로링조 시기와 12세기를 따로 떼어 내어 '르네상스 시대' 및 '인문주의 시대'라고 불렀다. 또한 그들은 중세에도 고전 문학 애호가들과 수려한 라틴 산문 및 시 작가들을 가려내었고 중세 학문, 중세 플라톤학파에 대해 그리고 중세가 르네상스의 학문정신에 미친 영향 등에 대하여 논의하였다. 그러나 그 주장에는 일관성이 없었다. 12세기 인문주의를 가장 소리 높여 주장했던 역사가들이 이제는 그것이 생명력이 짧았으며 13세기가 시작되기 훨씬 전에 이미 사라졌다고 인정하는 경향을 보였다. 중세의 문장가들과 고전 애호가들에게 찬사를 보냈던 역사가들은 중세 작가들 자신들이 그토록 풍부하게 인용한 작가들에게 상당할 정도로 무관심하였다는 사실을 발견하곤 하였다. 예를 들어 존 솔즈베리와 같은 인문주의자를 주목해서 살펴보면 그는 고전들을 두루 섭렵하여 각 페이지마다 5~6명의 고전 작가들의 글들을 인용하여 가득 채워놓았으면서도 이들 고전 작가에 대해서는 전혀 관심을 보이지 않았다. 이러한 점에서 우리는 이 위대한 인물이 고전 문학에 대해 어떠한 인식을 갖고 있었는지 의문을 제기해보아야만 한다. 그의 인식은 페트라르카가 갖고 있었던 것과는 판이하게 다르다.

이 인문주의와 관련된 혼동을 이야기하자면 용어의 활용에서의 혼동, 역사가들의 의미상에서의 혼동 또한 주제 자체의 혼동으로 이어져 그 논의가 끝이 없을 것 같다. 따라서 이러한 것을 설명하기 보다는 필자는 간략하게나마 왜 그리고 어떠한 의미에서 1100년경에서 1320년경까지의 기간을 유럽 역사상 인문주의가 가장 꽃피었던 시기중의 하나라고 간주하는 지에 대해 서술하고자 한다. 이와 더불어 필자는 12세기의 인문주의가 1150년 경 이후에 와해되었다가 2세기 후에 다시 등장한 것이 아니라 르네상스 인문주의자들이 가장 경멸하였던 13세기와 14세기 초에 그 완성에 도달하였다는 것을 주장할 것이다. 마지막으로 이 시대의 인문주의가 그 후대의 인문주의자들에게 왜 그렇게 못마땅하게 여겨졌는지 그 이유를 살펴 볼 것이다.

이와 같은 문제들에 대해 논의하기에 앞서 우리가 살펴보고자 하는 것이 무엇인지 분명히 해둘 필요가 있다. 우리는 이 시대에 인문주의가 깊이 뿌리 내렸음을 확증해 줄 징후들을 살펴볼 것이며 필자가 보기에 다음과 같은 것들이 그러한 징후에 해당한다.

첫째로 인문주의는 인간의 고결함에 대한 확고한 인식이 있어야 한다. 인간은 타락한 피조물이어서 인간은 신을 직접적으로 알 수가 없고 인간의 본성과 이성은 흔히 모순된다. 또한 인간은 극도로 무질서하고 혼란한 상태에 빠져 있다고 보는 인식은 모든 그리스도교 사상가들의 공통된 인식이다. 중세에 그리고 심지어 르네상스 시대에서 조차 이와 같은 인식들이 부정되었다고 보기는 어렵다. 그러나 중세 인문주의자들이 인간이 신의 피조물 중 가장 고결함은 물론 타락한 상태에서 조차 그 고결함이 훼손되지 않으며, 또한 인간은 현세에서 스스로를 향상시킬 능력과 수단들이 있고 이 수단들을 완벽하게 만드는 것이 바로 인간이 주력해야 할 최상의 목표임을 인식하고 있었다고 여겨진다.

둘째, 인문주의는 인간의 태생적 고결함에 관한 이와 같은 광범위한 인식과 더불어 자연 자체의 고결함에 대한 인식도 있어야 한다. 인문주의의 이 두 번째 인식은 첫 번째 인식의 당연한 결과로 만약 인간이 태생적으로 고결하다면 인간이 그 일부를 차지하고 있는 자연 질서도 그 자체로 고결한 것일 수밖에 없기 때문이다. 인간과 자연 질서는 서로 불가분하게 연결되어 있다. 인간에게 우주의 위대함과 고결함을 인식할 수 있는 능력이 있다는 것 그 자체가 바로 인간의 탁월함과 고결함을 입증해 주는 징표들 가운데 하나인 것이다. 따라서 인간은 자연 속에 위치하고 인간 공동체는 모든 것을 하나로 묶어 주는 법칙 하에 하나로 통일되어 있는 자연의 위대한 집합적인 질서체로 간주한다.

끝으로 인문주의는 인간의 이성으로 전 우주를 이해할 수 있으며 또한 인간은 그러한 이성에 다다를 수 있는 존재로 여긴다. 자연은 질서 정연한 체계로 간주되고 인간은 자연의 법에 대한 이해를 통하여 스스로를 자연의 주요한 부분 즉 핵심으로 간주한다. 이러한 점들에 대한 이해가 없이는 인간이 인문주의에 내포된 인간의 능력에 대한 확신을 어떻게 경험할 수 있는지 파악할 길이 없다.

이처럼 고결함이나 질서, 이성 및 지성 등이 인간의 경험에서 가장 중요한 요소들이라고 간주되는 경우 그 결과로써 생겨난 인식이 인문주의적인 것이라고 할 수 있다. 이런 인문주의는 '문학적' 인문주의보다는 '과학적' 인문주의 유형에 보다 더 가까운 것이라 하겠다. 이것이 바로 중세 중기에 대한 모든 연구의 출발점이다.

출발점이 중요한 것은 인문주의의 시작을 르네상스 시대로 보는 경향으로 인해 인문주의에 대한 인식에 혼선이 빚어왔기 때문이다. 르네상스 인문주의로 인해 고전 문학에 대한 애정과 고대 작가들의 문체를 모방하는 능력이 과대평가되어 그것이 중세 인문주의의 여부를 판단하는 요소가 되어왔다. 그러나 인간의 존엄성에 대한 개념과 이성 그리고 이해할 수 있는 우주 질서에 대한 개념으로부터 출발한다면 중세 인문주의는 전혀 다른 모습을 드러낸다.

우선 이러한 개념들이 1050년 경 이전의 중세적 경험에서 중요한 역할을 담당하였다는 증거는 거의 발견할 수 없다. 중세 초의 지배적인 전통에서는 현세의 질서와 고결함이 거의 대부분 모두 초자연적인 힘과 밀접하게 결부되어 있었다. 상징적인 전례의식에도 질서가 있었고 예배 및 성사에도 체계가 있었으며 이들은 모두 상당히 정교하며 인상적인 것이었다. 인간과 초자연적인 존재와의 관계가 인간의 삶에 질서와 고결함의 틀을 제공하였다. 그러나 자연 질서는 거의 혼돈 그 자체였다. 자연 현상을 지배하는 2차적인 원인들에 관해서는 거의 알려져 있지 않았다. 법률의 시행 및 통치, 의학, 학문적 논쟁 등에서의 합리적 절차에 대해서는 전혀 이해가 없었거나 가장 초보적인 단계에서나마 시행되고 있지 못하였다. 대체로 인간은 스스로를 신의 일을 하기 위한 도구로만 생각하고 있었다. 인간의 하찮음과 타락에 대한 인식이 상당히 깊게 뿌리박혀 있었다. 인간의 삶은 육체적으로나 정신적으로 상당히 좁은 범위에 갇혀 있었다. 인간의 삶의 범위는 단지 기도와 회개 그리고 성자들에 대한 의존해서만 어느 정도 확대될 뿐이었다. 성직자로서 상징적이고 성사적인 의식들을 거행하고 이미 영혼의 세계에 속해 있는 자들이 현세에 남겨 놓은 유물들을 지키고 있는 경우를 제외하고는 인간은 비참한 존재였다.

이것이 11세기 말 이전의 시대에서 드러난 주요 현상들에 대한 필자의 해석이다. 신에 대한 두려움과 현세에서의 보잘 것 없는 인간의 위상에 대한 이와 같은 종교적 인식들이 그 다음 몇 세기들에 걸쳐 등장했던 낙관적인 인식들 보다 우주에서의 인간의 처지를 더 잘 설명해 주고 있었다. 그래서 낙관주의는 인간이 궁극적으로 무능력하며 초자연적인 도움을 갈망을 하고 있다는 인식을 결코 제압할 수 없었다. 그러나 1050년경 이후에 인식의 강조점이 급격히 변하였다. 앞으로 살펴 볼 것이 바로 이 강조점의 변화이다.

2) 중세 인문주의와 수도원

필자는 먼저 수도원들을 살펴 볼 것인데 초기 중세에 수도원들은 초자연적인 세력의 핵심적인 중심지들이었다. 그러나 이곳에서 유럽의 종교생활에 상당한 영향을 끼친 변화의 첫 징후들을 발견할 수 있다. 간단하게 말하면 이 변화는 인간과 인간의 경험이 신을 이해하는 수단이라는 것을 보다 강조하는 형태를 취하였다. 이는 인간에 대한 탐구를 종교 생활의 필수 불가결한 것으로 만들었다. 이 단계는 인간의 존엄성 회복에 있어서 중요하다. 11세기 후반과 12세기의 수도원 지도자들은 영혼에 내재한 신을 찾는 것을 우선적인 관심사로 여기게 되었고 이것이 포괄적으로 인간을 이해하려는 요구로 확산되었다. 이와 같은 것들은 다양한 형태로 여러 장소에서 발견되었다. 그 중요한 형태 중의 하나가 1079년 노르망디에서 확인된다. 이 해에 노르망디의 벡(Bec)에 있던 안셀름이 자신을 성찰하면서 '신'이라는 말 외에는 그 어떤 것도 머릿속에서 지워버렸다. 결국 그는 '신'이란 말이 그 자체로서 신의 존재를 명료하게 증명해 주는 것이었음을 깨달았다. 그는 이와 같은 증명이 새롭고도 진실된 것이라고 믿었다.[88] 이것은 실로 새로운 인식이었다. 그리고 그것이 참이든 아니든 간에 이는 분명 스스로에 대한 성찰을 통한 분석방법이 이룬 쾌거였다. 인간들은 단지 자신들의 자아를 성찰하는 것만으로도 가장 보편적인 가치를 지닌 새로운 진리들을 발견할 수 있는 것으로 여겨졌다. 새로운 진실을 발견할 수 있다는 아이디어는 종말론을 믿어 왔던 세대에게 그 자체로 상당히 신선한 것이었다. 또한 그토록 가까이에 있는 전적으로 핵심적인 새로운 것을 발견한다는 것은 인간의 정

---

88) 신의 존재에 대한 증거를 발견하려고 한 안셀름의 지적 경험에 관해서는 Eadmar의 *Vita St. Anselm* I, xix를 보라(ed. R. Southern, 1962, pp. 28~31)를 볼 것.

신 속에 내재해 있는 능력이 있다는 것을 알려주는 표식이기도 하였다.

한 세대 후의 인물인 성 베르나르가 이와 같은 내적 성찰법을 널리 확산시켜 수도원 작가들의 공동의 자산으로 만들었다. 그는 이 방법에 새로운 방향을 제시하였다. 성 베르나르는 안셀름과는 달리 논리나 분석이 아닌 오로지 영적 성장에만 관심을 두었다. 베르나르에 의하면 신에 대한 인간의 사랑은 인간이 스스로를 사랑할 때 비로소 시작된다. 즉 스스로에 대한 사랑이 이성과 덕성을 통해 승화되어 비로소 이웃에 대한 사랑이 되고 이것이 신에 대한 사랑으로 발전되는 것이다.[89] 여기서도 또한 인간으로부터 그리고 인간의 가장 믿을 수 없는 자기 사랑으로부터 출발하는 영적 성장의 프로그램이 발견된다. 이 프로그램은 자연에 뿌리를 두고 있으며 초자연적인 목표에 도달하기 위해 자연적인 미덕인 이성을 활용한다. 신을 지향해야 할 필요는 자연 그 자체로 부터 야기되는 것이다.

새로운 시대를 특징짓는 가장 두드러진 현상이 바로 이것이다. 즉 인간과 자연에서 출발하여 인간들의 내면에서 신으로 향하는 길을 발견하는 것이다. 성 베르나르보다 나이는 어리지만 동시대의 인물인 리처드 생 빅토르는 다음과 같이 언급하였다.

> 아직 자기 자신도 살펴보지 못한 자가 눈을 들어 신을 찾는 일은 헛된 일이다. 사람은 보이지 않는 신의 실체로 눈을 돌리기 전에 먼저 보이지 않는 스스로의 실체를 이해하는 것을 배워야 한다. 그대가 스스로를 이해하지 못하는데 어찌 그대보다 더 위에 있는 것들을 이해 할 수 있단 말인가?[90]

수도원에서 처음으로 인간에 대한 이 같은 탐구 프로그램이 시작되었

---

89) 영적인 사랑으로 가는 사랑의 4단계에 관해서는 Bernard, *Tractatus de diligendo deo*, cc. viii~x(P. L. 182), pp. 987~990을 볼 것.

90) *Benjamin minor*, c.1xxx, p. L. 196,51

고 인간 경험의 또 다른 측면인 형제애의 체험도 수도원에서 강조되었다. 형제애를 연마하지 않는 것은 진정한 인문주의라고 할 수 없다. 스스로에 대해 아는 것이 인간의 갱생을 위한 첫 단계라고 할 때 이를 누군가와 공유하는 것을 의미하는 형제애는 그 중요한 보조수단인 것이다. 르네상스의 인문주의자들도 이와 같은 사실을 알고 있었다. 하지만 형제애를 체험한 사실이 발견되는 곳은 11세기 말 수도원에서였다.

성 안셀름도 또한 동료들에 대한 '형제애'를 표현하기 위해 11세기 사람들 중에는 처음으로 그것에 맞는 은유적인 어휘들을 찾아내었다.[91] 그러나 머지않아 여러 글에서 형제애는 진실된 종교적 삶의 본질적인 요소로 간주되기 시작하였다. 1160년 경 에일레드 리보는 이전 세기의 수도원적 삶의 결과들을 요약하면서 '형제애는 높은 지혜이다' 또는 '신은 형제애이시다'라고 하였다.[92] 그가 이 구절들이 맞지 않을 수도 있다고 조심스럽게 언급하긴 했지만 이 구절들이 인간의 형제애와 신의 본성간의 밀접한 관계를 드러내고 있다는 것은 분명하였다. 형제애를 경험하는 것이 신에게로 향하는 과정이었다. 에일레드에 의하면 인간이 형제애를 갈망하게 되는 것은 자연에서 비롯된 것이고 형제애는 경험을 통해서 돈독해지며 이성에 의해 조절되고 그리고 종교적 삶을 통하여 완성된다.[93] 여기서도 또한 자연에서 출발하여 신으로 끝나고 있다. 에일레드의 형제애에 관한 논문은 고대의 인문주의적 주제를 그리스도교적인 틀 속에서 해석한 가장 두드러진 예이며 이글에 정교하게 제시된 인과적 귀결-형제애는 자연이 고무하고 이성이 통제하며 경

---

91) 이점에 관해서 특히 관련이 있는 것은 다음의 안셀름의 편지이다; nos. 5, 11, 22, 34, 41, 59, 68, 69, 120, 140(Schmitt, vol. iii). 이들 편지에서 활용된 구절 일부의 인식에 대한 논쟁에 관해서는 *St. Anselm and his biographers*, pp. 67~76을 볼 것.

92) A. Rievaulx, *De Spirituali Amicitia*, I (p. L. 195, 669~670).

93) 위의 책, 666 C~D, 671D, 672B~D.

험이 강화하고 종교가 완성시킨다-이 모든 종교적 인문주의의 토대인 것이다.

12세기에 재발견된 모든 형태의 형제애들 중에 신과 인간과의 우애만큼 열정적으로 추구된 것은 없었다. 이는 상식적인 것이고 감상적이고 의미없는 요소들이 개입되어 있어 그 격이 떨어진 주제로 여겨질 수 도 있다. 그러나 신과의 우애라는 주제가 한 때 신선한 것으로 여겨졌던 적이 있었고 이러한 인식은 인간들의 삶의 무게를 상당히 덜어주었다. 중세 초에는 신이 친구로 간주되지 않았었다. 초기 중세인들은 엄청난 수고와 노력을 기울여야 했으며 과도한 고행들과 가톨릭교회에 대한 아낌없는 기부 덕에 또는 현세로부터 수도원적 생활로 눈을 돌려 신의 분노를 피할 수는 있겠지만 그들이 신을 친구라고 인식했던 것은 거의 아니 전혀 아니었다. 신에게 다가간다는 것은 엄청나게 두렵고도 어려운 일이었다. 그런데 어느 한 순간에 신에 대한 두려움이 옅어지고 신과 우애를 나눌 수 있다는 희망의 서광이 비쳤다.

이러한 방향으로의 변화를 야기한 여러 가지 요소들이 있다. 그 중의 하나가 신에 대한 새로운 사고방식의 등장이었다. 12세기 이래 하나 같이 모두 신의 인성에 관한 주제를 담은 기도문들, 시들, 갖가지의 봉헌글들이 쏟아져 나왔다. 이들 시 가운데 가장 탁월한 시의 서두가 놀랍게도 다음과 같은 말들로 시작한다.

> 진노의 날, 두려운 날,
> 온 세상이 재가 되는...[94]

그러나 이 놀라운 시가 단순히 두려움을 묘사한 것이라고 해석하는 것은 잘못이다. 이 시의 후반부는 자신의 두려움을 완화시키기 위해 그

---

94) 이 시의 라틴어 원문은 다음과 같다; Dies irae, dies illa, solvet saeclum in favilla...

리스도의 고통과 인성에 호소하고 있다.

> 사랑하는 나의 주 예수여,
> 저를 위해 흘리신 피를 잊지 마시어
> 재앙의 날에 저를 버리지 마소서.
> 저를 위해 고난을 당하신 주여,
> 속죄의 십자가를 대신 지셨던
> 그 큰 희생을 헛되게 하지 마소서.[95)]

이 시는 성 안셀름의 시대 이래로 인간적인 고통과 감정을 가진 신이 온화한 묵상의 대상이 되어있었다는 것을 보여주는 많은 징표들 중의 하나에 불과하다. 자연 전체에 인간다움이 가득 차 있었다. 이러한 것에 대한 예는 수없이 많지만 13세기에 서술된 작가 미상의 '고난 활용에 관한 논문' 몇 구절만 인용해 보자. 인간에게 이렇게까지 죄와 고난과 무력함을 상기시키는 주제도 신과 인간이 인간성을 공유한다는 것으로 상당히 온화하게 표현되었다.

> 고난들은 인간에게 자기 스스로에 대해 알게 해준다. 또한 이렇게 알게 된 것이 인간이 도달한 수 있는 완벽한 상태이다. 마치 연인들이 자신들의 기억 하나하나를 새롭게 하기 위해 상대방에게 편지를 보내는 것처럼 그리스도 역시 우리의 기억 속에서 그와 그의 고통을 상기시키시려고 고난을 보내신다. 신이 우리에게 현세에서의 만족을 얻지 못하게 하심으로써 우리가 천상의 만족을 추구하도록 하는데 이것은 마치 현세에서 영주가 자신의 포도주를 팔기 위해 그것이 다 팔릴 때까지 술집 문을 열지 못하게 명을 내리는 것과 같다.[96)]

---

95) 이 시는 성 프란시스 수도회 수도사인 토마스 첼라노의 번역을 인용한 것이다. *The Oxford Book of Medieval Latin Verse*, ed. F. J. E. Raby, 1956, pp. 342~344.

96) 이 구절은 *Tractatus de duodecium utilitatibus tribulationum, P. L.* ccvii, pp. 989~1006.에서 인용

고난에 대한 이러한 완곡한 표현들이 참담한 현실들을 은폐하고 있다는 이의가 제기될 수도 있는데 어쩌면 이런 점이 종교적인 인문주의가 야기하는 불가피한 결과일 것이다. 그러나 이런 형태의 인문주의가 유럽의 그 어떤 종교적인 분파들보다 오래 살아남아 일반인들의 세계관 형성에 지속적으로 영향을 미쳐 왔었다. 그리하여 대중들은 신과의 이런 정서적인 친밀감이 그대로 유지되고 있다고 믿게 되었다.

표현방법과는 별도로 종교적인 주제들은 인문주의적 주제들과는 전혀 다른 것이라고 간주하는 사람도 있을 것이다. 그러나 우리가 인간의 고결함에 대해 그리고 보다 확대된 인간의 능력 및 우주에서의 보다 격상된 인간의 위상에 대한 뚜렷한 현상을 찾고 있는 것이라면 그것에 대한 풍부한 증거로서 12, 13세기의 찬가와 명상록들을 들 수 있다. 실제로 이러한 종교적 발달들이야말로 인문주의가 거둔 가장 위대한 승리이다. 이를 통하여 인간이 우주의 주인이 되었고 또한 신의 행동이 인간의 행위와 거의 구별할 수 없을 정도로 신은 인간의 진정한 친구가 되었기 때문이었다.

3) 중세 인문주의와 대학

중세 인문주의가 이루어낸 가장 큰 성과는 신을 인간적인 존재로 여기게 하였다는 점이다. 매우 두렵고 멀게만 느껴졌던 우주의 지배자가 이제는 친근한 친구의 모습을 띠게 되었다. 그 다음 성과는 우주 자체를 친근하고 친밀하며 이해될 수 있는 것으로 여기게 하였다는 점이다. 이것이 12, 13세기의 학자들이 서유럽에 물려준 유산의 핵심이다. 이전 세기들의 경험을 통해 알 수 있었던 것은 우주는 혼돈과 신비가 가득한 곳이

하였으나, 보다 최신의 것으로는 A. Ayer, *Leidenstheologie im Spaetmittelalter*, 1952가 있다.

며 인간이 추구할 수 있는 것은 기껏해야 체념과 초자연적인 존재에 대한 복속 그리고 기적적인 은총을 감사히 받아들이는 것 등이 전부였다. 그러나 11세기 말에는 이해할 수 있는 질서의 영역을 현세에 체계적으로 확장시키는 과업에 헌신했던 세속 학교들이 증가하기 시작하였다.

이들 학교는 유럽의 지적 발달에서 대단히 중요한 역할을 담당하였다. 이들이 세상과 유리되지 않고 세상을 직시하는 학문의 영속적인 중심지를 제공하였다. 수도원에서의 학문 탐구는 수도원적 생활에서의 요구에 따를 수밖에 없었다. 그러나 세속 학교들은 세상에 속해 있었고 흔히 도시의 중심지에 세워졌다. 세속 학교들이 학자들을 유치할 때에 세상에서 살면서 교회 및 국가의 정부에서 경력을 쌓으려는 사람들 중에서 선택하였다. 이들 학교 중에 가장 대표적인 것들이 모두 근대 대학의 모델이 되었다. 옥스퍼드 대학 및 파리 대학 그리고 볼로냐 대학 등은 12세기 이래로 계속해서 발전을 거듭해왔으며 지금의 학부와 학과들도 마찬가지로 그 때 이래 부단하게 발달을 해왔다. 이들 학교들 및 대학들과 학과들이 이루어 놓은 성과는 많이 있지만 이들이 최초로 그 뒤에 이룬 모든 성과들의 사상적 토대가 되었다는 점이다. 이들이 체계성과 합리성이 무한히 확대될 수 있다는 인식을 인간 경험의 모든 영역에 심어 놓았던 것이다.

중세 학교가 수행한 인간성 해방의 역할은 한편으로는 후대의 편견과 오해로 인해 다른 한편으로는 시간이 지남에 따라 모든 제도들에게서 나타나는 고질적 경직성으로 인해 제대로 평가받지 못하였다. 후대의 학자들은 이 중세의 세속 학교들이 성직자들에게 교회 법정과 기구들을 운용하는데 필요한 학문을 교육하기 위해 세워진 것이었다고 파악하였기 때문에 이 학교들이 한때 유럽의 사상에서 인간성 해방을 추진한 동력들이었다는 것을 이해할 수 없었다. 이렇게 주장한 역사가들은 이들 학교의 학생들과 세속 사회를 분리해서 생각하기가 어렵다는 사실을 파악하지 못하였다. 교수들과 학자들은 교회의 성직자처럼 삭발을 하고 교회 재판권 관할 하에 있었지만 이들 대부분이 세속적인 업무에 고용되기를 고대했던 사람들이었다. 대학인들은 자신들의 능력을 가톨릭교회의 권한을 강화시키는 데에도 또한 그 권한을 약화시키는 데에도 기꺼이 활용하였다. 그들은 자신들이 세속적인 일에서 배제되어 있다는 생각을 전혀 하지 않았다. 당대의 사람들은 이들이 가톨릭교회의 취지와 무관하거나 심지어 적대적인 탐구를 하느라 가톨릭교회의 재원을 낭비하였다고 비난하였는데 다소 편협한 것이긴 해도 이러한 설명이 이들 대학인이 가톨릭교회의 이해관계에 예속되어 있었다는 후대 학자들의 설명보다 오히려 더 진실에 가까운 것이었다. 중세 대학들이 그 어떤 의미에서도 성직자 집단이 아니라 통제할 수 없는 제멋대로인 공동체라고 생각하기는 어려웠을 것이다. 이는 후대 학자들이 이들 대학인들이 성직자들의 학문적인 활동의 독점을 유지시키기 위해 오랫동안 노력해야만 하는 처지에 있었다고만 파악하였기 때문이다. 그러나 이점이 후대 학자들이 놓치고 있었던 중세 학교의 한 측면이었다.

중세 대학의 교과과정과 연구방식은 거의 대부분의 분별력있는 사람들에게 다소 진부한 것으로 여겨졌다. 불과 한 세기 전 중세 학문 연구의 부흥 초창기에는 진지하고 교양있는 사람이 중세의 스콜라 학자들에 대해 말할 수 있던 것은 기껏해야 다음과 같은 정도였다.

> 우리에게 값진 많은 지식을 전해 주었던 그들은 상당히 쓸데없고 잘못된 논리도 함께 전해 주었다.… 그들은 인간의 도덕적 구조를 그 하나하나에 이름을 붙여 구분하였고 모든 가능한 경우에 대한 규칙과 모든 덕성에 대한 근거와 보상 그리고 모든 잠재적 범죄에 대한 징벌 등을 밝혀 놓았다. 그들은 일반화한 사실들을 법칙화하였고 그리고 그 법칙들을 근거로 자신들이 일반화한 바로 그 사실들을 연역해 내었다. 그들은 약간의 위트를 연마하고 구사하여 인류에게 도움을 주었던 한편, 거의 논리학 그 자체라고 할 수 있을 지

적 논리들을 그야말로 무의미한 것으로 격하시켰다… 토마스 아퀴나스의 글을 읽으면서 계속 드는 생각은 토마스 아퀴나스가 그런 방식으로 생각하지 않았더라면 그가 무슨 일을 못했겠는가?[97]

이 글은 결과적으로 모든 것이 그렇게 되었기 때문에 그 나름대로는 정당한 평가이다. 그러나 애당초 중세의 스콜라적 교과과정은 처음으로 독자적인 사고의 수준으로 부상한 유럽의 지적 상황에서 긴급히 체계화될 필요가 있었다. 당시 지적 체계화에 활용할 수 있었던 수단은 서유럽에서 지속되어 왔던 그리스 로마의 학문과 기예를 완벽하게 습득하는 것 밖에 없었다. 이를 통해 지적 체계가 달성되었고 이것이 놀라우리만치 짧은 시기 동안에 인간의 삶 속에 심어졌다. 물론 이보다 더 나은 출발점들을 상정해 볼 수는 있다. 그러나 당시에 그 것 외에 활용할 다른 방법들이 없었다면 지적 체계의 필요성과 그것을 위해 활용할 수 있었던 수단들을 고려하여 그 성과를 평가해야 할 것이다.

앞에서 언급되었듯이 인간과 자연은 고결하며 또한 이해 가능한 것이라는 강한 인식이 있어야 인문주의일 수 있다. 다시 말하면 신과 그의 피조물과의 관계에서 초자연적인 본성들이 특징적으로 드러나야 한다는 말이다. 이는 중세의 세속 학교들의 교육 프로그램 속에 그대로 드러나 있다. 세속 학교에서는 인간의 존엄성과 고결함에 대한 인식을 새롭게 하는 것을 우선순위로 하고 있었다. 이러한 용어들은 11세기에는 아주 드물었지만 12세기에는 아주 보편적인 것이 되었는데 이 용어들이 의미하는 바는 인간이 지닌 이성과 의지라는 인간의 능력들이 탐구를 통해 배양될 수 있으므로 인간은 온갖 죄와 타락에도 불구하고 고결하다는 것이다. 다음은 12세기의 교수 베르나르 실베스터의 글이다.

---

97) W. Stubbs, *Seventeen Lectures on the Study of Medieval and Modern History*, 1886, pp. 103~104. 이 문장은 1877년 행해진 강의에서 인용되었다.

머리를 숙이고 눈을 내리 깔은 동물은
그 스스로의 비천함을 드러내고 있다.
그러나 인간은 사색하면서 자신의 머리를 꼿꼿이 들어서
자신이 태어날 때부터 신과 친밀한 관계였음을 보여주고 있다.
인간은 별들이 신의 법에 따라 움직이는 것을 알며
별들은 그 법칙을 알려주어 인류가 위로 오를 수 있도록 한다.[98)]

이러한 인식은 대부분 오비드로부터 차용된 것들이었다. 그러나 오비드에게는 이것이 일종의 시적인 허구였던 반면 12세기 학자들에게는 과학적인 사실이었다. 이것이 지적인 야망 및 낙관주의의 토대를 제공하였다. 그 이전 세대의 학자들에게 있어서 인간과 자연의 고결함은 죄로 인해 소멸되어 버렸고 단지 초자연적인 수단들을 통해 복구될 뿐이었다. 그러나 12세기 초부터 세속학교의 주도적인 학자들은 죄로 인한 상처는 자연적으로 치유될 수 있다는 점을 강조하였으며 7개의 인문학이 인간의 나약함을 보완하는 수단이라고 간주하였다.

이와 같은 인간의 본성과 미래에 대한 낙관적인 인식은 인간의 지적 능력이 거의 무한하다는 것을 근거로 한 것이었다. 불과 얼마 전까지도 학자들은 인간의 능력에 대해 상당히 비관적인 시각을 지니고 있었고 인간의 능력은 죄악으로 인해 심각하게 약화되었다라고 믿어 왔었는데 이제는 이와 정반대로 모든 것을 아니 거의 모든 것을 이해할 수 있다고 주장하고 있다는 것이 약간은 이상하게 들릴 것이다. 그러나 지적인 영역에서 획기적인 사고는 거의 모두 혁명적으로 급격하게 일어나는 것이고 이 경우에도 예외가 아니었다. 학자들은 낙관주의에 대한 과학적 근거가 존재함을 발견하였다. 그들은 인간이 자연의 모든 것들과 유사하다는 점에서 자연에 존재하는 모든 것을 이해하는 능력이 있음을 깨

98) 이 문장은 Bernard Silvestris, *De Mundi Universitate Libri duo*, ii. 27~32, ed. C. S. Barach and J. Worbel, 1876, p. 55를 번역한 것이다.

달았다. 또한 그들은 인간의 여러 요소 및 기질들과 인간의 탄생과 성장에 영향을 미치는 동력들이 우주 전체를 구성하는 원자재들이었다고 알게 되었다. 이처럼 인간은 우주의 축소판이어서 우주를 이해하도록 되어 있다. 죄로 인한 상처가 있지만 그럼에도 불구하고 인간은 처음 창조될 때와 같은 완벽함을 지적으로 추적하고 그것을 되살리기 위한 작업을 신과 공동으로 할 수 있다는 것이다.

자연을 갱생시키는 작업에서 이처럼 신과 공동작업을 하도록 하는 수단이 바로 이성이다. 12세기 초엽 세속 학교 교수들은 확고한 열정을 갖고 다음과 같은 엄청난 언명을 하기 시작하였다. "인간 정신의 고결함은 바로 모든 것을 이해할 수 있는 능력에 있다", "천부적으로 재능을 부여받은 우리는 철학을 통하여 우리가 지니고 있던 본성적인 고결함을 추구해야한다", "쓸쓸한 이 세상에서 인간들에게 가장 큰 위로가 되는 것은 지혜의 탐구이다", "우리는 과학과 문학을 하나로 결합시켜 왔고, 이러한 결합으로 말미암아 앞으로 철학자들의 자유로운 국가가 탄생할 것이다" 등.[99] 이러한 인식은 고대 때부터 있었던 것이다. 그러나 사람들이 이 모든 것들이 이루어질 수 있으며 자연을 이해할 수 있다고 확신하게 된 것은 실로 수 세기 만에 처음이었다. 그리하여 미래는 희망으로 가득 찼다. 사람들이 아는 것이 아직은 미미했지만 모든 것을 파악할 능력이 있었고 또한 낙관적인 그 교수들을 통해서 알 수 있듯이 그들은 이미 그 전보다 훨씬 많은 것을 알고 있었다. 베르나르 샤르트르의 저 유명

---

99) 이 문장은 귀욤 콩슈, *Philosophia Mundi, ed. Ottaviano*, 수정본, pp. 19~20.과 Thierry of Chartres, *Prologue in Eptatheucon, ed. E. Jeauneau in Medieval Studies*, 1954, xvi, 171~175에서 발췌하였다. 온갖 지식을 이해할 수 있도록 뇌에서 4가지 요소가 결합되어 있는 방법에 관해서는 W. Conches, *Phil. Mundi*, iv, 24,(P. L. 172, 95)을 볼 것. 또한 인간을 이해하는 인식, 상상, 비율, 지식의 힘에 대해서는 *Timaeus*에 대한 주석서(ed. E. Jeauneau, 1965, pp. 100~102)를 볼 것. 이와 유사한 문헌으로 T. Chartres가 주석한 보에티우스의 *De Trinitate*(p. 81 n.2)도 있다.

한 문장에 드러나 있듯이 그들은 마침내 "거인들의 어깨에 올라서서 자신들의 위대한 선조들보다 더 멀리 바라볼 수 있게 되었다." 그들은 과거를 자신의 것으로 만들었던 것이다.

> 독수리처럼 예리한 그의 눈은
> 7 인문학의 복잡하고 난해한 것들 하나하나를
> 환히 꿰뚫어 볼 수 있었다.
> 그는 모든 것을 샅샅이 알고 있었고
> 플라톤이 어렴풋이 깨닫고 있었던 진리를
> 모든 이들에게 아주 명료하게 밝혀 주었다.

이것은 위대한 교수들 중의 하나이며 1150년경에 사망한 티에리의 비문이었다. 그가 계시를 통해서가 아니라 높은 수준의 학문을 통해서 플라톤보다 더 멀리 볼 수 있다고 여긴 것은 당돌할 정도이다. 그러나 티에리는 우리가 지금 서술하고 있는 지적인 부활에 기여했던 그 많은 교수들 중의 한 사람일 뿐이다. 그들 중 아벨라르, 휴 생 빅토르, 귀욤 꽁슈, 티에리, 베르나르 실베스터 등의 많은 사람들이 놀랍게도 1150년 이전의 10여년 사이에 사망했거나 은퇴하였다. 그래서 많은 학자들이 인문주의는 이들과 함께 소멸하였다고 간주해 왔다. 물론 이들과 함께 인문주의의 참신함과 매력의 일부가 소멸되었다는 것은 분명하다. 그러나 그들이 끊임없이 제기한 탐구의 원칙들을 주목해보면 그들의 작업의 주요 흐름은 전혀 위축되지 않았다. 이들이 유럽의 지적 성장기를 대표하기 때문에 그들이 사라진 뒤 인문주의의 활기가 사라졌음을 아쉬워하는 것은 자연스러운 일이다. 그러나 이들의 성과를 과장해서는 안 된다. 그들이 이루어 낸 것은 한편으로는 청사진이었고 다른 한편으로는 한낮 꿈에 불과하였다. 따라서 아직은 그 청사진에 따라 꿈을 실체화하는 일이 남아 있었던 것이다.

4) 12세기 인문주의

12세기 중반에 확립된 두 개의 학문 체계 도표를 살펴보면 그들이 세속 학교들에서 왕성한 활동을 하였던 첫 번째 시기가 끝날 무렵 당면했던 문제들을 알 수가 있다. 이 도표들은 이 시기의 학교들에서 공통적으로 널리 알려져 있던 학문 체계에 관한 개념들을 도표화한 것이다. 이것은 또한 입증된 것이 얼마나 적었으며 또한 얼마나 많은 것들이 입증되어야 하는지를 보여주는 것이기도 하다.

두 학문 체계도 중에서 첫 번째 것은 이제까지 이루어 놓았던 것들을 체계적으로 요약해 놓은 것이다. 하지만 그것에는 미래에 대한 희망을 찾아 볼 수 없다. 반면 두 번째 것에는 완전하지는 않지만 풍부한 진보적 인식이 들어 있다.

첫 번째 체계도는 귀욤 꽁슈의 『철학 세계』의 수정본에서 도출되었다. 이 도표는 1125년에서 1150년 사이에 일부 사유의 경향들이 하나로 합해졌음을 보여주는 것으로 지식은 잘 알려진 바대로 죄악으로 비롯된 인간 본성의 결점들을 교정하기 위한 것이다. 또한 이것은 이 기간 동안에 당시까지 알려져 있었던 고전 학문에 관한 것을 전부 학문체계로 편성해내었다는 점이 특징이다. 철학과 수사학은 무지에서 벗어나기 위한 도구로 활용되었으며 거의 대부분 보에티우스의 것을 빌려왔다. 윤리학은 육체적인 욕망으로부터 벗어나는 도구였으며 키케로의 것을 빌려왔다. 점성학은 신체적인 결함으로부터 벗어나는 도구이고 이시도르 세르빌로부터 빌려왔다. 이 체계도에서 근대적인 학문은 기술학이 유일한데 이것은 1141년에 사망한 휴 생 빅토르의 것을 수용하였다. 이 모든 것의 중심에 인간이 위치해 있었다는 것은 명백하다. 모든 인문학의 목표는 하나였다. 인간의 본성을 원래의 완벽한 상태로 회복시키는 것이다. 이러한 우주에 대한 체계적인 지식의 탐구가 후대인들로부터 인간의 도덕적 구조 전반에 꼬리표를 달았던 의미없는 시도였다고 비난을 받기는 했지만 그렇다고 해서 진부하고 의미가 없었던 탐구는 아니었다. 그러한 탐구를 통하여 인간에 대한 진보적 인식이 제시되었다. 첫 번째 지식체계 도표의 끝 부분에 그들의 목표가 4 문장의 글로 밝혀져 있었다.

> 인간의 고결함-자연법을 따른다.
> 인간의 고결함-명예를 소중히 여긴다.
> 인간의 고결함-미덕을 확고히 지킨다.
> 인간의 고결함-신의 이미지를 지닌다.

말하자면 인간이 고결한 것은 인간이 자연법들을 지키고 명예를 소중하게 여기며 미덕을 확고하게 실천하는 것 그리고 신의 이미지인 이성을 소유하고 있기 때문이라는 것이다. 이성, 자유, 도덕적 용기 그리고 법률 등이 인간의 고결한 본성이며 이러한 것들은 철학을 연마함으로써 증진될 수 있다는 것이다. 이 문장들은 여러 가지 형태로 중세 시모음집들에 수록되었던 유명한 문장들이지만 이제 이 문장은 학교의 산물이자 프로그램이 속해 있는 학문적 장소에서 발견되고 있었다.

이는 인간에 대한 경이로운 인식이지만 과연 인간이 그와 같은 인식에 도달할 수 있었을까? 만약 인간이 철학적 원리 및 그 특성을 이해할 수 있었다면 우주에 대한 이해는 물론 실제로 정말 신 같은 인간이 되었을 것이다. 그러나 그러한 내용의 것들을 입수하기가 어려웠으며 따라서 탐구할 방법이 없었다. 도표에 있는 인문학들은 어떠했는가 하면 경제학은 경제적인 영역이 있다는 것을 겨우 알아낸 정도였고 정치학은 이해할 수 없는 관습과 서로 얽힌 쟁점들이 혼재된 학문이었다. 윤리학은 고대의 격언들이 아무렇게나 뒤섞어 있는 학문이었다. 기술학문들은 의학과 전술학에 관련된 것 이외에는 문헌조차 없었을 정도였다. 게

다가 완벽을 기하기 위해 점성술도 여기에 포함시켰다.

대부분의 학문들이 상당히 그럴듯하게 일반적인 체계로 제시되었다는 것으로 미루어 보아 이 체계도의 작성자는 당시 이들 학문들에 관해 더 이상은 아니면 전혀 언급할 것이 없다는 것을 알고 있었다고 여겨진다. 그는 당시 표명되었던 가장 고결한 이상의 일부를 체계도로 밝혀 놓은 것이지 그러한 체계로 실현될 수 있다고 제시해 놓은 것이 아니었다. 12세기 전반기의 많은 세속 교수들이 당면했던 가장 치명적인 문제가 바로 이것이었다. 그들은 과거의 것을 완벽하게 탐구하였다. 그러나 그들은 그 이상의 것을 할 수 없었다. 그래서 그들은 앞으로 가야할 길을 제시할 수가 없었다.

도표가 수록되어 있는 귀욤 꽁슈의 『철학 세계』는 이러한 한계를 드러낸 아주 좋은 예이다. 『철학 세계』는 고전 학문과의 강력히 융합을 보여주지만 그 목표와 개념에 있어서는 독창적이었다. 『철학 세계』는 자연계 전체에 대한 논리 정연한 체계를 백과사전이나 신학적 논문의 형태로 제시한 것이 아니었다. 그것은 중세 최초로 탐구적인 학문의 형태로 우주의 구조를 제시하였다. 이 저서는 자연과 우주의 구조 및 요소들과 그 요소들의 결합, 천상계와 지상계, 동물과 인간들을 다루었는데 인간을 다룬 부분에서는 인간들의 출산, 소화, 인식 및 사고 그리고 성장과 노화 체계의 윤곽을 그려내었다. 이러한 것들을 다룬 것 자체는 독자적이다. 그러나 실제로 이 같은 발상은 모두 고전 문헌에서 따 온 것들이었다. 우주론은 마크로비우스와 마르티아누스 카펠라의 것을 보다 체계화한 플라톤의 『티마이오스』에서 대부분 차용하였고 생리학은 콘스탄틴 아프리칸이 그 즈음 라틴어로 번역해 놓은 갈렌의 것을 차용하였다. 이처럼 귀욤 꽁슈는 고전적인 것을 뛰어 넘어서 어떤 새로운 아이디어를 제시할 수 있었던 것은 아니었다. 귀욤의 지적인 능력은 열정적으로 고전을 번역하고 세상의 복잡한 관계들을 지배하는 질서 원칙들을 이해했을 정도였다. 그러나 그가 할 수 있었던 것은 거기까지였다. 그가 책의 마지막 부분에 여전히 밝혀야 할 많은 문제들이 문법 영역에 있고 그래서 자신은 이 점에 보다 더 관심을 기울이겠다고 밝혀놓았다. 그는 아직 젊었지만 세상의 체계에 관해 제시할 것이 없었던 것이다. 그는 책을 수정하면서도 과학적인 내용을 더 이상 추가하지 못하였다.[100] 그가 새로이 발견하게 될 것들은 단지 문법이라는 하부 영역들의 것이었다. 『철학 세계』를 저술한 지 10년 혹은 15년 이후 귀욤은 문법학자가 되어 있었다. 이는 그의 탐구가 우주에 대한 것에서 문법의 문제로 퇴보하였다는 것을 의미한다. 다시 말하면 그는 문법적인 면에서는 풀어야할 문제가 있지만 과학적인 면에서는 문제가 없다고 여겼거나 아니면 그 문제에 대한 해법을 발견하지 못했던 것이다.

12세기 중엽 과학적 인문주의가 직면한 문제는 주로 사료의 부족이었다. 그러나 보다 어려운 문제는 부족한 사료나마 수집한 것을 비판하고 평가하는 것이었다. 모든 시대에는 그 시대의 장점과 약점을 드러낸 시기가 있는 법이다. 중세에는 서로 모순되는 문장들에 관하여 그 특징과 의미를 파악하고 사유의 혼동을 막을 수 있었다는 점이 큰 장점이었다. 권위있는 전거들을 논박하는 주장들이 사유를 키우는 자양분인 것이다. 따라서 반론이 없는 것에 대해서는 더 이상 언급될 것이 없다고 생각하는 경향이 짙다. 이와 같은 경향은 다음과 같은 단테의 글에 잘 드러나 있다. "아리스토텔레스처럼 권위에 맞선 주장을 할 수 있는 사람이 누가 있는가 아니면 키케로처럼 구시대의 정당성 주장을 비난하는 입장을 취하려는 사람이 있겠는가? 그런 지나친 행동은 반감만 일으킬 뿐이다."[101] 사료에 대한 내적 비판이 없어도 자신의 주장을 내세우거나 체

---

100) 1145년에 노르망디 공작과의 대화체 형태로 만들어진 이것의 두 번째 교정본의 제목은 *Dragmaticon Philosophiae*이다.

101) Dante, *Monarchia*, I, i, 4.

계화할 여지는 있겠지만 새로운 관점에서 생각하게 할 동력이 제공되지는 않는다. 이 점이 『철학 세계』에 분명히 드러나 있다. 『철학 세계』는 과거의 사유를 이해하는 데에 큰 기여를 하였다. 과거와 현재가 조화를 이룰 수 있다는 것을 보여주었던 저서였다. 그러나 내용면에서는 논점들을 만들어 내지도 않았고 반론도 제시하지 않았기 때문에 이 저서는 고전을 넘어선 새로운 것을 창출해 낼 수 없었다.

지적 발전에서 논쟁은 반드시 필요한 것이다. 그 예로 두 번째 학문체계도는 중세 사상 내의 논쟁의 주요 근거를 밝혀 놓았다. 『철학 세계』를 활용한 것은 첫 번째 것과 거의 흡사하지만 그것이 제시하는 학문의 이미지는 전혀 다르다. 첫째는 인간과 자연세계가 자신들의 중심적인 위치를 잃었다는 점이다. 인간의 소망을 실현하고 그 나약함을 보완하는 것이 더 이상 인간 생활의 주된 일이 아니었다. 첫 번째 체계도에서 보면 신학은 수학과 물리학과 함께 이론적 철학의 세 분과 중 하나에 불과했었는데 두 번째 것에서는 신학이 그 중심에 있다. 인간성과 인간의 나약함은 신학에서 출발하여 자연계와 초자연적인 신비를 통해 신에 관한 지식에 도달하는 탐구의 시작점일 뿐이다.

일견 신학이 중심인 것처럼 보이기는 하지만 보다 면밀히 살펴보면 두 번째 체계도에서는 인간 및 자연계가 그 전보다 더 큰 역할을 하고 있음이 명백히 드러나 있다. 첫 번째 것이 거의 전부 두 번째 체계도에 개요적으로 포함되어 있기는 하나 두 번째 지식 도표의 탐구영역이 훨씬 더 방대하다. 또한 탐구도 보다 더 열정적이다. 『철학 세계』에 관해 논쟁한 기록은 없었지만 이 체계도가 실린 논문에 관해 격렬히 논쟁된 기록은 상당히 많다. 이러한 논쟁에서 기존 신학의 틀 내에 존재하는 수백 개의 쟁점들이 선택될 수 있었다. 지적 발전의 가능성은 이처럼 선택 가능한 풍부한 쟁점들에 있다. 첫 번째 체계도와 마찬가지로 두 번째 것도 그 구분이 불분명하고 실제적이지 않은 지식 양상들을 포함시켰다. 하지만 이는 지식 분야를 새롭게 조직하기 시작하였다는 것을 의미한다. 이 체계도의 일부 학문들은 이내 유용하지 않은 것으로 판명되었지만 한 가지 중요한 점에서 미래를 정확히 예측하였다. 세속학문을 신학의 입문으로 철저히 탐구해야 한다는 것이 중세 신학 교육에 있어서 하나의 기본 원칙이 될 것이라는 점이다. 이것이 신학 발달에 도움이 되었는지는 알 수 없지만 세속 학문을 발달시키고 우주에 관한 잘 정돈된 관점을 확립시키는 데에는 확실히 도움이 되었다.

우주를 단일 체계 안에서 고찰함으로써 야기된 이와 같은 세속 학문과 종교적 학문의 결합이 당연한 것은 아니었다. 세속 학문에 관한 자료들이 훨씬 풍부했던 당대 이슬람을 예로 들어 보면 이슬람에서는 이와 같은 결합이 일어나지 않았다. 이슬람에서는 세속 학문과 종교적 학문의 두 분야가 각각 왕성하게 발달했던 시기가 있었고 그 이후 이 두 학문 분야가 침체된 결과 결국 분리되었다. 그러나 서구의 세속학교들에서 이 두 학문 분야가 서로 분리되는 것은 실질적으로 불가능해졌다. 하지만 1150년에 이르러서도 이 둘의 결합이 확실시 되었던 것은 아니었다. 12세기 중반 주요 신학저서였던 피터 롬바르드의 『명제집』을 보면 앞으로 세속 학문과 신학이 결합될 것이라는 점이 드러나 있지 않았다. 『명제집』에는 교부들의 글에서 따온 수 천 개의 인용문 중에서 세속 철학에 관한 것은 3개에 불과하였고 그것도 성 암브로즈나 성 아우구스티누스의 글에서 인용된 것이었다. 이와는 대조적으로 100여년 후 토마스 아퀴나스의 『신학대전』에는 무려 3500여 문장이 아리스토텔레스의 글에서 인용되었으며 그 중 1500개는 『니코마스 윤리학』에서였고 800개는 그 이전 시대에는 전혀 알려져 있지 않았던 『기상학』에서 인용되었다.

이는 대략적인 통계 수치에 불과하지만 그 어떤 많은 말보다도 이 수치들이 이성이 계시의 영역으로 침투하였다는 사실을 보다 분명히 말해주고 있다. 통계치를 통하여 알 수 있는 변형된 신학 주제들은 중세 역사에서 가장 놀라운 사실 중의 하나이다. 따라서 그 이후에 일어날 일들을 두 번째 도표를 통해서 미리 간파할 수 있다. 인문주의의 특징이 포괄적인 이해라고 할 때 중세 인문주의가 앞으로 획득하게 될 것이 바로 이것이다. 신학이 독자적인 사유 발달에 반드시 필요한 논쟁을 제공하였던 것이다

가장 간단하게 설명하면 중세 사상은 아리스토텔레스와 성서와의 대화였다. 물론 대화 그 이상이긴 했지만 이러한 점으로 인해 유럽의 사상을 전환시키는데 필수적이었던 긴장 상태가 1150년 이후 두세기 동안 계속되었다. 역설적이긴 해도 중세 인문주의의 형태를 형성하는데 가장 기여를 한 것은 성서였는데 이는 성서가 가장 어려운 논쟁점들을 제공하였다는 것 때문에 그러하다. 얼핏 보면 성서에서는 인간 이성의 활용이 배제된 것처럼 보인다. 자연 미덕들과 합리적인 주장은 별로 찾아볼 수 없으며 또한 미덕과 합리적인 주장이라 하더라도 그리 예찬되지 않았다는 것이 분명하다. 아브라함, 노아, 야곱, 다윗 등은 그리스도교의 인물들이긴 하지만 인간의 미덕을 훈육하는 인물들은 전혀 아니다. 유일한 신의 말씀으로 받아들였던 성서가 인문주의 학문을 진작시키는 도구는 아니었던 것이다. 하지만 성서가 인간의 가치에 대해 관심을 드러내지 않았기 때문에 오히려 인간에 대한 가치와 인간 공동체에 대해 생각하게 되었다는 것은 분명하다. 성서적 규범들과 공동체의 인간들이 일상적으로 필요로 하는 규범사이의 모순이 사람들에게 독자적인 사유를 유발시켰고 이는 아리스토텔레스가 유발시켰던 것 보다 훨씬 더 하였다. 내일에 대한 걱정을 하지 말라, 다른 쪽 뺨도 내밀어라, 그대는 죽지 않을 것이다, 구세주를 화나게 하지 말라, 현존하는 권력자들은 신에 의해 임명된 것이다, 가난한 자는 축복을 받을 것이다, 그대의 것을 모두 가난한 자에게 주어라, 먹을 것과 입을 것이 있다면 그것으로 만족하라는 등의 글들과 그 밖의 많은 성서의 글들은 '조직화된 사회에서 그

리고 합리적인 사회에서 이 글들이 의미하는 바는 무엇일까?'라는 의문을 제기하게 만들었다. 인간 사회를 규정하는 것에 대해 그리고 인간적 미덕과 신적 미덕간의 관계에 관한 논의를 최초로 야기시킨 것이 바로 이러한 성서의 글들과 교리들이었던 것이다. 이 글들은 그 내용이 일종의 도전이라는 생각을 들게 하는 장점이 있었다. 이 글들은 영감이 깃들인 내용으로써 받아들여졌었다. 그러나 또한 이 글들은 어떻게 해서든 참고 인내해야 된다는 내용의 것들이었다.

요컨대 인간은 탐구를 통해서가 아니라 혼란을 겪고 흥미를 느끼면서 배우는 법이다. 키케로의 인간 미덕에 대한 가르침은 사상적 자극을 제공하지 못하였다. 그것은 너무 당연한 진실이었던 것이다. 그러나 '하나의 미덕을 지닌 자는 모두를 갖는 것이고 그 하나를 잃는 것은 모두를 잃는 것이다'라고 하는 욥의 아들과 딸들의 교리 내용은 그것이 영적인 의미에서 도출된 이해 할 수도 없고 일어날 것 같지도 않은 내용의 것이었지만 오랫동안 일련의 논쟁을 불러 일으켰다. 결과적으로 이것이 토마스 아퀴나스의 글을 통하여 인간 미덕에 관한 독창적이고 실제적인 근거가 되었다. 아리스토텔레스 사상만으로는 사상적 자극을 유발시킬 수가 없었다. 아리스토텔레스는 처음에는 사유의 자극을 제공하고 그 다음 사유하는 기능을 마비시키는 기껏 해야 알코올 음료와 같은 것이었다. 아리스토텔레스가 이해한 것은 너무 완벽했고 전혀 논쟁의 여지가 없었으며 전거들에 모순되지도 않았기 때문에 그는 사람들의 사고를 마비시켜 버렸다. 따라서 의심도 하지 않고 믿어 버렸던 아리스토텔레스의 논리적인 글보다는 오히려 역설적이라 할 수 있는 성서의 내용들이 논쟁을 더욱 고무하여 합리적인 결론을 이끌어 내고 있었다.

5) 13세기 인문주의

어떠한 현실도 꿈보다는 아름답지 않을 것이다. 사람들은 정교해진 13세기 사유의 구조들을 12세기 귀욤 꽁슈 시대의 비전들과 비교해 보고는 그것들이 세부적인 면에서 흥미가 떨어지며 인간성 해방에 미친 영향도 그리 크지 않았으며 표현적인 면에서는 덜 아름답다고 여긴다. 그 결과 사람들은 후대의 작가들이 선대의 작가들과는 전혀 다른 보다 비인간적인 의도를 지니고 있었다고 생각하기가 쉽다. 그러나 이 둘에 있어서 가장 큰 차이점은 후대의 작가들은 선대의 작가들에 비해 엄청나게 많은 것을 알고 있었고 자신들이 갖고 있는 자료를 통합하기 위해서 보다 더 힘들게 연구해야 하였다는 점이다. 12세기 초에 새로운 자료의 결핍으로 야기된 인문주의의 정체 위기는 1150년 이후 세기에 쏟아져 나온 새로운 번역서들로 인해 해결되었다. 1250년 무렵에는 그리스 학문의 그야말로 모든 저작이 서유럽에 전해졌고, 학자들은 이를 통달하려고 노력하는 가운데 그 엄청난 양에 불만을 토로했을 정도였다. 두툼한 두 권의 책에 인문학 연구에 필수적인 것들 전부를 수록할 수 있는 때는 지났다.[102] 그들에게는 예술적인 표현과 학문적인 수사를 할 시간이 전혀 없었다. 이는 애석한 일이지만 그들의 아이디어가 달라진 것은 아니었다. 초창기의 교수들이 지니고 있었던 인간의 고결함, 이해될 수 있는 우주, 자연의 고귀함 등의 주요 아이디어는 변함없이 그대로 유지되었을 뿐 아니라 그것이 13세기의 지적 구조들의 근본적인 개념들이 되었다.

이러한 개념들은 너무나도 당연하게 받아들여져서 그것들은 더 이상

102) 여기서 언급한 두 권의 책은 샤르트르 성당 도서관에서 티에리 샤르트르(Tierry Chartres)가 엮은 것이다. 이 책들은 전쟁으로 인해 유실되었지만, 다행인 것은 그전에 이 책들에 대한 마이크로필름화 작업을 해 두었다.

시적으로 표현될 필요가 없는 것으로 여겨졌다. 그 개념들은 그것과 전혀 관계가 없을 것 같은 주제에 대한 가장 전문적인 논쟁들 속에 자연스럽게 도입되었다. 옥스퍼드 최초의 위대한 교수 로버트 그로스테스트가 1230년경에 작성한 그리스도의 강생에 관한 극히 추상적인 논문[103]을 같은 주제로 130년 후에 작성된 성 안셀름의 논문에 비교해 보면 그동안 과학적 인문주의에 커다란 변화가 있었음을 알 수 있다. 문장의 세련미에 있어서는 안셀름이 월등하지만 인문주의의 영향 면에서는 그로스테스트가 한층 더 깊이가 있었다. 안셀름은 인간에게 강생이 필요한 이유는 인간이 그 어떤 방법으로도 구제될 가능성이 없는 죄에 빠져 있기 때문이며 또한 신이 필연적으로 인간이 되어야 했던 것도 인간이 갖고 있는 그 어떤 본성이 고결해서가 아니라 그렇게 하지 않으면 인간이 완전히 파멸해 버리기 때문이라고 주장하였다. 그러나 강생을 보는 그로스테스트의 관점은 사뭇 달랐다. 그 역시 인간의 구원에 반드시 신의 강생이 필요하다고 하였다. 그러나 그 이유는 인간이 죄에 빠져 있기 때문이 아니었다. 강생은 인간의 본성을 완성하기 위해 필요했던 것이라서 인간이 전혀 죄를 짓지 않았었더라도 신의 강생은 일어날 것이었다. 요컨대 신이 거의 패배하다시피 한 전투에서 절박하게 사용하기 위해 강생을 준비해 왔던 것이 아니었다. 그것은 과정 중에 있었던 위대한 창조 행위를 완결시키는 마지막 단계였다. 그것이 인간과 자연을 완벽하게 하였고 창조된 우주 전체를 신과 친밀하게 결합시켜주었던 것이다.

이러한 주장이 신학적으로 혹은 과학적으로 논리적인 것인지 필자로서는 알 수가 없다. 그러나 그로스테스트의 주장은 안셀름의 주장과는 달리 매우 인문주의적이라는 것은 분명하다. 그로테스트의 주장에는 신이 강생까지 해야 할 정도로 인간은 매우 고귀하며 자연 질서는 신이

103) D. J. Unger ed. "De cessatione legalium", *Franciscan Studies*, 1956, xvi, pp. 1~36.

완벽한 인간으로 강생하여 완성시켜야 할 정도로 뛰어난 것이라고 하는 개념으로 가득 차 있다. 이것이 과학적 인문주의의 마지막 단계인 것이다. 그로스테스트 시대의 사람들 대부분이 이 단계에 도달했던 것은 아니지만 13세기 대부분의 신학 저서는 인간과 자연 질서에 대해 이와 유사한 확신을 담고 있다. 실제로 스콜라 신학에 대한 반론이 제기되는 가장 주된 이유는 그것이 인문주의를 결여하고 있다는 것이 아니라 오늘날에조차도 이해할 수 없으리만큼 인간을 보다 이성적으로, 인간의 본성을 보다 고결한 것으로, 우주에 관한 초자연적 질서를 인간이 탐구할 수 있는 보다 개방적인 것으로, 그리고 인간과 자연과 신으로 구성된 복합체를 보다 완전히 이해되는 것으로 간주하는 경향이 있다는 점이다. 그러나 귀욤 꽁슈의 인상적인 도표에 드러나 있는 우주의 구조를 이해하려던 것이며 인간 정신으로 모든 것을 이해할 수 있다는 사실을 증명해 보임으로써 그 고결함을 드러내려던 노력이었다는 점에서 이 사유체계가 과학적 인문주의의 가장 야심찬 것들 중 하나라는 것이 분명해진다.

이러한 관점에서 토마스 아퀴나스의 두 주저[104]는 중세 인문주의의 절정을 이룬다. 독자는 그 책을 읽으면서 다음과 같이 말하려고 할 것이다; 물론 인간이 이해하지 못하는 것이 많이 있다-하지만 그리 많지도 않다. 물론 인간은 죄인이다-하지만 죄로 비롯된 상처가 이성으로 말미암아 얼마나 멋지게 치유되었고 구원의 단계가 얼마나 간단하고 얼마나 자연스러우며 합리적인가! 자연의 힘이 더 이상 어둠 속에 묻혀 있지 않았다. 이성과 자연이 이 세상을 이어 받았다. 토마스 아퀴나스의 저작은 이성과 자연의 우월성을 드러내는 많은 예들로 가득하다. 그는 언제나 실제적인 자연인보다 훨씬 높게 자연인을 평가하였다. 그는 육체를

104) 『신학대전』과 『반이교도대전』

영혼이 머물다 가는 타락한 곳이라고 보는 고대의 견해를 부정하고 아리스토텔레스처럼 영혼은 육체를 토대로 하여야만 존재한다고 주장하였다. 아퀴나스는 언제나 인간의 타고난 완벽함과 천부의 권리 그리고 이성의 능력을 언급하곤 하였다. 인간성의 고결함이 단순히 낭만적 환상의 시적인 표현에 그치지 않고 철학의 핵심 진리였다.

토마스 아퀴나스는 1274년에 사망하였다. 그리고 그의 저서에서처럼 지극히 질서 정연하고, 이해할 수 있는 우주 안에서 인간이 그처럼 중요한 존재로 간주되는 일도 다시는 없을 것이다. 인간이 그렇게 중요한 이유는 창조된 우주와 초자연적인 지성을 연결해주는 고리가 바로 인간이기 때문이다. 자연계에서 오로지 인간만이 그 누구의 도움도 받지 않고 자연의 질서를 이해할 수 있으며 실로 인간만이 신의 섭리를 깨달을 수 있기 때문이다. 인간만이 유일하게 신의 뜻에 따라 자연을 활용하고 완벽하게 할 수 있으며 그럼으로써 온전한 인간의 고결함을 성취할 수 있는 것이다.

6) 12 · 13세기의 사회

이처럼 12, 13세기에는 인간의 고결함이 거리낌 없이 지속적으로 표명되었다. 이 시대의 지적 탐구들은 신, 인간 그리고 자연을 이해할 수 있는 것으로 체계화하였다. 초자연적인 영역에 속해 있던 자연의 영역이 확장되었고 알지 못했던 인간의 삶이 많은 부분 밝혀졌다. 이제까지 우리는 종교적 및 지적 측면에 미친 영향과 관련하여 이러한 변화들을 고찰하였다. 하지만 정부와 사회에서의 실질적인 변화 역시 고찰해 보아야 할 필요가 있다.

12세기 인문주의가 즉각적으로 영향을 미친 것은 정부의 성격이었다. 11세기에는 교회에서 치러지는 대관식을 통하여 신성한 권위를 부여 받고 그리스도의 대리자의 권위를 행사하는 왕은 도유된 위엄이 있는 인물이었다. 설사 왕의 실질적인 권위가 아주 제한적이었다 하더라도 왕이 사용하는 상징적인 장식물들은 그가 신의 지상 통치자임을 알려주었다. 이러한 것들이 인정적 정부의 권위를 부여하는 것이긴 하지만 실제로 그 권위는 신으로부터 온 것이었다.

그러나 12세기에는 이 모든 것이 변하였다. 관례적인 정부는 사라지고, 행정적인 정부가 등장하였다. 통치자들은 실질적인 면에서는 권력이 강화하였지만 그 지위는 인간의 차원들로 격하되었다. 대관식은 당연히 치러졌지만 그것이 갖고 있었던 종교적인 가치는 정치적인 논쟁에서 제외되었다. 온갖 서약식과 충성 맹세와 신종 선서 및 나중에는 공동선과 법치 등에 대해서도 많은 논쟁이 있었지만 왕의 도유식, 반지, 홀 그리고 의복 등이 갖고 있었던 정치적 가치는 상실되었다. 이처럼 정부에 대한 신적 근거가 사라짐으로 말미암아 '공동 선', '정치적 공동체', '다수의 의견' 등 정부에 대해 전적으로 인정적인 개념들이 발달할 수 있는 길이 열렸다. 이런 관념이 유럽의 정치적 수단이 된 것이 13세기였다. 이와 관련된 것으로 1215년 공포된 영국의 대헌장을 들 수 있다. 대헌장은 신성한 왕권이라는 관념과는 상당히 동 떨어진 것으로 국가에 대한 근본원리를 처음으로 논의한 것이다. 공동의 권리 및 공동의 법률 이를테면 모든 자유민들이 요구할 수 있는 권리, 합법적인 저항권이 논의되었다. 이와 같은 토대 위에서 머지않아 공동체가 통치자 권력의 원천으로 간주되기에 이르렀고 확고한 국가 자연 발생설이 발달되었다.

인정적 정부의 신성성을 제거하고 그것의 자연성을 강조한 이와 같은 변화는 정치체 뿐만 아니라 법률적 체계에서도 찾아 볼 수 있다. 12세기까지 기본적인 재판과정은 초자연적인 판결에 호소하는 것이었다. 대부분의 사람들에게 그리고 대부분의 사건에서 정당한 재판 절차란 사제가 선서를 하게하고 서약을 받아내고 끓는 솥 위에서나 아니면 뜨거운 철판 위에서 기도를 하게하고 죄인에 대한 신의 판결을 청하는 것을 의미하였다. 인간들이 배심원을 통해 검증하고 증거를 살피는 등 단지 인간적인 방법으로 판결을 내린다는 것은 생각도 할 수 없는 일이었다. 불합리한 인간적인 방법은 신의 판결에 비하면 형편없는 것으로 여겨졌었다. 하지만 인간의 방법이 재판에서 널리 활용되기 시작하였다. 농촌 지역의 인간들은 초자연적인 재판방법을 버릴 수밖에 없었다. 이웃의 목격과 배심원들의 판결에 의존하는 것 이외에 다른 방도가 없는 그들은 누군지도 모르는 약탈자들과 살해자들로부터 자신들을 보호할 수 없다고 느꼈었을 것이다. 그들의 소송 사건에서 신의 판결이 없고 성자들에게 선서도 하지 않는 세상은 그들에게 틀림없이 비참한 곳으로 비쳐졌을 것이다. 그러나 그들은 그런 세상과 마주하게 되었다.

경외심과 믿음을 통하여 판결을 유도하는 시죄법들이 12세기 중반에 사라지기 시작하여 한 세기 후에는 완전히 사라져 버렸다. 학자들은 이러한 쇠퇴의 특징을 단계별로 다음과 같이 밝히고 있다. 유럽 대륙에서의 로마법의 부활, 영국에서의 배심원의 등장, 1215년 라테란 공의회에서 내려진 사제의 시죄재판 참석 금지령 등이 그것이다. 그러나 이는 거대한 인식의 변화 다시 말하면 인간 사회에 대한 관점이 단지 초자연적인 것에서 자연적인 것으로 변화하면서 생긴 현상들인 것이다.

여기서 지적해둘 것은 인식적인 초점이 보다 인간에게 맞추어지자 사회는 점점 더 피폐해졌다는 점이다. 사회에서 인간의 자유가 확대되는 것과 맥을 같이 하여 그 억압도 강화되었다. 인간의 대부분의 활동분야가 합법적인 것으로 공표되자 유력자들은 더욱 큰 규모의 합법적인 활동 영역 및 자신들의 권력을 정당화하는 근거를 제공받았다. 전쟁은 그들의 명분이 정당하다는 것을 보다 명확하게 알려 주는 것이 되었다. 자유와 사회적 유용성 및 당위성과 같은 말들은 온갖 이기심을 은폐하기 위한 것으로 사용되었다. 이러한 점들이 인문주의가 가져다 준 폐단이었다. 인문주의의 이점이 있으면 폐단도 있는 법이다. 세상은 사람들이 온갖 인간적인 욕구에 빠져들까 두려워하며 살아가야 하는 극히 폐쇄적인 곳이거나 아니면 강자들이 적극적일뿐만 아니라 자신만만하게 살아가는 곳이다. 힘있는 자들은 가난한 자들에게서 자신들이 정당하다고 여기는 인식조차 허용하지 않았다. 사회가 팽창하면서 새로이 대두된 악행들을 개선하기 위한 방책은 억압받는 자들의 절박함을 고려하지 않았다. 강자들이 고통 받는 자들을 위해서는 아무런 노력도 하지 않으면서도 사회에 대한 이론을 확립하는 데에는 많은 노력을 기울였다. 오랜 기간 억제와 금지 수단으로 작동하던 것들이 서서히 자취를 감추기 시작했던 12세기에 처음으로 성장은 순조롭게 이루어지고 있었지만 성장을 촉구하는 것이 심각한 문제로 등장하였다.

일반적으로 이전 시기의 사회적 이상들은 성장을 억제하는 성서적 규범을 통해서 궁극적으로 승인된 권위들에 토대를 두었었다. 앞에서 필자는 상거래는 옳지 못한 것이고 재산을 소유하는 것도 잘못된 것이며 고리대금업도 당연히 나쁘다는 것을 입증해주는 일부 규범들을 인용하였다. 이러한 규범들이 별다른 문제없이 초기의 정적인 사회의 사회적 이상들로 전해 내려왔고 12세기가 될 때 까지 상당 부분 그대로 유지되었다. 물론 이 이상들이 때에 따라 변질되기도 했지만 그 이상들은 절대적이었다. 그 후 1140년 경 이러한 인식에 거대한 변화가 있었다. 처음에는 그 변화가 그다지 잘 드러나지 않았다. 변화는 전통적인 문헌들을 분석하는 형태를 취하였으며 그 문헌들 중에는 분석하기가 상당히 어려운 것도 있었다. 이러한 작업은 법률가의 몫이었는데 이들이 교회 법정에서의 판결에 참고할 합법적인 행위와 비합법적인 행위를 구분하는 실질적인 과제를 맡고 있었다. 그들은 성급하게 결론을 내리는 사람들이 아니었지만 결국 그들은 극단적인 결론을 내렸다.

한두 가지 정도의 문제점들과 그것들이 다루어진 방식을 짚어 보기로 하자. 그 첫째가 소유에 관한 문제이다. 합법적인 소유에 관한 관점이 완전히 발달된 사회에서는 소유에 관한 문제가 극히 중요한 요소들 중의 하나라는 것은 의심의 여지가 없다. 어느 한 사회에서 개인의 권리들이 지나치게 제한된다면 그것은 사적인 삶의 제한으로 귀결된다. 그러나 제한이 없다면 결과는 억압과 불공정으로 드러날 것이다. 더구나 소유에 관한 이론이 실질적인 실체를 반영하고 있지 않다면 결국 그 이론은 간단히 무시되기 마련이다. 이러한 점에서 볼 때 중세는 그 어디 쪽에 위치해 있는가?

그 어느 측면을 살펴보던지 답은 상당히 명확하다. 12세기까지 내려오면서 성서와 교부들에게서 기원된 소유에 관한 이론은 아주 불충분하였다. 성서는 두 가지를 요구하였다. 첫째, 인간은 소유의 정도에 큰 차이가 없어야 하고 둘째, 모든 소유는 공동 소유이어야 한다. 이 둘 중 첫째는 이론화할 필요조차 없지만 둘째는 이론화하기가 상당히 어렵다. 이상적인 공산주의 이론은 사도행전의 초기 그리스도교도들의 삶에 관한 글을 토대로 하여 확립되었다. "그 누구도 자신이 소유한 것을 자기 것이라고 말하지 않았다. 하지만 그들은 모든 것을 공동으로 소유하였다." 이것에 근거하여 모든 사적인 소유는 죄의 성격을 지니고 있으며 완벽한 상태에서는 소유와 같은 것은 없을 것이라고 초기 중세에 결론지었다. 성 베네딕트가 그의 『규칙』에 모든 것이 공동 소유임을 명시했을 때 그가 단지 종교적인 공동체만을 위한 이상을 언급한 것이 아니라 모든 사회에 대한 이상을 언급했던 것이다.

이러한 것들은 1140년에도 여전히 사회적 이상이었다.[105] 법률가들

---

105) 사적 소유권을 관례적으로 불법화한 기록을 살펴보기 위해 선택된 사료들에 관해서는 그라티안 『교회법령집』. 1, c. 7, 47, c, 8, C.12, q. 1, c. 2.을 볼 것.

은 소유에 관한 문헌들을 살펴보게 되었다. 이들은 성서에 기록되어 있는 초기 그리스도교 공산주의에 대한 설명과 세상의 모든 것은 모두의 공동 사용을 위한 것이라고 강조한 다른 문헌들을 찾았다. 이들은 이것의 차이점을 규정하기 시작하였다. 이들은 공동 사용권과 사적 소유권이 양립될 수 있는 점을 찾아내었다. 그래서 이들은 사적 소유권은 안정성과 질서 잡힌 행정을 보장하는 가치를 지녔고 공동 사용권은 위급 시 인간의 생존을 위해 남겨진 단순한 보호 수단이라고 구분하였다. 이렇게 정교하고 세속적인 소유권 구분은 점점 더 복잡해지고 상업화되어 가고 있었던 사회에 많은 도움이 되었다. 이들이 보다 적극적으로 법률적 인식체계를 갖추게 되자 성장을 제한하는 성서적 규범들의 영향력은 거의 사라졌다.

13세기 전반에 이르러 아리스토텔레스의 『윤리학』과 『정치학』이 유럽에 알려지자 법률가들이 정해 놓은 사적 소유권과 공동 사용권의 구분이 강화되었다. 이 문헌들은 사유재산을 죄의 결정적인 결과물로 보지 않았다. 또한 법률가들이 그 구분을 이미 명확히 해 놓았기 때문에 사유재산은 마땅히 선한 것이고 신자들의 삶에 필요한 것이라고 하는 아리스토텔레스의 관점이 별 문제 없이 수용되었다. 토마스 아퀴나스는 이러한 관점을 하나로 결합하여 사적 소유권에 대한 설득력 있는 변론을 제시하였다. 그는 사적 소유권 자체의 필요성과 가치들을 이론화하였고 사적 소유권의 실재적인 활용에 대해서는 그리스도교적인 보호 수단이라는 것에 중점을 두어 설명하였다. 이 보호 수단이라는 점이 일시적인 점유를 추구하는 것에 대한 합법적인 목적들이 되었고 정당한 사유물의 범위들이 정해졌다. 오래 유지 되어오던 그리스도교적 공산주의의 이상은 말 그대로 절망에 빠졌을 때 실천하는 것이 되었다. 다시 말하면 아무도 주려고 하지 않을 경우에 '극도의 궁핍으로 고통 받는 자는 다른 사람의 것을 취할 수 있다'는 정도로 그 의미가 바뀌어 버렸던

것이다.[106)]

이와 같은 절충안은 1140년부터 증가하였던 전형적인 것으로써 자연이 토대가 되고 종교가 규정한 것이라고 말할 수 있을 것이다. 유럽이 적극적으로 사적 소유권을 옹호했기 때문에 이런 상황이 야기되었다. 하지만 공동 사용권에 관해서는 도둑이 자신의 행위를 극도의 궁핍 때문이라고 변론한다고 해서 징벌이 면제된 적은 거의 없었다. 사적 소유권은 자연적인 것에 근거를 두었고 공동 사용권은 성서에 근거를 두었다. 소유에 대해 탐구하면 할수록 자연적인 것에 대한 정의가 모호해 질 수 있었기 때문에 소유권에 대한 자연적인 근거는 그 규모가 더욱 확대되고 견고해졌다. 소유권을 실질적으로 적용하기 위해 필요한 규정들과 제재안을 초자연적인 근거에 입각하여 입법화하기가 어려웠기 때문에 소유권에 대한 초자연적인 근거는 점점 더 미미해져서 마침내 사라져 버렸다.

이런 세속적인 추세와 맞서서 싸우고 무소유의 완벽을 추구하는 절대적 이상을 지속적으로 지지했던 사람들이 있었다. 하지만 그들의 입장은 세상의 추세와는 반대였다. 이 사회적 보수주의의 최후의 지지자들은 성 프란시스 수도회에서 발견되었고 그들은 1323년 교황 요한 22세에 의해 정죄되었다. 교황 요한 22세가 그리스도와 사도들의 절대 청빈의 교리를 이단이라고 공표하였던 것이다. 이것이 성서의 그리스도교에서부터 시작하여 소유를 주장하는 자연인을 수용하게 된 긴 과정의 결말이다.[107)]

---

106) 『신학대전』 2. 2, q. 32, art. 7, ad 3. 사적 소유권에 대한 자세한 설명은 2, 2, q. 66, art. 1, 2, 및 7에 있다. 이 글은 아리스토텔레스의 『정치학』, ii, 5, 8.을 요약해 놓은 것이다.

107) 성 프란시스 수도회는 특히 사회적 기록에 관심이 많았는데, 수도회가 100년 기간 동안 서구 사회 전반에서 수세기에 걸쳐 확산된 발달과정을 겪었기 때문이다. 사적 소유를 죄악시한 입장을 철회한 마지막 단계가 J. Moorman, *The Franciscan Order from its Origins to 1517*, 1968, pp. 307~319에 잘 설명되어 있다.

같은 시기에 그 밖의 다른 많은 사회적 가치들도 이와 같은 전철을 밟았다. 상거래에 관해 살펴보면 12세기 중엽의 법률가들은 상거래가 그리스도교도에게 적합한 직업이 아니고 같은 물건을 높은 가격에 되파는 것은 잘못된 행위이며 거래에서 이익을 남기는 것도 악한 것이고 수요에 따라 가격이 변동되는 것도 그릇된 일이라는 취지의 성서 구절들과 주석들을 여전히 인용하고 있었다. 그러나 13세기에 들어서 법률가들이 상거래도 규정하기 시작하였다. 이 경우에 있어서 법률가들은 소유권 규정시보다 소극적이었다. 한편으로는 상인들이 사회적으로 평이 좋지 않았기 때문이었으며 다른 한편으로는 아리스토텔레스도 상거래를 미덕에 반하는 것이라고 여겼다는 점에서 성서 주석가들과 일치했기 때문이었다.[108] 그러나 이 경우에 조차 법률가들은 결국 입장을 바꾸었다. 이들은 공정 가격에 영향을 미치는 요소들을 규정해 놓았으며 그렇게 함으로써 경제학의 기초를 세워놓았다. 이들은 이윤 추구의 동기를 조사하였고 어느 정도까지의 이득이 도덕적으로 정당한 것인가를 규정하였다. 이들은 이자율을 분석하였으며 위험 부담이 있는 투자와 고리대금을 구분하였다. 이들은 사회에서의 상인의 위치를 논의하였고 상인들이 사회적인 복지에 필요한 존재임을 소극적이지만 분명하게 인정하였던 것이다.[109]

다른 경우에서와 마찬가지로 이 경우에도 아리스토텔레스는 자극도 되고 동시에 걸림돌도 되었다. 사회적 신분들에 관한 전반적인 이론체계를 그전 세기들에서 오래 유지되었던 삼신분제-기도하는 자, 싸우는 자, 일하는 자-체계보다 더욱 정교하게 이론화하도록 고무하였다는 점

---

108) 특히 아리스토텔레스의 『정치학』, vi, 4; vii, 9를 보라. 토마스 아퀴나스가 규정한 사회 내에 존재하는 상인은 불충분한 것이었지만, 일부 상거래 행위에 대한 권리는 인정하였다.

109) 이러한 문제 일부에 대한 중세 말기의 인식 분석에 관해서는 R. de Roover, 'The Concept of the Just Price : theory and economic policy', *Economic History*, 1958, xiii, pp. 418~434를 볼 것.

에서는 아리스토텔레스가 자극이 되었지만 그가 귀족적 사회 및 농경 사회에 대한 선입견을 심어주었다는 점에서는 확실히 걸림돌이 되었다. 그럼에도 불구하고 아리스토텔레스의 영향 하에서 발달된 사회적 이론들은 서유럽에서 최초로 시도된 포괄적인 사회정치사상 이론들이었다. 여러 시기가 지나는 동안에 처음으로 자연 및 자연적인 미덕이 인간 사회를 위한 전반적인 틀을 제공하는 것으로 간주되었다. 자연은 자유를 가져다주었다. 이 자유와 함께 유력자들은 더욱 강해졌다. 어떤 도둑이 자신의 행위가 공동 재산에 대한 사도적 특혜였다고 항변한다고 해서 교수형을 피해갈 수 없었던 바와 같이 '공정가격'도 가뭄으로 인해 상승하는 옥수수 가격을 제한하기 보다는 흑사병으로 인해 상승하는 임금을 낮추는 데에 보다 더 효율적으로 작용하였다. 이것이 인문주의가 치러야 했던 대가였다.

전쟁에 대한 인식에서도 이와 유사한 변화가 일어났다. 성서가 이 주제에 관해 다소 양면적인 인식을 유지하였던 것은 사실이지만, 성서의 가르침은 의심할 나위가 없다. 즉 '칼을 들은 자는 칼로 망하리라', '살인하지 마라' 등이다. 초기 중세의 사상은 이 가르침을 따랐다. 전적으로 용인되었던 전쟁은 쳐들어오는 이교도들과의 전쟁밖에 없었다. 뿐만아니라 자기 방어를 위해 혹은 가톨릭교회나 미망인들 및 고아들을 보호하기 위해 저지른 살해 행위도 당연히 정당한 것으로 포함되었다. 하지만 정당한 폭력의 범위는 상당히 협량하였다. 노르만의 잉글랜드 정복 당시 교황의 승인이라는 충분히 입증된 명분이 있었어도 노르만의 추기경들은 이 위대한 전투에서 사람들이 피를 흘리게 된 것에 대해 속죄하고 참회하라는 중징계를 받았으며 그 참회의 정도도 살인자들에게 부과되는 것과 거의 다름이 없었다.

그러나 1140년 경 이 패턴이 변화하기 시작하였다. 그라티안은 당시 훌륭한 교회법학자로서 여전히 정당한 전쟁은 전통적인 범위 안의 전쟁이라는 것을 강하게 주장하였다.[110] 그의 책에서 명시적으로 승인된 전쟁은 교황의 지휘아래 교회의 권위자들에 의해 치러지는 이단들과의 전쟁이 유일하였다. 그는 세속 통치자들이 세속적 권리들을 유지하기 위해 치루는 전쟁에 관해서는 아무런 언급도 하지 않았다. 하지만 그라티안의 주장에 이전과는 다른 점들이 있다는 것을 발견할 수 있으며 그것은 모든 사회적인 문제들에 대한 논쟁의 성격을 완전히 바꾸어 놓을 것들이었다. 그는 다른 쪽 뺨도 내주라는 성서적 교훈들은 겉으로 드러내고 실제로 행동으로 그것을 실천하라는 의미가 아니라 그런 마음 자세를 지니라는 의미라고 밝혔던 것이다. 다르게 말하면 그리스도교도들은 이제 생각과 행동을 서로 다르게 하게 될 것이었다. 실제로 그런 방법 외에 그리스도교인들이 서구 세계에서 할 수 있는 것이 아무것도 없었을 지도 모른다. 이러한 인식이 수용되자 그 이상의 것도 수용될 수 있었다. 그러한 인식의 토대 위에서 토마스 아퀴나스는 통치자의 명령에 따라 칼을 든 자는 칼을 든 것이 아니라 그에게 내려진 명령을 단지 이행한 것뿐이라고 이해하였다. 토마스 아퀴나스의 정당한 전쟁에 대한 이론은 보다 체계화되었다. 그러나 그의 이론에서는 전쟁 혹은 평화의 결정은 전적으로 세속 통치자의 판단에 맡겨져 있었다. 설사 아퀴나스가 성서와 교부의 문헌들을 참고로 하였다고 하더라도 그의 전쟁에 대한 결론은 전적으로 세속적이며 아리스토텔레스나 자연 이성을 통해 도달된 결론도 거의 동일했을 것이다.[111]

그러나 여기서 보다 확실시 해둘 것은 중세 사상가들이 신의 영역을 축소하려고 하였다 하더라도 그것을 한 번에 해내려고 했던 사람은 없

110) 아주 제한적인 범위이긴 하지만 그라티안의 『교회법령집』에서 전쟁에 관한 장은 중세 유럽에서 전쟁에 대해 최초로 진지하게 논의한 장이다.

111) 토마스 아퀴나스가 전쟁에 대해 언급한 것은 『신학대전』, 2, 2, q. 40, art. 1, 이다. 이것을 보완하는 글은 범죄자들에 대한 처형에 관한 논문은 『신학대전』, 2, 2, q.64, art 3.이다.

었다는 점이다. 잘 알다시피 그들은 신의 존재를 자연의 완성을 위해 필요한 것으로 간주해 왔었다. 자연 질서를 완벽하게 하기 위한 모든 것이 이루어졌을 그 때 바로 그로세테스트가 말했던 바와 같이 신이자 인간인 그리스도만이 제공할 수 있는 통합원칙이 필요했던 것이다. 궁극적으로 자연과 신의 결합이 중세 인문주의의 완결판이었다. 이런 통합이 단테의 『제정론』 결론 부분에 가장 탁월하게 표현되어 있다.

> 인간은 타락한 것과 타락하지 않은 것 그 중간에 위치해 있다. 중간에 위치한 것들이 양 극단 각각에서 일부를 취하고 있는 것처럼 인간도 그 두 가지 본성을 모두 갖고 있다. 또한 모든 본성은 뚜렷한 목적에 따라 정해진 것이기 때문에 각 본성에 따라 인간은 두 가지 목적을 갖게 된다. 하나는 현세의 행복이며 이것은 자신의 인간적 권력을 구사하는 것에서 오며 또한 우리가 철학의 가르침과 도덕적이고 지적인 미덕들의 실천을 통해 도달하는 지상의 이상향으로 상징된다. 그리고 다른 하나는 영원한 삶의 행복인데 그것은 신의 비전을 향유하는 것에서 오는 것으로 인간은 신의 도움 없이는 그것에 도달 할 수 없다.[112]

이것은 자연 질서의 자율성에 대해 언급한 것으로 이것이 바로 중세 인문주의의 본질이다. 인문주의적 관점에서는 이성이 자연 질서를 지배한다. 즉 이성을 통하여 우주가 이해될 수 있으며 이성이 인간을 자유롭게 한다. 또한 이성은 사람으로 하여금 이성 너머의 것에서 영원한 만족을 추구하도록 한다. 인간은 이성적으로 자연의 자율적인 본성 및 그 자율성을 확보하기 위해서는 자연 이상의 것이 필요하다는 것도 알 수 있다는 것이다.

이것은 분명 르네상스 인문주의와는 다르다. 이것은 또한 오늘날의 인문주의와도 상당한 거리가 있다. 하지만 우리가 중세 인문주의의 고

---

112) Dante, *Monarchia*, III, xvi.

유한 엄격함이나 혹은 그것이 미래에 끼치는 영향력을 고려해 볼 때 중세 인문주의는 유럽에서 태동된 인문주의 중 가장 가치 있는 인문주의라고 하기에 충분하다.

7) 맺는말

우리가 고찰한 이와 같은 류의 인문주의를 인정하지 않을만한 여러 가지 이유들이 있을 수 있다. 인문주의의 신학적 토대, 우주를 이해할 수 있다는 확신, 인간에게 부여된 핵심적인 위상, 인간 이성의 능력에 대한 낙관주의 등에 대한 동의가 수반되지 않을 수는 있다. 그러나 신이나 이성에 대한 확고한 신뢰가 있었던 인간이 그리고 인간 자체를 예찬하고자했던 사람들이 앞에서 고찰한 사고방식을 인문주의적이지 않다고 주장하였다는 것은 얼핏 보아도 이해하기 어려운 일이다. 11세기의 세계에 관해 조금이라고 알고 있는 사람은 누구나 인간의 고결함, 우주 및 신을 이해할 수 있다는 확신 그리고 실질적인 문제들에 대한 이성의 적용 등이 12, 13세기에 대단한 발전을 가져 왔으며 그러한 점들이 모든 사상 및 경험의 핵심적인 양상으로 등장하였다는 사실은 부정하지 못할 것이다. 그렇다면 이 두 세기가 그 이전 세기에 비교하여 인문주의적 가치를 그렇게 적대적으로 간주한 세기라고 여겨지게 된 것은 어떠한 이유에서였을까?

필자 생각에는 이 수수께끼에 대한 해답이 14세기 초에 있다. 14세기에 유럽은 이전 두 세기 동안에 사람들의 탐구를 이끌어 내었던 낙관주의가 한순간에 쓸모없는 것으로 간주되는 시기에 접어들었다. 그때에 이르러 새로운 지적 자원들의 유입이 중단되었고 정착지 개척과 팽창이 정지되었다. 유럽 지역 도처에서 혼란이 가중되었다. 모든 것이 불안하게 비춰지기에 이르렀다. 이 때 까지는 현재가 비록 고통스럽지만 미래는 보다 나을 것이라고 여겨졌었다. 우주에 대한 모든 새로운 지식은 하나의 거대한 체계를 따르고 있다는 확신이 당연한 것으로 여겨졌었다. 더구나 보편적인 교황 혹은 황제의 지배 체제가 마침내 전 세계에 평화를 가져올 것이라고 생각하는 것이 그렇게 터무니없는 일도 아니었다. 무엇보다도 우주와 신은 혼돈 그 자체여서 이성을 통한 이해가 불가능하리라고 생각할 여지가 전혀 없었다.

그러나 이 전반적인 상황은 상당히 빠르게 바뀌어 버렸다. 한 세대의 지적 인식이 바뀌는 데에 반드시 극적인 재앙이 일어나야만 되는 것은 아니다. 약간의 방향 전환만 있으면 된다. 즉 팽창의 중단, 지식 자원의 고갈, 일련의 소규모 퇴보 그리고 아무것도 나아질 것이 없다는 느낌이 지속적으로 유지되는 것으로도 충분하다. 14세기 중엽에 새로운 종류의 인문주의를 상징하였던 페트라르카는 그 누구보다도 지난 두 세기 동안 이루었던 업적들에 대해 환멸을 느낄 이유가 충분하였다. 인간이 목표로 삼았던 지적 및 실제적 질서가 갑자기 전혀 달성할 수 없는 것으로 여겨지게 되었다.

> 주위를 둘러보아라. 폭군이 없는 곳이 없다. 혹 폭군이 없는 곳에서는 사람들 자신이 폐해를 자아낸다. 그대가 한명의 폭군의 손을 피한다고 해도 그대는 곧 여러 명의 폭군의 손에 떨어지게 된다. 만약 그대가 내게 정의롭고 자비로운 왕이 지배하는 곳을 알려준다면 나는 내 짐을 전부 싸가지고 그곳으로 갈 것이다… 나는 그런 곳과 그런 왕을 찾을 수만 있다면 인도로 혹은 페르시아로 아니면 아프리카 끝까지도 찾아 가겠다. 그러나 찾을 수 없는 것을 찾아 헤매는 것은 부질없는 일이다. 다행히 우리 시대가 그 모든 것들을 파괴시킨 덕에 그렇게 애쓸 필요가 없어졌다.[113)]

---

113) Petrarch, *Invectiva contra quendam magni status hominem sed nullius scientie aut virtutis*, ed. P. G. Ricci, 1949, p. 15.

과거에 대한 희망은 버려야만 했었다. 그러나 조용히 소리없는 탄식만으로 그런 희망들이 사라지는 것은 결코 아니다. 거기에는 비참한 모멸감과 배신감이 뒤따르기 마련이다. 그리하여 틀에 박힌 절차, 형식주의적인 특징을 띠고 있던 성직자 학교들은 그냥 크게 실패한 자들에 그치지 않고 심각한 노예 상태를 야기시킨 주범들이라고 여겨지기에 이르렀다.

모든 사유 체계들은 그 구조 자체에 약점들을 갖고 있기 마련이며 그 약점이 어떤 측면에서는 그 체계의 강점이기도 할 때 그 약점들을 제거하기가 상당히 어렵다. 중세의 과학 사상이 가진 약점의 특징은 권위와 전거에 의존하였다는 점이다. 권위와 전거가 사상 체계를 형성한 재료들이었다. 그것들이 논쟁에 필요한 자료와 결론을 내리는데 필요한 가장 확고한 근거들을 제공하였다. 그러나 그것들은 또한 그것 너머로 체계가 발달할 수 없는 한계들도 규정하고 있었다. 그래서 언젠가는 반드시 정체의 순간이 오게 되어 있었다. 이는 중세 사상이나 혹은 스콜라적인 논쟁의 발달 과정에서만 일어나는 특유의 현상이 아니라 모든 사상 체계의 발달에서 나타나는 보편적 현상이다. 그러나 중세에는 이 정체의 순간이 예고도 없이 닥쳐왔고 따라서 그것에 대한 대응에서 특히 무력한 결과를 수반하였다.

사람들이 그러한 사상 체계와 목표에 대한 확신을 잃게 되자 곧 모든 소소한 것에게 까지도 강한 혐오감을 보였다. 이제껏 저술되었던 책들은 더 이상 교육에 활용되지 않았다. 중세 학교들의 필사본들은 실제로 읽기 어려운 필체로 작성되었고 이해하기 어려운 약자들과 내용보다 더 어려운 주석들이 여백을 꽉 채우고 있었기 때문에 사람들로부터 외면당하였다. 사람들이 학문체계 전반이 추구하던 목적에 대한 확신을 잃게 되자 그 저서에 수반되던 모든 것들이 야만적이고 비인간적인 것으로 여겨지게 되었다. 더구나 그 저서들은 문체의 아름다움이나 유쾌한 유머도 없었다.

따라서 새로운 종류의 인문주의가 12세기와 13세기의 과학적이고 체계적인 인문주의가 남긴 유산의 상속자로서 등장하였다. 이는 바로 그 전 세기의 위대한 기획의 환멸에서 비롯된 것이었다. 보편적인 우주 질서에 대한 희망이 사라졌을 때 인간의 가치를 지탱해주는 것으로 남은 것은 정서 및 개인적 미덕의 함양, 고전 문헌에 드러나 있었던 옛 이상향에 대한 향수 등 뿐이었다. 중세 성기의 확신에 찬 진보적인 인문주의와 대체되어 등장한 이 새로운 인문주의는 개인과 고대의 것에 틀어 박혔다. 그것은 성직자 대신 귀족을 문화의 수호자로 받아들였고 신학과 철학 대신 문학에서 영감을 받았으며 보편적 체계 대신 동료 집단에 이상을 두었다. 그리고 인간의 고결함은 모든 것을 이해할 수 있는 인간의 역량보다는 알 수 없는 세계와의 투쟁에서 드러나는 것으로 여기게 되었다. 이러한 변화가 일어나자 결국 중세 성기의 인문주의는 인간의 경험을 적대시한 형식주의라고 오해를 받게 되었던 것이다.

도표 1. 휴 생 빅토르의 학문체계도

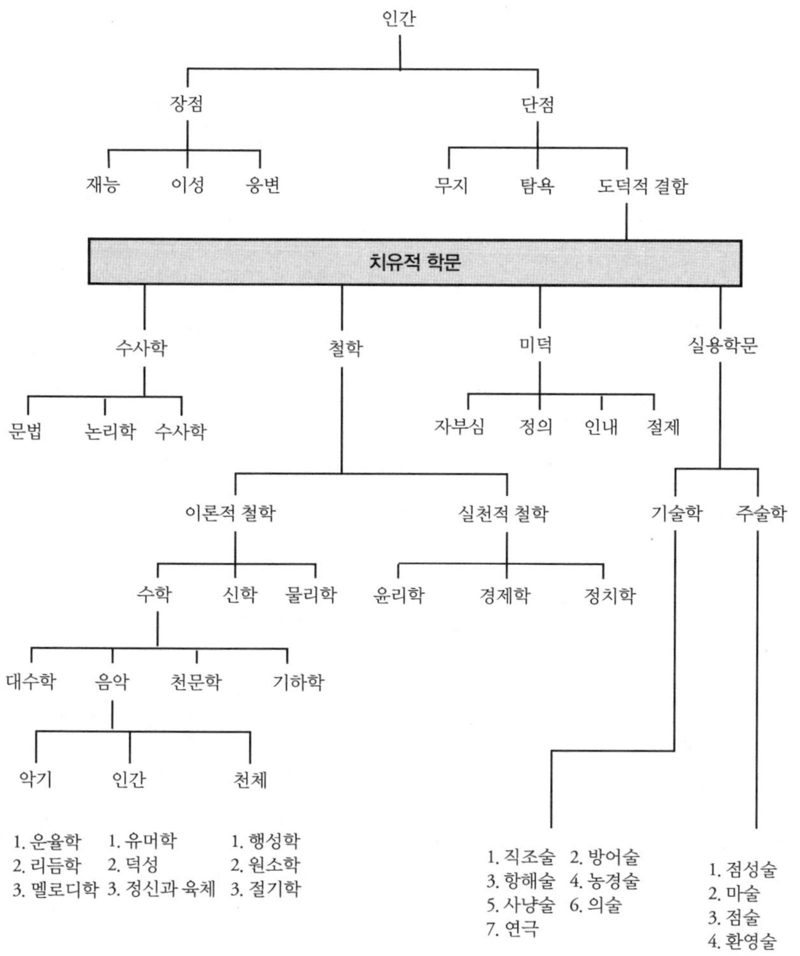

도표 2, 아벨라르의 학문체계도

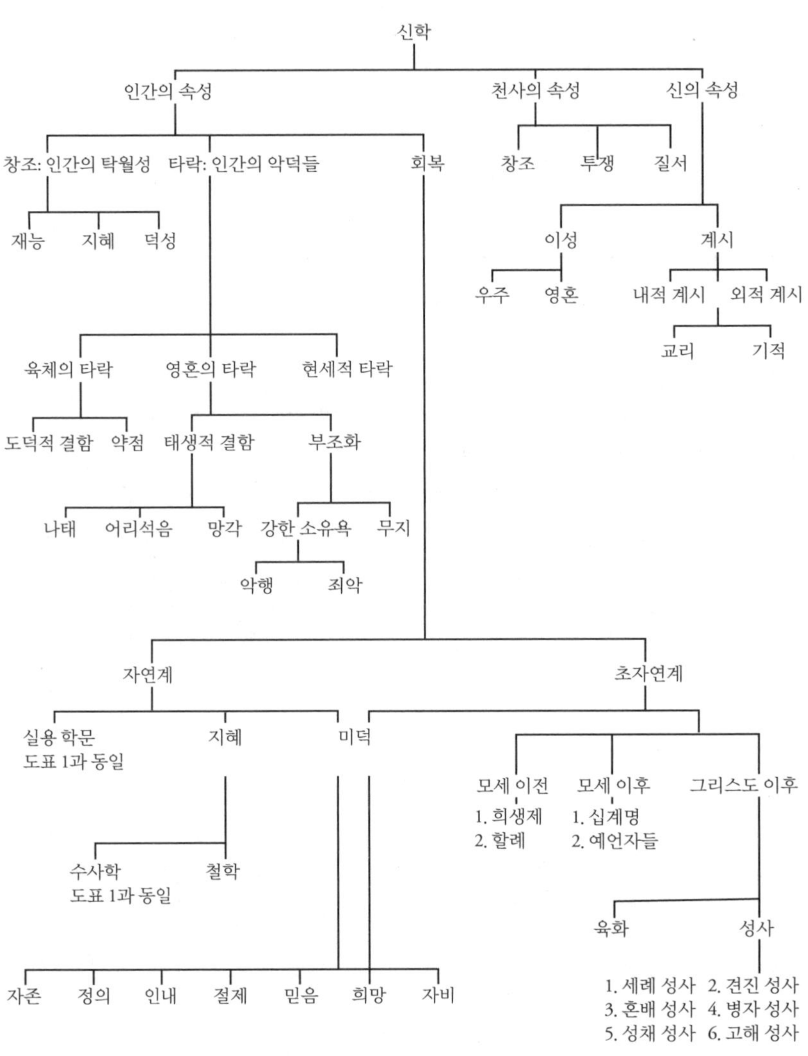

4. 신비주의 사상의 향기 : M. 에크하르트[114)]

1) 마이스터 에크하르트: 배움의 스승

> 마이스터 에크하르트는 다음과 같이 말을 하였다:
> "배움의 스승이 천 명 있는 것보다
> 삶의 스승, 한명 있는 것이 훨씬 낫다;
> 하지만 신보다 앞서서 배우고 살아가는 자는 아무도 없다."[115)]

그리스도교 역사상 도미니크 수도사 마이스터 에크하르트 보다 더 영향력이 있었고 더 논쟁을 불러 일으켰던 신비주의자는 없었다. 설사 있었다 하더라도 독자들에게 도발적이며 기존 해석을 거부한 자로 간주되었던 사람은 극히 소수에 불과하다. 에크하르트는 생전에 이미 유명해진 파리 대학의 학자로 도미니크 수도회의 수도원장으로서 그리고 대중 설교자이자 영적 지도자로서 많은 존경을 받았다(중세 신학자 중에 이단으로 종교 재판정에서 재판을 받은 자는 에크하르트가 유일하다). 그러나 그가 이단 재판을 받았다는 것과 그의 일부 글들이 교황 요한 22세의 정죄 판결을 받았다는 충격적인 사실이 그의 평판에 그림자

114) Bernard McGinn, *The Mystical Thoughts of Meister Eckhadt : the man from whom God hid nothing* (The Crossroad Publishing Company, 2001). pp. 1~19를 우리말로 옮긴 것이다.

115) Spruche 8(Pfeiffer 599,19~21)(trans. Southern)

를 드리우게 했으며 그것이 우리 시대에 까지 지속되어 왔다.[116] 그러나 적어도 에크하르트의 독일어 글들은 교황의 정죄 판결에도 불구하고 후기 중세에 널리 읽혀졌으며[117] 일부 신비주의자들 중에 특히 안젤루스 실레시우스(Angelus Silesius, 1627~1677)는 에크하르트 사상의 영향을 받았다. 하지만 에크하르트는 16세기 중에 있었던 그리스도교의 분열과 정통성 투쟁으로 말미암아 사람들의 뇌리에서 점점 잊혀져갔다. 그가 다시 주목을 받게 된 것은 19세기에 들어서 독일 낭만주의자들과 관념주의 철학자들에 의해서였다. 1857년 프란츠 파이퍼에 의해 에크하르트 설교문들과 논문들이 출간된 것을 기점으로 에크하르트에 대한 연구가 다시 시작되었다. 이후 한 세기 반 동안 에크하르트를 탐구하는 광범위한 흐름이 사그라지지 않고 점점 더 커져만 갔다.[118] 1936년에 시

116) 1980년 이래 에크하르트에게 관심이 있는 개인들과 국제 에크하르트학회와 같은 집단들은 물론 도미니크 수도회도 에크하르트의 행적과 설교를 인정하고 그의 글들(영적인 글 일부, 논문들, 설교문들)을 정통 그리스도교적 신비주의가 표현된 것이며, 성서의 정신에 따라 그리스도교적인 삶을 인도하는 가치 있는 것으로 천거한다는 교황의 공식적인 성명을 획득하려고 노력하였다. 그러나 지금까지도 그러한 성명은 발표되지 않았다.

117) 에크하르트의 독일어 설교문이 수록된 300여개의 진본 혹은 위조 필사본이 전해진다. 일부 에크하르트의 설교문은 그의 추종자 존 타우러의 것이라고 알려져 왔었으며, 이것은 초기 타우러의 모음집 속에 수록되어 출판되었다(따라서 마틴 루터가 읽은 에크하르트의 설교문은 다른 설교문들과 함께 섞여 있던 것들이다).

118) 현대에 이루어진 일련의 에크하르트 연구가 있다. 오래 전의 연구로는 Ingeborg Dagenhardt의 저서, *Studium zum Wandel des Eckhartbildes*(Leiden: Brill, 1967)와 Toni Schaller의 논문, "Die Meister-Eckhardt Forschung von der Jahrhundertwende bis zum Gegerwart," *Friburger Zeitschrift fur Philosophie und Theologie 15* (1968), pp.262~316, pp. 403~426. "Zur Eckhardt-Deutung der letzten 30 Jahre," *Friburger Zeitschrift fur Philosophie und Theologie* 16(1969), pp. 22~39를 볼 것. 최신 연구로는 Niklaus Largier의 논문, "Meister Eckhardt: Perspektiven der Forshung, 1980~1993," *Zeitschrift fur deutsche Philologie* 114(1995), pp. 29~98; "Recent Work on Meister Eckhardt: Positions, Problems, New Prospectives, 1990~1997," *Recherche de Theologie et Philosophie Medievales* 65(1998), pp. 147~167을 볼 것. 참고로 Largier는 참고문헌이 1,491항목이나 수록된 에크하르트에 관한 아주 유용한 참고문헌(*Bibliographie zu Meister Eckhardt*)을 발간하였다.

작된 가장 중요하고 결정적인 도미니크 수도회의 라틴어와 독일어 문헌들의 출간이 이제 거의 완결되어 가고 있는데 그것들은 에크하르트의 해석에 관한 논쟁이 삭제되지 않고 그대로 수록되어 있어서 학문적 연구를 위한 견고한 기반이 되고 있다. 분명 도미니크 수사 에크하르트를 둘러싼 논쟁이 있었고 또한 그의 강력한 메시지를 이해하기에는 많은 어려움이 있었는데도 불구하고 지난 20년 넘게 그에 대한 연구와 그의 글의 번역에 점증적인 후원이 있었다는 것은 신의 존재에 대한 보다 깊은 인식을 얻고자 하는 사람들 모두에게 에크하르트가 지속적인 영감을 주고 있음을 입증하고 있다.[119)]

2) 에크하르트의 삶과 저작[120)]

에크하르트는 하급 귀족 출신으로 작센 지방의 고타 근교 탐바크에서

---

119) 에크하르트에 대한 연구의 대부분은 독일에서 지속적으로 이루어졌다. 하지만 영국과 프랑스에서의 두드러진 연구업적과 그보다 정도는 떨어지지만 이탈리아에서의 성과는 에크하르트라는 독일 도미니크 수사에 대한 관심이 국제적이었음을 보여준다.

120) 에크하르트의 생애와 관련된 기록, 『에크하르트의 생애 *The Acta Eckhardiana*』은 *Loris Sturlese*에 의해 현재 LW5에 편집되어 있다. 다양한 에크하르트의 생애와 글들에 관한 연구들 중에 다음의 것들이 특히 중요하다. Josef Koch의 논문, “Kritische Studium zum Leben Meister Eckhardt,” *Archivum Fratrum Praedicatorum* 29 (1959), pp. 1~51과 30(1960), pp. 1~51. Kurt Ruh의 저서 *Meister Eckhardt: Theologe,Prediger, Mystiker* (Munich:C. H. Beck, 1985)와 *Geshichte der abendlandishe Mystik*, vol. 3, *die Mystik des deutschen Predigerordens und ihre Grundlegung druch die Hochscholastik* (Munich: C. H. Beck, 1996), pp. 216~353(이후 Geshichte 3이라 칭함)에 수록된 논문, “Kapitel XXXVI: Meister Eckhardt”. 최근에 에크하르트의 생애와 사상을 개관한 것으로는 Loris Sturlese의 논문 “Meister Eckhardt, Ein Protrat,” *Eichstatter Hochschulreden* 90(Regensburg: Puetet, 1993), 일부가 영어로 번역 수록된 “A Portrait of Meister Eckhart,” *Eckhart Review* (Spring, 1996), pp. 7~12를 볼 것. 에크하르트의 생애와 글들에 대한 최근의 논점에 관해서는 Niklaus Largier의 논문, “Recent work on Meister Eckhardt,” pp. 148~156을 볼 것.

1260년이 되기 몇 년 전에 태어난 것으로 추정된다.[121] (일부 글에서 그는 에크하르트 호크하임(Eckhart of Hochheim)이라고 불리기도 하는데 호크하임은 그의 성을 명시한 것이지 그의 출신지를 의미한 것은 아니다). 1294년 4월 18일 젊은 교수로서 파리의 생자크 도미니크회 수도원에서 부활절 강론을 하기 전까지의 에크하르트의 삶에 대해서는 알려진 바가 없다.[122] 하지만 다음과 같이 추정해 볼 수는 있다.

에크하르트는 18세 즈음에 아마 1270년대 중 · 후반쯤에 도미니크 수도회에 입회하였다. 부활절 강론에서 그는 대 알베르트가 자주 한 말을 인용하여 우리가 사물에 대해 아는 바가 적은 것은 우리 스스로가 아는 것이 매우 적기 때문이라고 하였다.[123] 에크하르트가 대 알베르트를 존경하여 그의 말을 자주 인용했다는 점에서 그가 젊은 시절 쾰른에서 1280년 대 알베르트가 사망하기 이전에 그로부터 철학과 신학을 수학했음을 알 수 있다. 그 후 에크하르트는 보다 높은 수준의 신학을 연구할 수 있도록 파리 대학으로 파견되었고 마침내 1293년 가을 그는 학사 학위를 받고 피터 롬바르드의 『명제집 *Sentences*』을 강의하게 되었다.[124]

에크하르트의 파리 수학기는 철학과 신학분야에서의 중세의 혼란기

---

121) Acta n. 1(LW 5:155)와 또한 n. 11(LW 5: 162~163)을 볼 것. 여기에 1305년에 사망한 에크하르트의 아버지의 죽음이 기록되어 있다("dominus Eckardus miles de Hochheim").

122) 이 부활절 설교(Sermo Paschalis, LW 5:136~148)는 에크하르트가 철학적 사료들에 능통했으며 특출한 수사적 재능이 있었음을 보여준다.

123) 부활절 설교 n. 15 (LW 5:145,5~6): Et Albertus saepe dicebat: "hoc scio sicutscimus, nam omnes parum scimus."

124) 에크하르트 자신의 주석에 대한 설교 서문이 들어 있는 에크하르트의 요약서, *Collato in Libros Sententiarum*는 LW 5:17~26에 수록되어 있다. 브뤼즈(Bruges)에서 발견된 익명의 『명제집 *Sentence*』이 에크하르트의 것인지, 아니면 적어도 그의 측근의 것인지에 대해서는 아직 논의 중이다. Andreas Speer와 Wouter Goris의 논문 "Das Meister-Eckhardt-Archiv am Thomas-Institut der Universitat zu Koln: Die Kontinuitat der Forschungaufgaben," *Bulletin de philosophie medievale* 37 (1995): 149~174를 볼 것.

였다. 1277년 파리 대주교 에티엔 탕피에르에 의해 219개의 명제가 정죄됨으로써 토마스 아퀴나스의 가르침이 곤경에 처하게 되었을 뿐 아니라(정죄된 명제 중 20여개가 아퀴나스의 명제에서도 발견되었다)[125] 신학과 철학의 관계에 관하여 격렬한 논쟁이 일어나게 되었다. 이와 때를 같이 하여 인간의 이성과 의지 중에 어느 것이 더 신에게 다가갈 수 있는 것인가 등과 같은 도미니크회 신학자들과 프란시스회 신학자들 간의 해묵은 반목이 더욱 악화되었다. 양 진영은 신학적인 글에 논리를 제외한 그 외의 철학적인 지식을 활용하는 것이 정당한가라는 보다 더 근본적인 차원에서 견해차를 보였기 때문이다. 많은 프란시스회 신학자들이 아리스토텔레스와 그의 아랍인 추종자들의 사상에 대해 반대한 것은 철학자들 중에 인간의 본성과 지식에 대한 자연주의적 이론을 주장하고 나선 인문학 교수들이 점점 더 증가하고 있었기 때문이었다. 에크하르트는 그의 삶 전체를 통하여 도미니크회 입장을 절대적으로 옹호하였다. 그는 철학과 신학이 서로 모순되는 것이 아니라 철학이 그리스도교 신학의 필수도구라고 지적하였다.[126] 그러나 에크하르트가 처한 이러한 역사적인 상황으로 말이암아 그의 신념은 보다 확고해졌다. 따라서 그는 대 알베르트와 토마스 아퀴나스를 넘어서게 되었다. 에크하르트의 『요한복음 주해서』를 보면 철학과 신학 사이에는 모순이 없을 뿐 더러 둘 다 하나의 진리에서 나왔다고 하는 그의 인식을 알 수 있다.

---

125) 이것의 의미와 결과에 대한 정죄와 토론에 관해서는 John F. Wippel의 논문, "The Condemnations of 1270 and 1277 at Paris," *Journal of Medieval and Renaissance Studies* 7 (1977), pp. 169~201을 볼 것.

126) 에크하르트의 철학과 신학에 대한 견해를 한편으로는 보나벤투라의 것과 비교해놓고, 다른 한편으로는 알베르트와 토마스의 것과 비교해 놓은 것으로는 Bernard McGunn의 에세이, "SAPIENTIA JUDAEORUM: The role of jewish philosophers in Some Scholastic Thinkers," *Continuity and Changes: The Harvest of Late-Medieval and Reformation History. Essay presented to Heiko A. Oberman on his 70th Birthday*, ed. Robert J. Bast and Andrew C. Gow(Leiden: Brill, 2000), pp. 206~228을 볼 것.

철학자들이 사물의 성격과 특성에 대해 서술한 것은 성서와 일치한다. 특히 진실한 것은 모두, 그것이 존재하는 것이건 알고 있는 것이건, 성서에 있는 것이건 자연에 있는 것이건, 진리라는 하나의 원천 및 뿌리로부터 유래되었기 때문이다. 따라서 모세, 그리스도 그리고 아리스토텔레스는 모두 같은 것을 가르치지만 그 가르치는 관점만이 다르다. 다시 말하면 그들은 각각 신뢰할 수 있는 가치의 관점에서, 도덕적인 관점에서 그리고 진리의 관점에서 가르친다.[127)]

이런 확신은 이미 신학자로서의 에크하르트의 초기 저술에 분명히 드러나 있다.

1294년 가을에 에크하르트는 그의 고향 작센으로 파견되어 그가 입회했던 에어푸르트 수도회의 원장 및 튀링겐 교구장 대리를 맡게 되었다. 에크하르트는 그 후 몇 년간 튜토니아 교구장을 역임했던(1293~1296) 디트리히 프라이부르트와 상당한 정도의 접촉을 했었음에 틀림없다. 디트리히가 에크하르트에게 사상적인 영향을 미쳤다고 보기에는 이 둘의 주장이 서로 다르기 때문에 그 근거가 미약해 보인다. 하지만 에크하르트가 탁월한 자신의 동료 디트리히로 부터 많은 것을 배웠을 것이라는 점에서는 의심의 여지가 없다.

에크하르트의 최초의 독일어 저서 『가르침에 관하여 *The Talks of Instruction*』는 이 시기(1295~1298)에 집필된 것이다.[128)] 이 저서는 카시안의 『성인 전기 회독문 *Collations*』[129)]을 모델로 하여 도미니크회의 수사 청원자들에게 강론하였던 것을 모아 놓은 일련의 강론집이다. 그러나

---

127) Ioh. n. 185 (LW 3: 154.14~155.7): Secundum hoc ergo convenienter valde scriptura sacra sic exponitur,

128) 이것은 영어 번역본은 *Essential Eckhart*, pp. 247~285에 수록되어 있는 것을 비롯하여 여럿 있다.

129) 알려져 있는 카시안의 『성인 전기 회독문』은 그 사본이 51가지나 된다.

그것이 독일어로 작성되었음을 감안하면 이 글은 어쩌면 더 광범위한 청중들을 향한 설교를 염두에 두고 작성되었을 수도 있다. 총 23장으로 구성된 이 저서는 세 부분으로 나뉘어져 있다. 1~8장은 주로 순명을 통한 자기 부정을 다루고 9~17장은 그리스도적인 삶에 있어서의 다양한 관행들을 다루며 18~23장은 에크하르트 자신이 장기간에 걸친 외적, 내적 훈련을 통하여 결론에 도달한 일련의 문제점을 다루고 있다. 이전에는 이 『가르침에 관하여』를 에크하르트의 사상이 잘 드러나 있지 않은 저서로만 치부했었는데(이 저서를 집필할 때 에크하르트는 40세 정도였다), 최근에 이르러 이 저서가 에크하르트의 사상적 발달을 이해할 수 있는 중요한 저작이 분명하다고 간주되고 있다.[130] 에크하르트는 이 저서에서 그리스도적인 윤리 관행의 이론적 토대를 강조하는 것으로 이후의 설교와 강론에서 지속적으로 다루어질 것이 어떠한 것인지를 드러내었다. 이 저서에는 그의 사상의 가장 특징적인 주제의 하나인 '버리고 떠나기'가 설명되어 있는데 그는 철저한 순명에 필요한 내적 자기 부정을 위해 모든 외적인 금욕주의적인 관행을 버려야 한다고 주장하였다. 또한 그는 인간의 이성이란 신에게서 비롯된 능력이라고 주장함으로써 그의 후기 신비주의적 사상의 핵심이 이성이라는 것을 명백히 하였다. 물론 대 알베르트 시기 이후로 독일의 도미니크 수사들에게 이성은 중요한 것으로 늘 강조되어 왔었다. 하지만 이와 같은 사상은 에크하르트를 통하여 14세기의 첫 십년 동안 원숙한 결과에 도달할 것이다.

1302년 에크하르트는 다시 파리 대학으로 파견되어 박사 학위를 취득하고 도미니크 수도회 신학부 학장직을 맡았을 정도로 학자로서도 큰 성공을 거두었다. 관례상 이 임기는 짧지만 에크하르트가 이 시기에 집필한 단문집 『파리 문제집』은 그가 신적 지성과 인간적 지성에 관해

130) Sturlese, "A Portrait of Meister Eckhart," pp. 8~10; Ruh, *Geschichte* 3, pp. 258~267

서 사상적으로는 이미 대 알베르트와 토마스 아퀴나스 및 디트리히 프라이부르크를 넘어섰음을 보여준다.[131] 이 저서에서 그는 '신이 존재하기 때문에 신을 이해하는 것이 아니라 신을 이해하기 때문에 신이 존재하는 것이라고 이해하게 된 것은 지금이 아니다'라고 언급하고 있는데 이는 그가 아퀴나스와는 다른 새로운 논리를 전개하고 있다는 의미였다.[132] 에크하르트의 존재론에 대한 비난 즉 존재 중심적인 인식론에 대한 비판은 그의 지적 발달에 있어서 중요한 단계이다. 사실 에크하르트의 가르침은 적어도 어느 정도는 그가 존재론에서 처음 밝힌 유비이론에 근거를 두고 있었다. 즉 "존재론적 유비이론을 따르는 사물들에 있어서 존재자는 다른 형태의 존재자가 될 수 없다.…… 모든 원인자들은 존재자의 형태를 취하고 있기 때문에 존재자의 형태를 취하고 있는 것은 신이 아니다." 여기서 존재자란 최초로 창조된 사물들을 의미하기 때문에 존재자는 신에 속해 있지 않다. 신은 순수한 존재이다. 에크하르트는 이 순수한 존재를 이성과 동일시한다. 그러나 그는 이 『파리 문제집』에 그 이후의 설교와 강론의 핵심 주제를 개진하지는 않았다. 요컨대 그는 이 저서에서 "우리가 존재를 초월하여 신과 관계를 맺을 수 있는 것은 그 근거로서 이해했던 인간 이성을 통해서이다"라고 주장하지는 않았다.

에크하르트는 지난 첫 번째 파리 교수재임 중에 신에게 다가갈 수 있는 우선권이 이성에 있는지 아니면 의지에 있는지에 관해 프란시스회 교수 곤살보 스페인과 공개 토론을 하였다. 그는 여기에서 자신의 '이

---

131) Armanda Mauer의 영어 번역본, *Meister Eckhart: Parisian Questions and Prologues*가 있다.

132) 아퀴나스와 에크하르트의 관계에 대해서는 다음을 볼 것; Ruedi Imbach, *DEUS EST INTELLIGERE;Das Verhältnis von Sein und Denken in seiner Bedeutung für das Gottesverständnis bei Thomas von Aquin und in den Pariser Questionen Meister Eckhart*, (Freiburg Switzerland, Universitätverlag, 1976).

성'에 관한 인식을 밝혔다.[133] 이 토론에서 에크하르트가 무엇을 주장했는지는 알려져 있지 않다. 하지만 그가 '이성 및 그것의 행위와 자질이 의지의 그것보다 신에게 다가갈 수 있는 훨씬 더 우월한 수단' 이라는 것을 증명하고자 주장하였던 11 항목의 명제들은 곤잘보의 『질의서 *Quaestio*』에 요약되어 있다. 이 명제들에 대한 세밀한 분석을 통해서 에크하르트가 이해한 이성의 역할 및 그것과 관련된 토마스와 디트리히의 관점을 알 수 있다.[134]

에크하르트가 신-인간 관계에서 이해하고 있었던 이성에 대한 함의는 1303년 가을 이후에 행해진 그의 독일어 설교에서 명백히 드러나기 시작하였다. 이 시기는 에크하르트가 독일로 파견되어 새로운 교구로 분할된 작센 교구장직을 맡고 있었던 때였다. 이 교구는 독일 동부와 북부 그리고 저지대 국가들에 위치한 47개 수도원으로 구성되었다. 이 시기에 작성된 다수의 설교문들은 『이성적 영혼의 천국 *the Paradise of the Intelligent Soul*』에 수록되어 있는데 이 저서는 아마 1340년 경 자신이 입회했던 수도회이자 교구 본부였던 에어푸르트 도미니크회에서 에크하르트의 설교문들을 모아 한 권으로 편집한 것이다.[135] 64편의 설교문이 수록된 이 저서의 주요 목적은 프란시스회의 견해와는 반대로 특히 의지보다 이성의 우월함을 주장하는 도미니크 수도회의 견해를 옹호하는데 참고가 될 만한 저서를 도미니크 수도회 설교자들에게 제공하는

133) 이는 상당히 고차원적인 신학 주제로서, 이에 대한 에크하르트의 관점을 요약해 놓은 것으로 Christian Trottmann, *La vision béatique*; *Des disputes scolastiques à sa définition per Benoît XII* (Rome, École Français de Rome,1995), pp. 328~330을 볼 것.

134) Alain de Libera, "Les 'raison d'Eckhart,'" in *Maître à Paris*, pp. 109~140. 에크하르트의 이와 같은 주장은 아퀴나스의 영향을 받은 것이었음을 지적하였다(p. 132).

135) Philip Strauch가 편집한 것은 다음과 같다; *Paradisus anime intelligentis (paradis der fornunftigen sele)l Aus der Oxforder Hs. Cod. Laud. Misc. 476 nach E. Sievers Abschrift*, Deutsche Texte des Mittelalters 30 (Berlin, 1919).

것이었다. 독일어로 된 이 저서에서 라틴어와 독일어가 서로 만나고 있다.[136)]

이 저서에 수록된 것 중 32개의 설교문은 인간 이성과 신과의 관계를 강조한 도전적인 메시지가 담겨 있다. 그 중 핵심적인 설교문 9(에크하르트 어록 33)는 신이 존재 및 선을 초월한다는 점을 또 다시 강조하고 있다. 또한 그는 경외서 50장 7절에 언급되어 있는 신의 성전을 이성으로 주해하고 있다. 에크하르트는 "신의 성전보다 즉 이성보다 신이 존재하기에 가장 합당한 것은 없다.…… 그것은 아무런 방해를 받지 않고 신이 오롯이 홀로 머무는 … 왜냐하면 침묵 속에서 이성에 현존하는 것은 오로지 신밖에 없기 때문이다"고 주장하였다.[137)] 설교문 9에는 이성과 영혼의 관계가 어떠한 것인지에 대해 언급되어 있지 않다. 그러나 이 저서에 수록된 또 하나의 설교문 98(어록 55)은 에크하르트가 독일어 설교에서 '근거'라는 용어를 활용하여 이미 그 관계를 밝히고 있음을 보여준다. 삼위일체 안에서 탄생하는 영혼에 관해 에크하르트는 다음과 같이 설명하고 있다.

> 영혼은 아주 순수한 존재라서 그 속에 신의 영적인 존재(soul-being)외에 다른 것은 없다. 이 영적인 존재가 신이 천상과 지상에서 행한 모든 창조의 시작점이다. 이것이 신의 신성한 모든 창조 행위의 기원이며 근거이다. 영혼은 삼위일체를 통하여 다시 태어나면서 자신의 속성과 존재 그리고 생명을 상실한다.… 그리하여 삼위일체 안에서 많은 영혼이 같이 존재한다. 단지 다른 점이 있다면 신은 신으로 있고 영혼은 영혼으로 존재하고 있다는 점이

---

136) Rue, "Auf sprachliche Ebene bedeutet dies; 'Latein' und 'Deutsch' begegnen sich in einem Werk der Volksprache", *Geschichte* 3, p. 279.

137) 이 설교에서 많은 것들이 언급되었는데, 이에 대한 일반적인 해석에 관해서는 Largier 1, pp. 834~855를 볼 것.

다.[138]

이처럼 에크하르트의 설교의 핵심 주제들은 14세기 초엽 몇 년 사이에 이미 분명히 드러나 있었다,

에크하르트의 설교문중에 이 시기에 집필된 것이 몇 편이나 되는지는 알려진 바가 없다. 『이성적 영혼의 천국』에 수록된 일부 설교문을 비롯하여 크리스마스 시기의 중요성에 관한 "영원한 탄생에 관한 설교문" 4편이 1298년에서 1305년 사이에 작성되었을 것이라고 추정된다. 가장 중요한 라틴어 저작 일부는 에크하르트가 교구장으로 있었던 시기에 작성된 것들이며 특히 『경외서 강론과 독본 *Sermons and Readings on the Book of Ecclesiasticus*』은 그가 수사들 집회 모임에서 강론한 것들이었다.[139] 이 저서는 에크하르트의 소 신학대전[140]이라고 할 정도로 중요한 것인데 여기에서 도미니크 수도회의 신학적 추론 방식이 이미 인식론적으로 아니면 오히려 변증법적으로 전환되는 과정을 확인할 수 있다.

『파리의 문제집』에서 에크하르트는 창조될 수 있다고 인식되는 존재는 신에 귀속시킬 수 없다고 주장하였다. 한편 『경외서 강론과 독본』에서는 '전도되는' 존재에 관한 유비이론이라는 논리와 동일하게 즉 "신의 것이라고 여겨지는 것은 창조물의 형상을 지닐 수가 없고, 그 반대도 마찬가지다"라고 주장하여 초월적 존재를 신에 귀속시킨다. 이렇게 주장함으로써 그는 신으로부터 창조된 존재에게 부여된 본성은 '차용된 속성'이라는 것을 밝혀내었다. 모든 창조된 존재는 철저하게 그리고 절대적으로 신으로부터 받은 실재성, 진실, 선을 갖고 있으며 그러한 속성을 지니고 있는 창조된 존재는 더이상 창조된 존재 상태로 있는 것이 아

---

138) 에크하르트는 이 설교에서 10번이나 grund/abgrund란 용어를 사용하였다.

139) 이것에 대한 부분적인 번역이 *Teacher and Preacher*, pp. 174~181에 수록되어 있다.

140) Sturlese, *Meister Eckhart, Ein Porträt*, p. 15.

니라 신의 상태로 있는 것이다. 더구나 창조된 존재는 생산되고 창조된 무언가를 항상 갖고 있지만 여전히 그것을 갈망하는데, 왜냐하면 창조된 존재는 스스로를 창조해 낸 것이 아니라 다른 존재에 의해 창조된 것이기 때문이다. 에크하르트는 주해의 끝부분으로 가면서 명시적으로 변증법적 방식을 따른다. 만약 갈망하는 것과 갖고 있는 것이 실제로 동일한 것이라면 "갖고 있는 자는 갖고 있기 때문에 갈망하게 된다.…… 그는 갖고 있음으로써 갈망하게 되고 또 갈망하니까 갖고 있게 된다. 따라서 그는 갈망을 위한 갈망을 갈망하는 것이다."[141] 아마도 최초로 이 저서에 또 하나의 에크하르트 사상의 핵심 요지인 부정의 부정이라는 신의 존재(어록 60)가 언급되어 있다는 것은 결코 우연이 아니다.

새로이 발견된 필사본들과 최근 학자들의 연구를 기반으로 하여에크하르트가 『삼부작 *The Three-Part Work*』이라고 명명했던 새롭고 독창적인 형태의 신학 대전을 만들려는 시도들이 그의 두 번째 파리 대학 교수재임 시절에 있었다고 하는 학자들 간에 오랫동안 동의되었던 주장들은 폐기되었다. 이 기획이 드러나 있는 대부분의 저작들은 14세기가 시작된 후 10년간에 작성된 것이다. 다음은 『삼부작』을 소개하기 위해 에크하르트가 총서 서문에 밝혀 놓은 이 책에 관한 설명이다.

> 이 전작은 세 개의 핵심부분으로 구분된다. 첫 부분은 『명제서 *The Work of General Propositions*』, 두 번째 부분은 『질의서 *The Work of Questions*』 세 번째 부분은 『주해서 *The Work of Expositions*』이다. 첫 번째, 『명제서』는 1000개 이상의 명제들로 구성되며 그 명제들은 그것의 규정들의 수에 따라서 14개의 소논문으로 나뉘어져 있다.… 두 번째, 『질의서』는 문제들이 내용 별로 구분되어 수록되어 있으며 각 문제들은 저명한 박사이자 복자 수사 토마스 아퀴나스의

141) 이 주제에 관해서는 Donald E. Duclow의 "The Hungers of Hadewijch and Eckhart." *Journal of Religion*, 80, 2000, pp. 421~441을 볼 것. 에크하르트는 아우구스티누스의 신에 대한 인식을 확장하여 반영한 것이다.

『신학대전』에 실려 있는 순서에 따라 다루어져 있다.… 세 번째, 『주해서』는 … 신구약 성서의 호수와 차례 별로 다시 세분되어 있으며 성서의 구절이 주해되어 있다.[142)]

에크하르트가 첫 번째 파리 교수 시절에 이미 이 저작을 기획하고 있었는지는 알 수 없다. 하지만 "존재는 신이다"라는 기본 전제를 다룬 『명제서』의 서문과 최초의 『창세기 주해서』와 『지혜서 주해서』가 집필된 것은 그가 교구장으로 있었던 시기였으며 그 글들에 드러나 있는 변증법적인 논증방식들은 『경외서 강론과 독본』을 상기시킨다. 지금까지 전해지는 그의 『주해서』의 작성 시기는 알려져 있지 않다. 이외에도 작성 시기를 알 수 없는 것으로 존재(Esse)로서의 신(출애굽기 3장 4절)과 신의 이름들에 관한 중요한 논고가 들어 있는 『출애굽기 주해서』와 에크하르트의 가장 긴 저작인 『요한복음 주해서』가 있다. 그 사이에 『주해서』의 두 번째 부분이라고 불리는 『설교서 *The Work of Sermons*』도 집필되었다.[143)] 이는 젊은 수사들에게 성서 구절을 설교에 활용하는 방법을 알려주기 위해 라틴어로 된 표준 설교문이 제공되었다는 것을 뜻한다. 또한 『설교서』에 포함된 많은 설교문들은 설교 초안에 불과한 것이라는 점을 미루어 볼 때 이 저서가 미완성 작품이라는 것도 알 수 있다.[144)]

에크하르트가 『삼부작』을 구상 하게 된 이유는 일부 수사들의 요구에 부응하기 위해서였다. 이들 수사들은 이미 오랫동안 그와 같은 것이 긴

---

142) 이 『삼부작』은 각 서문들만 남아 있을 따름이다.

143) 56개의 라틴어 설교문이 LW4에 편집되어 있다. 이들 중 일부가 각기 다른 사람에 의해 번역되어 있다. James M. Clark and John V. Skinner, *Treaties and Sermons of Meister Eckhart* (New York, Hapers & Brothers, 1958), *Teacher and Preacher*, pp. 207~238; Oliver Davis, *Meister Eckhart: Selected Writings* (London, Penguin, 1994), pp. 253~265

144) 여러 곳에서 에크하르트는 『주해서』에 포함되어 있지 않는 부분, 특히 바울 서한에 대한 주해들을 언급하고 있는데, 이는 에크하르트가 이것에 대해 강의는 하고 있었지만 미처 글로 작성할 시간이 없었기 때문인 것 같다.

급히 필요함을 전해왔다. 이들은 에크하르트에게 그가 강의 및 그 밖의 학교 활동을 통해서 또한 설교와 일상 대화를 통해서 가르치고 있었던 것을 글로 작성해 줄 것을 자주 요청했고, 또한 거듭 재촉하기까지 하였다. 에크하르트가 이 저서를 수도사들의 훈련을 위해서 작성했다는 것이 중요하다. 다시 말하면 이 저서는 에크하르트의 가르침을 활용하게 되기를 간절히 원하고 또 실제로 활용할 수 있는 위치에 있었던 수사들을 위한 책이라는 것이다. 에크하르트는 "얼핏 보기에 이들 명제들, 문제들, 주해들 중 일부는 이해가 가지 않는 것이거나 수긍할 수 없는 것이거나 아니면 오류로 보일 수도 있는 것들이다"라고 분명히 밝히고 그러나 "그것들을 보다 자세히 보다 노력을 기울여 살펴본다면 그렇지 않다."고 되풀이하여 강조하였다. 에크하르트가 그렇게 말할 수 있었던 것은 그것들의 유일한 근거가 『명제서』를 통하여 밝힌 철학적 진리들이었기 때문이었다. 그는 또한 자신의 성서 주해서에서 발견되는 논쟁적인 문제와 해답 및 '희귀하고 미묘한 것들'도 이해될 수 있는 것이라고 주장하였다. 이미 지적했듯이 에크하르트가 갖고 있던 이와 같은 인식 즉 이성과 계시, 철학과 신학 간의 유사성에 대한 확신이 바로 기획의 토대가 되었다. 그는 『요한복음 주해서』 시작 부분에 자신의 이러한 인식을 다음과 같이 밝히고 있다. "신과 그를 따르는 모든 사물들을 이해하는 데에 있어 나의 목적은 내 모든 저작에서 동일하다. 즉 철학자들의 자연주의적 주장을 활용하여 신성한 그리스도교 신앙과 두 성서가 보존하고 있는 가치를 설명하는 것이다." 이와 같이 주장으로 인해 에크하르트를 두고 철학자라고 말하기도 한다. 그가 진정한 신학자도 아니고 합리적인 것과는 모순된 신비주의자는 분명 아니라는 것이다. 그러나 에크하르트의 삶과 사상은 이 셋(그리스도교 신앙, 성서, 철학)이 동시에 하나일 수 있다는 것을 보여주고 있다.

에크하르트의 독일어로 된 가르침과 라틴어로 된 학구적인 설교 방식은 『겨자씨 *The Mustard Seed*』라고 하는 저작에 도입되어 새로운 양식을 만들어내었다. 이 양식은 1303년과 1311년 사이에 완성도를 보였던 것으로 중세 성기의 전례적인 속창 형식의 독일 시와 이 시에 대한 라틴어 주해서로 구성되었다. 이는 중세 후기의 새로운 신비주의 내에서 라틴어와 독일어가 서로 상호 소통하고 있다는 표식이었다.[145] 최근의 연구에서 이것이 에크하르트의 저작이라고 확인되었다. 에크하르트가 도미니크 수도회의 신비주의적인 주요 주제를 시적으로 심오하게 표현해낸 것이 이 속창이라는 것이다.[146] 에크하르트의 설교문에서 보였던 뛰어난 언어적 역량에 시적인 능력이 발휘된 것이 이 속창이다. 한편 그 시에 대한 라틴어 주해서는 철저하게 학문적인 것이다. 주해서에는 에크하르트가 주장한 것 같지 않은 주제도 일부 언급되어 있었는데, 에크하르트 자신이 거의 인용하지 않는 글의 작가 토마스 갈루스가 사용한 '박애의 깊이'라는 용어가 갖는 중요성이 특히 강조되어 있었다.[147] 이것의 작성 시기에 관한 직접적인 단서는 없지만 에크하르트의 교구장 시기 중에 지어졌을 가능성이 가장 크다. 이 시기에 에크하르트는 수사들에게 미지의 신과 영혼과의 관계에 관해 즉 이성을 통해 이루어지는 신과의 결합에 관한 교육에 심혈을 기울이고 있었다. 더구나 이 시기에 작성된 라틴어 글과 독일어 글은 모두 에크하르트 사상에서의 새로운 단계

---

145) 후기 중세의 라틴어와 속어와의 연관성에 관해서는 Bernard McGinn, *The Flowering of Mysticism: Men and Women in the New Mysticism* (1200~1350) (New York: Crossroad, 1998), pp. 20~24, 49를 볼 것.

146) Kurt Ruh, "Textkritik zum Mystikerlied 'Granum sinapis'" in *Kleine Schriften*, voL 2, *Scholastik und Mystik im Spätmittelalter, ed. Volker Mertens* (Berlin/New York: Walter de Gruyter, 1984), pp. 77~93 (이 시가 편집되어 수록된 것으로 1964년 최초로 출간된 논문이다)

147) 라틴 주해서는 Maria Bindschedler가 편집한 *Der lateinische Kommentarzum Granum Sinapis* (Basel: Schwabe, 1949)가 있다. 갈루스의 영향을 받았다는 것을 강조한 것에 관해서는 pp. 86~88, 94~98, 128~132, 144, 그리고 158을 볼 것.

의 종합을 보여주었고, 그래서 이 『겨자씨』가 에크하르트 최고의 신비주의 걸작 중의 하나라고 해도 지나친 것은 아니다.

교구장으로써의 에크하르트의 경력은 화려하였다. 그는 3개의 수녀원을 설립하였고 1307년에는 보헤미아 교구장 대리로 선출되었으며 1310년에는 독일의 도미니크 수도회 교구인 튜토니아 교구장이 되었다(후에 도미니크 수도회 총원장에 의해 이 교구장 대리직에서 해임되었다). 1311년 5월 나폴리에서 열린 도미니크 수도회 총회는 에크하르트를 다시 파리 대학교수로 파견하고 있는데 이는 상당히 드문 특혜였다. 이러한 특혜가 허락되었던 것은 토마스 아퀴나스가 유일할 정도였다. 에크하르트는 1311년 가을부터 1313년 여름까지 2년 동안 파리 대학에 있었다. 파리에서 그는 1310년 7월 1일 베긴회의 마가레트 포레테의 재판을 담당하였던 도미니크회 종교 재판관 윌리엄 파리와 같은 집에서 지냈다. 에크하르트가 포레테의 신비주의적 주제를 활용하고 경우에 따라서는 포레테의 용어와 아주 유사한 것을 사용했다는 점에서 그가 도미니크회 동료들과는 아주 다른 도전적인 베긴회의 관점을 일부 취했음을 알 수 있다.[148] 포레테의 글을 읽고 받은 충격과 그리고 후에 스트라스부르와 쾰른에서 베긴회와의 만남이 있은 후에 에크하르트는 그의 말년 15년 동안 독일어 설교를 보다 열정적으로 하는 쪽으로 방향을 선회하였다.

이와 같은 에크하르트의 대응이 당시 특히 여성들에 의해 선도된 신비주의 경향에 대해 무비판적이었다는 것을 의미하지는 않는다.[149] 이

---

148) 에크하르트와 포레테의 『영혼의 거울 *Mirror of Simple Souls*』과의 관련성에 관해 최근 많은 연구가 나왔다.

149) 에크하르트와 여성 신비주의자 전반에 관련해서는 Otto Langer의 *Mystische Erfahrung und spirituelle Theologie: Zu Meister Eckharts Auseinandersetzung mit der Frauenfrommigkeit seiner Zeit* (Munich/Zurich: Artemis, 1987)와 Amy Hollywood의 *The Soul as Virgin Wife: Mechthild of Magdeburg, Marguerite Porete, and Meister Eckhart* (Notre Dame: University of Notre Dame

는 당시 신비주의에서 활용된 일부 지나친 표현을 주시하고 있었던 에크하르트가 베긴회와 그 밖의 사람들이 특히 환영 체험을 강조하고 있었기 때문에 이에 대해 자신이 상호 비판적인 역할을 담당하려던 의도적인 대응이었다. 또한 일부 그의 후기 설교문들은 1311년 비엔나 공의회에서 정죄된 자유영성주의자들을 비판한 글이라고 한다. 하지만 에크하르트는 여성 신비주의자들에게서 특히 포레테에게서 그리고 어쩌면 독일 베긴회의 메틸드 막데부르크에게서도 많은 가르침을 얻었다. 막데부르크의 신비주의 저작 『퍼져 나오는 삼위일체의 빛 *The Flowing Light of the Godhead*』은 그녀의 고해 신부인 도미니크 수도회의 헨리 할의 도움을 받은 것이기도 하였다.[150] 더구나 에크하르트의 견해가 이들 신비주의자들의 것과 다를 때조차도 그의 설교는 이단 심문과는 거리가 멀었다. 그의 설교 목적은 비난하거나 정죄하는 것이 아니라 신도들은 물론 오류에 빠져 있는 신도들까지 권고하고 그들이 신과 보다 깊고 보다 진정성 있는 내적인 합일을 구현할 수 있도록 하는 것이었다. 한 세대 이전에 토마스 아퀴나스가 여러 가지 점에서 신앙과는 모순되지만 이성적으로는 아리스토텔레스가 옳다고 주장하는 맹목적인 아리스토텔레스주의자들과 아리스토텔레스 철학은 신학에 위협적이라고 주장하는 전통주의적인 신학자들을 중재하려고 했었던 것처럼 에크하르트 또한 신과의 합일을 끊임없이 추구하는 사람들의 열망들과 엄격한 교리 그리고 14세기 가톨릭교회가 수호할 수 없었던 도덕적 입장들과의 조화를 시도하였다.

Press, 1995)과 *Meister Eckhart and the Beguine Mystics: Hadewijch of Brabant, Mechthild of Magdeburg, and Marguerite Porete, ed. Bernard McGinn* (New York: Continuum, 1994)에 실려 있는 논문들을 볼 것.

150) 이들 여성 신비주의자들에 관해서는 McGinn, *Flowering of Mysticism*, pp. 222~265과 여기서 인용된 문헌에 잘 소개되어 있다.

에크하르트가 1313년 여름 즈음에 파리를 떠난 이유는 잘 알려져 있지 않다. 50세가 훨씬 지난 그가 교향인 에어푸르트나 그의 교구로 돌아가지 않고 도미니크 수도회 총원장의 직속 대리직을 수행하기 위해 알자스 라인란트의 스트라스부르로 파견되었다.[151)] 스트라스부르에는 7개의 도미니크 수녀원이 있으며 또한 그 도시와 주변지역에 많은 베긴회 지회도 설립되어 있는 여성 경건주의의 중요한 요지였다. 이곳은 또한 비엔나 공의회(1311년)에서 정죄된 베긴회와 자유영성주의자들에 대한 판결 내용을 보다 완화하여 수록해 놓은 교령집 『클레멘티나 *Clementina*』가 1317년에 출간 된 이후 사람들 사이에서 점점 심해지고 있던 신비주의에 대해 활발한 논쟁이 벌어지던 장소이기도 했다.[152)] 더구나 이 도시의 주교 존 1세 취리히는 이단과 모든 의문시된 종교적 집단들에 대한 완강한 반대자였다.[153)]

스트라스부르에서 에크하르트는 대학 교수로서 그리고 수도회의 관리자로 있으면서 설교하고 영적인 조언을 하는 등 영적 지도자로서의 생활에 헌신하였다. 에크하르트 설교문들 중에 수녀에 대한 영적인 가르침과 명시적으로 관련된 것은 단지 몇 편에 불과하지만 그가 설교하고 가르쳤던 마지막 10년 동안 후기 중세 여성들 사이에 형성된 신비주의적 경건주의에 대한 지대한 관심이 에크하르트에게 있어서 중요한

151) 기록된 문서에는 에크하르트가 1314년 4월에 최초로 스트라스부르에 왔다고 되어 있다. (Acta n.38 [LW 5:182~184]).

152) Jacqueline Tarrant, "The Clementine Decrees on the Beguines: Conciliar and Papal Versions" *Archivum Historiae Pontificiae* 12 (1974): pp. 300~307. 보다 광범위하게 고찰하려면 Robert E. Lerner, *The Heresy of the Free Spirit*, 2nd ed. (Notre Dame, Ind.: University of Notre Dame Press, 1997)을 볼 것.

153) Ruh, *Meister Eckhart*, pp. 112~114와, *Geschichte* 3, pp. 242~243를 볼 것. 스트라스부르에서의 베긴파의 처형에 관해서는 Alexander Patschovsky, "Strassburger Beginenvervolgerung im 14. Jahrhundert", *Deutsches Archiv fur Erforschung des Mittelalters* 30 (1974), pp. 56~198을 볼 것.

동력이었다는 점은 의심의 여지가 없다. 에크하르트가 스트라스부르에 머물렀던 시기에 라인강 상류 지역의 카타리넨탈과 외텐바흐의 도미니크 수녀회를 방문했으며[154] 또한 콜마의 운터린덴 근처의 수녀원도 방문하였다는 기록이 있다.

총 114편에 달하는 에크하르트의 중세 성기 독일어로 작성된 설교문들은 스트라스부르 시기와 그의 말년에 쾰른에서 작성된 것으로 여겨진다.[155] 이러한 사실은 에크하르트가 사목활동에 전념했을 뿐 아니라 토마스 아퀴나스의 말을 빌리면 “명상을 통하여 이해된 것들을 다른 사람들에게 전할” 새로운 독일 신학을 확립하려고 상당히 노력했음을 반영한다.[156] 이 시기에 작성된 설교문의 핵심 주제는 고귀한 사람 즉 영혼 속에 말씀이 탄생하여 성스러운 아들 됨에 동참한 사람이었다. 설교문 71, ‘신의 부존재에 대한 명상’과 같은 설교가 이시기에 작성되었다고 볼 수 있는 이유는 설교 내용에 성스러운 무에 대한 깊은 명상과 결부시킨 탄생 모티브가 들어있기 때문이다.[157]

에크하르트는 그의 생애 중 마지막 10년 동안에 작성된 것으로 여겨지는 한 설교문에 설교에 대한 메시지를 4가지 주제별로 요약해 놓았다.

> 설교할 때 나는 첫째로 버리고 떠나기에 관해 그래서 인간은 자기 자신과 모든 사물로부터 떠나서 자유로워져야 한다는 사실에 대해 말하려고 한다. 둘째로 인간은 신성한 신 안에서 다시 신과 하나의 형상을 이루어 내야한다는 사실에 대하여 말하려고 한다. 셋째로 인간은 신이 주신 영혼의 위대한 고결함을 드러내야 하며… 넷째로 신의 광채는 말로 다할 수 없기 때문에 순수

154) Acta nn.41~42 (LW 5:187~188).

155) Ruh, *Meister Eckhart*, p. 136; Sturlese, *Meister Eckhart: Ein Porträt*, pp. 17~18.

156) 1313년 이후 새로워진 에크하르트의 설교 스타일에 관해서는 Ruh, *Meister Eckhart*, pp. 108, 111~112과 *Geschichte* 3, p. 303을 볼 것.

157) 설교문 71 (*DW* 3:224.5~225.1).

한 신적 본성에 대해 말하려고 한다. 신은 말씀이요 그것도 소리 없는 말씀이다.[158)]

또 '의로움은 영원할 것이다'(지혜서 5장 16절)라는 설교문에는 "누구든 의로움과 의로운 자의 차이점을 이해하는 자는 내가 말하는 모든 것을 이해할 것이다"라는 보다 더 명료한 메시지가 담겨있다.[159)] 앞에서 고찰했던 이보다 앞서서 작성된 설교문에는 에크하르트의 설교의 핵심이 그다지 드러나 있지 않는데 그 설교문의 내용은 다음과 같다: '…와 유사한' 이란 어휘는 부사적인 성격을 지니고 있다. 또한 '…하는 한' 이란 어휘도 마찬가지로 그 언어 자체는 별 의미가 없지만 나는 나의 모든 설교에서 그것이 의미하는 바를 강조하고자 한다.[160)] 이런 에크하르트의 말을 통해 짐작할 수 있는 것은 에크하르트의 설교의 핵심은 이성이란 (신과) 동화된 존재라는 것을 이해시키는 것이었다. 간단하게 말하면 이성이란 신의 말씀 속에 내재한 존재외에 다른 것을 갖고 있지 않으며 이와 마찬가지로 의로운 자란 신적인 의로움 속에 본래부터 포함되어 있는 사람이라는 것이다.

스트라스부르 설교에서 고결한 자, 의로움과 의로운 자, 그 안에 말씀이 탄생한 사람을 강조했다는 점에서 에크하르트의 『요한복음 주해서』는 그가 알자스에 머물었던 시기에 작성되었다.[161)] 에크하르트는 성서 주해서의 긴 서문의 도입부에 다시 한 번 유비이론에 관한 문제를 다룬다. 즉 설사 유비적 관계에서 만들어진 것이 그 원천으로부터 비롯된 것이라 하더라도… 그것은 또 다른 본성을 갖고 있으며 따라서 본질 그 자

---

158) 설교문 53 (*DW* 2:528.5~529.2)

159) 설교문 6 (*DW* 1:105.1~2)

160) 설교문 9 (*DW* 1:154.7~9)

161) Vannier, "homme noble", pp. 77과 81~83을 볼 것.

체는 아니다. 그러나 그것이 본질 속에 있는 바 그것은 또한 사실상 다른 존재이거나 상상된 존재가 아니라는 것이다. 이와 같은 논리적 원칙을 근거로 하여 도미니크회는 성스러운 의로움과 의로운 자에 대한 보다 깊은 고찰은 물론이고 그것을 보다 확장하여 삼위일체 내에서 자존하는 의로움(창조하는 의로움 unbegatten)과 타존하는 의로움(창조된 의로움 begotten) 과의 관계를 상세하게 설명해 내었다. (이와 같은 것들은 설교문 6에서 다루었던 바와 동일하다). 에크하르트는 형태상으로 설명하는 것 즉 '의로움'이나 '고결한 사람'에 대한 인식에서 출발하여 인간이 신적인 의로움 안에 이미 존재하는 한 "의로움 속에 존재하는 의로운 자가 아직은 의로움을 창조하지도 못하고 또한 무엇을 창조하는 의로움도 아니지만 그 자체는 자존하는 의로움이 되었다"라고 말한다. 다시 말하면 그는 의로운 자를 성부와 동일시하였다. 그는 주해 과정에서 25번 이상이나 되풀이 하여 신적인 의로움과 의로운 자와의 관계를 설명하고 있었다.

에크하르트가 스트라스부르로 자리를 옮긴 것이 그의 라틴어 저서 집필 경력에 결정적인 전환점이었다. 이 시기에 작성되었을 두 번째 창세기 주해서 및 주해에 대한 우화적인 이론을 개진해 놓은 주해서 『창세기 우화서』의 서문을 근거로 하여[162] 에크하르트가 새로운 기획물인 『자연물체들에 대한 우화서』에 전념하기 위해 『삼부작』을 소홀히 하여, 이 저서가 미완성작으로 남겨졌다고 하는 주장이 제기되기도 하지만[163] 이것이 『삼부작』의 전적인 포기를 뒷받침하는 증거가 되지는 않는다.[164] 그

---

162) 두 번째 창세기 주해서는 LW 1:447~702에 편집되어 있다. 이 서문과 그 밖의 구절에 관해서는 *Essential Eckhart*, pp. 92~121을 볼 것.

163) Sturlese, "Meister Eckhart in der Bibliotheca Amploniana"와 "Meister Eckhart. Ein Portrat," pp. 16~19.

164) Ruh, *Geschichte* 3, pp. 301~303; Goris, *Einheit als Prinzip und Ziel*, pp. 49~51.

럼에도 불구하고 1310년에서 1320년 사이에 에크하르트의 라틴어 저작들에서 그의 주해가 성서 해석학적으로 전환되었다는 점이 발견된다. 에크하르트의 주해는 강화된 독일어 설교의 토대가 될 풍부한 성서 구절의 우화를 인용하는데 더욱 더 중점을 두기 시작하였던 것이다.

또한 에크하르트의 새로운 독일 신학은 또한 그로 하여금 독일에서 더 많은 논문들을 작성하게 하였다. 그것들 중 가장 탁월한 것은 『명상서 *Blessed book*』이다. 이 저서는 『신적 위로의 서』 및 『고결한 인간에 대해』[165]라는 설교문으로 구성되어 있다. 특히 『고결한 인간에 대해』는 에크하르트가 자신의 사상을 명료하게 드러낸 유일한 독일어 설교문이다.[166] 『신적 위로의 서』는 6세기의 보에티우스의 『철학의 위안』으로까지 거슬러 올라가는 중세 위안서의 오랜 전통을 따르고 있었다. 이후 있었던 에크하르트에 대한 이단 조사에서 증거로 채택된 이 설교문이 헝가리의 아그네스 왕후가 소유한 책과 관련되어 있어서 많은 학자들이 이 설교문을 위로가 필요했던 왕후에게 보내진 위안문이라고 간주하기도 하였다(이밖에도 이 설교문이 이단의 혐의가 있는 글들을 모아 놓은 책에 수록되어 있었으며 이것이 헝가리 왕국의 요청에 따라 출간되었고 그 후 에크하르트를 기소한 자들에게 전달되었다는 주장도 있다). 이 설교문이 특히 아그네스에게 보내진 책과 관련이 있다고 볼 수는 없다. "에크하르트의 위안문은 (세상에 남은 자에게가 아니라) 세상을 떠나려

---

165) *Essential Eckhart* (209~247). 이것과 관련해서는 특히 Ruh의 *Geschichte* 3, pp. 308~323와 그 속에서 논의된 것들을 볼 것.

166) 에크하르트의 설교문의 진위여부를 가리는 문제는 상당히 복잡하다. 왜냐하면 쾰른에서의 재판에서 도미니크회가 문제가 된 설교에서 발췌된 글이 에크하르트가 항상 말했던 것은 아니라고 불만을 표했기 때문이었다. 이것이 사실이라는 점에는 의심의 여지가 없다. 노트에서 발췌한 것들이 흔히 자신의 것과 같지 않으며 그들이 필사 중에 실수한 것도 많다고 에크하르트의 주장하는데, 이러한 주장을 뒷받침해주는 많은 사본과 다양한 독본이 있다.

고 하는 자에게 의미가 있었던 글이었다."[167]는 점에서 그러하다.

이 저서가 작성된 것은 분명히 1318년경이었다. 이 저서는 에크하르트의 가르침 중 독일어로 표현된 가장 도발적인 일부 양상들이 수록된 것으로써 곧 있을 그에 대한 기소에서 주도적인 역할을 담당하였다. 『가르침에 대하여』와 마찬가지로 이 책 역시 삼부로 나뉘어져 있다. 제1부는 '고난과 시련 속에서 참으로 온전한 위로가 담긴 다양한 진리의 말씀들'을 다룬다. 제2부는 좀 길고 위안이 되는 30여 개의 주제 혹은 근거를 제시하는 한편 제3부는 현명한 사람들이 고난 중에서 남긴 말과 행동에 대한 예를 수록해 놓았다.

『신적 위안의 서』는 이단의 위협이 만연했던 시기에 독일어로 된 에크하르트의 가르침과 그의 가르침에 대한 반대가 유도되기 시작했다는 점을 알려주는 중요한 근거이다. 이 책의 결론에서 에크하르트는 그가 일반 청중에게 그처럼 심오한 것들을 강조하고 있는 것에 대한 불만이 제기될 수 있다는 것에 초점을 맞추었다. 우선 에크하르트는 이미 그를 오해하고 공격을 하였던 사람들에 맞서 자신을 변론하면서 "나에게는 내가 말하고 쓰는 것이 내게 그리고 신에게 진실인 것으로 충분하다"고 말한다. 계속해서 그는 그런 심오한 가르침들이 일반 대중에게 제시되어서는 안 된다고 주장하는 자들에게 답변한다. 이러한 대응은 새로운 독일 신학의 중요성에 대한 그의 주장을 요약적으로 보여준 것이다.

> 그리고 우리는 배움이 없는 사람들에게 그러한 가르침을 전하거나 글을 써서는 안 된다는 말을 듣는다. 그러나 이 점에 대해 나는 우리가 배우지 못한 사람을 가르치지 않을 것이라면 아무도 배우려하지 않을 것이며 그러면 누가 대체 가르치거나 글을 쓸 수 있겠는가를 말하고자 한다. 이것이 우리가

167) Ruh, *Meister Eckhart*, p. 135: "Eckharts Trost ist der Trost fur denjenigen, der die Welt hinter sich lassen will."

배우지 못한 사람을 가르치는 이유이며 그러면 그들은 알지 못하는 자에서 아는 자로 바뀔 수 있다.

에크하르트는 이제 곧 그를 오해했던 사람들과 그런 오해를 근거로 영향력을 행사할 사람들을 직접 경험하게 될 것이다.

『명상서』는 에크하르트가 작성한 다른 독일어 논고들을 재고하도록 하였다. 파이퍼는 에크하르트의 독일어 논고 중 적어도 17편 이상이나 1857년에 출간된 편집서에 포함시켰다. 하지만 그 중 『가르침에 관하여』와 『신적 위로의 서』를 제외하고 그 나머지 것은 진위 여부가 의심되는 것이라고 판명되었다. 그렇다 하더라도 그것들도 많은 부분 에크하르트의 말과 주제를 포함하고 있는 논고들이다. 그의 소책자 "버리고 떠나기"(파이퍼 논문 9)에 대한 진위 여부에 관한 토론은 여전히 지속되었다. 중세 성기 독일어로 집필된 에크하르트의저작의 주 편집자 조세프 퀸트가 에크하르트의 주요 주제 중의 하나에 대한 통찰력 있는 고찰이 담겨 있는 이 소책자를 에크하르트의 중요한 독일어 저작들에 포함시켜 놓았음에도 불구하고 최근의 학자들의 견해는 전반적으로 이 논문의 진위 여부에 부정적인 입장이었다.[168)]

1323년 후반 혹은 1324년 초에 에크하르트는 스트라스부르를 떠나 독일 도미니크회의 지적 중심지이자 우수한 일반학교가 있는 쾰른의 도미니크 수도회로 파견되었다. 에크하르트가 그 곳 학교의 교장으로서 그곳에 갔다고 알려져 있으나 이에 대한 확실한 근거는 없다. 에크하르트가 쾰른으로 간 이유에 대해서는 거의 알려지지 않았다.[169)] 그 도시는 베긴회의 중심지이고 따라서 위협적이면서도 우려할만한 이단적

168) Ruh, *Meister Eckhart*, pp. 165~167; Geschichte 3, pp. 349~351, 355~358.

169) Walter Senner, "Meister Eckhart in Koln," in *Meister Eckhart: Lebensstationen–Redesituationen*, ed. Jacobi, pp. 207~237.

인 신비주의의 핵심지였다. 그러나 에크하르트가 이단에 대해 설교하기 위해 그곳으로 특별히 파견되었다고 보는 것은 너무 지나친 시각이다.[170] 에크하르트는 이 때 거의 70세가 다 되었는데 이전에 있었던 에크하르트의 설교에 관한 논쟁과는 무관하게 교수로서의 그의 위상은 쾰른 학교에게 다시 명성을 가져다주었으며 위대한 설교자이자 영적 지도자로서의 그의 명망은 이 혼잡한 라인란트 도시의 모든 주민들에게 영적인 영향력을 미쳤다는 점은 의심의 여지가 없다.

에크하르트의 생애를 요약하면 다음과 같다.

1260(?)	독일 작센 지방 탐바흐에서 출생
1277	도미니크 수도회 입회
	쾰른 대학에서 신학 공부
1293	파리 대학에서 교수자격증 획득
	피터 롬바르드의 『명제집』 주석 강의
1294	에어푸르트의 수도원장과 튜링겐 교구장 대리
1295~1298	『가르침에 관하여』 집필
1302	파리 대학에서 박사 학위 취득
	파리 대학 도미니크 수도회 신학부 학장
	『파리 문제집』저술
1303	작센 교구장
1307	보헤미아 교구장 대리
1310	튜토니아 교구장 대리
1311~1313	파리 대학의 교수

170) Senner, 위의 논문, pp. 229~235.

1313	도미니크 수도회 총원장의 스트라스부르 대리 이 때부터 설교문들이 주로 독일어로 작성되기 시작함
1318	『신적 위로의 서』, 『고결한 인간에 대해』 등 독일어 저서 집필
1324	쾰른 도미니크 수도회로 이전
1325	에크하르트의 이단 혐의를 조사하기 위한 교구 감사관이 파견됨
1325~1326	이단 혐의 변론 논문 『변론 *Requisitus*』 작성
1326년	주교좌 이단 심사회 출석
1327	쾰른에서 강연 여기서 모든 오류를 취소할 의지가 있음을 공식적으로 선언
1327	아비뇽 교황청 법정에 참석하기 위해 아비뇽으로 떠남
1328년 1월 28일	타계했다고 추정
1329	에크하르트의 사망으로 재판이 중단되고 재판 과정을 기록한 〈아비뇽 판결문〉이 작성됨

3) 에크하르트 사상

에크하르트의 쾰른 시기는 짧았지만 활력과 대립으로 가득한 시기였다. 그의 다수의 설교문은 그가 쾰른에 도착한 해인 대략 1324년 초부터 그의 생애의 마지막 종착지가 된 아비뇽의 교황청 법정으로 가기 위해 이 도시를 떠난 1327년 봄까지의 3년 동안에 작성된 것이다. 남아 있는 기록들을 통해서 부분적으로만 재구성해볼 수 있는 그의 이단 기소 사건은 흥미와 논쟁의 대상이 되어 왔었다. 이 사건에 관련된 교황의 교서가 수록된 중요한 서적들이 하나 둘 씩 출간중이며 최근에 출간된 책은 그의 이단 재판을 보는 일련의 시각들을 분류해 놓았다.

에크하르트의 이단 재판이 도미니크회와 프란시스회 간의 대립의 결과라는 낡은 주장들은 이미 오래 전에 폐기되었다. 에크하르트에 대한 기소 사건은 세기가 바뀐 후부터 점차 심해지고 있었던 '자유영성주의 이단'에 대한 우려라는 맥락에서만 이해될 수 있다. 강력한 쾰른 대주교 하인리히 2세 비르네부르크는 이단들에게는 무서운 적이었으나 황제 루이 바바리아와 대립하고 있던 교황 요한 22세에게는 든든한 지지자였다.[171] 사료에 에크하르트의 배신자라고 언급된 베르만 숨모와 윌리엄 니데겐 등 도미니크 수도회 내에 있던 일부 에크하르트의 적대자들이 에크하르트의 기소 사건에서 커다란 역할을 담당했다고 하지만 대주교 하인리히 2세가 그들에게 그러한 역할을 맡겼다고 보기는 어렵다.

일부 도미니크회 권위자들은 이미 에크하르트의 설교를 의문시했던 것 같다. 1325년 베니스에서 개최된 도미니크 총회는 튜토니아의 수사들이 단순하고 배우지 못한 사람들을 오류로 이끌 수 있는 설교를 하고 있는 것을 문제 삼았다. 이러한 비난이 심해질까 염려하여 튜토니아 교구의 수사들은 자체 조사를 통해 에크하르트를 반대하는 움직임에 대해 사전 예방 조치를 취하려고 했었던 것 같다. 1325년 8월 1일에 교황 요한 22세는 니콜라스 스트라스부르와 베네딕트 코모를 교구 감사관으로 파견하였다(교황령 44). 니콜라스는 『신적 위로의 서』에 들어 있는 이단 혐의가 있는 구절들의 목록을 에크하르트에게 제시하였고 에크하

171) 대주교 헨리 2세와 재판의 배경에 관해서는 Davies, "Why were Eckhart s propositions condemned?" 및 his *Meister Eckhart: Mystical Theologian* (London: SPCK, 1991), pp. 31~45을 볼 것.

르트는 1325년 8월부터 1326년 1월 사이에 『변론 *Requisitus*』이라는 제목의 소책자(이 소책자는 유실되었다)를 작성하여 자신의 입장을 밝혔는데 이 소책자를 본 감사관들은 그가 이단이 아니라고 결정을 내렸다. 그러나 대주교 하인리히 2세는 1326년 내내 에크하르트를 제소하기 위한 준비를 하였다. 첫 번째로 에크하르트의 라틴어와 독일어 저작 중에서 발췌된 74 항목에 달하는 이단혐의 구절들 목록이 에크하르트에게서 등을 돌린 두 명의 기소자에 의해 작성되어 그 해 대주교에게 제출되었다. 두 번째로 독일어 설교문에서 발췌된 이단 혐의 구절들의 목록 또한 기소를 위해 1326년 이전에 작성되었다. 1326년 9월 에크하르트는 자신의 이단 혐의를 변론하기 위하여 라이너 프리소와 피터 에스타테로 구성된 주교좌 이단 심사회에 출두했다. 중세에 신학자들이 인식론적 오류로 인해 조사를 받은 적은 자주 있었으나 신학자가 이단 재판을 받은 것은 에크하르트가 처음이었다.

에크하르트의 변론은 후기 중세의 이단 재판은 물론 그의 자기 인식에 대한 중요한 인식을 제공한다. 에크하르트의 9월 변론은 이단 심사관들을 설득하지 못했다.[172](아니면 설득할 수 없었거나) 그 해 가을 세 번째로 『요한복음 주해서』에서 발췌된, 지금은 유실되어 없는 이단 혐의 목록이 추가되었다(그것에 관해서는 곧 공표될 교황령 49에 언급되어 있다). 그 밖에도 다른 목록이 더 있었을 것이다. 에크하르트는 그의 평판과 정통성이 공격받고 있는 동안에도 계속해서 재판을 받게 된 자신의 몇 몇 핵심 명제들을 변론하였다. 첫째는 그가 이단일 수 없다는 것

---

172) *Acta of LW* 5에 수록되어 있는 이 문서의 사료 비판은 아직 진행 중이다. 현재 가장 유용한 것은 the most useful edition is Théry의 것이다. *Essential Eckhart*, pp. 71~77에 부분적으로 번역된 것이 수록되어 있다. 오래된 Augustus Daniels의 것을 토대로 한 완역도 수록된 것은 Raymond Bernard Blakney, *Meister Eckhart: A Modern Translation* (New York: Harper & Row, 1941), pp. 258~305이다.

이다. 에크하르트는 "나의 견해가 오류일 수는 있지만 이단일 수는 없다. 왜냐하면 전자는 지식에 속한 것이고 후자는 의지에 속한 것이기 때문이다"고 주장하였다. 이처럼 그는 자신의 글이나 설교에서 오류라고 판명된 명제들을 스스로 포기하겠다고 공개적으로 항상 표명하였고 실제로 자신의 글 일부가 오류였다고 인정하였다. 그러나 그는 자신이 이단이라고는 절대 인정하지 않았다. 둘째, 에크하르트는 자신의 글에 들어 있는 흔히 '희귀하고 미묘한 것'이란 구절은 자신의 신앙적인 목적의 관점에서 그리고 설교 양식의 맥락에서 설명되어야만 한다고 주장했다. 예를 들어 "영혼 속에서 신의 탄생"에 관련된 일련의 발췌문들에 대한 비판에 대해 그는 "반대자들이 상상한 대로라면 말한 것 전체가 오류이며 불합리하지만 참으로 이해한 바대로라면 그것은 진리이다"고 반박하고 있다. 에크하르트는 흔히 그의 설교에 대해 설명을 하면서 더불어 그의 신앙적 목적도 널리 알렸다. 예를 들면 설교문 6(신의 존재가 내 삶이다. 내 생명이 신의 존재이기 때문에 신의 본질이 나의 본질이다)에 표현된 도발적인 서술을 변론하면서 그는 "이것은 당연히 그릇되고 오류로 들릴 것이다. 그러나 논리적으로 추론하자면 인간이 의로운 한 인간의 총체적 존재는 신의 존재로부터 기인한다는 사실은 의로운 인간의 진리, 헌신 및 미덕"이라고 말한다. 여기서 활용된 '인간이 의로운 한'이라는 구절은 에크하르트의 변론과 그리고 그의 설교와 가르침에 대한 올바른 해석에 결정적으로 필수불가결한 문구이다.

에크하르트는 신학자로서 두 사물들 간의 물질적이거나 혹은 실질적인 수준에서의 관계에 대해 논하는 것(그 둘이 서로 다른 형상을 지닌다는 점에서)과 두 사물들 간의 본질적 수준에서의 관계에 대해 논하는 것(그 둘이 서로 동일한 본성을 지니고 있다는 점에서)은 서로 다른 것이라는 점을 잘 이해하고 있었다. 그의 의로움과 의로운 자의 관계에 대해 수많은 논쟁이 제기 되었던 근거는 『요한복음 주해서』에 명백히 드러나 있듯이 그것이 본질적인 것을 논하고 있었다는 것에 있다. 인간이 확실히 의로운 한 의로운 인간은 신적인 의로움이 소유한 모든 것을 가진다. 그러나 에크하르트가 '본질적인'이란 말을 사용하면서 그가 본질적인 것과 실질적인 것의 차이점에 관한 유보사항을 학문적인 라틴어로는 명료하게 밝혔던 반면 독일어로 설교할 때에는 그다지 분명히 밝히지 않았다 (그가 때때로 독일어 설교에서 "…하는 한"이라는 용어를 사용했지만 말이다). 에크하르트는 교수의 역할과 설교자(영적 지도자)로서의 역할 간의 차이점을 인식하고 있었기 때문에 독일 신학에서는 그 유보조항을 면밀하게 검토하지 않았다. 그럼에도 불구하고 에크하르트는 이단이라고 비난을 받게 되자 자신을 기소한 자들에게 중세 성기 독일어로 한 설교의 메시지가 라틴어로 된 학문적 저작에서 발견되는 것과 다르지 않다는 것을 밝히려고 하였다(이 점에 대해서는 그와 그의 이단 심문관들 모두 의견이 일치되었다. 왜냐하면 그들이 라틴어와 독일어 구절들을 모두 정죄했기 때문이다). 에크하르트가 쾰른 변론서를 제시하면서 자신의 설교는 본질적인 관계를 설명한 것이라고 밝혔다. 그가 언급했듯이 "나를 반대하는 이유가 되었던 것을 각기 분류하려면 세 가지를 마음에 새겨두어야 하는데 첫째, '…하는 한' 즉 이 중복 용어들이 가리키는 것은 논쟁에서 그것이 아닌 모든 것을 그것과 논리적으로 다른 것조차 제외한 것들이다." 이는 "…하는 한"이라는 용어가 의미하는 바를 이해하지 않으면 에크하르트를 이해하기가 어렵다는 것을 뜻한다.

에크하르트가 비판자들의 비난을 불러 일으키게 된 데에는 지적인 요인들뿐만이 아니라 제도적이고 교회법적인 요인들도 있었다. 그는 쾰른에서의 기소 사건 심사 초부터 완강하게 "…나의 수도회의 면제권과 특전에 따라 나는 당신들 앞에 출두하지 않을 것이고 이단 혐의에 대해 답하지도 않겠다"고 공표하였다. 무엇보다도 도미니크 수사들은 교회

법적으로 면제권이 있는 수도회 소속이었다. 다시 말하면 도미니크 수도회는 주교의 통제를 받지 않은 교황 직속 수도회였던 것이다. 신학 교수의 이단을 심사할 법적 권한은 오로지 교황만이 아니면 교황의 대리자로서의 파리 대학이 가졌다고 한 에트하르트의 주장은 정당하였다. 에크하르트는 교황에게 항소하였고 그리하여 교황에게 갈 것이었다.

1326년 후반 재판이 진행되던 몇 달간 에크하르트는 지속적으로 도미니크 수도회의 지방의 권위자들의 전적인 지지를 받았으며 이는 1327년 1월 니콜라스 스트라스부르가 심사관들의 판결들을 세 번이나 공식적으로 거부 한 것에서 알 수 있다(교황령 50~52). 그러나 1325년과 1328년 수도회 총회가 유해한 설교를 하는 것에 대한 우려를 표명했다는 사실은 국제적인 수도회의 지도자들이 에크하르트를 개인적으로 공격하지는 않았지만 그와 거리를 두고 있었다는 점을 보여준다. 니콜라스와 에크하르트는 둘 다 이 사건을 아비뇽의 교황청 법정으로 이송하는 것을 허락해 달라는 '이송 허락서'를 요청했다. 한편 1327년 2월 13일에 에크하르트는 쾰른에 있는 교회에서 강론도 하였다. 강론 끝부분에 그는 자신의 무죄와 오류를 취소할 의지를 분명히 밝힌 라틴어로 작성된 공식 성명서를 비서로 하여금 읽게 하였다. 이 성명서를 독일 대중들이 이해할 수 있도록 에크하르트 자신이 독일어로 번역하여 청중들에게 들려주었다. 이는 아주 중요한 행위였다. 에크하르트가 스스로 모든 오류를 취소할 의지가 있음을 공식적으로 선언함으로써 자신을 이단으로 심리하려던 시도가 사전에 효과적으로 저지되었다. 그 해 여름 아비뇽으로 갈 수 있게 되자 에크하르트는 튜토니아 교구의 고위성직자 일행들과 함께 아비뇽으로 떠났다.

에크하르트의 말년에 관해서는 파편적으로만 알려져 있다. 교황 요한 22세가 도미니크 수도회의 교수 에크하르트의 혐의를 조사하기 위해 신학자 한 명과 추기경 한 명을 심사관으로 임명하였다는 것, 두 명의 심사관 중 한명이 아마도 에크하르트의 제자였을 추기경 윌리엄 피터 고디노였다는 것, 심사관들이 대부분 다루기 힘들었던 150여개의 이단 혐의 항목을 보다 완화한 28개 항목으로 대폭 축소하였다는 것 등 정도가 알져진 사실이다. 〈아비뇽 판결문〉으로 알려진 이 중요한 문헌은 28개 항목들과 그것들이 이단으로 판결된 이유들, 에크하르트의 변론, 심사관의 반증을 학문적인 형식으로 기록하였다. 이 문헌은 에크하르트 자신이 작성한 것이 아니라 그의 소송 사건을 요약한 것이지만 1329년 후반에 작성되었을 이 문헌을 통하여 에크하르크는 마지막으로 그의 설교와 가르침의 주요 주제들을 전하고 있다.

에크하르트의 아비뇽에서의 변론은 30년 이상이나 그의 설교의 구성요소였던 여러 주제들을 요약한 것이다. 예를 들어 결과적으로 정죄 교서의 13항이 된 내용을 살펴보면 아비뇽 판결문에는 다음과 같이 기술되어 있다.

> 그리스도가 이 항목의 정죄를 입증한다. 왜냐하면 그리스도는 머리요, 우리는 그의 지체이기 때문이다. 즉 우리가 이야기할 때 그리스도가 우리 안에서 이야기 한다. 또한 그리스도 안에서 신과 인간이 하나가 되어 인간에게 신성이 전달된 참으로 위대한 결합이 있었고 그렇기 때문에 신이 용서해 줄 수 있으며 인간이 천상의 창조주가 되는 것이다. 그리스도 자체를 '인간이 의로운 한 의로운 인간'이라고 부르는 것은 합당하다. "…하는 한"이라는 용어는 그것과는 다른 모든 것은 제외한다는 중복의미어이기 때문이다. 그리스도 안에 삼위일체의 신의 위격 외의 다른 위격은 없다. 하지만 이 위격은 인간들 안에서도 어느 정도 확인된다.

〈아비뇽 판결문〉은 여전히 조사 중인 28개 항목 각각의 경우에 대한 에크하르트의 해명들이 심사관을 설득시키지 못했음을 알려준다. 그러나 이는 또한 에크하르트의 조사에서 근본적인 변화가 일어났음을 뒷받침해주는 것이기도 하다. 에크하르트는 자신의 견해가 이단적인 것으로 판결이 나면 스스로 그것을 취소하겠다고 약속했는데 그에 대한 재판은 그의 이단 여부를 판결하는 것이 더 이상 아니었고 그가 한때 가르쳤던 여러 항목들로 인해 야기 될 수 있는 문제점들을 판결하는 것으로 바뀌어 있었다.

심지어 합동 심사관들이 파리 대학 교수를 정죄하는 민감한 사건에 대해 제재를 가한 후에도 교황 요한 22세는 여전히 보다 더 구체적인 증거를 찾고 있었다. 재판이 진행되던 단계에서 그는 앞으로 교황 베네딕트 12세가 될 자크 포르니에에게 조서를 살펴보고 의견을 제시할 것을 요청하였다. 포르니에의 의견서는 남아 있지 않다. 재판 과정에서 그 다음 중요한 날짜는 1328년 4월 30일이었다. 이날 교황은 쾰른의 대주교 하인리히 2세에게 에크하르트는 죽었지만 그의 소송 사건은 계속 진행 중이라는 내용의 서한을 보내어 대주교에게 에크하르트에 대한 재판이 진행되고 있다는 확신을 심어 주었다. 에크하르트의 정확한 사망 날짜는 알려져 있지 않다는 것은 오래된 견해였다. 하지만 월터 세너가 도미니크회의 17세기 사료에서 독일 수도회가 1월 28일에 에크하르트를 추모한 기록을 찾아내었기 때문에 에크하르트가 1328년 1월 28일에 사망했다고 추정해 볼 수 있다. 최근의 가톨릭 교회력에서는 1월 28일이 에크하르트의 선배인 유명한 토마스 아퀴나스의 축일이다.

1329년 3월 27일 교황 요한 22세는 교서 〈도미니크 수도회에서〉를 작성했는데 에크하르트가 이미 사망했고 에크하르트 개인이 이단으로 정죄되지 않았기 때문에 이례적인 조치를 취한다고 밝혔다. 의심할 바 없이 교황은 증가하고 있었던 신비주의적 이단에 대한 우려와 그의 지지자 대주교 하인리히 2세의 압박에서 벗어나고자 이 사건에 대한 명쾌한 결론을 내리려고 한 것이었다. 흔히 말하기를 교황 요한 22세가 교서 회람을 쾰른 교구에만 보냄으로써 에크하르트에 대한 이단 혐의를 완화시킬 수 있었다고 하는데 이는 사실이 아니다. 교서의 복사본이 마인츠에도 보내졌으며 스트라스부르에서 작성된 교서의 독일어 판본도 발견되었다. 교황 요한 22세가 에크하르트의 영향력을 완전히 없애려고 교서를 작성하였다는 것이 보다 분명하다. 그 이유는 교황이 교서의 서문에 에크하르트를 폄하하는 언어를 사용했기 때문이다.

교서는 에크하르트의 오류들이 "문맹의 청중들 앞에서 한 설교에서 특히 강조되었다"라는 것을 명확히 언급하고 있다는 점에서 교황은 에크하르트의 독일 신학의 영향력을 우려하고 있었음을 알 수 있다. 〈아비뇽 판결문〉에는 28개 항목 전부가 이단이라고 되어 있지만 교서 〈도미니크 수도회에서〉에는 이 항목들이 세 부류로 분류되어 있다. 첫째 부류는 "그들의 사고의 결과로 야기되었을 뿐 아니라 그들이 사용하는 말로 인해서 야기된 오류이거나 이단의 성격"을 띤 15개 항목들, 둘째는 가톨릭적인 의미를 갖고 있거나 혹은 포함되어 있는 것 같은 많은 해석들과 보완들이 있기는 하지만 "악을 전하며 매우 무분별하고 이단의 혐의가 있는" 것으로 판결이 난 11개 항목들, 셋째는 역시 이단으로 판결된 것으로 분명 에크하르트의 저작들의 구절을 상기시키기는 것이긴 하지만 그가 말하지 않았다고 한 2개 항목들이다. 이처럼 이단적인 항목과 단순히 혐의가 있는 항목들 간의 명료하지 않은 구분을 교황 자신이 한 것인지 아니면 재판 진행의 또 다른 단계에서 그렇게 구분된 것인지는 밝혀지지 않았다. 마지막으로 교서의 끝부분에 교황은 공개서한에 근거하여 "앞에서 거론된 에크하르트는 말년에 가톨릭 신앙을 지니고 있었고 26개 항목들을 취소하고 이를 깊이 뉘우쳤으며 …신자들의 마음에 이단적인 생각이나 오류적이거나 적대적인 신앙을 유발시킬 수도 있을 견해에 관한 한… 그것들을 그가 설교했음을 시인하였다"고 언급함으로써 에크하르트에게 이단의 혐의가 없음을 분명히 밝혔다.

Culture in the Middle Ages

VI

중세 러시아 사회

총대주교 니콘

1. 러시아 봉건 사회의 구조[173)]

1) 러시아 봉건제

(1) 역사적 배경

고대 러시아 사회에 점진적인 봉건화 과정이 나타나기 시작한 것은 대략 9세기 무렵이었다. 서구에서는 로마제국의 해체와 민족 대 이동기를 거치면서 노르만과 로마 사회에 내재 되어 있던 봉건제적 특징들이 서구 사회에 정착되면서 중세 초기 사회에 '봉건사회'가 태동하였으나, 러시아에서는 이같은 봉건사회의 특징들이 다분히 자생적으로 나타났다. 즉, 9세기 이전까지 대슬라브 영역에 산재해 있던 부족형태의 초기 공동체 사회가 점차 사라지고, 농경이 발전하면서 생산력이 증가 했는데, 이러한 현상은 노동 분화와 사적 소유현상을 강화시켜 교회와 세속 사회 모두에서 특권화된 토지소유계층을 발생시키기 시작했다. 바로 이 계층이 점차 서구에서의 '봉건귀족'과 같은 특권계층으로 변모해 간 것이다. 여기에 끼예프 루시가 형성 · 발전해 나가는 과정에서 서구와는 이질적인 사회정치적 배경을 바탕으로 독특한 계서 질서가 나타났고, 전반적으로 슬라브적인 '봉건사회'의 특징들이 형성되게 되었다.

---

173) 본 글은 다음의 기논문 내용에서 발췌 · 정리한 것임을 밝혀둔다. "이반 4세의 개혁: 연속성과 단절", 『역사문화연구』 제22집(2005), 한국외국어대학교 역사문화 연구소.

9세기 말경 드네프르 강 유역의 끼예프를 중심으로 고대 루시 국가가 형성되었을 때 대공을 중심으로 한 국가 지배권의 근간은 도시 및 상인들에게 있었다. 끼예프 공국은 비잔티움 및 지중해 고대 도시들과의 상교역을 통해서 그 경제적 기반을 유지하고 있었으므로 도시의 부유한 상인들이 국가 지배층을 형성하였음은 당연한 현상이었다. 당시 동 슬라브의 끼예프 루시 지역은 상대적으로 높은 경제생활 수준을 지니고 있었다. 끼예프 공국은 12세기 까지 그 지배영역을 확장해 나가는 바, 그 영역은 정치적으로 한 가계에 연결된 고리로 밀착된 느슨한 연합체의 형태를 지니고 있었다. 각 지역 공후(公侯)들은 자신의 영역내 지배자이면서 한편으로는 대공의 가계에 속해 있었던 것이다. 한편 이 시기에는 농업 또한 중요했으나 교회를 제외하고는 대토지 소유자는 없었고, 농민들도 영주에 예속되어 있지 않았으며, 노예들도 무역의 한 품목 혹은 교회 및 수도원의 노동력에 지나지 않았다.

또한 끼예프 대공국내 각 공후들은 노보고로드 공국의 예에서 보듯이 자신의 영역 내에서 절대적인 권력을 향유했던 것도 아니었다. 즉 도시 내 대가문 수장들의 협력 없이는 자신의 권력을 유지 할 수 없었다. 한편 10세기 중엽부터 무역이 쇠퇴하기 시작함으로써 도시의 상인들은 과거와 같은 지배권을 누릴 수 없게 되었다. 또한 어느 정도의 대가를 지불했으나 드네프르강 유역에서의 상교역에 있어 안전판 역할을 해 주었던 호자르족이 몰락한 이후 끼예프의 공후들은 스스로 자신의 이해와 도시영역을 지켜야만 하게 되었다. 여기에 자기방어의 필요성으로 부유한 상인들을 중심으로 무장한 무사 계층이 생겨났다. 많은 노예를 거느리고 있었던 상인들은 무역에서가 아니라 자신들의 영지에 이들 노예 노동력을 활용하기 시작했고, 그들 영지 주변에서 유목민들의 침입에 시달리던 농촌 주민들도 교회 및 세속의 영주에게 더욱 의존하게 되었다.

한편 12세기 이후 강력한 대공의 권위가 약화되자 동 슬라브의 군소 공국들의 느슨한 연합체였던 끼예프 대공국은 각각의 지방 공후들이 끼예프에서 멀어져 각기 자신의 지배 영역에 보다 많은 이해관계를 집중하고 토지소유를 확대해 나갔다. 이러한 점에서 노브고로드는 상인들이 지배력을 여전히 장악한 예외적인 경우에 속한다. 인구가 점차 북동부 쪽 중부 러시아지역으로 이동하게 되자, 이것은 한편으로 정치적 분권화의 경향을 촉진하였고, 다른 한편으로는 농민들의 영주에 대한 예속을 지체시키는 결과를 가져왔다. 이주해 온 농민들은 새로운 거주지에서 그 지방 공후의 지배권을 인정해야 했고, 농업 생산적인 이해관계가 강조되어 각 공후들은 독자적인 영역을 구축하여 폐쇄적인 분권화의 경향을 보이게 되었던 것이다. 14세기에 이르러 부상하는 모스크바 공국의 정치경제적 위상이 강화되고 농업 생산력이 증대되자, 이는 농민들에 대한 착취 형태를 변화시켰다. 즉 각 공후들은 이주해 온 농민들을 자신의 지배영역 내에서 관리할 인력을 필요로 하였는데 과거처럼 화폐가 아니라 무한정인 토지를 하사함으로써 자신의 행정관 혹은 전사를 확보할 수 있었다. 이로써 토지는 봉사에 대한 급부가 되었다. 그러나 광대한 토지에 비해 가신과 정착민이 매우 부족했으므로 공후들 간에 이들을 차지하려는 경쟁이 벌어지고, 가신과 정착민 모두 자신의 주인을 바꿀 수 있는 자유의 관계가 성립하였다. 군사적 가신 또한 이전 공후의 영역 내에 있는 토지를 상실함이 없이 다른 공후에 예속될 수 있었다. 가신들은 이탈의 자유를 지녔고, 그들의 토지도 고착적인 것이 아니었으며, 따라서 가신이 소유한 토지는 봉토와는 달리 사유지의 성격이 강했다. 한편 가신들도 자신이 소유한 토지의 크기에 따라 대 영주가 될 수 있었는데, 이들이 곧 '보야레'(Бояре)였다.

한편 15세기 중엽까지는 농민들도 자신의 토지를 양도하고 주인을 바꿀 수 있는 자유를 지녔고, 영주는 자신의 영지 내에서 농민들에 대해 사법권과 징세권을 지니고 있었다. 또한 점차 공후들의 수가 증가해 감에 따라 이들은 군주의 가신이면서도 자신의 영지 내에서는 독립적 성격을 지니게 되었다. 중앙집권적 권위가 해체되고, 토지소유의 성격도 변하게 된 것이다.

13세기 몽골의 침입은 분립되어 각기 독립적으로 성장하고 있었던 끼예프 루시의 분령적 영역들을 하나의 통일체로 묶는 촉진제 역할을 하였다. 여기에 폴란드와 스웨덴의 계속된 압력은 모스크바 국가에 내재한 사회구조의 모순을 은폐 혹은 상쇄시키면서 그 구성원들로 하여금 국가 공동의 이해에 몰두케 했다. 그러나 이러한 현상은 일시적인 것이었다. 내적 갈등의 근원은 여전히 있었고, 과거 지방 영역세력이 누렸던 봉건적 특권을 회복 · 강화하려는 지방 공후들의 시도는 계속되었다. 이러한 가운데 몽골의 지배로부터 벗어나려는 노력의 도정에 직업적 전사 집단이 형성되었는데 이들은 강력한 대공에게서 뽀메스찌예(Поместье), 즉 일종의 봉토를 부여받고 군사적 봉사와 충성을 맹세하였다. 또한 15세기 말엽 이후부터는 화폐경제가 활발해지면서 주로 잉여생산물을 통한 자연경제 형태를 지니고 있었던 자급자족적인 봉건적 경제 질서가 붕괴되기 시작하고, 이에 따라 새로운 사회 · 경제적 관계가 성립되게 되었다.

한편 몽골의 지배는 끼예프 루시 영역 내에서 토지를 매개로 한 기존의 사회 · 정치적 계서 질서에 중대한 변화를 가져 왔다. 즉 몽골은 정복한 루시 영역을 직접 관리하지 않고 한 공후에게 대공의 지위를 부여하고 그에게 징세권과 전 루시의 지배자로서의 권위를 부여하여 지배하게 했다. 이로써 모스크바 대공은 다른 제후들보다 상위에 있게 되었다. 강력한 대공의 출현은 분령시대의 각 공후들이 과거에 지녔던 독립적 위상을 상실하게 했으며, 대공에 대한 예속상태를 강화시켰다. 이반 3세에 이르러 이러한 예속화가 급속히 진행되면서 이제 공후들이 주군인 대공으로부터의 이탈은 불가능하게 되었다. 이전의 분립적 이해관계는 대공이 대변하는 중앙집권적인 이해관계로 대치되었다. 이를 거부하는 것은 곧 세습토지의 박탈을 의미했다. 따라서 15세기 말경에는 세습토지와 대공에의 봉사에는 새로운 관계가 성립하여 세습적 토지재산에 조건부적 성격이 부여되었다. 15세기 말에도 여전히 중앙집권적 통치체제가 공고화되지 않았고, 분립적 지방공후들을 복속시키는 것이 대공의 중요한 과제였으므로 이를 위한 군사적 요구가 증대하였다. 따라서 군사적 개혁에 따른 조치는 은대지 제도를 출현시켜 농민들이 과거 누렸던 자유를 상실하게 하는 결과를 가져왔다. 모스크바 대공이 루시 전역을 장악하기 전에는 공후들은 강화된 군사력을 필요로 하지 않았다. 이들의 군사적 요구는 필요시에만 '자유로운' 봉사에 의존하였다. 여기에는 어느 정도 토지보유에 대한 '봉사'의 성격을 가지고 있었으나 법제적 조건이 붙은 것은 아니었다. 그러나 중앙집권적 지배체제를 완성해나가는 도정에 있던 모스크바 대공국은 증대된 군사적 요구에 직면하였고 외세에 대한 군사적 대비가 필요했다. 이에 15세기 말부터 전사 계급이 조직되었는데, 전통적인 대 영주 가문의 자제들이나 공후의 가신들 그리고 노브고로드 출신 영주들이 이를 맡았다. 더욱이 리투아니아나 따따르 등 외부로 부터의 많은 전사들이 대공에 봉사하기위해 모스크바로 오면서 이른바 상설 용병대가 조직되었다. 이들을 유지하기 위해 대공의 군역지가 만들어 졌는데, 이것은 봉사에 대한 대가로 하사되는 조건부 토지였다. 처음에 이 토지는 세습되지 않았으나 군사적 봉사가 세습토지와 연계되면서 군역지도 세습되었다. 17세기 초 이후 이러한 세습이 법제화되었고, 세습 토지와 군역지사이의 구별도 사라졌다. 즉, 군사적 봉사의 의무에 대한 대가로서의 세습 토지가 된 것이다. 이것은 토지보유를 봉사에 대한 보상으로 만들어 서구에서와 같은 '봉건화' 과정의 특징을 나타나게 되었다. 이에 따라 지주계층은 군사적 가신 계층과 일치하게 되었다. 17세기 초에 이르러 귀족 지주계층은 국가에 대한 봉사로부터 자유로워졌지만 지주적 특권은 여전히 유지했다.

한편 군역지의 발생은 농민들에게 커다란 영향을 미쳤다. 기존 자유농민 공동체 지역에 군역 봉토들이 만들어져 농민들은 한 사람의 영주 지배하에 놓이게 되었고, 군역인들에 대한 계속된 토지분배가 자유농민 공동체의 존립을 저해하고 있었다. 16세기 중반 이래 모스크바 공국의 영토가 급속히 확대되자 농민들은 더 나은 생활을 위해 새로운 지역으로 이동하기 시작했다. 군역인들과 정부는 농민들이 이주함에 따라 인력과 납세자를 상실하게 되자 이를 방지하기위해 농민들의 자유로운 이주의 자유를 제한하기 시작했다. 그 결과 농민들은 거주지에 묶이게 되었고, 사유지 재산과 군사적 봉토간의 구별도 사라졌으며, 자의적인 영주 이탈의 자유를 금지하는 규정이 제정되었고, 1649년에는 울로제니예(Уложение)를 공표하여 이를 법제화하기에 이르렀다.

이러한 농민의 '농노화' 혹은 봉건화 과정과 더불어 이를 더욱 촉진하게 하는 여러 상황들이 형성되었다. 바실리 2세 치세기 동안에 보다 많은 인력을 필요로 할 만큼의 많은 토지를 보유하게 된 수도원들은 성 게오르기의 날(11월 26일)을 전후한 기간에 농민의 자유로운 이동의 자유를 제한하는 권리를 국가로부터 부여 받았다. 이어 몽골의 지배권이 약화되어 이전 공후 선출의 조정을 맡았던 몽골이 그 능력을 상실하게 되자, 이반 3세는 지방 공후들의 지지를 얻기 위해 1497년 수제브니크(Судебник, 법전)를 통해 모든 농민들을 토지에 결박하게 하는 법적 조치를 취하였다. 이후 농민들은 영주에 일정한 대가를 지불하고 일정기간 동안에만 이동할 수 있었다. 그러나 제한적이기는 하지만 1570년대까지는 어느 정도 농민들의 자유로운 이동이 허용되었고, 또 그것을 강제할 국가 통치기구도 없었다. 또한 15세기 말 경에 중간적인 봉직계층이 형성되고, 조직적으로 토지를 부여받은 새로운 전사계급도 나타나기 시작했다. 이들이 받은 토지는 '대여된' 것이었는데, 16세기 중반에 이들이 모스크바 공국의 군사봉직 계층의 주를 이루었다.

17세기 중반부터 18세기 중반까지 농노제는 노예제와 비슷한 양상을 띠었다. 농노들이 영주에 절대적으로 예속 상태 하에 놓이게 되고, 실질적으로 자유를 상실한 상태에서 심지어 농노들은 토지와는 무관계하게 매매되는 처지가 되었다. 농민들은 영주에 뿐 만아니라 군주에게도 신민으로서 충성해야하는 이중적 착취 구조 하에 있었다. 영주들은 전래의 토지보유조건인 복종과 봉사에서 벗어났고, 농민들은 노예로 전락하게 된 것이다. 농민들은 자신의 주인이 국가에 대한 봉사에서 벗어난 만큼 자신들도 자유를 보장받기를 원했으나, 이는 국가가 군역인 들에게 제공해 농민들에게로부터 빼앗았던 토지의 반환을 의미하는 것으로, 이는 1861년 알렉산드르 2세에 이르러서야 법적으로 성취되었다.

(2) 러시아 봉건제의 기원과 발전

종래 소비에트 학자들은 봉건제를 경제적 생산관계의 구조 내에서 해석하여 그것을 '대 지주의 토지 재산 소유와 그 토지에 종속된 농민들에 대한 노동 착취에 의한 생산관계 구조'로 이해하였다. 이에 근거하여 15세기 말에서 16세기 초의 자본주의적 생산관계의 발전에 따라 봉건제가 사라지기 시작하였으나, 러시아 천년의 역사 모두가 봉건제적 시기이고, 농민들 모두가 농노였다고 주장하였다. 이들은 봉건제의 기원에 있어 무엇보다도 토지 공동체의 사적 소유로의 이행 시기와 세습적 대토지 소유의 발생 시기에 주목하였다. 이러한 시각의 핵심은 봉건제가 곧 농노제이며, 봉건제의 기원은 농노 소유 시기와 일치한다는 것이다. 그러므로 봉건제의 기원 시기를 곧 농노소유권의 발생시기로 보는 견해는 소비에트 시기 러시아 학계에서는 일반적인 것이었다. 대표적으로 쯔비박(M. M. Цвибак)은 봉건적 토지소유와 봉건적 예속은 고대 루시의 노예제에서 기원했다고 주장하였다. 그는 부채 대신 그 대가로 노동을 행하던 것이 노예제로 전환되었으며, 이후 이것이 법제화되고 또 공고화되었다고 주장하였다. 그러므로 그의 주장에 따르면 고대 루시 사회는 노예지배체제를 바탕으로 봉건제가 발전했다는 것이다. 스미르노프(И. И. Смирнов)도 이와 동일한 관점에서 봉건제의 기원 시기를 11세기로 보았고, 12~13세기를 이른바 '발달된 봉건사회' 시기로 명명하였다.

이와 같이 봉건제의 기원 및 발전은 무엇보다도 봉건적 토지재산과 예속 농민의 형성과정에 있었고, 이는 서유럽에서와 같은 노동지배형태가 아니라 원시적인 초기 공동체 질서가 와해되는 토양에서 발생하고, 또 발전했다는 것이다.

그러나 '서구적' 의미에서의 봉건제의 특징들이 명확하게 정립되고, 하나의 사회체제로 공고화 되어 발전하기 시작한 것은 모스크바 국가가 몽골의 지배에서 점차 벗어나고 중앙집권적 통일국가를 성립해 나가기 시작한 15세기말 이후였다. 16세기 중반까지 러시아 봉건제는 하나의 법적 제도로 정착했는데, 그 이전에는 영지 내 농민들 중 극히 소수만이 영주의 노예였고, 대다수는 자유농이었다. 그들은 자유로운 계약을 할 수 있었다. 계약 만료 시에는 자유로이 이전 영주를 떠나 다른 영주에게로 갈 수 있었다. 그런데 이반 4세 치세기였던 1550~1560년대에 농민들은 점차 이러한 권리를 상실하게 되었고, 농민들은 토지에 결박되는 지위로 전락하게 되었으며, 이것은 실질적으로 '봉건제'를 성립시킨 가장 중요한 요소였다. 이러한 농민의 토지에의 결박에 따라 영주의 권한도 강화되었다. 이렇게 농민의 지위가 급격히 변화하게 된 원인을 한편으로는 '정부의 입법 활동'으로, 다른 한편으로는 당시의 일반적인 사회경제적 조건들에서 찾아볼 수 있다. 여기에서 이 시기 서구에서는 자본주의적 사회 경제발전이 급속히 이루어지고 있었다는 점을 고려해야한다. 16세기 중반 이전 특권적인 토지 보유자들은 이미 영지내 농민들에 대한 중요한 사법적 권한을 갖고 있었을 뿐만 아니라 행정적 특권도 보유하고 있었다. 이러한 공후의 권한은 자신이 관할하던 영역을 전적으로 지배하는 권한을 갖게 됨을 의미하였다. 지역 내 영주와 농민의 사회 경제적 관계는 농민의 영주에 대한 의존성을 높였다. 영주는 농민의 보호자 혹은 보증자로 변모했다. 전적인 예속 농노가 아니더라도 이들 농민은 영주에 대한 여러 형태의 의존적 관계를 갖게 되었다. 그래서 러시아 중세기에는 완전한 노예로부터 매우 독립적인 자유를 누리는 농민에 이르기까지 다양한 부류의 예속민이 나타났다. 이들은 후에 농노 혹은 토지에 결박된 계층으로 단일화된다. 그러므로 농민의 토지에의 결박은 농노제의 기원이 아니라 반대로 농노제 형성의 마지막 단계라고 볼 수 있다. 또한 그것은 이미 여러 세기 전부터 존재해 왔던 자유농이 '농노화'되는 여러 요인들이 결합된 결과였다.

또한 이 시기 농민이 영주에 대해 경제적 예속 관계에 있을 때에는 그것에 덧붙여 그에 대한 사법적 · 인신적 권한들을 영주에게 부여하게 되었다. 이러한 방법으로 불입권의 사용은 '지배'의 매우 일반적인 방법이 되었다. 그 결과 농민은 더욱 영주에 의존적인 존재가 되고 영주는 농민의 보호자 혹은 보증자가 되었던 것이다. 그래서 농민들은 반드시 완전한 농노가 아니더라도 채무자로서 혹은 영주의 보호 하에 예속됨으로서 본래 보유하고 있던 자유를 상실하게 되었다. 이와 같이 중세기 러시아 농민들은 다양한 형태의 예속적 농노으로 변신하게 되었던 것이다.

(3) 모스크바 공국의 봉건적 사회 · 정치구조

11세기 말 이래 끼예프 대공의 영향력이 점차 약화되면서 끼예프 대공국은 지역적 개별 공후들이 지배하는 공후령(Удел)들로 분리되는 점진적인 정치적 분권화의 경향을 나타내었다. 이러한 경향은 11~12세기를 거치면서 보다 명확해 졌다. 12세기 후반 북동 러시아 지역은 다수의 공국들로 나뉘어져 있었다. 이 공국들 중 블라디미르-수즈달 공국이 주도권을 장악하고 있었다. 안드레이 보골륩스키(Андрей Боголюбский)가 1169년 끼예프를 약탈하고 대공의 지위를 얻어 낸 이후 대공의 소재지를 블라디미르로 정함으로서 끼예프 대공국의 정치적 중심지는 블라디미르-수즈달 영지로 옮겨지게 되었다. 그는 공국의 지배체제를 강화하고 수즈달 영역내 공후들의 권위도 강화시켰다. 이러한 그의 지배체제 강화 작업은 그의 형제 프세볼로드(Всеволод Юрьевич)에 의해서 지속 되었다.

블라디미르-수즈달 대공은 전 끼예프 루시의 대 군주로서 블라디미르-수즈달 대 공국을 소유했고, 세습영역으로서 끼예프 루시의 다른 영역 일부를 소유하고 있었다. 다른 공국의 공후들은 블라지미르 모노마흐(Владимир мономах)를 시조로 한 가계의 방계인들로 그들은 상속권에 의해 독립적인 영역의 공후들이었으며, 대공의 군주권을 인정했다. 그들은 주로 북동지역에 있는 소규모 지역 유력자들로서 그들은 자신의 영역에서는 절대 권력자였지만, 블라디미르-수즈달 대공의 영향력하에 있었고, 여러 측면에서 그의 가신으로서 기능했다. 즉 그들은 전반적으로는 독립적인 공후였지만, 대공과는 상호 계약-이것은 봉건적 충성의 맹세는 아니었다-에 의해서 관계를 유지하고 있었고, 대공은 자신의 영역내의 소규모 공후들의 군주였다. 따라서 블라디미르-수즈달 대공국 영역 내에서는 대공을 정점으로 하는 정치적 계서질서가 존재했던 것이다. 그러나 이는 토지를 매개로 한 상호 계약에 의해 충성과 봉사 그리고 의무를 전제로 한 서구의 봉건적 계서질서와는 다른 것이었다.

또한 이들 공후들 모두가 한 조상의 후예들이었다는 사실은 루시의 정치적 분열이 가계 분할의 성격을 가지고 있었음을 보여주는 것이었고, 봉건화 과정에서 이것은 매우 독특한 성격을 나타내는 것이었다. 그러나 이것이 당시 러시아 정치구조가 봉건적이 아니라는 것을 입증하는 것은 아니다. 비록 공후들이 상위의 군주에 대해 명확한 독립성을 지녔다고 하더라도 주종제도의 정확성이라는 측면에서 이것이 봉건제의 부재를 나타내는 것은 아니었다. 왜냐하면 정치적 분권화가 봉건제의 다른 미미한 차이보다도 더 근본적인 봉건제의 특징이라는 것이 오늘날 일반적으로 받아들여지기 때문이다.

이후 모스크바 공국이 성장하면서 각 지역의 공후들이 점차 모스크바 공국 가계로부터 배출되어 세습적 권력을 유지하게 됨으로써 봉건 공후들은 점차 이전의 독립적인 성격을 상실하고 단순한 특권적 지주로 전락하였으며, 이들에 종속되어 봉사하던 관리들은 모스크바 대공의 신민이 되었다. 지방의 유력 공후들은 대공의 중앙집권적 통일국가 형성의지에 반하여 다소 오랫동안 저항했으나, 결국 그들 또한 대공의 강화되는 권력에 복종해야만 했다. 이러한 현상은 이반 3세 치세 동안에 명확히 볼 수 있으며, 그는 15세기 후반 스스로를 '짜르'라 칭하며 절대군주로서의 권위를 확고히 했다. 이러한 사실들은 15세기 말에 이르기까지 러시아가 사회정치적으로 봉건제적인 측면을 지니고 있었으며, 그리하여 하나의 '봉건 국가'의 형태를 지니고 있었다는 결론을 뒷받침하고 있다.

이러한 러시아에서의 정치적 측면에서의 봉건제적 특성은 근대국가로의 이행기에 나타난 중앙집권적 통일국가가 성립함으로써 시기적으로는 15세기 말 이반 3세 치세로 부터 17세기 중엽에 이르러 그 구조적 특성이 사라지게 된다. 즉 중앙권력이 강화되면서 봉건제의 정치적 요소가 사라졌고, 중앙권력의 새로운 지지자들로서 소규모 지주들이 급속히 늘어났다. 봉토를 수혜한 자의 힘은 그 자신의 토지소유에 기반하였기 때문에 중앙정부는 끊임없이 몰수라는 수단을 통하여 봉건제적 구조에 안주할 수 있는 모든 수단을 파괴하였다. 이러한 '몰수'라는 수단을 통한 중앙권력의 영향력 확대는 계속 되었는바 모스크바 공국에서 지방공후들이 소유한 토지에 대한 대대적인 몰수는 이반 3세, 특히 노브고로드 병합과 여러 독립 공국들을 모스크바 대공국으로 병합 시킨 후에 이루어 졌다. 이러한 '몰수'는 바실리 3세 때도 대규모로 이루어 졌으나 가장 큰 대규모의 몰수는 이반 4세의 '오쁘리취니나'(Опричнина)정책에 의한 몰수였다. 대부분의 동시대인들은 이반 4세의 오쁘리치니끼(Опричники)를 단지 독재와 전제적 억압의 도구로서 인식하였다. 플라토노프(С. Ф. Платонов)는 이것이 봉건제의 감춰진 농업적 · 정치적 중요성을 일소했다고 주장했다. 이 체제는 중앙정부를 대신하여 당시 모스크바 국가 전체에 대한 직접적인 통제를 강제했으며, 비록 체계적이지는 않았으나 다른 지역에서의 모든 토지를 완전히 재분배 했고, 가능한 중앙정부에 반하는 봉건적 저항의 모든 중심지를 파괴하였다. 그러나 이러한 조치들은 단순한 몰수행위가 아니었다. 그와 동시에 토지소유의 전반적인 체계가 변화되었던 것이다. 왜냐하면 토지소유체계의 전반적인 발전과정에서 이 단계는 정치권력과 토지소유권이 여전히 긴밀히 상호 연관되어 있었기 때문에 중앙정치권력의 강화는 곧 그것에게 국가내 최고 토지소유자의 성격을 부여하게 되었다. 이 과정에서 완전히 독립적인 사적 토지 소유권은 점차 사라지게 되었다. 그리고 군주는 공국내 모든 토지에 대한 최고의 소유권을 지닌 것으로 간주되었다. 또한 여타 모든 토지 소유자들은 군주로부터 직접적으로 토지를 부여받은 임대인으로 혹은 간접적으로 토지를 부여받는 운명이 되었다.

모스크바 공국에서의 토지소유권과 대공의 토지소유 성격은 다른 제도들과의 상호 연계 속에서 발전되어 온 것이다. 대공은 봉건적 분립세력, 즉 지방의 독립적인 제후들을 제압하기 위해서 다른 지지 세력을 찾아야만 했다. 그는 봉건 귀족으로부터 몰수한 토지와 광대한 지역의 공적 국가 토지를 군사적 봉사의 의무 조건하에서 소규모 토지소유자들에게 분배함으로서 자신의 세력을 확충해 나갔다. 광대한 영역에서 군대를 유지해야 할 필요성과 재정적 부족의 이유로 이러한 정책은 실효성이 있었다. 이것이 16세기 모스크바 공국에서 봉사계층을 발생시킨 주된 원인이 되었다. 이반 4세는 조건부적인 토지보유체제에 근거한 지역 수비대 군사의 조직을 목표로 하였다. 이 경우 토지의 양은 군사적 봉사의 양과 성격을 결정했고, 이 군사적 봉사는 직접적으로 '짜르'에게 치러야 하는 것이었다.

한편 뽀메스찌예(Поместье)체제의 창출은 상당한 정도의 사적소유 토지를 발생시켰다. 국가 소유의 공적 토지는 공국 중심부에서는 거의 사라졌고, 북부지역에만 남아 있었는데 이곳은 어떠한 군사적 위험도 없었던 지역으로 이 체제가 도입될 필요성이 거의 없었음에도 도입된 것이다. 이전 독립적인 가신들이 소유하고 있었던 전래의 보트치나(Вотчина)-세습적인 대규모 사유지-는 많은 수의 소규모 뽀메스찌예 혹은 봉토로 나뉘어 졌다. 이것은 자연히 농민들을 새로운 군주의 직접적인 지배하에 놓이게 했다. 뽀메스찌예 체제의 확립은 16세기 후반 동안 농노제가 보다 공고화되는 중요한 요인이었다. 또한 강화되고 있던 군주의 권력은 중앙통치조직을 재조직하여야 할 필요성을 제기했고, 이는 '쁘리까즈'(Приказ)로 불리는 새로운 중앙 관청을 만들어 냈다. 새로운 입법, 재정 및 행정체제의 필요성은 짜르로 하여금 궁극적으로 사회 각 계층의 대표들로 구성되는 말하자면 '신분제적-'대의제 회의'를 소집해야 할 필요성을 갖도록 했다. 이 회의는 '젬스키 사보르' (Земский Собор, 일종의 귀족회의)로 구성되었는바, 16세기 중반 모스크바에서 소집되어 짜르의 지배력을 강화하는 중요한 도구로 기능하였다. 이것은 이 시기 모스크바 공국이 더 이상 정치적인 측면에서 '봉건

국가'가 아니고, 점차 중앙집권화된 절대주의적 군주국가로 이행되고 있음을 나타내는 명백한 증거였다.

17세기 러시아는 전제정 혹은 절대주의적인 중앙집권적 권력체제가 확립되어 가던 시기였다. 이러한 전제국가의 출현은 그 기원을 1598~1613년간의 '혼란의 시대'에서 찾을 수 있다. 이반 4세를 이은 표도르의 사망 이후 모스크바 공국의 왕실 가계가 단절되고, 이반 4세와 보리스 고두노프의 강력한 전제주의적 정부에 복종할 수 밖에 없었던 지방 유력가문들과 공후들은 치열한 정치적 갈등을 유발시켰다. 이들은 유력세력 중 하나를 짜르로 옹립함으로서 그로부터 과거 그들이 누렸던 봉건적 토지지배 특권을 보장 받고, 특히 이반 4세기에 상실한 제반 특권들을 다시 회복하려고 하였다. 이러한 시도가 실패하자 그들은 국가의 실제적인 통제권을 장악하기 위해 폴란드 왕을 끌어들이게 되었다. 한편 억압받던 농민과 농노들은 귀족 토지지배계층에 저항하고, 왕위 참칭자들의 출현과 외국의 간섭으로 상황은 더 복잡해졌으며, 폴란드가 모스크바를 점령하기에 이르러 국가는 절명의 위기에 직면하게 되었다. 이때 소토지 소유자들이 결집하여 폴란드를 몰아내고, 젬스키 사보르는 로마노소프 가문의 미하일을 새로운 군주로 옹립했다. 따라서 국가적 위기에서 이를 구한 것은 대귀족 지주계층이 아니라 소지주의 중산층이었다. 봉건 귀족들은 명예의 실추와 반역의 책임을 피할 수 없게 되었다. 그러나 새로운 군주가 재정 및 국가 체제의 재조직 작업을 마무리 하고, 토지보유 중산층의 모든 사회적 희망이 채워지자, 새로운 군주를 옹립했던 젬스키 사보르는 그 기능을 점차 상실하게 되었으며, 모스크바 공국은 확고한 절대군주하의 전제주의적 국가로 변모하게 되었다. 이 시기 전통적인 토지지배를 바탕으로 정치권력을 실질적으로 장악했던 대귀족 계층은 그 사회·정치적 영향력이 급속히 약화되고, 대신 봉직계층과 도시 상공인 계층을 중심으로 한 새로운 지배계층이 부상하였다. 짜르는 이 계층을 적절히 이용함으로서 자신의 중앙집권적 권력 강화에 나섰다. 또한 그는 국가영역의 정치적, 경제적 통합과정에서 그리고 대외 전쟁을 통하여 그 권력을 강화시켜 나갔다. 이로서 짜르는 국가 주권과 통일의 상징이 되었고, 이미 러시아 정교회가 콘스탄티노플로부터 독립한 상태에서 교회의 실질적인 수장으로서 국가의 영적 지도자로서의 입지도 확립하였다. 일종의 동류의식 혹은 계층의식을 지니고 있었던 봉건 귀족들이 짜르의 권한을 제한하려는 의도로 이전의 봉건적 분열을 시도하려고 했을 때, 이들은 대중의 지지를 받지 못하고 반역자가 되었다. '동란의 시대' 동안의 러시아 지배계층의 붕괴는 이들 모두가 군주에 대한 도전에서 비롯된 것이 결과가 아니라, 새로운 사회계층과 짜르의 이해가 맞물려 과거 봉건귀족들의 잔재에 대항한 결과 짜르는 정치적으로 강력한 전제주의적 체제를 확립할 수 있었다.

(4) 주군과 가신 그리고 봉토

봉건제의 특성이라는 측면에서 무엇보다도 중요한 것은 주종제도의 성격이다. 즉 봉토를 매개로 하여 성립되는 주군과 가신의 계약 관계가 그 사회 구조의 '봉건적' 성격을 나타내는 핵심 요소인 것이다. 그런데 모스크바 공국 이전 시기에 나타난 루시 사회의 주종 관계는 서구에서와 같은 주군과 가신의 관계가 아니라 지배자와 신민의 관계였다. 즉 대공후와 그의 가신으로서의 세습 토지 보유자, 그리고 공후와 그의 세습 보유지 영역 내 농민들 간의 관계는 봉토를 매개로한 일반적인 '봉사'와 '충성'의 관계가 아니었다. 공후의 봉사와 토지소유 간에는 어떠한 연관성도 없었다. 비록 토지보유의 세습이 있었다 해도, 여기에는 공후에 대한 봉사의무 자체의 세습은 없었다. 또한 사법적인 측면에서도 적어도 12세기 까지는 관습법이 영주의 권리와 농민의 의무를 상호 협의 하에 규정하였고, 향신들과 농민들은 '영주 재판권'으로부터도 자유로웠다. 영주들에게 농민에 대한 광범위한 권한을 부여하게 된 것은 15세기 모스크바 공국시기 이후였다.

또한 그 이전까지는 농만들에게 주군을 마음대로 바꿀 수 있는 이탈의 자유가 있었고, 토지에 속박되는 근거로 기능했던 중죄의 관념도 없었다. 그래서 끌류체프스키(В. О. Ключевский)는 '보야레와 가신들은 가신이 아니었으며, 모스크바 대공들이 세습공후들과의 관계를 종사관계로 만들려고 했던 것은 봉건적 분화가 아니라 중앙집권적 국가의 형성의 선행적 징후라고 주장했다.

루시 영역에서 가신이 군사적 봉사를 대가로 주군에게서 토지를 부여받고 충성을 맹세하고, 자신의 봉토 영역 내에서 농민에 대한 절대적인 권한을 행사하고, 농민이 토지에 결박된 농노로 전락하는 현상은 15세기 말 이후에 나타났다. 그때 까지는 군역지는 세습되지 않았고, 군사적 기능과 토지 소유 간 관계가 주인과 가신간의 상호 충성을 포함한 봉사적 계약에 기초한 것이 아니라, 짜르가 신민에게 봉사를 요구하고 그 봉사에 대한 대가로 군역지를 부여한 것이다. 그 이후 불입권과 공후 세습령이 결합되어 정치적 권위와 사적 토지소유의 관계를 정착시키게 되었다. 이것은 끼예프 시대에는 지방정치에서 군사적 기능의 중요성 때문에, 모스크바 공국 시대에는 '중앙정부의 정치적 의지' 때문에 확고히 성립되었다. 불입권과 군사적 기능에 기초한 지배체제가 존재했으나 쌍무 계약으로서의 종사제도와 봉토는 발전하지 못했고, 일관된 세습제도도 없었으며, 따라서 러시아에서는 서구에서와 같은 하나의 문화로서의 기사도와 그 '이상'이 발전하지 못했다. 즉 몽골 지배하에서 가신의 개인적 권한은 무의미했고 복종의 개념만이 있었다. 이렇게 짜르가 '국가'라는 우선적 개념하에 모든 신민에게 봉사를 강제하였던 것은 일종의 '국가적 봉건제'(Государственный Феодализм)의 성격을 지닌 것이다. 모스크바 공국이 강력한 중앙집권적 국가로 형성되고, 대공의 권력이 강화되어 영주와 농민들을 동시에 통제했던 시기가 농노제가 가장 억압적이고, 농민에 대한 영주의 권한이 가장 확고했던 시기였던 것이다.

(5) 봉건제 논쟁

'봉건제'의 존재여부와 성격 규정을 중심으로 러시아와 서구의 역사 발전 과정을 비교하여 설명하려는 논의는 오랫동안 논쟁의 대상이 되어 왔다. 즉 중세 러시아의 '봉건제' 혹은 '봉건사회'가 서구의 그것과 어떻게 대비되며, 또 어떠한 특성을 지니는가는 러시아 역사 전반에 대한 성격을 규정짓는 매우 중요한 문제로 학자들 간에 치열한 논쟁을 거듭하였다. 이러한 논쟁의 핵심은 서구적 의미에서의 '봉건제' 혹은 '봉건사회' 가 중세 러시아 역사 발전과정에서 존재했었는가 하는 것이다.

러시아 봉건제에 대한 논쟁은 그 연원이 깊다. 이미 18세기 말에서 19세기 전반기에 까람진, 뽈레보이 그리고 뿌쉬낀에 의해서도 이 문제는 러시아 역사발전구조에 대한 학문적 관심은 물론 당시 전제정의 성격과 관련하여 치열한 논쟁을 벌였다. 19세기 전반기 슬라브주의자와 서구주의자들 간의 치열한 논쟁에서도 그 중심에는 바로 이 문제가 있었다. 슬라브주의자였던 악사코프(K. C. Аксаков)는 루시 시대에 봉건제가 존재하지 않았음을 확신했고, 대부분의 서구주의자들도 뾰뜨르 대제 이전까지 러시아는 서구와는 다른 역사발전을 해왔다고 주장하면서 중세 러시아 사회의 봉건제적 특징의 부재를 주장하였다. 치췌린(Б. Н. Чичерин)과 솔로비요프(С. М. Соловьев)에 이어 끌류체프스키(В. О. Ключевский)도 이러한 관점에서 러시아에서 서구적 의미에서의 봉건제는 존재하지 않았었다고 단언하였다. 이와 같이 19세기 말까지 대부분의 학자들은 러시아와 서구가 다른 역사 발전과정을 진행시켜 왔으므로 그러한 서구적 의미에서의 '봉건제'는 존재하지 않았다고 주장하여 중세 러시아 사회에서의 봉건제적 특징들의 존재를 부정하였다.

끼예프 시기의 사회 · 경제적 구조로서 봉건제가 존재했었다는 주장은 20세기에 들어서서야 파블로바 실반스카야(Н. П. Павлов-Сильванская)에 의해 제기되었다. 그는 끼예프 시대에도 이미 봉건제적 특징들이 나타났음을 주장하면서, 그 근거로써 첫째 공동체 사회의 붕괴로 인해 대토지 소유자가 나타났고, 그 결과 국가가 정치적 분립 상태에 들어갔다는 점이다. 두 번째로 국가 권력이 대영주에게로 이전되고, 대영주 지배지역에서 가신적 계약관계에 의한 계서질서가 확립 된 것 등을 제시하였다. 그는 이러한 현상들을 곧 봉건제의 특징으로 보고, 따라서 공후령 지배시대를 봉건적 지배시기로 단정하였다. 이에 따라 그는 봉건 지배시기를 이러한 특징들이 사라지는 모스크바 공국에 의한 중앙집권적 통일 국가의 형성 때까지로 보았다. 이러한 실반스카야 견해는 유쉬코프(С.В. Юшков)에 의해 보다 진전되었다. 그는 봉건적 관계에 대한 실반스카야의 주장에 동의하면서도 그 시기를 앞당겨 분령 시기 이전에도 이미 루시 사회에 봉건제가 성립되었다고 주장하였다. 즉, 11세기부터 보야레와 교회의 토지소유권이 공고해졌고, 이에 따라 봉건 계층이 형성되기 시작하였다는 것이다. 이후 농민의 봉건적 예속이 가속화되고, 납세가 봉건적 의무로 전환됨으로써 봉건적 예속 관계가 공고화 되었다는 것이다.

중세 봉건제의 존재에 대한 주장은 20세기 초반 사회주의 혁명 이후에도 계속 되었다. 마르크스주의적 사관을 대변한 빠끄롭스키(М. Н. Покровский)도 봉건적 제 질서에 대한 실반스카야의 주장에 동의하면서, 나아가 봉건제는 경제체제라고 단언하고 봉건제의 기원을 봉건적 토지소유관계로 파악하여 그것을 생산관계의 관점에서 분석하였다.

상기 했듯이 러시아 봉건제는 서구와는 다른 이질적인 특징들을 지니고 있었다. 즉, 러시아에서의 봉건제적 특징들은 서구에서와 같이 이민족에 의해 이식되거나, 노동 지배형태로부터가 아니라 초기 부족적 공동체 질서가 붕괴되면서 공공 토지가 사라지고 특권적 토지 소유자가 나타나면서 형성되기 시작했으며, 중세 러시아 사회는 끼예프 공국의 분열과 몽골의 지배를 거치면서 교회가 주도하는 중세 문화의 지배, 정치적 분권화 그리고 토지를 매개로 하는 종사제 등 외견상 봉건제적 특징들을 나타내었음에도 불구하고, 이러한 특징들은 서구적 의미에서의 봉건제와는 그 토양과 성격이 매우 다른 것이었다. 봉건제적 특징의 핵심인 주종제도에 있어서도 적어도 모스크바 공국 이전 시기에서는 영주와 가신 간에 쌍무계약에 의한 일관된 예속관계와 세습이 없었으며, 16세기 이후 농민들의 토지에의 결박에 의한 예속 관계를 강화시킨 농민들의 이동성도 토지의 지력 약화에 따른 것이지 자신의 자유를 보존하기 위한 자발적인 현상은 아니었다. 또한 러시아 농민들은 중앙집권적 통일국가의 지향과 법제화 그리고 지방 영주와 국가에 의한 이중적인 예속관계에 놓이게 됨으로서 근대에 까지 그러한 체제를 지속하게 되었다.

그러나 이러한 점을 근거로 러시아에 봉건제가 전혀 존재하지 않았다고 단언할 수는 없다. 즉 '러시아 봉건제'는 서구적 의미에서의 봉건제의 특징을 나타내면서 동시에 그와는 이질적인 복합적 특성을 동시에 지니고 있는, 말하자면 '반(半)봉건제'의 성격을 지니고 있었던 것이다. 또한 농민들의 재정착을 위한 이동이 봉건적 측면을 낳았다면 이 또한 불안정의 근원이 되었다. 농민의 이동성은 서구에서와 같이 자신의 사회 경제적 자유를 지키기 위해서가 아니라 지방 인구의 이동에 따른 것이었다. 봉사의 일시적 성격, 자유로운 이탈의 권리 이외에 이들이 자신의 '자유'를 지킬 수 있는 다른 보호막은 없었다. 농촌인구의 유동성은 전사계급의 유동성을 촉진하여 모스크바 공국시대 이전에는 서유럽과 같은 주종관계, 기사도 그리고 세습 관계 등 봉건제의 여러 특징들 어느 것도 발전할 수 없었다. 그러나 모스크바 공국이 정치사회적으로 안정되자 여러 제도적 장치가 농민을 토지에 결박시키는 강한 흡인력을 나타내게 되고, 군사개혁도 법적 · 행정적 제도에 상당한 영향을 미쳤으며, 외견상 서구적 봉건제의 특징을 나타내게 되었다. 그 특징과 공통성은 군사적 필요성, 은대지 제도와 군역지의 유사성 등에서 볼 수 있다. 그러나 모스크바 공국의 모든 제도는 절대주의를 지향하는 국가이상에 따라 주권자에 의해 위로부터 강요된 결과였다. 그것은 봉건체제가 아니라 강력한 중앙집권적 국가 형성으로 나아가는 과정이었던 것이다.

2) 중세기 농노소유권 논쟁[174)]

농노소유권(Крепостное Право)에 관한 문제는 제정 러시아의 사회구조와 그 특성을 이해하는데 핵심적인 요소로서 오랫동안 많은 논쟁을 불러일으켜 왔다. 그것은 중세 러시아 사회의 농노소유권 혹은 '농노제'가 중세 말 이래 사회경제적 환경의 변화에 따라 소멸되었던 서구에서와는 달리, 19세기 후반 정확히 1861년에서야 법적으로 폐지되었고, 그 때까지 제정 러시아의 사회경제적 토대의 기본 요소를 구성하면서 러시아 사회의 구조적 특성을 단적으로 드러내었기 때문이다. 즉 제정 러시아의 사회경제적 체제는 19세기 중반까지 중세 봉건적 구조를 그대로 유지해 왔고, 그것의 기본 요소였던 농노소유권 혹은 농노제는 러시아 봉건제의 성격, 자본주의적 생산관계의 미발달 및 근대적 산업발

---

174) 본 글은 다음의 기논문 내용에서 발췌 · 정리한 것임을 밝혀둔다. "농노 소유권에 대한 러시아 사학사상의 논쟁", 『인문학연구』 제34권 1호(2007), 충남대 인문과학연구소.

전에 있어서의 후진성, 그리고 근대적 사회발전의 추진력으로서의 이른바 '시민계층'의 미형성 등 제정 러시아 사회의 구조적 문제를 설명해 줄 수 있는 중요한 근거였기 때문이다.

또한 농노소유권은 근대 이후 러시아의 사회경제적 후진성을 대변하는 핵심 요소로 간주되어 18세기 이후로 많은 사회 사상가 내지 개혁가들이 이의 폐지를 위해 오랫동안 전제정부와 갈등을 벌여 왔기 때문에 그들의 핵심적 개혁대상이었다. 따라서 이 문제는 그레꼬프(Б. Д. Греков)가 "전 루시의 사회 관계사에 있어 가장 복잡한 문제"라고 할 만큼 중세 이래 제정 러시아 사회의 가장 첨예한 문제가 되어 왔다.

18세기 이후 중세기 농민의 농노화 혹은 농노소유권 발생에 대한 논의는 크게 두 방향에서 개진되어 왔다. 이른바 법령설(Указная)과 비법령설(Безуказная)이 그것이다.

(1) 법령설

농노소유권의 기원에 대한 법령설적 주장을 처음으로 개진한 학자는 18세기 전반기의 저명한 역사학자인 따찌쉐프(В. Н. Татищев)였다. 그는 1734년에 옛 고문서들을 연구하면서 1550년 수제브니크(Судебник)를 발견했는데, 이 법전의 88항에는 한 지주로부터 다른 지주로 농민들이 자유로이 이동을 할 수 있는 일정한 기간을 정해놓음으로써 실질적으로 농민을 토지에 결박시키는 내용을 담고 있었다. 즉 이것은 그 이전까지는 농민들이 상대적으로 자유를 누리고 있었던 이동의 자유를 제한할 것을 국가가 법제화한 것이었다. 그 당시까지 학자들에게 알려지지 않았던 이 문서를 따찌쉐프는 안나 여제에게 헌정했으며 사본을 만들어 학술원에 보관토록 했다.

농민의 농노화를 초래한 것으로 간주되는 법령들로 따찌쉐프가 찾아내거나 제시한 것은 세 가지였다. 첫 번째 법령은 위에서 언급한 대로 농민이 한 지주에게서 다른 지주로 옮겨갈 수 있는 기간을 성 유리 게오르기의 날-구력 11월 16일, 신력 12월 9일-을 전후로 한 일주일 동안으로 규정한 제 88항을 담고 있는 1550년 '수제브니크'로, 이는 사실상 농민의 농노화를 지향한 국가에 의한 최초의 법제적 조치로 간주되었다. 두 번째 법령은 성 유리 게오르기의 날을 아예 폐지하여 이주를 금지시킴으로써 농민을 자신이 거주하는 토지에 결박시키는 결과를 초래한 1592년의 법령이었고, 세 번째 법령은 탈주 농민들에 대한 추적권을 명시한 1597년 11월 24일 법령이 그것이었다. 특히 1597년 11월 24일 법령에 따르면 보트취나 및 뽀메스찌예로 부터 도주한 농민들을 추적하여 그 자녀들과 함께 이전 거주지로 압송할 수 있도록 했는데, 그 기간을 5년 소급 적용하도록 명시하였다. 따찌쉐프의 견해에 따르면 농민의 농노화 과정에 있어 가장 주목해야 할 요인은 농민의 자유로운 이동의 권리였고, 이것이 짜르 정부가 취한 법률적 조치에 의해 제한되었으며, 나아가 종국에는 금지됨으로써 제도적으로 확립되었다는 것이다. 그런데 따지쉐프의 이와 같은 주장의 주된 근거였던 1592년 법령 원본은 아직까지 발견되지 않고 있어 이것을 하나의 '가설'에 그치게 했다.이후 18세기의 역사가들, 이를테면 볼찐(И. Н. Болтин)과 쉐르바토프(М. М. Щербатов) 등은 대체로 이와 같은 따찌쉐프의 주장을 그대로 수용하였다.

19세기에 들어서서 이러한 따찌쉐프의 논의를 계승한 것은 까람진(Н. М. Карамзим)이었다. 그의 견해에 의하면 16세기 말까지 농민은 자유농민(Вольный Хлебопашц)이거나 타인의 토지를 자유로이 임차한 소작인(Свободный Арендатор)이었다. 그런데 1592년 혹은 1593년에 바리스 고두노프(Борис Годунов)가 유리의 날에 허용되던 자유로운 이동의 권리를 폐지하고 이들을 농노화하는 법령을 공포함으로써 농노소유권이 제도적으로 확립되었다는 것이다. 까람진은 "16세기 농민들은 시민적 자유를 가지고 있었으나 토지소유권은 없었다. 그러나 토지를 경작할 수 있는 권리를 갖고, 그 대신 지주에게 소작료를 지불하고 거주지를 이전해 가며, 또 한 지주에서 다른 지주로 이주할 수 있는 자유를 법률로 허용받았다. 그런데 바리스 고두노프가 더 좋은 조건의 지주를 찾아가는 경작자들의 희망, 즉 이동의 자유를 막고, 그들이 더 나은 경제적 이득을 위해 거주지와 지주를 선택하여 정착하고 적응하는 것을 막았다. 그는 결국 1592년 혹은 1593년에 농민들의 자유로운 이동의 권리를 법으로 금지시켰고, 이후 한 세기 동안 농민들에 대한 통제를 강화케 했다"고 주장하였다. 따라서 까람진과 따찌쉐프는 러시아 농민의 농노화의 주된 원인은 바리스 고두노프 치세 하에서 봉건지주의 이해를 보장 하기위해 제정된 법령들에 의해서였다고 판단하였다.

이러한 주장에도 불구하고 19세기 후반 들어 정부 혹은 짜르의 법률적 조치가 농민의 농노화를 초래케 한 주된 요인이라는 주장의 근거였던 1592년 법령의 존재를 둘러싸고 따찌쉐프의 논증에 의구심이 제기되었다. 따찌쉐프는 그것이 물론 공표 됐었고 어디엔가 있기 때문에 언젠가는 발견되어 질 것이라 확신했었다. 그러나 따찌쉐프 이후 그 법령 원본을 찾으려는 많은 노력에도 불구하고 그 흔적을 찾지 못했다. 1836년~1838년에는 1294년부터 1700년까지의 법령들을 모아놓은 『고문학적 백과사전』(Актов археографическое экспедиции)이 4권으로 발간되었다. 이 전집의 서문을 작성한 스뜨레프(П. М. Стрев)는 농민의 농노화의 기원에 대한 따찌쉐프와 까람진의 법령설적 주장을 다소 수정하는 논의를 개진하였다. 즉 농민의 농노화의 출발점은 그것이 실제로 존재했던 1597년 11월 24일 법령이었고, 이 법령이 나타내는 핵심 사항은 도주한 농민에 대한 추적권의 기한을 5년으로 정한 것이 아니라, 1550년 수제브니크의 제 88항이 정한 유리의 날에 즈음한 농민들의 자유로운 이동의 권리를 폐지하는 것이라 주장하였다.

아르쯔이바쉐프(Н. С. Арцыбашев)도 이와 유사한 견해를 개진하였는데, 그는 『러시아에 대한 이야기』(Повествование о России)에서 짜르 표도르 이바노비치 치세기인 1597년 11월 24일 법령은 1550년 수제브니크의 제 88항에 의해 제한 되었던 농민의 이동의 자유를 완전히 금지시킴으로서 농민들이 빠메스찌끼에 완전히 예속되도록 하였다고 주장하였다. 그러나 스뜨레프와 아므쯔이쉐프는 1597년 11월 24일 법령이 농민의 농노화에서 어떤 역할을 하였는지에 대해서는 충분한 근거가 없다고 주장하였다. 빠쥐트노프(К. А. Пажитнов)가 지적하였듯이 그들은 당시의 역사적 상황을 정확히 파악하고 있지 않았던 것이다.

18~19세기 전반기 역사가들에 의해 농노소유권의 기원에 관한 문제는 어느 정도 법령설을 중심으로 하나의 정설로 회자되었다. 그러나 이 문제는 그 당시에는 철저한 사료 검증에 근거한 보다 깊이 있는 진전된 연구가 이루어지지 않았다. 그럼에도 불구하고 전제정부는 이러한 견해를 정설로 인정하였으며, 이에 반박하는 것을 허용하지도 않았다.

이 문제에 대한 실증적이며 심도있는 연구는 농노소유권의 폐지에 대한 사회적 요구가 증폭되고 있었던 1850년대에 들어서서야 이루어졌다.

그러나 당시 이 분야 연구자들은 대체로 따찌쉐프와 까람진의 견해에 동의하면서 여전히 법령설적 주장의 범주 내에 있었는데, 단지 과거와는 달리 농노소유권의 발생이 다른 요인에 의해 기인했을 가능성을 제시하면서 다소 상이한 견해를 제시하기도 하였다. 이들은 러시아에서의 농노소유권은 정부가 공표한 법령의 결과로 초래된 것이었다는 점에 동의하면서도, 다만 그 시기와 농민들의 신분 혹은 권리에 대해서는 이들 중 대다수가 이러한 법령이 16세기 말에 이루어졌고, 그 당시 농민은 자유로운 임차거주인(Бродячие население)이었다고 주장하였다.

이러한 견해를 잘 드러낸 학자가 치췌린(Б. Н. Чичерин)이었다.

치췌린은 이른바 '국가농노화'와 '농노계급 해방론'의 주창자였다. 그의 주장에 따르면 16세기 까지 루시에는 농노소유권은 물론 그것을 발생케 한 추진력으로 주장된 '국가'의 개념도 없었다. 국가가 없었기 때문에 그 영역내에 있는 거주민들의 이동도 규정할 수 없었다는 것이다. 그는 『루시법 역사에 따른 경험』(Опыты по истории русского права)에서 다음과 같이 주장하였다. 고대 끼예프 공국 시기 '두루지나'(Дружина)는 유목민이었고, 보야레와 공복(слуги)들도 한 지역에서 다른 지역으로 이동하였다. 그런데 점차 그 자리를 농민들이 대신하게 되었다. 이것이 루시 전역에서 사회 체제를 요동하게 만들었다. 그런데 16세기에 중앙집권적 국가가 형성되고, 그것에 의해 농노소유권이 발생하게 되었다는 것이다. 처음에는 보야레(Бояре)와 드보랴네(Дворяне)가, 그 다음에는 농민들이 농노화되었다는 것이다. 치췌린은 1592년 혹은 1593년에 공표된 법령은 단지 이미 다른 계층들이 부담하고 있었던 국가의무를 개인 소유 농민들에게 까지 확대한 것에 불과하다고 주장하였다. 따라서 그의 견해에 따르면 농민의 농노화는 모든 계층이 국가와의 관계에 따라 일정한 납세의무를 이행하여야 하고 또 봉사하여야 하는 필요성에 의해서 야기된 것이었다. 그런데 그 봉사의 성격에 따라 농노화는 다양한 형태를 나타냈다. 즉 보야레와 드보랴네는 자유로운 이동의 권리가 있었으나, 농민은 일정 거주지의 토지에 묶이게 되었다는 것이다. 치췌린은 '국가'를 농노소유권의 창조자로 간주했고, 여기에서 최고 권력자인 짜르는 사회계층간 이해관계를 조정하고 또 보호하는 역할을 하는 것으로 보았다. 예를 들어 뾰뜨르 3세의 1762년 마니페스트(Манифест)와 예까쩨리나 2세의 '귀족해방령'(Жалованной Грамот)도 모두 국가에 대한 봉사의무에서 귀족들을 해방시킨 것이었다. 즉 국가는 모든 계층을 농노화했다가 점차 해방시킨 것이다. 결국 짜르는 1850년대의 혁명적 상황에서 농민을 포함한 모든 계층을 해방시켰던 것이다.

19세기 중반에 부르주아 역사학자 솔로비요프(С. М. Соловьев)는 치췌린과 마찬가지로 국가를 역사의 기본 추진력이자 창조자로서는 물론 농노소유권 발생의 추진체로 간주했다. 1857년에 『고대시대 이래의 러시아 역사』(История России с древнейших времен) 제7권이 나왔는데, 그는 이 책의 제4장에서 농노소유권에 대해서 언급하고 있다. 그는 원칙적으로 법령설적 입장에 동의하면서 러시아 사회계층의 역사에서 가장 중요한 문서들 중에 하나가 바로 농민의 농노화에 대한 법령이라고 주장하였다.

그는 러시아 국가에서 농민의 농노화가 필연적이었던 것은 인구가 적고 토지가 광대하여 농작을 위한 노동력이 부족했기 때문이라고 진단하였다. 즉 러시아 국가의 중앙집권화는 다수의 군사를 필요로 했는데 드보랴네와 보야레의 후손(Дети Боярские)이 이를 담당하였고, 이들은 군사적 봉사의 대가로 토지를 부여받은바 이들에게는 경작할 농민이 필요했다. 그 사이 부유한 이웃이 자기 땅으로 감세를 특혜로 농민들을 끌어들이게 되자, 국가는 이들이 봉사에 전념할 수 있도록 봉사귀족(Служилый дворянини)에게 안정적인 노동력을 제공하였다는 것이다. 솔로비요프는 농민의 농노화는 상대적으로 늦은 시기인 16세기 말에 국가가 공표한 특별 법령에 의해 확립되었는데, 이러한 조치는 국가적 요구에 의해 초래된 것이었다고 주장하였다.

(2) 비법령설

19세기 후반에 들어서서 농노소유권의 기원에 대한 기존의 법령설적 해석에 이의를 제기하는 학자들이 나타나기 시작했다. 뽀꼬진(М. П.

Погодин)은 '농노소유권의 창시자로 바리스 고두노프를 인정해야 되는가?' 라는 제목으로 1858년에 『루스까야 비세다』(Русская беседа)에 기고한 논문에서 농노소유권의 기원에 대해 당시까지 정설로 되어 있던 논의를 정면으로 반박하였다. 뽀고진은 유리의 날 폐지에 대한 어떤 법령도 존재하지 않았으며, 농노소유권은 국가 권력의 참여와는 무관하게 확립되었고, 이것은 농민들의 생활상의 변화에 의해 생성되어진 것이라고 주장하였다. 이반 4세와 바리스 고두노프 그리고 뾰뜨르 대제 어느 누구도 농노소유권의 창출에 직접 관여하지 않았으며, 결국 '생활환경'의 변화가 그 주된 요인이라는 것이다. 그러나 뽀꼬진은 그 '환경'이 구체적으로 어떤 성격의 것이었는가에 대해서는 설명하고 있지 않다. 다만 뽀고진은 농노화의 시기에 대해서는 뾰뜨르 대제의 개혁 시기인 18세기 초엽으로 규정하였다. 즉 18세기 초 이전에는 농민의 농노화의 발생과 진전에 있어 국가가 적극적인 힘으로서 기능하지 않았다는 것이다. 이러한 그의 주장은 당시에는 법령설을 대신할 만한 호응을 얻지 못했고 또한 설득력이 부족했다. 그러나 그가 무엇보다도 유리의 날 폐지에 관한 법령이 부재함을 확신하면서 법령설을 인정하지 않았다는 점은 주목받기에 충분했다. 사실 따찌쉐프가 제시한 이 법령은 그 후 1세기가 넘게 지나는 동안에도 다른 미지의 수많은 법령들이 발견되었음에도 당시까지 발견되지 않고 있었다.

이러한 뽀고진의 비법령설을 보다 구체화시킨 것은 스뻬란스키(M. M. Сперанский)였다. 스뻬란스키가 1836년에 작성한 『토지 소유권과 농민 지위 변화의 역사적 형성』(Историческое обозрение изменений в праве поземельной собственности и состоянии крестьян)에서 개진한 견해에 따르면 고대 루시에서는 모든 류(類)의 농민들은 자유민(Вольный Людь)이었고, —이 점에서 있어서는 법령설 지지자들과 비법령설 지지자들 사이에 큰 차이가 없다—인신적으로 자유로웠던 고대 루시의 농민들은 국가 및 사적 납세의무를 지녔으며, 토지 이용 대가로 그 소유자에게 생산물과 부역 혹은 화폐로 임차료를 지불했다. 그들은 아무런 제약 없이 이동의 자유가 있었고, 자기 소유로 토지를 살 수 있는 권리를 가지고 있었으며, 다른 지주들처럼 그것을 이용할 권리도 지녔다. 그러나 1257년 따따르의 침입 후 국가 토지에 거주하던 농민들은 그들이 거주하며 등록된 장소에 그대로 머물러 있어야 했다. 단지 개인의 사적 토지에 거주했던 농민들은 한 영주에서 다른 영주에게로 이전 할 수 있는 권리를 그대로 보존했다. 따라서 1257년 이후 루시 에서는 두 부류의 농민이 존재하게 되었는데, 일정 지역에 묶여 있는 농민과 자신의 토지에서 독립적으로 자유를 누리는 농민, 즉 국가 농민(Государственной Крестьян)과 사적 농민(Частновладельческой Крестьян)이 있었다. 스뻬란스키는 사적 농민들이 따따르 지배시기 뿐만 아니라 16세기 말까지도 이동의 자유를 누리고 있었으며, 바리스 고두노프뿐만 아니라 어느 다른 군주들(Государи)도 유리의 날을 폐지하지 않았고, 심지어 17세기 중반 까지도 어떤 법령에 의해서도 이동의 자유를 금지 당하지 않았다고 주장하였다. 그러나 이후 그들이 점차 이동의 자유를 상실하게 된 원인은 부채상환과 납세의무의 어려움 등 농민 자신이 처한 경제적 상황에 의해서였다. 그리고 이러한 이동의 자유의 상실은 곧 토지에의 결박으로 이어졌다. 농노화의 과정에서 농민의 토지에의 결박에 이어 징병이 이루어졌고, 이러한 조치들은 농민들을 토지 뿐 만 아니라 경제적 · 법적으로 뽀메스찌끼에게 얽매이게 했다는 것이다. 결론적으로 스뻬란스키는 농민의 농노화는 처음에는 농민들의 경제적 상황에 의해 그리고 다음으로는 국가가 주도하는 법령에 의해 발생되어 결국에는 농민의 지위가 그러한 법령에 의해 고착되게 되었다는 것이다.

19세기 중반 역사가들은 농노소유권이 언제, 어떻게 그리고 어떤 원인으로 루시 사회에 출현하였는가를 보다 구체적으로 규명하는데 주력하였다. 이 당시 이 문제에 대한 매우 심도있는 연구 성과가 나왔는데, 당시 농민사의 대가인 벨랴예프(И. Д. Беляев)의 박사논문으로 1860년에 발표된 『루시 시대의 농민』(Крестьяне на Руси)이 그것이다. 이 논문은 끼예프 루시 시대로 부터 18세기까지의 농민사를 포괄적으로 다룬 연구 논문이었다.

그는 이 논문에서 루시의 농민사를 크게 두 시기로 나누어 구분하였다. 그 첫 시기는 16세기까지로 이 당시 농민들은 대체로 거주지와 지주에 대해 자유롭게 선택하여 이동할 수 있는 권리를 지닌 자유민(Вольный Людь)이었다. 그런데 점차 이러한 이동의 자유를 어렵게 만든 환경이 조성되었는데, 그것의 원인으로는 첫째로 영주(Феодал) 혹은 공동체(Община)의 동의가 필요하게 되었는바, 이는 비경작지가 축소됨에 따라 강화 되었다. 두 번째로 농민층이 납세(Тяглый) 농민과 비납세(Безтяглый)농민으로 나뉘어지게 되었는데, 납세 농민은 공동체가 그를 방면하거나 스스로 나가도록 허용할 때만 이동의 자유를 지닐 수 있었다. 세 번째로 일 년에 일정 기간만 이동을 허용하고 그 외 기간에는 그것을 금지시키게 되었던 것이다. 그 당시 모든 농민은 본질상 자유민(Свободный Людь)이었다. 1497년과 1550년의 수제브니크는 본질상 그러한 자유민으로서의 농민의 지위를 변화시키지는 않았다. 단지 이들 법령은 농민들을 둘러싼 사회경제적 변화로 인해 변화되고 있었던 농민의 지위를 법률적으로, 또 제도적으로 확고히 정립한 것이었다. 즉 다양한 농민의 농노화 과정이 법령들에 의해 통합된 것 일 뿐이었다.

두 번째 시기는 16세기 말에서 18세기 후반까지의 시기로 이 기간에는 납세의무의 가중에 기인한 탈주 농민이 급증하고, 이로 인해 중부지역이 황폐화되는 결과를 가져왔으며, 군사비 증가와 농민의 탈주로 세수입이 줄어들어 국가재정을 심각히 위협하는 상황이 전개되었다. 이러한 상황은 정부로 하여금 탈주를 막기 위해 농민을 토지에 결박시키는 조치를 강구하도록 했다.

1591~1592년 사이에 성 유리 게오르기 날 폐지에 관한 법령이 공표된 것은 이러한 상황 때문이었다. 이 법령에 의해서는 단지 '납세 농민'만이 토지에 결박되었다. 자유민은 그 지위와 권리에 있어 별다른 변화가 없었다. 결국 벨랴예프는 다른 법령설 지지자들과 마찬가지로 농노소유권의 발생이 직접적으로는 군주의 법률적 조치에 의해 이루어졌고, 이것은 국가의 재정적 요구에 따른 것이었다고 지적하였다. 그의 주장에 따르면 유리의 날 폐지는 무엇보다도 자의적으로 농민들을 지배할 가능성을 상실한 지주들에게 도움을 준 것이었다. 또한 농민의 토지에의 결박이 곧 모든 농민의 농노화를 의미하는 것은 아니었으며, 1649년의 울로줴니야(Уложения)이후에도 자유민들은 루시 사회의 완전한 권리를 누리는 구성원으로 남았다. 그러나 그들도 인두세 도입 이후 점차 농노화되었고, 자신의 지주의 소유물이 되었다. 이러한 과정이 예까쩨리나 2세 때에 완성되었다는 것이다.

19세기 초반 이후 러시아의 국가적 후진성 극복을 위한 개혁 논의가 본격화되면서 그 후진성의 사회경제적 토대였던 농노제에 대해서 치열한 논의가 진행되었고, 농노소유권의 발생에 대한 문제는 현실적으로도 많은 학자들의 최대 관심사가 되었다. 말하자면 농노소유권의 주창자로서의 '국가' 혹은 전제정부가 스스로 이 문제를 해결해야 한다는 개혁가들의 요구에 학자들도 이를 이론적으로 뒷받침 하기위해 노력했던 것이다.

초기 자유주의적 개혁가 혹은 혁명가였던 라쥐쉐프(А. Н. Радищев)는 이 문제에 대해 18세기의 다른 역사가들과 견해를 같이 했으나 무엇보다도 농노화로 인해 토지를 보유하지 못한 농민들이 유랑자로 전락하게 되었음을 강조하였다. 그의 견해에 따르면 끼예프 루시 시대에 농민들은 정치적 자유 뿐만 아니라 토지 경작권도 보유하고 있었다. 그런데 점차 국가 권력이 토지를 빼앗고 거주민을 예속시켰으며, 그 결과 농민들은 토지를 완전히 상실하게 되었다는 것이다. 라쥐쉐프의 사회 · 정치적 이념을 따르던 19세기의 제까브리스트들(Декабристы)은 농노소유권을 국가에 의해 형성된 최악의 산물로 간주하였고, 이를 국가의 경제적 후진성의 원천으로 간주하였다.

뚜르게네프(Н. И. Тургенев)와 뻬스쩰(П. И. Пестель) 등 제까브리스트들은 라쥐쉐프의 견해처럼 농노소유권이 고대 루시 시대 때부터 존재했던 것이 아니고, 몽골 침입으로 야기되어 16세기에 이르러 나타났다고 주장하였다. 또한 단순히 정부의 법제화가 그 주된 동인이 아니고 뽀메스찌끼와 정부 권력의 강제에 의해서 나타났다고 주장하였다. 뚜르게네프는 농노화의 동인자로 바리스 고두노프를 지목하면서도 단지 그러한 주장의 근거였던 1592년 법령 원문의 존재에 대해서는 의문을 제기하였다. 결국 뚜르게네프의 견해는 법령설과 유사한 것이었다.

라쥐쉐프의 혁명적 개혁사상을 이어받은 제까브리스트들은 물론 벨린스키(В. Г. Белинский), 게르첸(А. И. Герцен), 아가료프(Н. П. Огарев), 도브롤류도프(Н. А. Добролюдов)와 췌르니쉐프스키(Н. Г. Чернышевский) 등 19세기 중반의 혁명적 자유주의자들도 모두 이 문제에 대해 전제정이 농노소유권의 기원과 발전에 직접적인 관련이 있으며, 가장 큰 요인이었다는 점에서 동일한 견해를 나타냈다. 특히 벨린스키는 농노소유권이 결정적으로 유리의 날의 폐지로 초래되었고, 바리스 고두노프가 그것을 확립시켰다고 주장하였다. 게르첸은 유리의 날의 폐지로 초래된 농노소유권이 아무런 법적 기반도 없이 불평등하게 이루어졌음을 지적하였다. 또한 췌르니쉐프스키도 게르첸의 견해와 마찬가지로 농노소유권의 최대 인자는 짜르 정부였다고 주장하였다. 그런데 다른 혁명적 자유주의자들과는 달리 도브롤류도프는 16세기 말

유리의 날 폐지 이전 오래 전부터 이미 농민의 자유가 제한되고 있었음에 주목했다. 한편 아가료프는 짜르와 뽀메스찌끼가 자신의 경제적 이득을 위해 농민을 농노로 만들었다고 주장하였다.

1861년 개혁으로 러시아에서 농노소유권은 최소한 법적으로는 폐지되었다. 이 문제를 둘러싼 현실적 상황이 변한 것이다. 그러나 이때까지는 많은 논의가 개진되었음에도, 여전히 따찌쉐프 이래의 이른바 법령설이 보다 설득력있는 정설로 받아들여졌다. 이 문제에 대한 논의가 다시 활발해진 것은 1861년 개혁의 실효성에 대해 의문이 제기되면서 부터였다. 즉 정부가 주도적인 역할을 한 농노소유권 폐지의 실효성에 의문이 제기되면서 그것의 기원에 대해서도 정부 혹은 '법령'이 그것의 결정적인 요인이 아니라고 하는 이른바 '비법령설'이 제기되었다. 이러한 견해를 보인 대표 주자는 끌류췌프스키(B. O. Ключевский)였다. 그의 견해에 따르면 농민의 농노화는 17세기 초에 형성된 노예적 농노소유권(холопское крепостное право)으로부터 유래하였다. 즉 그는 바리스 고두노프에 의한 농노소유권 확립에 다른 측면의 역사적 사실을 결부시켰다. 끌류췌프스키는 정부의 법률적 조치는 물론 실질적인 농민의 생활조건과 농민의 부채가 농민이 누리고 있었던 이동의 자유를 제한하게 하고 결국 농노화를 초래했다고 주장하였다. 그의 견해에 따르면 모스크바 공국에서 자신의 토지를 소유한 농민들은 거의 없었고, 모두 토지를 임차해 임차료를 지불하였다. 때로는 부채를 지고 또 이에 대한 부가 세금을 납부하였다. 그러나 이로 인해 개인의 자유가 축소되지는 않았다. 농민은 어떤 경우에도 자유로운 임차인으로 남았다. 계약도 자유로이 이루어졌다. 그런데 16세기 후반부터 농민이 지주에 지는 부채가 늘어났고 결국 자유로운 이동의 권리가 제한되었다. 그러나 부채를 모두 상환하면 농민은 다시 이동의 자유를 얻을 수 있었다. 단지 지주의 동의없이는 부채를 상환할 수 없을 때만 예속적 농민이 되었다. 이러한 과정은 예속적인 노예제(Кабальное холопство)의 영향 하에서 보다 강화되었다는 것이다. 끌류췌프스키는 이와 같은 임차부채의무(Заемное обязательство)에 기인한 예속적인 노예제가 15세기 말에서 16세기 초에 출현하였다고 주장하였다. 그의 견해에 의하면 1597년 2월 1일 예속농민과 자유 공복에 대한 특별법이 공표되었는데, 이에 따라 예속노예는 채무이행을 통해 자신의 지주로부터 벗어날 수 있는 권리마저 잃어버리게 되었다. 대출상환도 완전히 없어졌다. 채무자는 채권자가 죽을 때 까지 노예로 일해야만 했다. 이로써 농민들은 지주에 대해 인신적으로 농노적 예속상태에 놓이게 되었다. 이러한 경향은 17세기 전반에 확산되었다. 농노소유권 발생에 있어 정부는 어떤 간여도 하지 않았고, 단지 이 과정을 수동적으로 관망했다는 것이다. 결국 끌류췌프스키의 견해에서 농민의 농노화의 주된 요인은 농민의 부채였고, 따라서 농민의 농노화의 요인에 있어 경제적 요소를 강조한 것이었다. 또한 그는 농민의 농노화는 인신적이었지, 토지적 성격은 아니라고 주장하였다. 그는 법령에 의한 농민의 토지에의 결박을 인정하지 않았고, 이를 농노소유권의 요소에 포함시키지도 않았다.

이후 이러한 끌류췌프스키의 견해에 동의하면서 보다 구체적인 논의를 전개시킨 학자들이 나왔다. 지야코노프(М. А. Дьяконов)는 농민의 농노화는 갑자기 발생한 것이 아니라 매우 느리고 점진적이었음을 지적하면서, 오히려 국가의 법률적 조치가 부자유민에게 비록 열악하지만 기존의 생활을 보장해 주고, 노예 소유자들(Рабовладельцев)의 자의적인 억압으로부터 이들을 보호해 주는 역할을 하였다고 주장하였다. 또한 부가노프 (М. Ф. Владимирский-Буданов)도 기본적으로 농노화의 주된 원인을 농민의 부채라고 간주한 끌류췌프스키와 견해를 같이 했는데, 그는 여기에 덧붙여 한 지역에 오랫동안 거주한 이른바 '장기거주성'(Старожильство)도 주요 요인이었다고 주장하였다. 즉, 지주로

부터 빌린 돈이나 농기구는 농민이 오랫동안 타 지역으로 나갈 수 있는 권리의 행사를 불가능하게 했다는 것이다. 특히 16세기에는 다수가 그러하였다. 그러므로 농민의 토지에의 결박은 특정지주의 토지에 오랫동안 거주함으로써 발생했다는 것이다.

1880년대에는 이러한 비법령설이 매우 설득력있는 논지로 인정받고 있었다. 그러나 기존의 법령설도 그것을 뒷받침하는 주장이 이어지면서 여전히 강한 설득력을 지니고 있었다. 세르게이비치(В. И. Сергеевич)는 농노소유권은 정부에 의해 장기간에 걸쳐 여러 법령들이 공포됨으로써 성립되었으며, 따라서 궁극적으로 유리의 날 폐지가 농민의 농노화를 초래하였던 16세기 말이 그 시기였다고 주장하였다. 그런데 그 시기는 정확히 1592년이 아니라 표도르 이바노비치 치세 첫 혹은 두 번째 해가 정확하며, 또 유리의 날 폐지가 농노화의 최종적이며 결정적인 요소도 아니라고 주장하였다. 또한 탈주 농민에 대한 추적권도 일정기한에 한정된 것이었다는 것이다. 따라서 농노화가 확고히 정착된 것은 1649년 이후 17세기 중엽에 이르러서였다고 주장하였다.

법령설 지지자들은 국가의 역할이 역사발전의 주된 추진력이라 생각하고 그것을 절대시 했다. 반면 비법령설 지지자들은 농노화의 주된 요인으로 국가 내지 짜르의 역할을 폄하하는 대신 경제적 측면에서의 부채, 납세의무 등을 그 주된 요인으로 지목하였다. 그러나 이 문제에 관해서 대체로 19세기 말까지는 끌류췌프스키와 지아코노프의 견해로 대변되는 비법령설이 학자들 사이에서 보다 설득력 있게 받아들여지고 있었다.

19세기 말에서 20세기 초에 이 문제에 관한 새로운 저작들이 나왔는데 특히 1905년 혁명을 전후해서 다양한 연구 성과들이 나왔다. 로쥐코프(Н. А. Рожков), 끄냐지코프(С. Князьков), 미하일로프(П. Е. Михайлов), 빠블로바 실반스카야(Н. П. Павлова-Сильванская)등이 그들인데, 이들은 종래의 전통적인 두 견해 사이에 절충을 모색하였다. 특히 리트비노프(М. А. Литвинов)는 1897년 『러시아에서의 농노소유권의 역사』(История крепостного права в России)에서 농노화의 실질적 요인이 '물질적 부족'에 있었음을 지적하면서 나아가 농노제적 질서는 원천적으로 사회 구성원들 사이의 불평등에서 기인한 것이며, 지주와 농민들 사이에 작성된 계약에 의해서 농노화가 된 것이 아니라고 주장하였다. 그는 또한 국가 권력은 법질서 확립 뿐만 아니라 기존질서의 변화를 유도하고 새로운 법률적 기준을 제시하는 기능을 수행했다고 주장하였다. 이러한 주장은 법령설과 비법령설 양측의 견해에 하나의 타협점을 모색한 새로운 접근이었다.

(3) 소비에트 시기의 논쟁

농노소유권의 기원을 둘러싼 논쟁은 사회주의 혁명 이후 소비에트 초기 시기에는 새롭거나 명백한 논점의 근거 제시와 같은 커다란 변화 없이 법령설과 비법령설 양 견해가 혼용되면서 이전의 논의가 계속되었다. 쁠라토노프(С. Ф. Платонов), 쁘레스냐꼬프(А. Е. Пресняков), 뜨호르젭스키(С. И. Тхоржевский), 비셀롭스키(С. Б. Веселовский) 등은 본질적으로 과거의 방법론에 입각하여 이 문제에 접근하였다. 쁠라토노프는 1921년에 출간한 『바리스 고두노프』에서 모스크바 공국의 군주인 짜르 바리스 고두노프가 이반 뇌제의 정책을 계승하여 농민의 이동을 금지시키고 탈주 농민 추적권을 5년간 부여하는 제한된 조치를 취했는데, 1597년 법령이 그것이라고 주장하였다. 또한 다른 저작인 『이반 뇌제, 1533~1584』에서는 농민의 농노화가 이반 뇌제의 금지 기한(Заповедные Лета)을 명시한 울로줴니야에서 기인했다는 견해를 나타냈다. 이는 끌류쳬프스키의 주장과는 다른 것으로 법령설적 견해를 나타낸 것이었다. 쁘레스냐꼬프는 농민의 농노화 과정에 있어 금지기간의 역할을 강조한 보다 분석적인 견해를 내놓았다. 또한 뜨호르젭스키는 농민의 부채와 장기거주가 농노화에 가장 큰 요인 이라고 주장하여 다시 비법령설적 입장을 견지하였다.

1920년대 초에는 혁명전의 자유주의적 견해에 마르크스주의적 입장이 부각되었으며, 이것이 특히 젊은 학자들에게 그대로 수용되었다. 그 대표자인 빠끄롭스키(М. Н. Покровский)의 주장에 따르면 농민의 농노화 과정이 15세기 말에서 16세기 전반기에 모스크바 국가에서 시작되었는데 뽀메스찌예 토지지배가 강화되고, 경작방식이 삼모작으로 바뀌었으며, 여기서 농민들의 생활에 중요한 변화가 일어났다. 즉 농노화 과정 저변에는 농촌경제의 생산관계에 있어서의 변화가 있었던 것이다. 여기에 뽀메스찌끼가 금지기간을 도입함으로써 이것은 다시 이동의 금지를 초래하였고 결국 농노화를 초래하게 되었다는 것이다. 즉 그의 견해에서는 농노화 과정에서 경제적 요인이 강조되고, 국가의 역할은 축소되었다.

이러한 마르크스주의적 해석은 그레코프(Б. Д. Греков)에 의해 명확히 표현되었다. 그는 『러시아 농민사 개관』(Очерк истории русского крестьянства)에서 농민의 농노화의 기원을 16세기 후반의 경제적 상황과 관련시켜 설명하였다. 또한 「러시아에서의 농노소유권의 기원」(Происхождение крепостного права в России)에서는 중세기 농민이 타인 토지에 대한 자유로운 임차인이었다는 전통적인 견해를 반박하였다. 즉 유리의 날의 법적 폐지까지의 농민의 자유를 과장해서는 안된다는 것이다. 이 시기 농민들은 이미 영주에게 다양한 형태로 예속되어 있었다는 것이다. 이러한 예속은 자신의 생산물 혹은 노동력의 일부를 지주에게 지불하여야 하는 의무에서 나타났다. 또한 농민은 행정 사법 그리고 재정에서 지주에게 철저히 예속되어 있었다는 것이다. 그는 농노화의 주요 원인이 지주에 대한 부채에 있다는 논증을 보다 구체화하여 비록 러시아 역사 발전과정에서 일정단계에서는 유리의 날 원칙이 존재했지만 때로는 농민의 이동 조건이 모든 채무 없이도 강압적으로 따라야하는 것이었고, 외부의 도움 없이 이러한 조건들을 이행할 수 있는 농민들은 거의 없었다고 주장하였다. 결론적으로 농민의 농노화는 옛 봉건적 관계의 붕괴 시점에서 발생했다는 것이다. 이러한 주장은 필연적으로 사회경제적 봉건체제 문제에 대한 명확성을 요구하여, 특히 17~18세기 농노제적 경제체제에 대한 논의를 중심으로 한 '봉건제 논쟁'으로 확대되었다. 쁘레스냐꼬프와 비셀롭스키가 이러한 논쟁에 가담하여 '봉건 질서'(Феодвльное Строе)혹은 '농노제'(Крепостный режим)에 대한 논쟁으로 이어졌던 것이다.

두브롭스키(С. М. Дубровский)는 '봉건제'와 '농노제'를 구분하여 봉건제 하에서 농민은 자유로웠으나 농노제하에서는 농노화되었고, 또한 부역의 지배가 농노소유권을 초래했다고 주장하였다. 나아가 봉건제 하에서 국가 권력은 분권화되었으나, 농노제하에서는 절대군주가 농노들을 직접 지배하여, 영주계급과 농노계급은 각기 다른 기반의 계층관계를 지녔다는 것이다.

이후 농노소유권과 일정한 사회체제와의 상호 관계에 대한 연구에 연구자들의 관심이 집중되었다. 즉 농노소유권은 봉건제에 의해 형성되었다는 전제가 보편적으로 수용되었다. 이러한 논의는 이미 유쉬꼬프(С. В. Юшков)와 빠블로바 -실반스카야의 연구에서도 잘 나타났다. 그런데 1950년대 이후 까레쯔키(В. И. Корецкий)가 16세기말에 농민의 이동을 금지하는 내용에 관한 문서를 발견함으로써 논쟁이 재개되었다. 그리고 네츠키나(М. В. Нечкина), 스끄린니꼬프(Р. Г. Скрынников), 만꼬프(А. Г. Маньков) 등의 사회경제사 저작들이 나오면서 16~18세기 농민의 농노화 관련 입법화 문제에 대한 심도있는 논의가 이루어 졌다. 이들의 문제 제기는 농노소유권이 언제 어떤 사회구조 하에서 발생 했느냐 하는 것이었다. 이들은 대개 16세기 말에서 17세기 초에 봉건적 사회경제 체제의 형성과 더불어 농노소유권이 발생했다고 주장하였다. 까레즈키는 "농민의 농노화는 9세기 이래 장기적이고 복잡한 과정을 거치면서 형성되었고, 16세기 말에 이르러 완성된 것이었다"고 주장하였다. 즉 끼예프 루시사회에서 이미 오랜 기간 동안 농민의 농노화 과정이 진행되고 있었다는 것이다. 이후 까레즈끼와 스끄린니꼬프는 이 문제를 두고 치열한 논의를 벌이는데 문제의 핵심은 아직까지 발견되지 않고 있는 짜르 표도르 이바노비취의 1592년 혹은 1593년 법령 원본이었다. 이것이 하나의 '가설'로 남는 한 논쟁의 여지는 계속될 것으로 보인다.

2. 이반 4세의 개혁정책[175)]

(1) 초기 개혁의 사회 · 정치적 배경

15세기 말에서 16세기 초에 걸쳐 야로슬라프(Ярославское Княжество)와 로스토프(Ростовское Княжество)그리고 뜨베르 공국(Тверское Княжество), 노브고로드 공국(Новгородская феодалная республика) 등이 모스크바 공국에 병합됨으로써 루시의 영토적 통일과 단일화가 완성되고, 중앙집권화된 국가의 면모가 갖추어 졌다. 그러나 이러한 외적인 변모에도 불구하고, 모스크바 국가 내에는 여전히 과거의 봉건적 분립 질서와 전통이 사라지지 않고 그대로 존재하고 있었다. 이러한 봉건적 분립 경향의 중심에는 막강한 보야레 귀족계층(Княжеско-Боярская аристократия)이 있었는데, 이들이 국가 지배체제의 상층을 차지하고 있었다. 따라서 보야레 지배는 정치적 통일을 저해하고 있었고, 과거의 궁정 및 세습귀족(Дворцово-Вотчинная)지배체제의 특징들도 그대로 지니고 있었다. 이 당시 드보랴네의 정치적 영향력이 증대하고 있었지만 그들이 국가 지배세력을 교체하고 개혁을 주도할 만큼 성장한 것은 아니었다. 보야레 가문과 궁정 귀족 집단 간의 세력 다툼은 매우 치열했으나, 무정부 상태나 대중 억압으로 나타나지는 않았다.

이 당시 토지소유계층은 보야레만이 아니었다. 대다수 영주는 드보랴

175) 본 글은 다음의 기논문 내용에서 발췌 · 정리한 것임을 밝혀둔다. "이반 4세의 개혁: 연속성과 단절", 『역사문화연구』 제22집(2005), 한국외국어대학교 역사문화 연구소.

네 혹은 소토지 소유자들로서 그들은 봉직을 대가로 짜르로 부터 토지를 부여 받았다. 보야레 지배시기에 이들은 대영주인 보야레 계층의 착취의 대상이 되었다. 때로는 토지와 농민을 빼앗기기도 했고, 짜르의 도움 없이는 자신을 보호 할 수 없었다. 그리하여 이들은 짜르의 권한이 보다 확대되기를 원하였다.

그런데 1547년에서 1549년 사이에 정부내 최고위층인 보야레와 궁내관(Окольничий)의 구성에 변화가 있었다. 1530년대에 20명이었던 보야레가 1549년 말에는 32명으로 증가하였다. 궁내관도 2~3명에서 9명으로 늘어났다. 이러한 최고위층의 구성 변화는 이반 4세가 미성년이었을 때 보야레와 궁내관으로 들어간 사람들의 영향력을 약화시키는 결과를 초래했다. 1534년에서 1537년 사이에는 대분령 공후들인 드미뜨로프스키공과 스따리쯔키공이 권력 핵심부에서 멀어졌다.

16세기 전반 모스크바 국가는 정치적 측면에서 여전히 개별 공국별로 분립되어 있었는데, 각 영역은 이전의 자치권과 지배체제를 그대로 유지하고 있었다. 이반 4세의 형인 유리 바실리에비취 우글리쯔키(Юрьев Васильевич Углицкий)와 이복형 블라디미르 안드레이비취 스따리쯔끼(Вдадимир Андрейвич Старицкий) 그리고 보로찐스키(Воротинский)와 오도옙스키(Одоевский)및 므스찌슬라프스키(Мстиславский)의 분령들(Уделы)이 있었다. 이들은 비록 과거의 정치적 독립성은 어느 정도 상실하였으나, 보야레의 지위로 이동하여 대공의 궁정에서 막강한 권력을 누리고 있었다. 유리공은 사실상 모스크바 국가의 관방(Канцеляния)을 지배했는데, 이곳에는 그를 위한 특별 궁정도 있었다. 이와 같이 과거의 공후들은 모스크바 국가의 궁정에서 막강한 영향력을 행사하고 있었던 것이다.

대공은 외형상 국가 권력의 정점이자 군사의 수장으로서 대외정책을 관장했고, 행정 및 사법권을 장악했다. 그러나 이러한 대공의 권한은 보야레 계층의 신분제적 대의기구인 보야레 두마에 의해 제한되었다. 보야레는 두마에서 결정권을 행사했을 뿐만 아니라 최고 사법기구인 대공의 법정에도 참여하였다. 또한 그들은 대공과 나란히 가신에 관련된 여러 사법적 논쟁을 심의하기도 했다. 따라서 그들은 중앙 및 지방 통치기구에서 핵심적 지위를 차지하고 있었던 것이다. 이러한 보야레의 권한은 이반이 미성년일 때 특히 확대되었고, 보야레간 권력 다툼도 심했다.

한편 모스크바 보야레 계층(Московское Боярство)은 복잡한 계서질서를 지니고 있었는데, 여기에는 세 부류가 있었다. 첫번째는 분령의 공후들(удельная князья), 두 번째는 작위 받은 공국귀족들(титулованная Княжеская знать), 그리고 세 번째는 작위없는 옛 모스크바 보야레 계층(Нетитулованное Старомосковское Боярство)이 그들이다. 이들 중 옛 모스크바 보야레(Старомосковские Бояре)가 모스크바 국가 영토의 대부분을 지배하고 있었다. 이들은 모스크바 대공에 봉사하며 그의 공고한 지주가 되었다. 또한 이들은 궁정과 보야레 두마에서 주도적 역할을 하였다. 드보랴네의 부상과 더불어 점차 이들은 그 권위와 권력을 상실해 갔으나, 국가기구(Приказ)와 재정 분야 그리고 궁정에서 여전히 막강한 권한을 유지하고 있었다. 또한 모스크바 국가에 병합되는 정도에 따라 북동부 루시 지역의 소 공국들은 해당 작위를 받고 '공후'(Княжь)로서 대공에게 봉사하였다. 그러나 이들은 자신의 옛 영화에 대한 향수를 간직하면서 완전히 모스크바 국가에 종속되기를 원하지 않았다. 그들 중 일부는 대공에 대한 불만을 나타내며 강한 봉건적 분립 전통에 애착을 표출하기도 했다. 이와 같이 보야레의 지배는 이반 3세와 바실리 3세 치세기를 거치면서 모스크바 국가가 강력한 중앙집권적 국가체제를 형성하는 것을 저해하였고, 특히 바실리 3세 사후에는 보야레간 권력다툼이 치열하게 전개되었다. 그러나 16세기 중반부터 보야레의 권한을 제한하려는 경향이 나타났는데, 이는 곧 대공의 권력 강화로 이어졌다.

그런데 이러한 사회 제세력간의 갈등에도 불구하고 한편으로는 대귀족 가문들은 점차 모스크바 국가 왕실의 정치 · 사회 질서에 대부분 동화되고 있었다. 다만, 이반 4세 즉위 이전부터 급속히 확대된 국가 영역에 상응하는 통치체제가 마련되어 있지 못했던 것이다. 이러한 상황은 '개혁'에 대한 당위성을 증대시켰다.

(2) '선출회의'의 개혁

1547년 발생한 모스크바 대화재 사건과 노브고로드(Новгород), 쁘스코프(Псков) 등지에서의 봉기로 인한 사회적 공포 분위기는 이반 4세로 하여금 통치체제 및 사회적 제관계에 있어 근본적인 개혁이 불가피함을 절감하게 하였다. 대중적 원성의 표적이 되었던 글린스키가는 권력으로부터 멀어졌고, 주도적인 보야레 가문들과 드보랴네 계층(Дворянство)간의 이른바 '화해'가 형성되었다. 짜르가 개혁을 주도 하기 위한 사회정치적 분위기가 성숙된 것이다. 이미 15세기 말엽부터 아래로부터의 사회적 불만이 증폭되어 온 터였기 때문에 이러한 분위기는 한층 고조 되었다. 드보랴네 이반 뻬리스베또프(Иван Пересветов)는 콘스탄티노플을 정복한 술탄 마흐무다(Махмуда)처럼 절대 권력을 강화할 것을 짜르에게 상소했다. 그는 봉지(Кормление, 封地)를 없애고, 모든 수입원을 짜르의 국고에 집중하며, 국경 수비를 강화하고, 귀족이 관할하는 법정을 국가 법정으로 대체하며 새로운 법전을 공포할 것 등을 권유한 것이다. 또한 에르몰라이 에라즘(Ермолай-Еразм)은 농민들의 봉기 가능성을 사전에 예방하기 위해서는 이들에게 얼마간의 양보 조치를 취해야 하고, 봉직자의 토지를 보장해 주며, 농민들의 토지에 따른 부담체계를 통일시키는 조치들을 취해야 한다고 짜르에 상소했다. 이러한 제안들은 비록 보야레 계층의 강력한 반대에 직면하였으나, 당시의 사회적 분위기와 드보랴네 계층의 요구를 대변한 것이었다.

이 무렵 짜르의 주변에는 소수의 일종의 참모그룹이 형성되었는데, 이 그룹은 후에 안드레이 쿠르프스키(Андрей Курбский)에 의해 '선출회의'(Избранная Рада)로 불리웠다. '선출회의'의 구성원은 다양한 사회적 지위와 출신들로 이루어 졌다. 시종 침점관(Спальник)으로서 당시 지배그룹에는 잘 알려지지 않았던 아다쉐프(Алексей Федорович Адвщев)와 성모수태 사원의 사제로서 짜르에 절대적 영향력을 행사하고 있던 실베스뜨르(Сильвестр)-노브고로드에서 태어난 그는 40년대 중반부터 궁정 성모수태사원에서 일했다-, 그리고 대주교 마카리(Митрополитан Макарий)와 짜르의 인척(사돈)으로 자하린(Захариных) 및 유리예프(Юрьев)가의 대표자인 드미뜨리 꾸를랴쩨프(Дмитрий Курлятев)와 귀족 가문 대표인 쿠루프스키(Андрей Курбский)를 포함한 기타 인물들이 포함되어 있었다. '선출회의'를 사실상 주도했던 인물은 짜르가 직접 등용한 아다쉐프였다. 지방의 소봉직자였던 그는 1550년부터 국고 관리(казенный приказ)를 담당하면서 출세가도를 걷기 시작했고 동시에 외교정책도 관할하여 외국과의 협상도 맡았다. 따라서 재정과 외교라는 국가정책의 주요 업무를 장악함으로써 그는 명실상부한 실권자의 역할을 하였다. 1550년대에는 비록 출신과 성격이 다른 성원들로 이루어졌으나 '선출회의' 내에서는 강력한 절대군주의 필요성에 공감대가 형성되어 있었다.

이반 4세는 전임자들과 같이 유력자들인 이들 참모들에 전적으로 의존했다. 따라서 '선출회의'는 짜르의 절대 신임 하에 개혁정책을 신속히 추진할 수 있었다. 이반 4세가 '선출회의'를 통해 추진하려는 개혁이 지향하는 바가 무엇인가는 곧 명백해졌다. 이반 4세는 1547년 1월 16일 우스펜스키 사원(Успенский Собор)에서 열린 대관식을 통해 현실적 지배자와 동방 정교회의 주권자로서의 면모를 과시하였다. 이러한 그의 의지는 궁정 질서가 안정된 이후 이교도 정복과 성지탈환이라는 명분으로 '카잔 정복'에 나서게 하는 동인이 되었다. 또한 1549년 2월 27일 이반 4세는 '젬스키 사보르'(Земский Собор)를 소집하여 그가 성년이 될 때까지 보야레 지배시기에 행하여진 모든 무질서와 비행을 비난하고, 일정기간 내에 모욕과 강탈을 유발하는 모든 선동을 평화적으로 종식시킬 것을 지시하였다. 보야레는 짜르의 단호한 입장에 용서를 구했고, 이에 이반4세는 사면을 공포하였다. 이는 이후 짜르 자신이 권력 강화에 나설 것이며, 이를 위해 개혁을 추진할 것임을 분명히 한 것이었다. 그가 선출회의를 통해서 추진한 계획들은 드보랴네 계층을 포함한 모든 영주계층을 통합하여, 아래로부터의 저항 위험을 제거하는 동시에 지배계층의 구성을 변화시켜 전통적인 보야레 계층의 입지를 약화시킴으로써 자신의 권력을 보다 강화시키는 것을 목표로 하였다.

'선출회의'는 무엇보다도 국가통치의 기능을 정비하고 새로운 사회적 제관계의 정립을 목표로 개혁 작업을 추진하였는데 이는 새로운 법전의 공포를 통해 법률체계의 정비작업을 추진하는 것으로 나타났다. 1550년에 새로운 '수제브니크'(Судебник)가 완성되었다. 1497년의 수제브니크와 비교해 볼 때 새로운 수제브니크는 100개 항목 중에서 37개 항목이 새로운 것이었다. 새로운 수제브니크는 국가통치 및 사법체계에 혁신적인 변화를 가져오는 것이었다. 과거 지방 유력자의 손에 놓였던 행정 및 사법권이 보다 직접적으로 중앙정부의 통제하에 놓이게 되어 중앙권력이 지방을 보다 효율적으로 지배하게 된 것이다. 이러한 목적으로 지방 통치자의 법정에는 귀족대표뿐만 아니라 촌장이나 자유농들도 참여하게 되었고, 그들이 참여하지 않는 재판은 무효로 간주 되었다. 또한 중요한 사안은 모두 중앙정부의 승인을 받도록 함으로써 지방행정에 대한 통제도 강화되었다. 나아가 짜르의 승인 없이는 지역 통치자는 어떤 처형과 사면도 할 수 없었고, 당시 형성되고 있었던 관료제의 성원들에 대한 짜르의 통제도 강화되었다.

또한 법률 체계의 정비는 지방 통치자들의 전횡을 막는 근거를 마련하는 것이었다. 영주들의 착취를 막기 위해 농민들이 지불해야 하는 세금의 양을 일정 범위 내로 정하고 공개하며, 뇌물수수나 방해 행위도 처벌되도록 했다.

이러한 지방통치자에 대한 중앙정부의 강화된 통제 조치에 의해 지역자치도 중앙 정부의 통제하에 있도록 했다. 수제브니크는 전국적 규모의 실제적 법률 체계를 완성함으로서 중앙집권적 관료체제의 형성을 촉진했으며, 다른 한편으로는 농민들에 대한 세습영주의 권한을 강화시켜주는 법적 근거가 되어 농노소유권이 강화되는 결과를 가져왔다.

1551년 2월에 이른바 '백항회의'가 각 공후 및 보야레 그리고 군사령관들이 참여한 가운데 열려 이전 젬스키 사보르에서 승인되어 작성된 '수제브니크'를 승인하였다. 여기에서는 또한 교회 및 국가 개혁에 관한 문제가 심의되었다. '선출회의'가 추진한 국가 통치체제 개혁은 뻬리스베또프의 건의와 같이 드보랴네 계층의 요구사항을 반영시킨 것이었다. 수제브니크는 지방통치체제에 있어 중앙정부의 통제를 강화하고, 기존 보야레 계층의 사회경제적 토대를 약화시키는 것을 의도하였다. 수제브니크는 무엇보다도 꼬르물렌쉬크(Кормленщик, 봉지수혜자)에 대한 통제를 강화하였다. 수제브니크가 공표되기 이전인 1549년 2월 28일에 소지주와 농민들이 '나메스트니크'(наместник)의 법정 관할에서 해방되는 법령이 공표되었다. 이 법령은 한편으로는 드보랴네를 대 귀족 꼬르물렌쉬크로부터 보호하고 다른 한편으로는 드보랴네가 자신의 꼬믈레니예(кормление, 봉토)주민에 대한 사법권을 강화시키는 결과를 가져왔다. 또한 국가 토지 내 주민들과 도시민에 대한 꼬르물렌쉬크의 권리와 의무를 규정한 조항들이 수제브니크에 규정되었다. 여기에 지방 통치자 법정에 참여하기 위한 쩰라발니크(целовальник, 징세 및 사법경찰 역할), 백부장(сотник), 그리고 오십장(Пятидесятник)의 장(Сторость)의 선출을 위한 규정도 명시되었다. 이는 지방행정에 대한 중앙정부의 통제를 보다 강화하는 조치였다. 결국 꼬르물렌니예 제도는 1555년 폐지되었고, 지방 법정과 세금징수는 선출된 권력, 즉 젬스키 법정과 징세관의 손에 맡겨지게 되었다. 이전에 꼬르물렌쉬크가 징수 · 관리했던 세수는 직접적으로 짜르의 국고로 넘어가게 되었다. 이러한 법률체계 정비는 곧 중앙집권적 지배체제의 토대로 기능하게 된다.

보야레 계층과 드보랴네 계층의 치열한 갈등을 드러낸 것은 1550년 2월에 발표된 이른바 '토지개혁'(Землемерия)이었다. 보야레 지배시기에는 보야레와 상층 드보랴네들이 '봉사'(Служба) 없이도 봉지를 받았는데, 이를 폐지한 것이다. 이 계획은 보야레 지배에 대한 사회적 반대 분위기에 힘입어 아다쉐프가 작성한 것으로 드보랴네 계층의 폭넓은 지지를 받았다. 그러나, 이는 곧 보야레 두마의 반대에 부딪혔다. 오히려 두마는 상층 드보랴네의 토지를 분할할 것을 계획하였다. 이러한 갈등은 이후에도 계속되었다.

'카잔 정복'을 비롯 직면한 대외정책으로 인해 가장 시급했던 국가 과제는 군사개혁부문이었다. 이는 강력한 중앙집권화된 지배체제를 구축하는데도 필수적인 것이었다. 쿠르프스키의 제안으로 1549년과 1550년에 특별 법령을 공포하여, 부대(Полк)에 따라 군사적 위계질서를 구분하도록 했다. 군사령관(Воевода) 사이의 계서질서는 '군사적 중요성'에 따라 정해지도록 했고, 부대도 재조직되었다. 드보랴네 계층은 개인적인 능력이나 공적에 따라 지휘관에 임명되는 것을 선호했으나, 기존의 문벌제도(Местничество)는 이를 허용하지 않고 있었다. 문벌제도는 국가 지배계층을 차지하고 있던 대귀족 가문 내부의 상호 관계를 규정하여 상호 공존하게 한 제도로 15세기 말에 나타났다. 이 제도에 따라

고위 관직은 귀족 가문들이 독차지 하였는데, 이것은 짜르의 임명에 의하기도 했고, 또 출신 가문에 따라 그 서열이 정해져 임명되기도 했다. 이러한 문벌제도는 귀족계층 내부의 혹은 귀족계층과 짜르 사이의 관계에 일정한 틀을 제공하였고, 짜르는 관료 임명 체제를 통해서 귀족 계층에 영향력을 행사할 수 있었으나, 그것은 매우 제한적이었다. 그러나 이러한 문벌제도는 한편으로 귀족가문들 사이에 끊임없는 갈등을 야기하였다. 또한 관료 임명이 능력과 효율성이 아니라 귀족가문들 사이의 자리다툼으로 결정되어 혼란을 가중시켰는데, 이러한 난맥상은 특히 군사 부문에서 심했다. 따라서 '선출회의'는 이 제도의 개선에 각별한 힘을 쏟았다.

그러나 '선출회의' 구성원들 사이에서 이 문제에 관해 각기 출신에 따라 이해관계를 달리 했음으로 타협점을 찾기가 어려웠다. 그래서 우선 군사작전 시 문벌간 상하 다툼을 금지시켰고, 6개의 상설친위대(Стрелцкий)를 창설하였는데, 귀족 기사단에 주로 보병을 보충함으로서 전투력을 크게 향상시키는 결과를 가져왔다. 한편 다른 측면에서의 군사 개혁이 추진되었는바, 이는 귀족 각각의 토지 지배 정도에 따라 국가에 대한 봉사 의무를 규정하였고, 드보랴네 계층의 토지는 보장되도록 하였다. 1550년에 모스크바 지역과 그 주변 지역에 있는 뽀메스찌에(Поместье)의 분배가 이루어져 1078명의 봉직자들에게 나누어졌다. 이들 '선택된 천명'은 정예 관료 및 군사로서 짜르를 위해 봉사할 것이었다. 짜르에게는 근거리에서 자신을 보호하고 충성할 수 있는 계층이 필요했던 것이다. 바로 이들이 후에 오쁘리취니끼로서 짜르의 정적 제거 작업을 주도하게 된다. 이들은 점차 드보랴네 계층에 편입되었는데, 일부는 보야레 계층에 진입하기도 했다.

한편으로 토지에 대한 보장을 못 받은 봉직자로서 무토지 혹은 소 토지소유 뽀메쉬크는 매우 불안정한 입장이 되었다. 따라서 보다 균등한 토지 분배를 목적으로 뽀메스찌에(Поместье)와 보트치나(Вотчина. 세습토지)에 대한 전반적인 재검토가 불가피 해졌다. 1555년에는 꼬르물레니에 폐지에 관한 법령(Уложение)이 공포되었고, 이에 따라 뽀메쉬크에게도 많은 토지가 부여되게 되었다. 또한 봉직 의무도 토지지배자의 보트치나와 뽀메스찌에의 크기에 따라 정해졌다. 직무와 관련된 보트치나는 뽀메스찌에와 균등하게 되었고, 그들 사이에는 차이가 없게 되었다. 이제 세습토지소유자는 자발적으로 짜르에 봉사하는 가신이 아니라 예속적인 봉직자로 변했다. 그들의 토지에 대한 권리가 봉직에 달려있게 되었기 때문이다. 이러한 상황은 오히려 드보랴네 계층의 경제적 토대를 확대시켜주는 결과를 가져왔다. 비록 여전히 대부분의 토지와 농민에 대한 지배권은 보야레 계층의 손에 놓여 있었으나, 드보랴네 계층의 비중이 그 만큼 높아졌음은 물론이다. 이러한 '선출회의'의 군사 개혁은 군사력 강화를 촉진하고, 동 · 서 지역에서 대외 정책상 직면한 과제를 적절히 수행할 수 있도록 했을 뿐만 아니라, 짜르의 지배 권력을 상당한 정도로 강화시켜주었다.

'선출회의'는 또한 재정개혁을 통하여 중앙집권화된 절대주의 체제를 확립시키는데 필요한 국고를 확충하고 봉직자들에게 부여할 토지를 확보하려고 하였다. 이를 위해 '선출회의'는 교회 및 수도원의 세습토지에 제한을 두는 조치를 추진했다. 수도원은 인구가 많고 비옥한 토지를 상당수 차지하고 있었기 때문이다. 이러한 계획은 물론 교회의 격렬한 반발을 야기시켰다. 당시 짜르에 영향력을 행사하고 있었던 대주교 마카리는 공개적으로 '지상의 지배자'가 '하늘의 지배자'의 재산을 탐하는 것에 교회는 적극 저항할 것임을 표명했다. 교회의 지지가 필요했던 짜르로서는 주저하지 않을 수 없었고, '선출회의'도 양보하지 않을 수 없었다. 그러나 '선출회의'는 수도원 세습영지에 제한을 가하려는 자신의 계획을 다시 추진하였다. 짜르는 1551년 3월 11일 교회 공의회에서 교회의 타락과 남용 그리고 도덕적 타락에 대해 강력히 비난함으로써 교회에 대한 영향력 강화와 나아가 전반적인 교회 개혁에 나설 것임을 시사했다. 이에 성직자들은 반성과 더불어 이의 시정을 약속했다. 이미 1551년 법령(Приговор)을 통하여 수도원이 짜르의 동의 없이 새로운 토지를 구입하거나 혹은 헌납 받는 것을 금지하였고, 이를 위반할 시에는 해당 토지를 몰수토록 하였다. 이는 토지가 교회 자산으로 유입되는 것을 차단하기 위한 것이었다. 이러한 조치에도 불구하고 국가 및 군사 재정문제를 해결 할 수 없었던 '선출회의'는 세속 및 교회의 대토지 소유자의 면세 특권을 폐지 시켰다. 또한 교회와 귀족의 토지소유기록을 정확히 하여 수도원의 불입권의 범위를 제한하려는 정부의 의도를 분명히 하였다. 이는 봉건제적 신분제 질서 하에서 계층간 평등화를 추진하였는바 무엇보다도 특권계층을 약화시키고 중앙집권화에 필요한 관료 계층의 지지를 이끌어 내려는 목적이 있었다. 또한 '선출회의'는 농민들의 부역에 금납화를 허용하였는데 이는 점증하는 상교역의 발전에 상응하여 국가의 세입을 증가시키기 위한 조치였다. 나아가 관세의 증대를 포기하면서 국내 통관세를 폐지하는 계획을 추진하였다. 이는 개별 지역간 약정에 따라 지방의 경제적 분립을 해소하고, 상교역 및 화폐경제를 촉진시키려는 조치였다. 이러한 정부의 조치는 상공업자들의 요구를 상당한 정도로 반영한 것이었다. 1550년대의 개혁은 중앙집권적 통치기구를 재조직함으로써 완성되었다. 즉 꼬르물레니예의 폐지와 드보랴네의 직무규정과 관련하여 '봉직규범'(Поместный Приказ)이 만들어진 것이다. 그 핵심 내용은 봉직자들에게 토지를 부여하고, 세습토지의 거래에 관한 규정을 확립한 것이다.

'선출회의'의 개혁 시기에 중앙집권화 경향과 더불어 주목되는 것은 '젬스키 사보르'(Земский Собор)의 소집이다. 이는 일종의 신분제적 대의기구로서 모스크바 국가를 대의제적 군주제로 변모시킬 수 있는 제도적 가능성을 보여준 것이었다. 췌리쁘닌은 러시아에서 정치적 중앙집권화의 초기 형태과정에서, 즉 절대주의 체계로의 이행기에 대의적 군주제가 나타났다고 주장하였다. 젬스키 사보르는 이반 4세가 지방행정 개혁을 추진하는 과정에서 그와 관련下에 소집되었다. 지방 사법체제의 개혁 결과로 귀족들로부터 선발된 지역 재판장과 도시 행정관에 의해 지방 자치가 정착되었는데, 이러한 대의 기구들은 농촌 및 도시의 하급행정기관을 대체하는 경향을 보였다. 이러한 대의기구들의 최고 기구가 '젬스키 사보르'였다. 지방 통치체제에 대한 중앙정부의 통제를 강화하고 이에 상응하는 새로운 사회계층구조를 창출하려는 이반 4세의 의도가 젬스키 자치와 신분제적 대의제로 나타난 것이다. 이반 4세는 계층별 지지가 필요한 중요한 정치적 사안을 젬스키 사보르에서 논의하게 했고, 또 그러한 중요한 국사(國事)는 젬스키 사보르를 통하여 지배계층 대표자들의 승인을 받도록 되어 있었다. 그러므로 드보랴네가 여기에서 중요한 역할을 하게 되었다. 1549년 젬스키 사보르를 통하여 정부는 이후 보야레 계층 뿐만 아니라 드보랴네의 지지를 구할 것임을 분명히 했고, 이 젬스키 사보르 이후 정부는 각 분야에서의 개혁을 신속히 추진하게 되었다. 드보랴네 계층의 중요성이 부각된 것은 기존 봉건 귀족들이 봉직자 대중을 위해서 자신의 일련의 특권들을 포기해야 함을 보여주는 것이었다. 그 성원에는 보야레 두마, 신성종교회의, 귀족 및 도시 대표, 까자끄인과 도시민에 이르기까지 전 사회계층을 포함 했다. 단지 농노 및 봉건적 예속 농민은 사회 관념상 제외되었다. 도시 상공인들이 참여한 것은 1556년 젬스키 사보르에서 부터였다. 그러나 젬스키 사보르의 중심은 보야레 두마와 고위 성직자였고- 1549년 젬스키 사보르에서는 이 두 계층만 참여하였다 -, 여기에 다른 봉건지배계층의 다양한 그룹이 참여하였다. 그러나 젬스키 사보르는 어떤 경우에는 보야레와 교회 지도자들만으로 구성되기도 했고, 어떤 때는 모스크바에 있는 소 귀족과 심지어 상인 및 장인들 까지 소집되었다. 젬스키 사보르는 단지 형식적 '기구'로서 형성되었을 뿐 초기에는 어떤 권위나 법적 근거도 없었고, 회의 소집과 절차에 대한 엄격한 규정도 없었으며 또한 수시로 바뀌었다. 또한 특히 주목되는 것은 16세기 중반의 젬스키 사보르에서는 그 성원들이 '선출'되지 않았다는 것이다. 이후 귀족 회의의 성원에 의해 대의제적 형식을 갖추게 되는 것은 16세기 말엽에 가서야였다. 젬스키 사보르는 1549년 이른바 '화해 회의'로 알려진 젬스키 사보르 소집 이래 1550년과 1566년에 각각 소집되었고, 17세기 중반까지 존재하면서 국가통치의 대체 기구로서 기능하게 된다.

(3) 오쁘리취니나 정책

1566년 이반 4세가 젬스키 사보르를 소집함으로써 시작된 오쁘리취니나 정책은 그를 러시아 역사상 국가 통치에 있어서 '테러'를 사용한 첫 번째 인물로 지목케 했으며, 사회 내적 역동성의 측면에서 전통적인 봉건귀족과 전제군주 사이의 갈등을 동인으로 모스크바 국가가 전제주의적 정치체제를 공고히 해 나가는 도정에서 나타난 일시적인 사건으로 평가되고 있다. 그리하여 스끄린니꼬프(Р. Г. Скрынников)는 오쁘리취니나 정책을 '선출회의'의 개혁에 이어 '전제정 강화의 두 번째 단계'로 규정하였다.

'선출회의'에 의해 추진되던 일련의 개혁 도정에 중대한 변화를 초래한 것은 왕조적 위기, 즉 이반 4세의 병세 악화였다. 1553년 중병에 걸린 그는 '선출회의'로 하여금 자신의 겨우 5개월 된 아들 드미뜨리에게 그의 후계자로서 충성을 서약하게 한 것이다. 자신의 어린시절을 돌이켜 볼 때 어린 후계자의 험난한 역경을 걱정했기 때문이다. 그러나 실베스뜨르와 아다쉐프는 이를 거절하고 대신 이복형 블라디미르 안드레이

비취 스타리쯔키(Андрей Старицкий)를 옹립하려고 하였다. 스따리쯔키는 궁정 쿠데타를 준비했으나 실행에 옮기지는 못했다. 이는 당시 실권을 장악하고 있었던 드보랴네(Дворяне) 계층과 뽀메쉬끼(Помещки)가 여전히 이반 4세를 지지하고 있었기 때문이다. 이미 이들은 이반 4세의 정책에 공개적으로 반대하고, 권력 장악을 시도하려고 하였다. 또한 1554년에는 로스토프스키(Ростовский)의 음모에 대한 소문이 확산되기도 했다.

이때 까지 커다란 견해 차이를 보이지 않으며 개혁 추진에 동반자 역할을 하였던 '선출회의' 구성원들 사이의 관계가 극도로 악화되기 시작했다. 스따리쯔키를 지지하는 보야레들은 드미뜨리에 호의를 나타낼 이유가 없었던 것이다. 드미뜨리와 왕비 아나스타시아의 죽음을 겪은 후 예상과는 달리 다시 쾌유한 짜르는 '선출회의'에 강한 불만과 의구심을 갖지 않을 수 없었다. 이러한 갈등은 1550년대 말 대외 정책을 둘러싸고 다시금 증폭되었다. 즉 동방으로의 진출을 계속 추진할 것을 주장한 측과, 서방으로 주의를 집중할 것을 주장한 측이 대립했다. 이것은 양자간에 회복 불능의 신뢰 파괴로 나타났고, 결국 짜르의 주장에 따른 서방으로의 진출은 리본 기사단과의 충돌을 가져와 모스크바 국가 내에 파괴적인 결과를 초래하는 원인이 되었다. 1560년 므스찌슬라프스키(И. Ф. Мстиславский)와 아다쉐프(А. Ф. Адашев)를 사령관으로 리보니아 원정에 나섰다. 1563년 러시아군이 볼로쯔크를 장악하는 전과를 올렸음에도 다음 해 가을에 남부 지역의 끄림 한국이 침입해 옴에 따라 이반 4세의 정부는 정책적 판단의 실패에 따른 심각한 정치적 위기를 맞게 된다. 자신의 잘못을 인정할 수 없었던 짜르는 이러한 위기를 타개하기 위한 방편으로 오쁘리취니나 정책을 추진하였다.

한편 지배계층의 또 다른 한 축이었던 교회와 짜르와의 갈등도 계속 되었다. 교회와 수도원의 역할과 위상을 이전 대주교인 마카리

(Макарий)처럼 되찾으려는 아파나시이(Афанасий)의 노력이 계속됨에 따라 짜르와 갈등을 빚은 것이다. 여기에 볼가강 유역의 무슬림과 리보니아 지역의 개신교도들이 모스크바 국가 영역내로 들어와 교회의 지배권에 대한 문제를 야기시켰다. 1555년에 교회는 지배권을 공고히 할 목적으로 까잔에 정교회 교구를 만들었다. 따따르가 짜르의 지배권은 거부하고 대신 교회의 지배권을 인정하자 양자 간의 갈등은 더욱 심화되었다. 이러한 상황에서 바스마노프를 비롯한 짜르의 측근들은 보야레 두마 및 교회에 대해 보다 강경한 조치를 취할 것을 짜르에게 조언하였다.

1564년 12월 가족과 정예 군사 그리고 관리들을 대동하고 짜르는 요새화된 알렉산드롭스키성으로 떠나가 버렸다. 그리고 대주교와 모스크바 일반 도시민에게 서한을 보내 보야레와 관리들이 자신을 배반하고 전횡을 일삼음으로 더 이상 국가를 통치 할 수 없다고 선언했다. 즉 자신의 힘만으로는 적대자들을 장악할 수 없었던 그는 사회 하층민과 귀족 지배계층을 대립시켜 불화를 조장함으로서 자신이 취할 정책의 명분을 준비한 것이다. 보야레 두마는 도시민과 함께 그의 복귀를 요청했고, 짜르는 재판 없는 관직 박탈과 재산 몰수에 대한 동의를 얻어냈다. 오쁘리취니나 창설을 위한 다른 요구들도 받아들여졌다. 1월 20일 짜르가 모스크바로 돌아올때 이미 오쁘리취니나에 대한 법령(Указ)이 준비되어 있었다. 이 법령에는 오쁘리취니나 형성과 구조, 영역, 재무, 군사 등의 내용이 상세히 준비되어 있었다. 결국 국가는 '젬쉬나'(Земщина)와 '오쁘리취니나'(Опричнина)두 영역으로 나뉘어지고 각기 별도의 궁정과 법정을 갖게 되었다. 이로써 오쁘리취니나는 국가내 국가가 되었고, 짜르는 보야레 두마와 교회의 영향력으로부터 벗어날 수 있었다.

모스크바로 귀환 이후 무제한적인 권력을 장악하게 된 이반 4세는 '배신자'에 대한 철저한 보복을 자행했다. 강제와 테러는 오쁘리취니나 초기 정치적 목적을 달성하기 위한 기본 수단이 되었던 것이다. 실질적인 권력을 장악한 짜르는 정예 군사인 오쁘리취니끼(Опричники)를 동원하여 귀족가문의 대표자들을 사형에 처하거나 추방했으며, 그들의 영지에 대한 약탈과 살해를 자행하기 시작했다. 오쁘리취니끼의 테러는 무제한적인 것이었으며 국가 전 영역을 테러의 공포로 몰아넣었다. 1565년 신변의 위협을 피해 리톱스키 공국으로 탈출한 쿠르프스키 공은 짜르에게 귀족계층의 고유한 권리를 강조하며 '그의 신하와 신민들에게 유익한 길을 찾아야한다'고 충고하였다. 또한 대주교 필립도 짜르의 만행을 격렬히 비난하였다. 그러나 이러한 조언과 충고에도 불구하고 오쁘리취니끼의 테러는 계속되었으며, 1570년에는 당시 가장 부유하고 정치적으로 공화주의적 전통을 지니고 있었던 노브고로드에 대한 철저한 약탈을 자행했다. 짜르는 노브고로드가 봉건적 분립의 거점이며, 공화주의적 전통으로 인해 자신의 중앙집권적 권력에 대한 복종을 거부하는 상징으로 간주하여 중앙정부에 대해 폐쇄적이며 부유한 경제적 독립성을 지닌 이 도시를 폐허로 만들었던 것이다. 짜르의 테러는 그 강도를 더해 갔다. 심지어는 강박에 가까운 의심과 경계심에 의해 오쁘리취니끼 자신에 대한 테러도 자행되어, 1570년에는 짜르가 참석한 가운데 붉은 광장에서 그의 측근 수 십 명이 처형되기도 하였다. 이러한 강제된 테러는 유능한 젬쉬나 장군 미하일 보로진스키(Михаил Вородинский)공이 끄림 한국을 몰도바에서 물리치는 1572년 가을 까지 계속되었다.

오쁘리취니나가 남긴 재난의 결과는 매우 파괴적인 것이었다. 전 국토를 황폐화시켜 국가의 붕괴를 재촉하는 매우 심각한 경제위기를 초래했던 것이다. 과거 비옥했던 중부 및 서부지역은 초토화되었고, 오쁘리취니끼를 피해 거주민들이 이동함에 따라 절반의 토지가 버려졌다. 또한 농민들의 이동이 빈번해져 위기상황의 극복이 어려워지자 이를 위해 농민들의 이동을 금지시키고 토지에 결박시킴으로써 농노소유권을 강화하는 원인이 되었다. 또한 짜르는 몰수한 영지에 자신에 충성하는 소귀족 및 관리들을 이주시킴으로써 '선출회의'가 건드리지 않았던 옛 공후령 영역의 붕괴를 가져왔다. 그리하여 뽀메스찌에의 토지지배가 보트치나를 대신하게 되었고, 국가 지배계층의 기본적인 사회경제적 토대를 변화시켰던 것이다.

정치적인 측면에서 오쁘리취니나가 모스크바 국가에 끼친 영향은 더욱 심대했다. 외형상 오쁘리취니끼는 무제한의 전제권력을 보장하는 전제정 확립의 도구였으며, 강제된 테러를 수단으로 짜르 자신의 권력을 강화하여 중앙집권적 절대주의 체제를 확립시켰다. 이는 장기적으로 국가 지배자에 대한 맹목적인 공포감을 심어주어 정부와 피지배자간의 괴리를 더욱 크게 하고 수동적인 복종의 개념을 심어주었던 것이다.

지금까지 이러한 이반 4세의 오쁘리취니나 정책을 통한 절대권력 강화에 대해 그것이 옛 공후령 지배의 복구를 꿈꾸던 보야레 지배계층에 대항하여 그들을 제거하고, 낙후된 국가체제의 발전을 위해 불가피한 수단이었다는 견해가 지배적이었다. 이러한 시각은 짜르와 보야레 계층의 갈등을 오쁘리취니나 정책의 근본 원인으로 본 것이다. 그러나 실제로 보야레 계층 모두가 과거의 분령시대로의 복귀를 원했던 것은 아니었다. 그들은 모스크바 공국의 옛 루시의 영토적 통일과 더불어 정치적으로 중앙집권화된 지배체제에 동의하고 있었다.

중요한 것은 그러한 체제에서 누가 권력을 장악하느냐 하는 것이었다. 즉 이것은 전제군주 혹은 제한적 군주라는 권력체제 향방의 문제였던 것이다. 이반 4세는 자신의 권력을 공유할 의도가 전혀 없었으며, 이를 위해 모든 신민의 생명과 물질적 토대를 파괴시키는 '테러'의 수단을 사용했던 것이다.

(4) 개혁과 근대적 지배체제의 성립

이반 4세의 치세기는 몽골의 지배에서 벗어나 옛 루시의 영역을 다시 통합한 이후에도 여전히 정치적으로 봉건적 분립상태에 있던 모스크바 국가가 정치적 통합을 성취해 나감으로써 절대주의 체제를 완성해 나가는 시기였다. 특히 이반 4세가 1565년 이후 취한 일련의 '오쁘리취니나'(Опричнина)정책은 그 핵심 수단이었던바 이것은 중세 봉건적 지배체제에서 근대적 지배체제로 이행해 나가는 도정에 나타난 하나의 '개혁'이었다. 즉 '국가적 폭력'을 정당화하면서 출현한 오쁘리취니나 정책이 근대국가 형성을 위한 '러시아적' 개혁의 한 방법이었던 것이다.

이반 4세 치세 초기 '선출회의'(Избранная Рада)가 주도한 '개혁'은 이미 이반 3세 이래 확산되어온 국가적 개혁에 대한 공감대를 바탕으로 사회 제도와 이데올로기를 개조함으로서 영토적 통일에 이은 강력한 정치적 구심점을 구축하는 것을 목표로 하였다. 그리하여 '선출회의'는 중앙 및 지방 행정 체계를 개혁하여 이를 보다 효율적으로 만들 뿐만 아니라 지방행정 및 사법체계가 중앙정부에 공고히 예속되도록 함으로서 '짜르'를 정점으로 하는 계서제를 보다 확고히 구축하려고 했다. 이를 위해 새로운 법전을 공포하여 지방 통치자들에 대한 '짜르'의 지배권 강화의 법적 근거를 마련하고, 관료제의 강화에 나섰다. 그러나 1550년 수제브니크의 조항들은 법전의 개정시 짜르는 보야레와 상의해야한다는 규정을 두어 보수적인 측면을 나타냈고 여전히 짜르의 권한이 제한적임을 드러냈다. 보야레 계층의 특권을 제한하기 위한 토지정책은 이 점을 잘 보여주고 있다. 재정 확충을 위해 교회와 수도원 개혁에 나서 비옥하고 인구가 많은 지역을 장악하고 있던 그들의 토지에 대한 면제권의 범위를 제한하여 이를 수단으로 새로운 관료제 창출을 위한 재원을 마련하였다. 또한 '제3 로마론'에 따른 교회 공의회에 대한 짜르의 주도권 확보는 자신의 절대 권력에 대한 신념을 드러내는 것이었으며, '까잔 정복'은 이러한 짜르의 신념을 구체화한 계획이었다. 또한 이러한 계획들을 실행함에 있어 기존 '문벌제도'(Местничество)의 비효율성이 드러나자 짜르는 선출회의를 통해 강력한 개혁을 실행에 옮겼다.

이러한 국가 제 분야에서의 개혁은 서로 유기적인 관계하에서 이루어진 것이었다. 그것은 짜르의 권력 강화와 이를 뒷받침하는 새로운 관료계층의 창출이라는 결과를 지향한 것이었다. 전래의 '신분제적 계서질서'에 변화를 가져온 것이다. 선출회의의 개혁 과정에서 특히 주목되는 것은 정부정책에 대한 국가적 지원체제를 확립하기 위해 일종의 신분제적 대의제인 '젬스키 사보르'(Земский Собор)를 소집하였다는 것이다. 이는 모스크바 국가 정치제도상 새로운 '신분제적 대의제도'의 도입을 의미하며, 모스크바 국가가 근대적인 대의제적 제한 군주제로 발전할 수 있는 가능성을 보여준 예였다. 이 제도는 서유럽 군주정의 신분제의회와 유사성을 지닌 것이었다. 그러나 '젬스키 사보르'는 서구적 의미에서의 대의제가 아니었다. 클류췌프스키가 지적했듯이, 이는 모스크바 국가의 주요 구성원들이 자신의 이해 혹은 계층적 이해를 표명 할 수 있는 신뢰 할 수 있는 기구로서 기능한 것이 아니라, 정부가 주요 봉사자들의 지지를 동원하기 위한 수단으로서 기능했던 것이다. 심지어 이반 4세 치세기 가장 폭넓은 계층적 대표자들이 참여했던 1566년 젬스키 사보르도 폴란드와의 전쟁수행 계속을 결정하기 위해서가 아니라 이미 결정된 사안에 대한 지지를 이끌어 내기 위해 소집된 것이었다.

또한 '선출회의'의 개혁 결과 모스크바 국가내에 지방 귀족과 상인을 포함한 중간 계층이 예전보다 훨씬 두드러진 역할을 하게 되었다. 그러나 그들이 젬스키 사보르와 지방 통치에 참여한 것을 대의제 정부의 기원으로 평가해서는 안 된다. 이것은 단지 정부의 '동원'에 불과한 것이었다. 소 귀족과 상인들은 정부를 지지하기 위해 초대되었고, 그것을 위해 일한 것이었지, 정부와 사회의 미래를 위한 결정을 하기 위한 것이 아니었다. 그러므로 '선출회의'의 개혁을 정치적 근대화 혹은 대의제와 서구적 형태의 시민권의 출현으로 보는 것은 지나친 해석이다. 따라서 이 시기 개혁이 지닌 법적 의미와 사회적 효과 그리고 그 범위는 매우 제한적인 것이었다. 이러한 정치적 동원제도의 창출은 이후 보다 강제적이며 엄격한 탄압의 형태로 나타나게 된다. 따라서 젬스키 개혁도 정치적 중앙집권화 과정의 연장선상에서 파악될 수 있으며, 그것이 첫 단계라면 오쁘리취니나 정책은 그 두 번째 단계였다. 또한 이 시기 정부의 정책이 비록 '짜르'의 이름으로 추진되었으나, 그것을 '선출회의'가 주도했다는 것은 시사하는 바가 매우 크다. 때문에 그 성원의 다양한 성격과 일관성의 부재는 곧 짜르와의 갈등을 초래했고, 결국 결별하게 되었으며, 대신 짜르 자신이 주도권을 행사하게 되었다.

오쁘리취니나 정책은 단순한 '선출회의'와의 결별이 아니라 짜르가 보야레와 교회지도자들로부터 철저히 벗어나기 위한 조치로 매우 급격한 변화를 의미하였다. 즉 궁정의 대귀족 가문 및 지방 유력자들의 세력을 약화시키고, 모스크바 국가 사회의 중간 계층, 즉 도시 엘리트와 지방 봉사귀족들의 입지를 강화하기위해 고안된 신속한 사회 개혁이었던 것이다. 실제로 이반 4세는 오쁘리취니나 영역내 200여 귀족을 까잔으로 추방했다. 노브고로드 정복에서 볼 수 있듯이, 그것은 '봉건 잔재'를 철저히 일소하고자 하였다. 그러므로 오쁘리취니나 정책은 기존의 사회적 제관계의 변화를 목표로 한 일종의 '개혁'이라고 볼 수 있다. 그러나 오쁘리취니나 정책을 초기 '개혁'의 연장선상에서 보는 데에는 모순점이 많다. 즉 대부분의 추방자들은 궁정이나 자신의 영역에서 그리 강력한 세력을 지니고 있던 귀족들이 아니었다. 더구나 짜르는 귀족들을 처리하는데 일관성이 없었는데, 몇몇 지방 공후들은 전혀 추방되거나 탄압받지 않았으며, 추방된 귀족들도 대부분 1년 내에 사면되어 옛 지배력을 회복했다. 또한 오쁘리취니나 정책이 대귀족을 공격하고 소귀족 및 중간 계층의 입지를 강화시키려 했다면, 오쁘리취니나와 젬쉬나의 사회적 신분구성이 동일하여야 하는데 그렇지 않은 예가 많았고, 또 그들은 동일한 가문내의 구성원이기도 하였다. 따라서 이반 4세가 의식적인 사회적 관계의 개조를 목표로 했다고 보는 데에는 무리가 있는 것이다. 거기에는 일관성도 없었고 또 실제적이지도 않았기 때문이다. 단지 오쁘리취니나 정책이 이전 선출회의의 개혁이 목표로 했던 바, 즉 모스크바 국가전체에 대한 짜르의 지배권을 강화하고 효율적인 지배체제를 확립하려고 했다는 점에서는 그것이 '테러'라는 강제된 수단을 사용했다는 점을 제외하고는 동일하다고 보여 진다. 그러나 이 또한 정책 추진의 목표와 방법에 있어 일관성을 결여함으로서 그것이 정치적 근대화에 기여하기보다는 국가적 재난을 초래하였던 것이다. 오쁘리취니나 정책이 폐지된 1572년 이후에도 이반 4세는 궁정의 귀족 가문들과의 공존하에 국가를 지배했고, 많은 귀족 가문들이 권력에서 사라졌으나, 생존한 귀족들은 이전의 지위를 회복하였다. 또한 오쁘리취니나 정책은 모스크바 사회의 제도적 구조를 근본적으로 바꾸지는 못했다. 중앙 지배체제는 발전했으나, 지방 통치자들은 자신의 기능을 그대로 유지했으며, '젬스키 사보르'도 계속 되었다. 따라서 오쁘리취니나 정책이 중지된 이후 모스크바 국가는 그 역동성을 상실하고 국가적 혼란을 거듭하였다.

종래 오쁘리취니나 정책이 러시아 정치문화가 결정적으로 권위주의화 하고 정치적 근대화로부터 멀어지게 되는 계기가 되었다는 견해는 그 이전까지 러시아가 서구와 같은 발전 잠재력을 지니고 있었는데 오쁘리취니나 정책으로 인해 그것이 파괴되었음을 지적하고 있다. 그러나 사실상 오쁘리취니나 정책으로 인해 중간 계층이 받은 충격은 크지 않았다. 예를 들어 노브고로드는 철저히 파괴되었으나, 지역 통치체계는 그대로 유지되었고, 지역 소 귀족과 상인들도 건재했다. 단지 이들이 서구적 의미의 중간계층으로 성장할 수 없었던 이유는 그들이 여전히 소수였고, 그 세력 또한 미미했기 때문이다.

'선출회의'의 개혁은 '봉건적 원칙들'을 건드리지 않음으로 해서 모스크바 사회의 구조를 근본적으로 변화시키지 못했고, 전제권력의 강화를 목표로 했으나 결국 기존 분권화의 경향을 극복하는 데에는 실패하였다. 그리하여 오쁘리취니나 정책을 방지할 수 있는 어떠한 사회적 제도적 보호막도 없었던 것이다. 오쁘리취니나 정책은 모스크바 국가가 중앙집권화 과정을 겪으면서 나타난 하나의 격변적 사건이었다.

3. 17세기 교회개혁[176)]

1) 니콘의 교회 개혁

17세기 중엽 짜르 알렉세이 미하일로비취(царь Алексей Михайлович) 치세기에 총대주교 니콘이 주도한 교회개혁은 '라스콜'(Раскол)로 불리는 '교회 대분열'을 초래하면서 종국적으로 뾰뜨르 대제시기에 완성되는 국가에 대한 교회의 예속을 촉진시켰을 뿐 만 아니라, 정부 및 지배계층과 일반 민중들간의 신앙적 · 정서적 괴리를 고착화시킴으로서 향후 러시아 근대사의 사회 · 정치적 갈등의 질곡의 단초를 제공한 매우 중요한 역사적 의미를 지닌 개혁이었다.

이 교회개혁은 러시아 정교회의 전통적인 전례양식을 그리스식으로 변형하는 종교적 성격의 문제로 시도되었으나 국가와 교회와의 관계, 17세기 러시아의 민족적 종교적 자의식, 총대주교 및 짜르 권력의 성격과 한계, 전 동방정교회 사회에서의 러시아 정교회 위상 문제 등 매우 복잡하고 다면적인 요소들이 결합되어 있었다.

---

176) 본 글은 다음의 기논문 내용에서 발췌 · 정리한 것임을 밝혀둔다. "니콘의 교회 개혁", 『숭실사학』 제29집(2009), 숭실사학회.

(1) 교회개혁의 사회 · 정치적 배경

17세기 중엽 러시아 사회는 '동란의 시대' 이후 경제적 위기와 더불어 매우 첨예한 사회적 종교적 대립과 갈등이 혼돈된 분란의 시대였고, 이에 따라 왕조적 위기상황이 지속되고 있었으며, 이러한 사회 정치적 위기는 러시아 사회 내부에 문화적 정신적 분열을 가져왔다. 또한 점차 정치 · 경제 · 사회 전반에서 이전 시기에서는 볼 수 없었던 새로운 현상이 출현하며 전반적으로 중세로부터 근대사회로의 이행기적 경향들이 나타나기 시작하였다. 폐쇄적이고 분립적인 중세 봉건적 경제체제를 벗어나 단일한 전 러시아적 시장의 초기 경향이 나타나고 있었고, 이에 따른 국가 통치지배 구조도 그 체계를 갖추어가고 있었던 바, 이미 16세기에 형성된 절대주의체제의 성격이 여러 측면에서 강화되고 있었다. 봉건적 분립상황에서 정치적으로 독립적이며 경제적으로도 자립상태를 유지하고 있었던 교회는 중앙집권적 절대주의 체제로의 이행을 가속화하려는 짜르와 이해관계를 달리하여 충돌을 피할 수 없었다. 사회적으로도 동란의 시대 이후 사회계층의 분화현상이 두드러졌고, 농노제의 강화를 입법화하는 1649년 울로줴니아(Соборные Уложения)공포로 전례없는 사회적 갈등의 구조적 틀이 조성되었다.

이에 덧붙여 오랜 시간 러시아 민중문화를 이끌어왔던 정교회 문화도 급속히 유입되는 서구문화와 갈등을 겪게 되고, 러시아 정교회 문화 자체의 세속화 경향도 명확히 나타나고 있었다. 여기에 16세기 말 이래 비잔티움 · 그리스 교회와의 교류 재개는 오랫동안 자족적으로 유지되어 오던 러시아 정교회에 고립을 벗어나 신앙과 교회 문화의 지평을 넓히려는 교회의 새로운 방향을 둘러싼 논의를 불러 일으켰다. 그러나 제도권내 공식교회 지도층의 '그리스'적인 것에 대한 강한 기대는 실현되지 못했고, 오히려 짜르 및 황실은 그리스 문화 보다는 주로 끼예프를 통해 유입되는 서구의 세속 문화에 보다 더 큰 관심을 돌렸다. 이것은 지배계층에 있어서는 세속문화와 종교문화를 이원화하는 한편 일반 민중들에게는 그것 모두에 대한 거부감을 심화시키고 있었다.

짜르 알렉세이 시기 교회개혁이 추진된 것은 이와 같은 배경과 더불어 동방정교회 세계에서 러시아 국가와 짜르의 위상을 강화하려는 오랜 정치적 종교적 야망에서 비롯되었다. 15세기 중엽 비잔티움 제국이 몰락한 이후 모스크바 국가는 독립적인 정교회 국가로서 동방 기독교 세계의 새로운 정신적 정치적 중심으로서의 역할을 요구하게 되었고 이것은 이른바 '모스크바 – 제3 로마론'으로 제시되었다. 그러나 당시 모스크바 국가는 끊임없는 외부세력과의 대립과 러시아 사회내부의 알력 및 갈등으로 약화되어 그러한 역할을 구체화 할 수 없었다. 이러한 상황은 17세기 중엽에 들어서서 서서히 변했다. 모스크바 국가는 동방 정교회 세계의 중심지로서 뿐만 아니라 슬라브 세계의 정치적 헤게모니를 장악하려는 시도를 하게 되었던 것이다. 이러한 의도는 정부의 대외정책상 계획으로 드러난 바 우크라이나를 통합하고 오스만 투르크 제국의 속국이었던 크림 한(汗)을 공격하여 남부지역을 정복한 것에서도 잘 나타난다.

그러나 이러한 성공적인 영향력 확대정책으로 인해 동방 정교회 세계의 수장 역할을 자임하게 된 짜르는 또한 여러 난제들에 직면하게 되었는데 그 중에서도 오랜 시간 동안 러시아와 그리스 정교회 사이에서 뚜렷한 차이를 보이고 있던 전례양식을 일치시키는 것이 중요했다. 결과적으로 이를 해소하려는 시도가 교회개혁을 초래하였던 것이다. 일면 그리스 정교회의 최고 권위를 인정하면서 교회 예전양식을 통일하는 것은 교회개혁의 내용을 규정하는 것으로 러시아 정교회의 정교성과 신앙을 동방정교회 세계에 입증하기 위해 중요했다. 이것은 또한 발칸 및 오스만 제국내 정교회 신자들에게 새로운 상황에서 러시아 정교회의 역할과 위상을 알리고 짜르의 권위를 고양하기 위해서도 필수적 조건이었다.

한편으로 러시아 사회 내부에서도 오랫동안 유지되어 왔던 국가와 교회 사이의 균형적 상호 보완적 관계가 변함에 따라 교회의 역할과 위상을 재고하려는 시도가 제기되었다. 이는 정부가 러시아 정교회의 봉건적 특권을 폐지하기 위한 입법조치를 취한 것에 따른 것이다. 빈번한 도시 및 농촌에서의 봉기에 맞서 정부는 새로운 입법안 즉 1649년 울로줴니아(Уложеия)를 공포하였다. 농노제 강화를 핵심으로 한 이 법안은 더불어 교회의 사법 및 행정권을 제한하고 도시에서 교회가 토지를 소유하는 것을 금지하며, 다른 지역에서의 토지소유도 제한했다. 이러한 정책은 중앙집권적 국가 통치체제를 강화하려는 짜르와 그의 전제정의 새로운 지주로 부상한 귀족계층(Дворянство)의 이해관계가 일치하여 나온 것이다. 짜르는 국가에 온순하게 봉사하는 교회가 필요했고, 귀족계층은 교회의 경제적 영향력 확대를 경계하며, 교회가 소유하고 있던 봉건적 제권리가 자신에게로 이양되기를 희망하고 있었던 것이다.

교회개혁에 임박해서 실제로 젬스키 사보르의 규범을 강화하라는 요구가 거세어지면서 회수되는 교회재산을 통해 사회적 갈등을 해소하려는 대안이 제시되었다. 그러나 짜르에게 있어 러시아내 정교회의 위상 약화를 담보로 한 절대권력 강화는 필연적이었으나, 한편으로 정교회의 위상 약화 자체도 그에게 유익한 것만은 아니었다. 17세기 중엽 교회는 국가권력과 민중 사이의 중요한 매개자의 역할을 수행하고 있었기 때문에 교회의 약화는 자칫 민중들의 불만을 정부에게로 돌리게 하여 저항을 심화시키고, 짜르의 권위와 러시아 국가정체성 자체를 위협할 수도 있었기 때문이었다. 따라서 짜르는 정교회가 지닌 경제적 영향력 약화를 종교적 · 이념적 영향력 강화로 보상하려했다.

한편 교회개혁의 필요성은 교회 자신으로서도 매우 중요한 이해관계가 걸린 사안이었다. 동란의 시대 이후 동란의 원인으로서 정교회의 세속화과 무능이 제기되면서 교회 및 성직자 계층의 권위가 추락하고 있었고, 이러한 위기 상황을 해소하기 위해서도 어떤 형태로든 새로운 면모로 일신할 교회개혁이 요구되었다. 또한 이것은 교회 내에서 사제들 간 오랫동안 지속되어온 교리적 신앙적 갈등과 대립을 종식시키는데도 기여할 것으로 판단되었다.

(2) 교회개혁과 니콘

동란의 시대(Смутное Время)는 교회의 권위를 동요시켰고, 동란의 원인을 정교회의 순수성 상실과 역할 부재에서 찾는 가운데 교회와 성직자들에 대한 민중들의 불신과 외면은 정교회 신앙 자체에 대한 무관심으로 나타날 정도로 심각했다. 이러한 상황을 타개하기 위해 어떤 형태로든 교회 개혁이 불가피하다는 데에는 인식을 같이 했으나, 그 방향과 성격 그리고 구체적인 내용에 대해서는 사제들 간에 견해가 일치되지 않았고 오히려 갈등과 대립이 심화되었다. 이러한 정교회 신앙의 본질과 예전양식에 대한 논쟁들은 곧 교회분열의 발단이 되었다.

깊은 신앙심을 소유한 짜르 알렉세이는 주변에 이른바 '신을 사랑하는 자'(Боголюбец) 그룹을 만들었는데, 특히 짜르의 참회승(Духовник) 스쩨판 보니파찌예프(Стефан Вонифатьев)는 짜르에 각별한 영향력을 행사하고 있었다. 이들은 러시아 각지로부터 불러 모아진 사제들로서 경건성과 능변의 재능을 지닌 자들이었다. 후에 '열성신자'(Ревнитель Благочестия)로 불리우게 된 이들 가운데는 보니파찌예프를 비롯하여 그의 참모로서 니쥐니 노브고로드(НижийНовгород)로부터 모스크바로 와서 붉은 광장에 있는 카잔스키 젬스키 젬스키 젬스키 젬스키 사보르의 수도원장이 된 이반 네로노프(Иван Неронов),

보야린 르찌쉐프(Боярин Ф. М. Ртишев)와 그의 여동생 안나(Анна), 보야린 모로조프(Боярин Морозов), 당시 노보스빠스키 수도원(Новоспаский Монастырь)의 승원관장(архимандрист)이었던 니콘, 사제장 아바쿰(ПРопоноп Аввакум), 라자리(Лазарь), 코스트로마(Кострома)에 있는 표도롭스키 성모(Федоровский Богоматерь)교회의 사제장인 다니일(Даниил) 그리고 로긴(Логгин)등이 있었다. 짜르의 명을 받은 이들의 주요 과제는 궁극적으로 정교회 신앙의 순수성을 지키고 교회의 위상을 높이는 것으로 민중들의 신앙적 경건성을 높이고, 교회의 여러 일반적인 사안들의 처리기준을 마련하며, 무엇보다도 그동안 끊임없이 논란의 중심에 있었던 예전양식과 필사본을 교정하고 정리하여 예배시의 무질서를 근절하여 정교회 본래의 원칙을 회복하는 것 등이었다.

이러한 그들의 과제는 곧 실천에 옮겨졌다. 그들은 흐람(Храм)에서의 설교와 학습을 통해 교회개혁 내용을 시연하고, 오랜 논쟁의 대상이었던 '다성제'(Многогласие)를 '단성제'(Одногласие)로 바꾸었다. 또한 교회 음악은 우크라이나 식을 따랐다. 그러나 이러한 개혁시도는 예상보다 훨씬 더 큰 갈등을 불러왔다. 당시 교회의 공식적인 지도부는 전통적인 예전과 관례에 대한 어떤 개정시도도 거부했다. 열성신자들은 총대주교와의 충돌이 불가피함에도 짜르의 절대 지지를 믿고 교회지도층과의 직접적인 갈등을 회피하지 않았다. 우선 그들은 초기에 오랜 논쟁의 대상이 되었던 예배시의 '다성제'를 폐지하는데 집중하였는데, '다성제'는 예배시 몇몇의 사제들이 동시에 찬송하고 성경을 읽고 기도하는 형태로 예배 참여자는 어떤 것도 이해하기 어려웠다. 보니파찌예프의 주도로 그들은 단성제의 도입을 추진했던 것이다. 그러나 총대주교 요시프(Иосиф)는 이러한 열성자들의 시도를 모스크바 국가의 전통에 대한 음모로 간주했다. 따라서 1649년 젬스키 젬스키 젬스키 젬스키 사보르를 소집하여 '단성제'의 금지를 천명했다. 또 이를 어길 시는 가차없는 파문과 처형으로 이어질 것임을 경고했다. 짜르와 총대주교간의 대립이 표면화 된 것이다.

한편 오랫동안 사용해 오던 모스크바 예배서들을 그리스 원본에 따라 교정하는 문제도 첨예한 대립을 초래했다. 짜르 알렉세이의 그리스식을 모델로 한 교회개혁 의지는 먼저 '인쇄국'(Печатный Двор)을 통해 나타났다. '동란의 시대' 이후 인쇄국은 자신의 역할을 강조하며 활동영역을 확대해 오고 있는 중인 바, 짜르는 이를 통해 예배서들을 그리스 식에 맞추어 교정하도록 명령했다. 당시에 모스크바를 방문하던 그리스 사절들이 짜르에게 이것을 간청한 것도 강한 동인으로 작용하였다. 짜르의 명을 받은 막심 그레크(Максим Грек)는 오랜 세월이 흐르면서 오류가 누적된 예배서들을 그리스 원본에 따라 교정하려고 했다. 그러나 모스크바 사제들 사이에는 이미 그리스가 오스만 투르크 제국의 지배하에 그리고 라틴교회의 영향으로 정교회 신앙의 순수성을 지킬 수 없었고, 따라서 그리스 예배서들은 이미 세속화된 것이라 확신했다. 모스크바 수도사들을 초청하여 도움을 받으려는 막심은 정죄되었고, 결국 그는 감옥에서 죽었다.

대부분의 사제들은 비잔티움 몰락 이후 모스크바 정교회의 최고의 사명은 정교회의 순수성을 보존하는 것이며 필사본의 교정에서도 그리스적인 것이 아니라 모스크바 예배서들이 원본이 되어야 한다고 확신하고 있었다. 이러한 입장은 당연히 그리스 정교회의 공감을 얻지 못했고, 사제들은 아테네에서 모스크바의 전통적인 예배서들이 소각되어졌다는 소식에 분개하였다.

이와 같은 상황에서 짜르 주변의 열성자들 사이에서도 견해가 극명하게 대립되었다. 짜르와 보니파찌예프, 르찌쉐프 그리고 뒤늦게 합류한 니콘은 예전의 그리스 식으로의 개혁을 강하게 주장하였고, 주로 지방 출신이었던 아바쿰과 다니일, 라자리 그리고 네로노프(Иван Неронов) 등은 선조들에 의해 유언되었고, 러시아 성자들의 권위에 의해 신성시 되었던 예전 형식에 어떠한 변화를 가하는 것에도 강하게 반대하였다. 교회의 공식 지도층의 반대는 물론 열성자 그룹 내에서의 입장 대립에 직면한 짜르는 이러한 개혁을 굳건히 실행에 옮길 인물이 필요했고, 그를 모색하게 되었던 바 그가 바로 니콘이었다. 짜르가 볼 때 니콘은 단지 강력한 의지와 일 추진력을 갖춘 인물일 뿐 만 아니라 신앙논쟁이 한창일 때 그가 짜르에게 보여준 충성어린 언행으로 볼 때 다른 열성자들과는 달리 짜르의 정치적 계획과 의지를 잘 이해하고 따를 수 있는 인물로 간주되었다. 니콘은 열성자들 중에서도 매우 적극적인 인물이었다. 요시프 이후 총대주교 후보로 니콘을 지지한 짜르는 그를 자신의 굳건한 동지로 간주했고, 개혁의 난제를 관철시키는데 그에게 폭넓은 전권을 부여하며 적극적인 지지를 보내게 되었다. 이러한 짜르의 의도를 잘 알고 있는 니콘은 짜르가 원하는 방향으로 적극적으로 교회개혁을 추진하였다.

본래 니콘은 정교회 신앙의 순수성을 지켜야한다는 원칙에서는 다른 열성자들과 같은 입장을 공유하였다. 초기에 니콘은 정교도들을 서구의 영향으로부터 보호하고, 세속화된 교회를 교정하는데 주력했다. 그는 적극적으로 서구문화의 영향을 차단하기위한 조치들을 실행에 옮겼다. 신앙의 순수성을 보존하기 위한 조치로 노브고로드 시절부터 취했던 금주를 강제했는데, 니콘의 요구로 보야레 두마(Боярская Дума)는 금주에 관한 법령을 제정했다. 또한 그는 적극적으로 이교도 차단에 나섰다. 1652년 10월 니콘은 모스크바에 거주하던 개신교들을 습격하고 쫓아냈으며, 모든 공직을 박탈하고 심지어 그들이 러시아 옷을 입는 것조차 금지시켰다. 또한 독일정원이라 불리우는 그들만의 거주지를 만들어 활동 영역을 제한해 러시아인들과의 접촉을 차단하고, 정교회로의 개종을 강요했다. 스웨덴인 에버스(A. Эберс)는 모스크바에서의 이러한 조치들이 성공을 거두어 많은 개종이 이루어졌다고 회고했다. 니콘은 외국인들 뿐 만아니라 서구문화와 접촉한 러시아인들에 대해 박해를 가했다. 심지어 짜르의 이복 숙부인 니키토이 이바노비취(Никитой Иванович Романова)가 독일 의류를 소유한 것을 비난하기까지 했다.

그러나 점차 니콘과 옛 열성자간의 갈등이 심화되었다. 이것은 니콘이 주도적으로 전례양식을 개정하려 하자 표면화되었다. 니콘은 정교회의 근간을 침해하지 않으면서 단지 전례양식을 변형하는데 초점을 맞추었다. 즉 예전을 그리스식으로 바꾸면서 이와 외적 유사성을 갖추되 그와는 다른 종교적 권위와 위상을 목표로 했던 것이다. 그러나 러시아인들에게 예전과 교회의식은 그들의 신앙의 본질을 구성하고 또 유지하는 핵심이었는데, 이는 정교회가 예수 그리스도 자신에게서가 아니더라도 그의 제자들에 의해, 즉 사도적 전승에 의해 설립되었고 예전은 바로 그 사도적 전승을 구현하고, 그 권위에 의해 오랫동안 지켜져 온 절대불변의 진리와도 같은 것이었다. 이러한 예전의 기원에 대한 믿음은 열성자로 하여금 매우 완고한 보수적 입장을 견지하게 하였다. 따라서 다른 형태의 두 가지 예전이 존재할 경우 하나가 본형이라면 필히 다른 하나는 옳지 못하고 이단적인 것으로 정죄될 수밖에 없었다. 여기에는 어떠한 타협도 있을 수 없었다.

한편 모스크바를 자주 왕래하던 고위 그리스 사제들은 러시아의 지원으로 비잔티움의 부흥을 모색하기 위해 짜르와 총대주교 니콘의 도움을 요청했다. 이들은 니콘에게 콘스탄티노플이 오스만제국으로부터 해방된 후에 성 소피아성당을 다시 정교회의 본령으로 세우고 그가 동방정교회의 수장으로 등극하게 될 것이라며 적극적인 지원을 요구하였다.

이것은 이미 오래 전부터 러시아 정교회가 지향했던 바로서 1589년 러시아 정교회가 콘스탄티노플로부터 벗어나 자신의 총대주교를 지니게 됨으로써 구체화 된 '모스크바 - 제3 로마론'을 현실화 시킬 수 있는 방안을 제시한 것이다. 모스크바 총대주교의 지위를 콘스탄티노플 총대주교직과 동일한 위상으로 격상시키는 목표를 이론화한 이러한 시각이 현실화 하는 것에 니콘도 커다란 관심을 갖지 않을 수 없었다. 이미 짜르의 절대 신임 하에 자칭 '대군'(Великий Государь)의 칭호를 얻은 니콘은 이를 실현할 수 있는 방안을 모색하게 되었다. 이것은 곧 짜르가 목표로 한 정치적 계획과 일치하는 것으로 교권확장과 분리 될 수 없는 러시아 정교회의 최대의 목표이기도 한 것이었다. 우크라이나를 자기권력 하에 두고 동유럽과 발칸의 정교회교도들을 공고히 통합시키려는 짜르와 니콘의 목표는 짜르의 권위를 침해하지 않으면서 종교적 단일성을 성취하는 것이었다. 이러한 종교적 단일성을 성취하는 것은 두 가지 방법이 있었다. 하나는 러시아 정교회의 예전형태와 필사서를 그리스, 우크라이나와 전 동방 정교회 세계에 강제하는 것이고, 다른 하나는 그것을 그리스 식에 따라 교정하는 것이었다. 니콘은 후자를 선택했다. 그 이유는 러시아 정교회 보다는 그리스 및 우크라이나 정교회가 보다 개명되었고, 따라서 그것을 본받아야 한다는 명분에서였다. 그의 최측근인 우크라이나 신학자 에피파니 슬라비네쯔키(Ефифаний Слявинецкий)와 그의 동료 뾰뜨르 모길라(Петр Могила)도 그러한 결정에 영향을 미친 것으로 보인다. 러시아 정교회의 양보를 주문한 것이다. 이러한 니콘의 결정은 러시아를 진정한 정교회의 수호자로 간주하며 옛 전례를 고수하려는 옛 열성자들과 민중들로서는 받아들이기 어려운 것이었다.

니콘은 우선 인쇄국을 통해 예배서 교정에 나섰다. '시편집'을 그리스 원본에 맞게 교정하는 것에 대해 교정원들이 불만을 드러내자 니콘은 그들을 모두 해임하고 대신 아르세니 그렉(Арсений Грек), 키예프의 에피파니 슬라비네쯔키(Ефифани Славиницкий), 수도사 마트베이(Матбей), 주사제 아드리안(Адриан) 등 자신의 측근들로 채웠다. 아르세니는 과거에 여러 차례 신앙을 바꾼 전력이 있는 인물로서 유니아트에서 이슬람으로, 다시 러시아에서는 슬로베츠키 수도원(Соловецкий монастырь)으로가 참회의 시간을 보내기도 했다. 니콘은 그를 사면하고 솔로베츠키 수도원으로부터 불러들여 예배서 교정을 맡긴 것이다. 그러나 니콘은 인쇄국에서 하는 교정 작업에 대해 알지도 이해하지도 못했고, 단지 새로운 교정본이 명백히 고대 그리스 원본에 기초해 이루어지고 있다고 믿고 있었다. 니콘의 관심은 그리스의 것에 일치시킨다는 것 자체에 있었다.

옛 열성신자들과의 양립할 수 없는 견해차가 명백해지고, 그들의 공개적인 저항이 계속되자 니콘은 반대자들을 추방했다. 아바쿰은 시베리아로, 네로노프는 꾸벤스키 호수가에 있는 까멘스키 수도원(Каменский Монастырь)으로 보냈다. 새로운 개혁안에 의혹을 보낸 깔로멘스키(Каломенский)주교는 직위를 박탈당했다. 이어 신성회의(Священный Собор)는 개혁의 모든 반대자들을 교회로부터 쫓아냈다. 니콘은 매우 신속하게 그리고 독단적으로 개혁을 추진했다. 1653년 2월에 그는 젬스키 젬스키 젬스키 젬스키 사보르의 소집도 없이 독자적으로 교회예전 개혁안을 공표하고, 이를 각 수도원과 교회로 보냈다. 니콘은 전례양식의 변형을 강제했다. 예프림 시리나(Ефрем Сирина)의 기도에서 세례 표시를 두 손가락에서 세 손가락으로 사례가 상징하고 있듯이, 이반 4세기 대주교 마카리의 주도로 확립된 전례 양식이었던 세 손가락 성호긋기를 두 손가락으로 하고, ‘알렐루야’도 세 번에서 두 번으로 하도록 했으며, 7개가 아닌 5개의 성반(聖餠)으로 예배 의식을 진행하도록 했다. 또한 이수스(ИИСУС)가 아니라 이수스(Имя Исус)를 쓰도록 했다. 이외에도 사소하고 부수적인 많은 사항들이 개정되었다.

이에 따라 하나의 규범으로서 모든 성당 방문자는 그리스인들의 방식대로 세 번의 성호를 긋도록 했다. 1654년 젬스키 젬스키 젬스키 젬스키 사보르는 이러한 전례상의 변형된 모습을 잘 보여주고 있다. 기존과는 달리 태양이 도는 방향이 아니라 반대반향으로 경탁을 돌도록 했고, 기도 할 때는 이마를 땅에 대고 무릎을 꿇고 인사하도록 요구했으며, 비잔티움식이 아닌 서유럽식으로 쓰여진 이콘을 금지시키고 이단적인 이콘들은 공개적으로 모욕을 당했다. 심지어 그러한 성자들의 얼굴이 화판에서 떼어지기도 했다.

이러한 상황을 목도한 열성자들이 거세게 항의했음은 물론이었다. 이들에 맞서 니콘은 옛 전례를 신속히 버리고 새로운 예전을 받아들일 것을 요구했다. 인쇄국은 서둘러 교정본을 인쇄했다. 그리고 각 교구에 보내고 옛것들을 몰수하도록 했다. 콘스탄티노플 총대주교는 니콘의 이러한 신속하고 정열적인 활동을 축복하고 승인했다. 니콘의 친그리스적 행보는 계속되었다. 그는 러시아 사제들의 법복을 그리스식으로 바꾸도록 요구했고, 총대주교좌 성당에서는 그리스식 음식을 먹도록 했다. 옛 러시아 의식은 이제 어울리지 않는 희귀한 것으로 조롱받게 되었다. 그러나 니콘에게 이러한 예전의 변형은 그 자체가 목적은 아니었다. 그의 친그리스적 행보는 그 기반에 그리스 문화와 비잔티움 유산에 대한 찬미가 아니라 평민출신으로 전 동방 정교회의 수장 역할을 목표로 한 니콘의 종교적 야망이 있었다. 모스크바의 열성자들은 이러한 니콘의 압박에 움추려 들지 않았다. 그들은 전통의 힘에 의지했다. 그들에게는 궁정에 막강한 보호자가 있었다. 스뜨렐쯔키(Стрелцки)중에는 니콘에 반대하는 자들이 많았고, 무엇보다도 민중들은 니콘의 개혁안에 심한 거부감을 보이고 있었다. 심지어 황후 마리아 밀로슬랍스카야(Мария Милославская)는 감옥에서 아바쿰을 구해준 것으로 알려졌다. 화해 불가능한 개혁의 반대자들 중에는 보야리나 모로조바

(Бояриыня Морозова) - 모로조프(Б. И. Морозв)의 처제-와 그녀의 여동생 우루소바(Княгиня Урусова)도 있었다. 니콘의 교회개혁이 황실과 귀족지배계층의 절대적인 지지를 받은 것도 아니었다. 니콘의 파격적인 행보와 권위 강화는 그들에게 부정적 입장을 갖도록 했다.

짜르가 이러한 상황을 모를 리 없었다. 니콘이 수도원으로 들어간 후 아바쿰과 네로프를 모스크바로 불러들인 짜르는 그들을 설득하여 자신의 지원자로 만들려 했으나, 그들은 오히려 짜르의 도움으로 새로 도입된 개혁안들을 폐지하려고 하였다. 그들에 대한 혹독한 고문과 투옥이 가해졌다. 젬스키 사보르에 소환된 네로노프와 다른 옛 예전의 지지자들은 압박에 못 이겨 신앙적 입장을 버렸으나, 아바쿰만은 자신의 신념을 지키며 옛 신앙의 전례들을 회복할 것을 주장하였다. 많은 사제들과 수도사들 그리고 모스크바의 유로지비(Юродиви)들은 아바쿰의 연설을 반복했고, 민중들에게 그들의 주장의 정당성을 설득하였다. 젬스키 사보르는 결국 아바쿰을 파문하고 체포 후 그를 다시 유형에 처했다.

1666~1667년 젬스키 사보르는 니콘이 추진했던 친그리스적 개혁안을 완성하는 자리였다. 이 젬스키 사보르에 참석한 주교 절반 이상이 동방으로부터 온 사제들이었다. 젬스키 사보르는 모스크바 사제들과 더불어 마카리가 '무식함으로 잔재주를 부렸음을 천명하고, 1551년 이른바 백항회의(Стоглавый Собор)의 모든 결정사항을 폐지했다. 이 젬스키 사보르의 결정으로 러시아 교회의 진정한 분열이 시작된 것이다. 젬스키 사보르의 결정에 복종하지 않는 자는 누구든 교회로부터 추방되었다. 파문에 처해진 모스크바 경건의 열성신자들은 분리파(Расколоники) 혹은 구교도(Сторообрядники)로 불리웠다. 구교도들은 세속권력으로부터 혹독한 박해를 받았다. 아바쿰은 고문 끝에 화형에 처해졌고, 보야리냐 모로조바는 그의 여동생과 함께 감옥에서 죽었다.

(3) 국가와 교회

정교회 예전의 개혁은 단순히 예배 양식의 변화에 그치지 않고 자연스럽게 총대주교직의 정치적 위상 즉 교회권력과 연계되면서 속권과 교권 양자의 관계를 재정립해야 할 필요성을 제기하였다. 17세기까지 모스크바 국가에는 국가와 교회와의 관계에 있어 두 권력의 조화라는 비잔티움적 원칙이 유지되어 왔다. 즉 신이 부여한 두 권력은 상호 협력을 통하여 신의 의지를 현세에서 구현하여야 하는 바 속권은 교회를 보호하고 정교회의 도그마를 지키며 이단을 쫓아내는 역할을 하고, 교권은 신으로부터 부여받은 권위에 의해 국가권력의 행위를 신성시함으로써 양자 간의 협력 관계를 유지한다는 것이다. 이러한 권력의 조화(Симфоние)이론은 유스티니아 4세로 부터 이어져온 것으로 슬라브 종법집(Сляванская Кормчая, 宗法集) 42항에 근거하고 있다. 그런데 이러한 균형관계는 짜르 알렉세이가 1649년 울로줴니아와 더불어 수도원 칙령(Монастырский Приказ)을 공포함으로써 해체의 계기가 조성되었다. 이 칙령의 13장 43항을 통해 교회는 세습토지(Вотчина) 증식을 통해 재산을 늘리는 것이 금지되었고, 교회재산의 국가로의 이전이 명시됨으로써 사실상 짜르는 교회의 기존의 독립적이며 불가침한 영역에 간섭하여 궁극적으로 속권의 우위를 주장한 것이다. 이러한 짜르에 맞서 니콘은 총대주교직에 오르자 교회 재산을 다시 복귀시키고, 교회의 자치권을 천명하며, 교회사에 대해 속권이 관여하지 못하도록 함은 물론 속권에 대한 영적 통제권을 주장했다. 니콘은 이를 통해 교회 위상을 높이고 총대주교의 역할과 의미를 재정립하려는 의도를 숨기지 않았다. 이미 1653년에 '대군'(Великий Государь)의 칭호를 자칭한 니콘은 교권을 태양에, 속권을 달에 비유한바 있다. 이것은 러시아 정교회의 수장의 위상과 권한을 재정립 하려는 그의 의도를 분명히 한 것이었으나 짜르의 권한까지 넘어서려는 정치적 야망을 지향한 것은 아니었다. 따라서 그는 자신에 대한 알렉세이의 신임과 사제들의 지원에 대해 의심하지 않았다. 또한 예전상의 개혁이 다른 열성자들의 반발을 불러오리라는 것을 예상하지 못한 것은 아니나, 모스크바 총대주교가 전 동방정교회 세계의 수장이 되는데 장애물이 될 수 있는 요소를 사전에 차단하는 것이 그에게는 무엇보다도 중요했던 것이다.

짜르 알렉세이는 이러한 니콘의 행보에 대해 적어도 초기에는 니콘의 요구에 거부의사를 나타내지 않았다. 그러나 곧 짜르가 니콘을 적극적으로 견제해야 할 계기가 조성되었다. 짜르가 군사 원정으로 인해 몇 달 동안 모스크바를 비운 사이 총대주교는 실질적으로 정부의 수장역할을 하였고, 국내외 중요정책을 주도적으로 결정하였다. 이러한 경험은 니콘으로 하여금 지배계층에게 자신의 우월한 절대 권력을 각인시키는 동시에 스스로도 그것을 구체화 할 욕망을 드러내는 계기가 되었던 것이다. 이후 지배계층은 니콘을 옹호해야했고, 니콘은 경제적 영향력과 종교적 권위 그리고 정치적 위상 모두에서 짜르에 양보하려하지 않았다. 당시 상황에서 속권 보다 상위의 교권, 국가보다 우위에 있는 교회 권력을 확립하는 것이 자신의 안전을 위해 필요하다는 판단을 한 것이다.

그러나 니콘의 이러한 의도는 급격히 변화되고 있던 러시아 사회의 현실을 고려하지 않은 것으로 사실상 실현되기 어려운 것이었다. 즉, 17세기 중엽 러시아 사회는 이미 상당한 세속화 과정의 도정에 있었고, 권력이 세속 군주에 집중되는 중앙집권적 절대주의 체제가 강화되고 있었다. 바로 니콘은 이러한 현실을 간과하고 오직 전통적인 총대주교의 권위와 짜르의 절대적인 신임을 과신한 것이다.

짜르와 니콘간의 갈등이 표면화 된 후 1658년~1667년 니콘이 모스크바를 떠나 있을 때 총대주교의 기능을 실질적으로 담당한 것은 오히려 짜르였다. 이것은 니콘의 시도가 결정적으로 실패했음을 의미하는 동시에 짜르의 본래의 목적이 성취됨을 의미하는 것이었다. 즉, 짜르가 시작한 교회개혁이 니콘에 의해 실행되었고 그의 몰락과 더불어 교회 개혁의 결과가 짜르의 성취로 나타난 것이다. 짜르에게 교회개혁은 필연적으로 요구 되었고 니콘은 단지 그것을 실행한 것 뿐이었으며 니콘의 영향력 확대가 자칫 황제권에 대한 침해로 이어지는 것을 우려한 짜르는 그를 제거한 것이다. 이후 짜르는 교회에 대한 적극적인 개입을 자제하고 그의 숙부인 보야린 스쩨파노프(С. Л. Стрешнеев)를 통해서 교회를 통제 했다. 그는 뾰뜨르 대제 시대 교회에 대한 전적인 통제권을 행사하게 되는 인물이었다.

예전의 개혁으로 촉발된 교회개혁은 니콘의 몰락과 더불어 이른바 교회 대분열로 이어져 구교도들의 지속적인 반정부 저항을 불러일으켰다. 전통적으로 구교도운동(Стороо6рядничество)의 발생에 대한 책임은 자신의 신념에 반대하는 옛 열성신자들을 박해하고 개혁을 엄격히 실행한 니콘에 있는 것으로 간주되었다. 그러나 라스꼴의 형성과 확대는 니콘이 총대주교직으로 부터 쫓겨난 후 본격화 되었다. 1666~1667년 젬스키 사보르는 짜르의 요구에 따라 니콘이 추진했던 개혁안을 승인했고, 이러한 개혁에 반대하는 자들을 파문하고 정죄하였다. 공식교회와 구교도들 사이에 받아들일 수 없는 입장과 적대감을 산출한 것은 이 때문이었다. 교회와 타협할 희망과 가능성을 상실한 구교도들은 선택의 여지없이 저항자로 변모했고, 짜르는 이들을 세속권력에 대한 반대자로 몰아세웠다. 구교도들은 니콘의 몰락이 교회 개혁의 완화 내지 종식을 의미하는 것이 아니라 보다 강력한 실행으로 나타나자 개혁의 진정한 목표를 인식하게 되었다. 즉 이들의 종교적 저항운동은 교회개혁이 곧 절대권력을 추구하는 짜르의 의도와 서구화를 지향하는 귀족 지배계층의 이해를 관철시키기 위한 것임을 드러내자 이후 종교적 성격을 넘어 사회적 저항운동으로 변모하게 되었다.

17세기 교회개혁은 그 자체로 러시아 교회를 공식교회와 구교도로 분리시키며 옛 신앙을 지키려는 민중들의 저항을 촉발시켰다. 이러한 개혁을 둘러싼 갈등과 분열은 폭넓은 대중운동으로 성장했고, 이들은 이후 교회 뿐만 아니라 국가권력의 반대자로 등장하게 되었다. 따라서 '라스꼴'에 있어 니콘의 등장과 몰락은 하나의 과정이었지 그것이 곧 원인과 결과는 아니었다.

2) 구교파의 종교문화[177)]

17세기 중반 총대주교 니콘(Патриарх Никон)이 주도한 교회개혁은 '교회 대분열'(Раскол)을 초래하며 중세 이래로 단일한 계서질서를 유지해 오던 러시아정교회를 주류의 제도권내 공식교회와 '옛 신앙'(Староверы)을 고수한 이른바 '구교파'(Сторообрядничество)로 양분시켰다. '구교파'는 전례양식의 그리스식으로의 변형을 핵심으로 하는 니콘의 교회개혁을 양보할 수 없는 커다란 신앙적 배교행위로 간주하며 이를 거부하고, 짜르정부와 공식교회의 온갖 박해에도 불구하고 '옛 신앙'의 원칙을 고수하면서 이후 러시아 민중들의 본령적인 영적세계를 이끌게 되었다. '구교파'는 니콘이 몰락한 이후에도 짜르 정부와의 타협을 거부하며 반정부 저항세력으로서 민중세력의 한 축을 담당하였다. '구교파'는 비록 공식교회의 지속적인 탄압을 받았지만 이후에도 러시아 정교회의 신학적 원류의 위상을 지니며 러시아 민족 신앙의 가장 경건하고 철저하며 영속적인 신앙체를 이루게 된다. '구교파'는 그들의

177) 본 글은 다음의 기논문 내용에서 발췌 · 정리한 것임을 밝혀둔다. "구교파의 종교문화", 『인문과학연구』 제28집(2010), 성신여자대학교 인문과학연구.

신앙적 신념을 지키기 위해 민중봉기 등을 통한 적극적인 저항은 물론 집단적 분신 등 종교적 신념에 따른 극단적인 행위도 마다하지 않았다.

이러한 '구교파' 운동은 17세기 후반 러시아 사회의 사회 종교적 상황과 무관하지 않다. '혼돈의 시대' 이후 정교회 내부에서는 고대 루시시대 이래 지속되어온 숭고한 신앙의 경건성이 추락하고 있다는 자성의 목소리가 높아지고 있었고, 러시아 사회 및 교회의 세속화도 상당한 정도로 러시아 전통 문화를 훼손시키고 있었다. 이에 따라 정교회에 대한 일반민중의 무관심과 불신 그리고 심지어 냉소적 태도는 '라스꼴'을 전후한 시기에 극심한 상황에 이르게 되었다. 니콘의 교회개혁은 이러한 상황을 새로운 방향으로 전개시키게 되는 중요한 동기를 부여한 것이다. 이로 인해 촉발된 구교파 운동은 본질적으로 동일한 종교적 신념을 공유한 공동체에 의한 것이었고, 17세기 후반 사회 문화와 종교 문화가 미분화되어 있던 러시아 사회에서 그것은 역동적인 사회 정치적 운동으로 확대될 가능성이 컸다.

모든 종교개혁은 그것의 본질 혹은 원류로의 회귀를 요구하였다. 17세기 니콘의 교회개혁도 본질적으로는 그와 같은 정교회의 원류를 지향했으나 그것은 무엇이 원류인가에 대한 격렬한 논의를 불러일으켰고 이로 인해 촉발된 '라스꼴'은 보다 강력한 신앙적 보수주의를 지향 하였으며, 러시아 사회를 양분하면서 어떤 종교개혁보다도 강한 응집력과 지속성을 보여주었다. 이것은 '구교파'가 단지 공통의 신앙적 지표를 지향하는 공동체의 성격을 넘어 러시아의 문화와 정치 사회적 특성을 배경으로 하고 있었음을 보여주는 것이다.

'구교파'가 보여준 종교문화에서의 회귀적이고 외형적인 보수주의적 경향에도 불구하고 17세기 후반 러시아 사회는 본질적으로 이행기적 흐름을 멈추지는 않고 있었다. 아바쿰이 니콘의 교회 개혁, 나아가 서구문화에 격렬히 저항하며 러시아 사회와 교회의 세속화에 반대한 보수주의적인 구교파의 대변인으로 나타난다. 하지만 이것은 형식적이고, 오히려 신 중심의 정교회적 사고에서 인간 중심적인 새로운 세계관으로의 전이라는 내적 세속화의 모습을 보였던 것은 17세기 중엽 러시아 사회가 여하한 오랜 중세적 전통에서 벗어나 탈 중세적 현상으로 서구화 내지 세속화의 도정에 있었음을 역설적이게도 입증하는 것이었고, 일면 지배계층과 구교파 모두 이것에 기여했던 것이다.

(1) 구교파와 '모스크바-제3 로마론'

'라스꼴'의 내적 동인들 중의 하나는 '모스크바-제3 로마론'(Москва-Третий Рим)으로 표현되는 러시아 민족적 이상의 위기, 즉 정치종교적 이데올로기의 위기였다. 니콘의 교회개혁의 옹호자 혹은 반대자 모두 그 명분을 이러한 '모스크바-제3 로마론'과 연계했고, 그들 양자사이의 대립을 극명하게 나타냈다. 개혁의 옹호자내지 불가피론자들은 그 명분의 하나로 '제3 로마'론에 따라 모스크바가 전 정교회 세계의 수장 역할을 하는 데에 개혁의 당위성을 두었고, 반대자들은 그것이 현실적으로 모스크바의 종교적 위상 강화를 넘어, 이단적 요소를 수용하는 도구가 되어 정교회의 순수성을 훼손함으로써 결국 '종말의 전조'로 나타나고 있다고 간주한 것이다.

'모스크바-제3 로마론'은 루시의 메시아적 사명을 담은 사상으로 루시 민족의 '선민의식'과 '신의 섭리설'의 두 개념에 근거하고 있었다. 사실 '메시아론'의 근거는 구약성서에 근거한 것이었지만, 루시가 정교회를 수용한 후 '새로운 이스라엘'의 메시아를 자신에게로 적용시켰던 것이다. 모스크바 공국이 몽골의 지배로부터 완전히 벗어난 직후인 15세기 후반에서 16세기 초에 '모스크바는 로마와 콘스탄티노플의 유일한 계승자로서 종교적 정치적 사명을 지녔다는 이념이 구체적으로 개진되기 시작했다. 이러한 이념을 최초로 개진한 사람은 쁘스꼬프에 있는 엘리아자로프 수도원(Елеазаров монастырь)의 수사 필로페이(Инок Филофей)로써 그는 1511년 바실리 3세(Василий Иванович)에게 보낸 서한에서 다음과 같이 쓰고 있다. "옛 로마는 이단적 불신앙으로 몰락했고, 콘스탄티노플은 이교도인 아라비아인들의 도끼와 모욕 속에 교회를 상실하였다. 이제 모스크바는 제3 로마로서 주권적 왕국의 신성한 사도적 젬스키 사보르의 교회를 지녔으며, 종말까지 모든 정교회 신앙의 빛으로 빛날 것이다. 제4 로마는 없고, 그때는 세상에 종말이 올 것이다." 또한 그는 짜르의 서기(Дьяк)로써 쁘스꼬프 지역 지배자(Наместник)였던 무네힌(М. Мунехин)에게 보낸 서한에서도 "루시의 짜르는 단일한 정교회 세계의 수장으로써 신으로부터 신성을 부여받아 정교회 신앙의 순수성을 보존해야 할 전능한 사도적 사명으로 교회의 수장이 된다"고 주장하였다. 즉 모스크바의 지배자가 보편적인 정교회 제국을 이끄는 것이 정당하며, 모스크바는 선택된 제국이고, 그 군주 또한 선택된 황제이며, 모스크바의 짜르가 역사의 마지막 제국의 황제가 될 것으로 그것의 몰락은 곧 세상의 종말을 의미한다는 것이다. 필로페이는 신학적 입장에서 역사를 해석하면서 러시아의 종교적 메시아니즘을 확신했던 것으로 보인다.

당시 지적 엘리트로서 현실 정치에 깊숙이 참여했던 필로페이의 이러한 사상에는 상당히 오랜 역사적 연원이 있었다. 비잔티움 제국의 몰락 후 동방교회는 보편교회보다는 그리스 국가교회의 특징들을 이어 받게 되었고 동시에 비잔티움적 메시아니즘은 콘스탄티노플을 '새로운 로마'와 '새로운 예루살렘'으로 나타내게 되었다. 1049년 끼예프의 주교 일라리온(Иларион)은 『법과 명예에 대하여』(О Законе и Славе)에서 끼예프를 신성한 도시, 즉 예루살렘을 떠올리게 하는 영광의 도시로 묘사했다. 모스크바 군주들은 이것을 차용했다. 루시가 분령이었을 때 정교회는 국가적 단일성을 상징하는 유일한 도구였고, 몽골지배시기에는 민중의 민족감정을 하나로 묶는 중요한 수단으로 기능하였다. 이후 러시아 주교좌가 블라디미르에서 모스크바로 옮긴 것은 모스크바의 종교적 위상을 넘어 정치 사회적으로도 매우 중요한 의미를 지닌 것이었다. 16세기에 이러한 정교회의 기능을 보다 강화하고 활용할 필요가 있었던 것이다. 이전에 특히 16세기 말 이래로 수도원들은 모스크바 공국과 그 대공이 정교회 역사의 정점을 나타내기 위해 신으로부터 선택되어졌다는 사상을 공유해 왔다. 이러한 신념은 다른 정교회 국가들이 몰락하고, 무슬림 세력이 확대됨에 따라 점점 더 설득력을 지니게 되었다. 또한 모스크바 대공들이 몽골과의 싸움에서 승리하고 주변 공국들을 차례로 복속시킴에 따라 모스크바를 비잔티움보다 더 신성한 존재로 여기는데 확신하게 되었다.

이러한 경향은 15세기 중반 플로렌스 공의회 사건을 계기로 보다 현실화 되었다. 1439년 플로렌스 공의회에서 동서교회의 분열을 일시적으로 끝내기 위해서 제안된 로마 가톨릭 국가와의 연합 제안을 비잔티움 교회가 수용했다. 이에 로마 가톨릭 교회에 대한 적대감이 강하고, 주변 가톨릭 교회국가들로부터 위협을 받고 있었던 모스크바 공국의 바실리 2세는 이 공의회의 결정을 거부했다. 그는 그리스인 대주교로써 플로렌스 공의회에 모스크바 대표로 참석했던 이시도르 대주교를 쫓아내고, 1448년 그를 대신해 러시아인 사제를 콘스탄티노플 총대주교의 승인없이 대주교에 임명하며 러시아 교회의 자치권을 천명해 버렸다. 이후 1453년 콘스탄티노플이 오스만 투르크제국에 의해 함락 당하자 모스크바 정교회는 이것이 플로렌스 협약에 대한 신의 징벌로 간주하는 동시에 바실리 2세의 행동을 정당화시켜주는 예로 간주했다.

1461년 러시아 정교회는 바실리 2세를 '신으로부터 선택된 군주로서 진정한 정교회의 유일한 후원자이자 전 루시의 짜르다'라고 선언했다. 사실 바실리 2세의 이시도르 해임은 반비잔티움적 저항이라기 보다는 정교회의 전통을 고수한다는 신념에 보다 근거한 것이었고, 바실리 2세에게 정교회 세계의 수장보다는 전 루시의 짜르로서의 위상 강화가 보다 중요했다. 1470년 이반 3세는 러시아 교회의 독립을 천명하고 마지막 비잔티움 제국 황제의 질녀인 소피아 팔레올로기나(Софиа Фалеологина)와 결혼했으며, 대공 대신 비잔티움의 전제자(Самодержец)와 동의어인 '짜르'의 칭호를 받도록 했다. 1480년에는 마지막 몽골에 대한 원정을 마치고 비잔티움의 독수리 문장을 채용했다. 이러한 그의 행보는 당연히 비잔티움 제국의 승계자로서의 이미지를 강화하는 것이었다.

15세기 후반의 이러한 정치적 환경의 변화는 한편으로 종말, 즉 천년왕국의 도래에 대한 기대와 우려를 고조시켰다. 교회 일부에서는 1492년 혹은 1500년을 종말 시점으로 예언하는 종말론적 주장이 제기되기도 했다. 1492년에 종말이 오지 않자 모스크바 대주교는 이반 Ⅲ세를 새로운 콘스탄티노플, 즉 모스크바의 새로운 황제 콘스탄티누스로 호칭했고, 또 다른 예언자는 '제3 로마'가 몰락한 콘스탄티노플을 해방시킬 것이라고 예언하기도 했다. 이와 같이 '모스크바-제3 로마론'은 한편으로 로마제국의 부활이라는 정치적 현실화를 지향하게 되고, 다른 한편으로는 '종말론적 위기감'을 고조시키게 되었다.

16세기 중반 대주교 마카리는 '모스크바-제3 로마론'을 확대 해석하여 모스크바 군주는 신의 대리자로서 정교회 세계의 공의를 확대해야 하는 의무를 지닌다고 천명했다. 적어도 17세기 중반 니콘이 교회개혁을 실행하기 전까지는 이러한 '모스크바-제3 로마론'이 짜르와 일반민중 모두에게 다른 측면과 해석으로 공유되고 있었다. 짜르는 전 루시의 지배자이자 정교회 세계의 수장이라는 이상을 목표로, 일반대중은 정교회의 순수성과 경건성을 보존하는 '제3 로마'의 종교적 역할에 따라 그와 같은 이데올로기를 공유했던 것이다.

그러나 '나는 러시아인이지만 나의 신앙은 그리스적이다' 라고 말하는 니콘이 교회 개혁을 추진하자 이것은 일반대중에게 '제3 로마'의 몰락, 즉 종말의 징후로 받아들여졌다. 그리스 식으로의 예전양식의 변형은 곧 정교회 순수성의 상실을 의미하는 것이었으며, 모스크바가 이단적 요소를 받아들인다는 것은 곧 종말이 다가왔음을 의미하는 것이었다. 더욱이 '라스꼴'의 시작을 알리는 1666~1667년 공의회가 콘스탄티노플의 몰락이 플로렌스 협약에 대한 신의 징벌이었다는 견해를 거부함으로써 암묵적으로 '제3 로마'론의 근거를 상실하게 되었다. '구교파'에게 있어 짜르는 '모스크바-제3 로마론'에 근거하여 신의 섭리에 따라 그 권력을 부여받음과 동시에 '진정한 신앙' 즉 정교회의 순수성의 수호자여야 하는 의무를 지니게 된다. 구교도들은 교회 개혁을 통해 짜르가 지닌 바로 이 의무에 의구심을 지니게 되었고, 일반민중은 물론 지배계층 일부로 부터 오히려 그를 '적그리스도의 전조'로 간주하게 되었으며, 이에 따라 '제 3 로마'의 종식, 즉 세상의 종말을 확신하게 되었던 것이다.

구교도들은 필로페이가 주장한 '모스크바-제3 로마론'에 따른 종말론을 신뢰하여 이제 그 종말의 시기가 다가왔다고 확신하게 되었다. 그들은 공식교회와는 달리 필로페이를 시성하였다. '모스크바-제3 로마론'은 이와 같이 종말론적 관념과 긴밀히 관련이 있었다. 19세기에 솔로비요프(B. Соловьев)가 『세 가지 이야기』(Три разговора)에서 '제3 로마론'을 근거로 종말의 징조로 나타나는 적그리스도의 도래에 대해 쓸 만큼 이러한 사상은 이후 정교회 철학에 매우 깊은 영향을 미치게 된다.

(2) 구교파와 '종말론'

'라스꼴'을 촉진하고 공고히 한 동인들 중 구교파의 종말론적 신념과 분위기는 매우 중요한 기능을 하였다. 이미 니콘의 교회개혁 초기부터 구교도들은 종말론적 분위기속에서 종말이 다가왔음을 보여주는 계시록 상의 '적그리스도'의 징후를 확신하게 되었다. 이미 17세기 초 '혼돈의 시대' 직후부터 교회의 세속화와 종교적 권위의 추락은 민중들과 일부 사제들 사이에 종말론을 고조시키는 배경이 되었다. '라스꼴' 초기 아바쿰(Аввакум)과 부제 표도르(Федор) 등 구교파 지도자들의 저작에서는 성서와 구비(口碑)로 예견된 종말이 곧 도래할 것이며 적그리스도의 징조가 나타났고, 이러한 현상이 점점 보다 구체화 되리라는 확신을 강조하고 있었다. 물론 이러한 구교파의 계시록적 종말론은 공식교회의 입장과는 근본적으로 달랐다. 공식교회는 '종말은 아직 오지 않았으며, 종말의 징후들도 현실에서는 관찰되고 있지 않고, 계시록에서 예견되는 적그리스도의 출현과 최후의 심판의 시점을 정하는 것은 불가능하다'는 것이었다. 이러한 종말론을 둘러싼 대립적인 신학적 입장은 양 진영의 불신과 갈등을 증폭시켰다.

'구교파'의 이러한 종말론적 신념은 새로운 것은 아니었다. 15세기 말에서 17세기 전반기에 우크라이나와 벨라루시의 정교회 필사자들은 신학논쟁에서 자주 계시론적이며 종말론적인 사상을 개진해 왔다. 러시아 사회에서 이러한 종말론적 예측은 '라스꼴' 이전에 1644년 『끼릴의 책』(Кириллова Книга), 1647년 『예프림 시린의 설교』(Поучений Ефрема Сирина), 그리고 1648년에 출간된 『신앙에 대한 책』(Книга о вере) 등에서 신학적 견해로 뒷받침 되었다. 이 책들은 모스크바 사제들 사이에 널리 교독 되었던 바 『끼릴의 책』은 예루살렘의 끼릴의 '말씀'(Слова)에 대한 끼예프 신학자 스테판 지자니에(Стефан Зизание)의 해석을 담은 것이고, 나머지 두 책은 모스크바 인쇄국의 교정원 미하일 로고프(Михаил Рогов)가 끼예프의 미하일롭스키 수도원장(Настоятель Михаиловской монастыри)인 나파나날(Нафананал)의 저작에 근거해서 작성한 것이다. 이 끼예프의 저작들은 모두 가톨릭 세력이 끼예프 지역으로 세력을 확대해 가는 시기에 반서구적 분위기가 팽배해 가던 시기에 작성된 것이다. 『끼릴의 책』에는 다가올 종말을 알리는 11개의 징후와 적그리스도 왕국의 도래에 대해 기술하고 있다. 그의 해석에 따르면 적그리스도는 인간이지만 먼저 적그리스도의 정신에 따라 배교행위가 일어나는데 정교회교도들은 다시 고유한 전통으로 되돌아가면 그러한 배교행위를 멈추게 하고, 심지어 반전시킬 여지도 있다는 것이다. 이것은 구교파 지도자들과 민중들이 교회 개혁시기에 종말론적 인식을 공유하고 확신하는데 중요한 근거로 기능했다. 「신앙에 대한 책」에서는 3개의 신앙적 후퇴가 제시되었다. 즉 우선 1054년 교회가 동서교회로, 정교회와 로마가톨릭으로 분리되었고, 1595년에는 끼예프 정교회가 로마 가톨릭과의 타협에 서명하였으며, 이제 1666년에는 루시에서 진정한 신앙이 몰락할 것, 즉 종말이 다가 올 것이다 라는 것이다. 그리스도의 강림 후 천년 후에 로마교회가 다른 서유럽 국가들과 더불어 동방교회로부터 이탈하였고, 그 후 595년에 작은 러시아의 천명의 백성이 로마가톨릭 성당에 나타나므로 두 번째 교회분리가 있었으며, 1666년이 되면 모든 죄에서 벗어나 고통을 느끼지 않게 되는 때, 즉 세상의 종말이 도래한다는 것이다.

이러한 주장은 이후 구교도들에게는 현실에서 목도되는 사실과 일치되는 계시론적 예언으로 받아들여졌다. 즉 종말시점으로 예견된 1666년은 그리스의 이단적 요소들을 수용하고, 옛 신앙의 수호자들을 파문하였던 1666~1667년 젬스키 사보르(일종의 귀족회의)와 일치하며, 이는 종말의 징후로 예견된 전례양식의 변형시도와 더불어 구교도들에게 종말론적 확신을 고조시켰다. 아브라미(Аврамий)등 구교파 지도자들은 666이라는 계시록에 나오는 숫자에 집착했다. 요안 보고슬로프(Иоан Богослов)는 '적그리스도의 이름은 666숫자에 상응하며 니콘이 총대주교로 등장함으로써 666숫자가 완성되었다'고 주장하였다. 또한 적그리스도는 신성모독 행위를 통해 교회를 장악하는데 이는 교회의 재산 증식을 금지하고 교회 재산을 국가로 이전시키는 수도원 칙령(Монастырский Приказ)을 실행한 짜르 알렉세이의 행위에 연상되었다. 구교도들에게 적그리스도의 특징들 중의 하나는 그가 교권과 속권 둘 다를 소유하는 것인데, 아바쿰의 동료인 라자리(Лазарь)는 영적사람인 로마 교황이 신성한 권력을 빼앗으려했기 때문에 몰락하게 되었다고 주장하였다. 이런 점에서 로마 교황을 비난해 왔고, '모스크바-제3로마론'은 곧 적그리스도의 재현이 될 수 있었다. 짜르 알렉세이와 니콘의 행보를 보며 구교파 지도자들은 '러시아 국가가 진정한 정교회 짜르국가'로 남는다는 것에 의구심을 갖게 되었고, '모스크바-제3 로마론'에 따른 신성한 러시아 국가가 니콘의 교회개혁에 의해 상당히 훼손되어 결국 '제3 로마'의 몰락, 즉 종말로 치닫게 될 것으로 예견하였다.

더욱이 '라스꼴'이래 '구교파'에 가해지는 박해는 아바쿰이 주장했듯이 '적그리스도가 신앙을 이끌며 죽음으로 내모는 현상'으로 받아들여져 이들의 종말론적 확신을 더욱 고조시켰다.

여기에 '진정한 교회는 고통을 주는 것이 아니라 고통을 견디게 한다'는 4세기의 저명한 교부인 요안 즐라토우스트(Иоанн Златоуст)의 경구가 회자되어 옛 신앙의 정당성을 확신시켜주는 또 하나의 근거로 기능했다. 초기 구교파 지도자들, 아바쿰, 삐뜨로프(Петров), 아브라미(Аврамий), 표도르(Дьякон Федор), 스삐리돈 뽀쩸킨(Спиридон Потемкин), 레뻬힌(Лепехин)등은 저서와 설교를 통해 이러한 종말론적 예언을 설파했다.

이러한 구교파의 종말론적 분위기와 확신은 구체적인 인물을 지목하여 그들을 '적그리스도' 혹은 그것의 전조로 규정하고 그들에 저항하도록 했다. '라스꼴' 초기에는 총대주교 니콘, 짜르 알렉세이, 아르세니예 그렉(Арсение Грек)등이 그들이다. 이후에도 적그리스도로 여러 인물들이 거론되었으나 주로 짜르의 조력자들이었다. 이후 알렉세이의 아들 뾰뜨르 대제도 여기에서 예외는 아니었다. 구교도들은 뾰뜨르 대제를 스스로를 지상의 신으로 만들려 한 적그리스도로 간주한 것이다. 초기 구교파 지도자들은 무엇보다도 니콘을 적그리스도로 간주했고, 아바쿰도 니콘을 '악마의 늑대'라고 칭하였다. 그러나 아바쿰은 니콘이 '적그리스도'가 아니라 그것의 '전조'라 생각했다. 즉 아직 종말이 도래한 것은 아니고 그 전조가 나타난 것이라는 것이다. 부제 표도르도 니콘이 이단적인 악을 교회에 도입하고 신성한 교부들의 신조를 바꾸었으며 신성한 옛 예배서 대신 타락한 책들을 들여왔음을 지적하며 니콘이 적그리스도의 전조라는데 동의했다. 아바쿰은 니콘을 직접적으로 '적그리스도'로 지목하는데 주저했다. 사실상 '적그리스도'의 일을 이끄는 보다 더 큰 책임은 짜르 알렉세이에 있다고 생각했기 때문이었다. 짜르 알렉세이는 상징적 적그리스도로서 계시록에 예견된 두 '뿔' 중 하나로 간주되었다. 적그리스도의 한 '뿔'로서 짜르보다 더 확실하게 세상 종말을 나타내 줄 수 있는 것은 없었다. 더욱이 니콘이 몰락한 후에도 개혁이 계속 추진되고 구교파에 대한 박해가 심해지자 이러한 관념은 보다 확신되어졌다. 니콘은 계시록에 나타난 짐승, 즉 그리스도의 적일 뿐 이었다. 단지 아바쿰은 니콘이 성인들보다 짜르를 칭송하고, '신성한 짜르'(Святой Царь)라 칭하며 신정주의를 주장하는데 더 격분했다. 아바쿰에게 있어 짜르는 교회를 소유하고 교리를 바꿀 권리를 가지고 있지 않으며, 그의 일은 단순히 신앙을 지키는 것이고, 어떻게 신앙을 유지하느냐를 가르치는 것이 아니었다. 아바쿰은 짜르 알렉세이가 그를 회유하기 위해 유형지에서 모스크바로 불러들였을 때 단지 '옛 신앙'을 지켜주기 만을 청하였다.

구교도들은 이러한 종말에 대한 확신에 따라 '적그리스도'와 동일시되는 권력에 대해 불복종하게 되는데, 1668~1676년 솔로베쯔키 수도원(Соловецкий монастырь)의 불굴에 찬 저항, 1705년 아스트라한(Астрахан)의 봉기 그리고 1722년의 따르스키(Тарский)의 봉기 등은 모두 이러한 확신에 근거한 것이었다. 구교도들은 짜르정부와 공식교회의 박해가 심해지자 극도의 긴장 속에서 종말론적 체험으로 분신을 하거나, 혹은 권력 곧 적그리스도 세력이 미치지 못하는 먼 변경지역으로의 이주를 선택하기도 했다. 구교도들, 예를 들어 북 러시아의 뷔고프(Выгов)강 유역의 구교도들 사이에서는 '적그리스도의 제국'이라는 개념이 널리 확산되고 있었다. 이들에게는 '감각적인 그리고 영적인 적그리스도에 대하여'(О чувственном и духовном антихристе) 개념이 있었던 바, 적그리스도는 스스로 본질을 어떤 구체적인 인물들 가운데서 나타나는데, 속권 및 교권의 대표자, 무엇보다도 러시아 황제들이 그들이라는 것이다. 그리고 적그리스도의 영적 본질은 적그리스도가 세상에서 구분되어 세상 사람들을 지배한다는 것이다.

한편 교부 예프림 시린의 "종말에는 정교도들이 산 동굴 벼랑 등 세상으로부터 나가는 출구에 은닉해 있어야 한다"는 주장도 구교도들에게는 매우 설득력 있는 확신의 근거가 되었다. 구교파의 종말론적 신념은 이후에도, 공식교회의 부인에도 불구하고, 혼란과 역경의 시기가 다가올 때마다 구교도들의 사고에 깊은 영향을 미쳤으며, 이러한 경향은 민중들의 집단적 행동으로는 물론 문학과 예술 그리고 러시아의 저명한 사상가인 찌하미로프(Л. А. Тихомиров)가 「역사의 종교 철학적 기반(Религиозно-философские основы истории)」에서 '러시아의 모든 철학적 기반에는 종말론적 개념이 함유되어 있다'고 주장할 만큼 무엇보다도 정교회 철학에 명확히 나타났다.

3) 구교파와 '성자전'

니콘이 교회 개혁을 실행에 옮기기 시작한 이래 구교도들은 '옛 신앙'을 지키기 위해 공식교회와 정부의 박해에 맞서 적극적으로 저항해 나갔으며, 점차 분신 등 극단적인 방법을 마다하지 않고 자신의 내적 신앙을 지키기 위한 방법을 찾게 되었다. 구교도들이 이토록 극단적인 방법을 통해서라도 자신의 신앙을 지키려했던 것은 물론 공고한 종교적 확신에 근거한 것이었지만, 이들의 신앙적 방향성과 수단을 규정하고 그것을 촉구한 것은 한편 그들이 새로운 종교문화적 명분을 만들어 내고, 또 그것을 고양시켰기 때문이다. 즉 구교도들이 흔들림 없이 옛 신앙을 고수하도록 교화의 수단을 통해 교훈과 순교의 예를 제시하여 그들이 자신의 신앙을 수호하기 위해 기꺼이 죽음의 고통도 마다하지 않도록 하는 명분과 신앙적 신념을 제공한 것이다. 특히 '성자전'은 가장 중요한 수단이었다. '성자전'은 구교파의 문화적 삶의 핵심적 성격을 제시하였다. 구교도들에게 있어 옛 정교회의 교부들과 니콘의 개혁에 저항하면서 '신앙의 순수성'을 보호하였던 성자들의 삶과 순교의 이야기는 신성시 되었고, 러시아 정교회의 문화적 전통을 유지해야 할 명분으로 기능하면서 더욱 성자들의 신앙을 자신들의 신앙이 추종해야 할 지표로 삼게 되었다.

구교도들은 '옛 신앙'의 수호자로써 보수적인 사제들과 세속의 지지자들을 축원해 나갔다. 이것은 우선 니콘의 교회개혁에 따른 전례변형과 신학적 논의에 대항할 명분이 되었다. 니콘의 교회개혁에 왜 목숨을 바쳐 저항해야 하는 가를 성자들의 삶과 신앙을 통해 보여주려 했던 것이다. 구교도들에게 전례는 신학적 확신이 아니라 정교회의 문화 자체이자 삶의 중심이었다. 더욱이 계시록적 분위기가 고조되고 있는 상황에서 그들이 어떻게 살아야하는가를 성자들이 보여주고 그들을 추종하게 한 것이다. 구교도들은 점차 자신들의 예전적 주기를 만들고, 제도와 신학적 견해를 체계화 했으며, 엄격한 도적적 기준을 마련하고 독특한 예술적 문화를 창출해 나갔다. 즉 자신들만의 문화 세계를 만든 것이다.

초기 구교도들은 자신들만의 종교문화적 세계를 만들면서 자신들의 신학적 입장을 옹호해 줄 수 있는 동방정교회 교부들의 저작들과 러시아 정교회 전통의 많은 고전들을 차용했다. 이것들은 러시아어로 번역되어 추종자들의 교화용으로 사용되었다. 또한 니콘의 교회 개혁이전의 '안성률 성가'와 이콘화도 새롭게 구교도들의 종교생활에서 중요시 되었다. 점차 구교도에 대한 박해가 심화되면서 이러한 '구교파'의 작업도 가속화 되었다.

초기 구교도들에게 이러한 성자들은 계시록적 기대를 고조시켰는 바, 그들은 모두 순교자들이었으며 그들의 고통은 세상종말의 전주라고 믿을 만한 충분한 근거를 제공해 주었다. 황무지 변경으로 쫓겨난 구교도들은 진정한 정교회 신앙을 지키기 위해 보다 엄격하고 혹독한 시험을 마다하지 않았는데 '성자전'은 그들의 영혼 자체가 올바른 신앙을 유지하고 그것을 구체화한 예전형태를 정확히 준수하는데 달려 있다는 확신의 근거가 되었다. 구교파 지도자들은 정교회 교부들의 신성한 삶을 나타내 보여주고 자신들이 이러한 성자들의 후예들이며, 이들이 보여준 고난과 순교 등 신앙을 위한 고통과 죽음도 오히려 신의 축복임을 스스로 진정한 정교회 세계의 요새인 구교파 공동체에 확신시켜줄 필요가 있었다. 성자들의 이야기는 구교도들이 지니게 되는 확신의 진정성을 입증해 주는 증거임과 동시에 신앙의 교화를 위한 신성한 행동의 예로서 기능하였다.

초기 구교도의 성자전 저작 중에서 가장 잘 알려진 것은 당시 구교파를 대변하였던 『아바쿰의 생애전』(Житие Протопопа Аввакума)으로서 그가 구교도들의 신앙 양식과 신념에 준 영향은 매우 컸다. 그는 구교도들에게는 하나의 신앙적 지표였다. 초기 성자전 이야기들은 공통적으로 니콘의 교회개혁 이전의 러시아 정교회 전통을 수호해야 할 근거를 자세히 제시하고, 이의 실천을 요구하였다. 정교회 신학적 입장에서도 성자전은 정교회 전통을 수행해야 할 근거를 제시하고 있었다. 순교의 피는 곧 신앙의 진리를 입증하는 것이기 때문에 구교도들은 그들이 여전히 신뢰할 수 있는 정교회 전통을 이행하고 있다는 것을 보여줄 그들 자신의 예언자 혹은 순교자가 필요했던 것이다. 대부분의 민중들이 신학적 논리보다는 주술적 관념에 더 집착하던 시기에 단순히 사제들의 강론보다는 성자전들이 정교회도들이 목숨을 바쳐서라도 추종해야 할 신성한 행위에 보다 강력한 강제력을 지니고 있었다. 실제로 이에 따라 1660~1670년에 많은 구교도들이 순교의 행렬에 참여하여 순교의 전통을 세웠으며 이후 순교의 삶은 구교도의 종교문화의 지속적인 특징이 되었다. 순교자들에게 '성자전'은 그들의 고통을 이해 할 수 있는 해석적 렌즈를 제공해 주었던 것이다. 적어도 초기 구교파들은 이러한 고양된 종교적 신념에 의해 그들의 신앙적 행위를 규정했던 것이다. 이 당시 씌여진 성자전들은 이후 18~19세기에 걸쳐 구교도들 사이에서는 일종의 '성전'(聖典)으로 널리 읽히면서 수많은 필사본들을 남겼다.

Culture in the Middle Ages

VII

말기 중세 사회

이탈리아에서의 금융업의 발전

1. 봉건체제의 파국[178)]

중세 교황 가운데 마지막 위대한 인물인 교황 보니파키우스 8세(Boniface Ⅷ, 1294~1303)는 자기를 과시하려는 성향을 지니고 있었다. 거창한 행사를 좋아하는 이러한 성격 때문에 그는 오랜 경력을 지내 오면서 갖가지 풍파를 겪어야 했고, 결국은 그것이 화근이 되어 패배와 죽음을 맛보아야 하였다. 그의 과시욕은 1300년에 그가 최초의 교황 성년을 선포한 일에서 가장 뚜렷하게 드러났다. 그 광경은 심하게 손상되고 덧칠까지 입혀진 한 프레스코 벽화에 묘사되어 있다. 이탈리아 화가 지오토(Giotto, 1226?~1336)의 작품으로 여겨지는 이 벽화는 교황의 3중관을 쓰고 외투를 걸친 위풍당당한 모습의 보니파키우스가 두 명의 추기경을 양 옆에 거느리고 바티칸 성당의 발코니에 서 있는 광경을 보여준다. 교황 바로 앞에는 보니파키우스 가문의 문장이 수놓인 휘장들이 늘어뜨려져 있고, 그 휘장들에는 성년을 선포하는 교황의 칙서가 아로새겨져 있다. 그 아래에는 아마도 수많은 군중이 모여들어, 그 해 동안에 참마음으로 참회하는 가운에 15일 동안 -로마 시민들의 경우에는 30일 동안- 성 베드로 성당과 성 바울 성당을 참배하는 자는 죄를 용서받게 되리라는 교황의 선언을 듣기 위해 기다리고 있었을 것이다.

---

178) 본 장은 R. E Lerner, *The Age of Adversity: The Fourteenth Century* (Cornell University Press, 1968)를 우리말로 옮긴 것이다. Lerner의 이 책은 코넬 대학의 서양사 총서 *The Development of Western Civilization*의 한 권이다.

이 전례 없는 선언은 큰 반향을 일으키어 이탈리아 전역에서 그리고 알프스 이북에서도 신도들이 말을 타거나 걸어서, 그리고 힘없는 늙은이는 자식의 등에 업혀서 로마로 몰려들었다. 이들 순례자의 수가 정확히 얼마였는지는 밝혀낼 수 없지만, 한 목격자에 따르면 그 해 내내 로마시에는 20만 명이 넘는 순례자가 항시 들끓고 있었다고 하며, 그 해 말까지는 2백만 명의 순례자가 로마를 다녀갔다는 소문이 나돌았다.

이 수치들이 중세 사람들이 으레 그러해 왔듯이 과장된 것이라고 해도, 한 연대기 작가의 말대로 "거의 온 세계가 로마 교황청으로 달려가고 있었다"는 느낌을 사람들이 받았음은 분명하다.

이렇게 굉장한 성공을 거두게 된 이유는 물론 간단하지 않다. 죄를 용서받기 위해 교황의 성덕에 기댄다는 관념이 수 세기에 걸쳐 발전해 온 것이기는 하지만, 그러한 관념을 특별한 기회에 실천에 옮긴다는 생각은 전혀 예상 밖의 새로운 것으로서 대단한 호소력을 지니고 있었다. 그리고 로마시 자체가 여전히 위대한 순교자들의 성지이자 교황이 계신 곳, 그리고 세계의 전통적인 수도로서 순례자와 관광객들의 마음을 크게 사로잡고 있었다. 그러나 그렇다고 하더라도, 보니파키우스의 치세에 교황의 권위와 위엄에 절정에 이르렀음을 공식적으로 축하한다는 성년 선포의 원래 목적이 성공의 주된 요인으로 손꼽혀야만 할 것이다. 이러한 열렬한 반응은 그때쯤 해서 이름을 얻기 시작한 세 명사의 작품에서 어느 정도 엿 볼 수 있다. 모두 플로렌스 출신인 이 세 사람의 이름은 역사에 길이 남을 것이었다. 젊은 지오토는 아마도 성년 선포 행사의 준비에 참여하여 앞에서 언급한 프레스코화를 그리기 위해 첫 로마 여행을 떠났을 것이다. 그의 뒤를 이어 로마에 간 학자 지오반니 빌라니(Giovanni Villani, c.1276~1348)는 성년 선포식을 유례없이 멋들어진 광경이라 찬탄하였고, 로마의 유적이 말해 주는 역사에 깊이 감동하여 자기 도시의 연대기를 쓰기로 마음먹었다. 이 연대기는 『플로렌스의 역사

The History of Florence』로서, 속어로 씌어 진 중세 역사서 가운데 최상급의 업적으로 남을 것이었다. 끝으로 다리를 건너 성 베드로 성당으로 향하는 성년 순례자들을 묘사한 단테(A. Dante, 1265~1321)의 유명한 글은 너무나 생생하여 단테 역시 성년 선포식에 참석하였으리라 짐작하게 한다. 어쨌든 그가 1300년에 『신곡 *Divine Comedy*』의 저술에 착수하였다는 사실은 그가 성년의 상징적인 의미에 크게 매료되었음을 가리킨다 하겠다.

이는 결코 놀라운 일이 아니었다. 보니파키우스가 성년을 경축하고 있었던 그 즈음, 대부분의 유럽인은 교황과 마찬가지로 자신이 이룬 성취와 밝은 미래에 만족할 수 있었던 것이다. 로마제국이 멸망한 이래로 가장 대규모로 이루어졌던 지난 두 세기 동안의 정치적, 경제적, 그리고 문화적인 발전은 만족감 뿐만 아니라 미래에 대한 확신도 심어주었다. 그러나 교황의 승리에 대한 열렬한 경축은 그리 보편적이지 못하였다. 독일 황제와 프랑스 왕, 그리고 영국 왕과 같은 막강한 세속 군주들이 로마에 오지 않았다는 사실은 이를 잘 보여준다.

사실 그 당시 영국의 에드워드 1세(Edward Ⅰ, 1272~1307), 프랑스의 필립 4세(Philip Ⅳ, 1285~1314), 그리고 독일황제인 합스부르크(Hapsburg)가의 알베르트(Albert, 1298~1308)는 모두 자기 나라의 심각한 문제들에 매달려 있었고, 앞의 두 왕은 직접 오지 못한 대신 적어도 사절을 로마로 파견하긴 하였다. 그러나 에드워드와 필립은, 가신들의 준동이 아무리 심각하고 또 둘 사이에 해결되지 않은 분쟁이 남아있었다 하더라도, 둘 다 위신과 권력을 쟁취하기 위해 보니파키우스와 격렬한 투쟁을 벌이고 있는 상황만 아니었다면, 로마를 방문했을지도 모른다. 게다가 황제는 다름 아니라 지상의 속권을 주장하고 더 나아가 실제로 행사하려고까지 시도하고 있었던 보니 파키우스가 꾸민 바로 그 음모 때문에, 독일을 떠나지 못할 처지였다. 세속 군주들에게는 성년 선포식에 참석하는 것이 그들이 온 힘을 다하여 맞서려 하고 있는 교황권의 승리를 경축하는 셈이 되는 떨떠름한 일로 비추어졌으리라.

1296년에 보니파키우스 8세는 『재속 사제 *Clericis Laicos*』라는 칙령을 반포하여, 교황의 동의 없이 세속 군주가 사제에게 과세하는 것을 금지하였다. 이 칙령은 프랑스와 영국의 왕에 대한 직접적인 도전으로서, 필립 4세와 에드워드 1세로부터 격렬한 반발을 불러 일으켰다. 보니파키우스는 후퇴하는 듯 했으나, 1302년에는 『지고한 성스러움 *Unam Sanctam*』이라는 칙령으로 "구원을 얻기 위해서는 모든 인간이 반드시 로마 교황에게 복속해야만 한다" 고 선언함으로써 다시금 공세로 나섰다. 그러한 생각은 오늘날 밝혀지고 있듯이 새로운 것이 아니었지만, 그것을 내세우는 말투와 태도는 전에 없이 강경한 것이었다. 필립은 협상 시도가 헛일로 돌아가자, 교황을 사로잡아 프랑스로 데려와서는 교황의 죄를 심리하기 위해 소집된 회의에 출두시키기로 결정하고, 이를 위해 수석보좌관 가운데 하나인 귀욤 노가레(Guillaume de Nogaret, 1260~1314)를 파견하였다. 노가레는 아냐니(Anagni)에 있던 교황의 별장에서 보니파키우스를 찾아내었는데, 늙고 힘없는 교황을 너무 지나치게 윽박지르고 모욕하는 바람에, 그곳 주민들의 반발을 사게 되었다. 이에 노가레는 어쩔 수 없이 물러갔으나, 얼마 안 되서 보니파키우스는 충격을 못 이기고 죽었다. 그러나 이 투쟁의 진정한 결과는 1305년에 클레멘트 5세(Clement Ⅴ, 1305~1314)가 교황으로 선출된 사실이라 할 수 있다. 보르도(Bordeaux) 대주교였던 그는 아예 로마로 가질 않고, 그 대신 교황청을 프랑스 남동부에 위치한 아비뇽(Avignon)에 둠으로써, 스스로 자초한 일이긴 하지만, 필립의 꼭두각시로 전락하고 말았다. 보니파키우스가 1300년의 성년 선포식에서 그토록 당당하게 내보였던 자신감이 그렇게 빨리 완벽한 패배로 뒤바뀌었던 것과 같은 일은 역사상 실로 드문 예라 아니할 수 없다.

그의 비극은 총명하면서도 심각한 결함을 지닌 그의 사람됨이 빚어낸 것이었다. 그것은 또한 중세 사회에서 정신적 권위와 세속적 권위 사이에 벌어져 오랜 갈등이 절정에 이르러 빚어낸 것이기도 하였다. 그리고 본서의 맥락에서 가장 중요한 의미로, 이는 -정치적으로는 13세기 중엽에 최고조에 이른- 13세기의 위대한 종합이 기본적인 구성요소들 각각의 무절제한 확장으로 말미암아 결국 와해되고 말았음을 상징적으로 보여주었다. 통치자 개개인 사이에는 많은 개별적인 갈등이 있었지만, 로마 교황은, 도시들이 기꺼이 재정적 지원을 바쳐 세속 군주들을 살찌웠듯이, 왕 또는 황제의 권위를 뒷받침하면서 힘의 균형을 이루었다. 이들 여러 세력들 사이의 조화롭고 균형 잡힌 상호작용은 그 시대의 위대한 정치 구조를 만들어 냈다. 그리하여 각 세력을 독립적이고 제한받지 않는 세력으로 키우려는 시도는 정치 구조의 전반적인 붕괴와 함께 각 세력 자체의 파멸이나 변형을 일으킬 수밖에 없었다.

보니파키우스는 이 과정에 휘말린 최초의 그리고 가장 극적인 희생자였을지는 모르지만 마지막 희생자는 아니었다. 영국의 에드워드 1세, 프랑스의 필립 4세, 그리고 독일황제 알베르트는 당시 사람들에게는 매우 유능한 성공적인 통치자로 비추어졌으나, 이들 역시 곧바로 무대에서 사려져 갔고, 그 이후 여러 세대동안 유럽은 이들과 같은 통치자를 맞이하지 못하였다. 얼핏 생각하면, 유능한 후계자가 나오지 못한 것은 단지 계승상의 우연 때문으로 여겨질 수도 있다. 필립 4세도 에드워드 1세도 자신에 비해 품성이나 능력이 뒤떨어지지 않는 아들을 낳지 못했던 것이다. 그러나 그 뒤의 역사를 자세히 들여다보면 이 군주들의 후계자들이 모자란 인물일 뿐 아니라 그들이 직면한 문제들이 전혀 새롭고 또 어려운 것이었음을 알게 된다.

서유럽 설화에는 사라져 버린 종에 관한 전설이 있다. 이 종은 한 때 활기찬 마을의 맥박으로서 일할 시간과 기도 시간을 알려주고 있었다.

그러나 신의 분노로 말미암아 이 마을은 -이 전설의 여러 다른 변형에 따르면- 역병이나 화재 또는 홍수 때문에 파괴되었고, 그 주민은 죽거나 산산히 흩어졌으며, 거리들은 텅 비어 유령의 거리가 되었다. 남은 것이라고는 버려진 종의 애처로운 소리뿐이었으며, 아직도 밤늦은 시간에는 이 종소리가 길손들에게 들린다는 것이었다. 전설이란 것이 민중의 상상력에서 나온 산물이긴 하지만, 이 전설은 역사적 경험에 뿌리를 두고 있다. 14세기에 유럽의 대부분 지역에서 많은 마을이 황폐화되었던 것이다.

포화의 문제

14세기 유럽의 역사는 아마도 경제가 팽창을 그치면 위축되기 시작한다는 널리 통용되는 이론으로 가장 잘 설명될 수 있을 것이다. 중세사는 경제적 관점에서 볼 때, 1000년경에 시작되어 약 3백 년 동안 줄곧 가속화되어 온 전반적인 팽창의 기록이다. 이 시기 동안에 인구가 크게 증가하고, 교역이 팽창하였으며, 도시가 새로이 세워졌고, 광대한 토지가 개간되어 경작지로 바뀌었다.

그리하여 13세기 말에는 유럽 경제의 여러 부문이 포화점에 다다른 징후를 나타내기 시작하였다. 유럽의 경제생활 따위와 같은 거창한 주제를 다루는 경우,전환이 이루어진 정확한 시점을 꼭집어 내기는 불가능하다. 나라에 따라 상황이 크게 달랐을 뿐 아니라, 경제생활의 몇몇 특정 분야는 14세기에 접어들어 꽤 오랜 뒤에까지도 팽창을 계속하였고, 또 다른 분야는 14세기가 시작되기 전에 이미 위축되기 시작했던 것이다. 게다가 문헌 증거들이 너무나 혼란스럽고 심지어는 서로 모순되고 있기 때문에, 경제사가들은 종종 가장 기본적인 일반화에 대해서도 견해를 달리하곤 한다. 그러나 14세기 중엽에 서유럽이 심각한 경제적 위기에 빠져 들고 있었다는 데에는 대부분 의견을 같이 할 것이다.

경제의 상향 곡선을 밑으로 꺾어 내리는 요인이 정확히 어떤 것인지를 밝혀내는 것은 거의 불가능하다. 그러나 13세기 말에 있어서도 과도한 팽창으로 말미암은 결과의 한 보기를 찾아낼 수 있다. 중세 초에는 대다수 농민이 장원에서 기본적으로 자급자족적인 생활을 꾸려나갔다. 그러나 12세기와 13세기에 인구가 두드러지게 증가하였다. 장원의 인구가 지나치게 많아지자, 사람들은 농촌을 떠나 도시로 이주하였다. 도시마다 사람들로 들끓게 되자, 수 많은 도시가 새로이 건설되었고, 이에 따라 곡물 시장이 그 당시 기준으로는 거의 무한정으로 보일 만큼 크게 성장하게 되었다. 이렇게 크게 증가한 곡물 수요는 괄목할 만한 생산량의 증가로써만 충족될 수 있었다. 새로운 경작지와 그 땅을 갈 새로운 일손이 필요하였다. 그 결과 장원의 남아도는 인구가 여지껏 경작지로 알맞지 않다고 여겨져 온 땅을 개간하기 시작하였다. 유럽 북서부와 영국 남동부의 계곡지대는 기름지고 두터우며 지력이 거의 고갈되지 않는 표토로 덮혀 있었으므로, 중세 사회는 조잡한 농업기술로도 그럭저럭 살아남고 더 나아가 번영할 수조차 있었다. 그러나 이러한 전통적인 농업 기술로 새로이 개간된 땅을 경작하게 되자, 첫 해에만 수확이 괜찮았을 뿐이고 그 동안에 지력은 거의 메말라 버리게 되었다. 이는 1920년대에 미국 중서부에서도 되풀이된 낯익은 현상이다. 1300년 경 많은 개간 농민들은 더 이상 괜찮은 수확을 기대할 수 없음을 깨닫고 바로 얼마 전에 개간한 땅을 버리기 시작하였다. 그와 함께 사람들은 원래의 경작지와 개간지 모두에 보다 집약적으로 노동력을 투입하고 개량된 농업 기술을 사용함으로써 생산량을 크게 증가시켰고, 그 결과 농산물 가격은 낮아질 수밖에 없었다. 한편 도시에서도 비슷한 상황이 벌어지고 있었다. 농산물 가격이 급격히 떨어지게 되자 개간 운동은 일시에 멎어 버렸고, 일꾼들이 황폐화된 들을 떠나 다른 곳에서 새로운 일거리를 찾고 있었던 바로 그때에 도시에서도 일자리를 찾기가 점점 더 어려워지고 있었던 것이다.

연이은 재해

과도한 팽창과 포화라는 이 기본적인 문제에 더하여, 서유럽 사람들은 그들이 어찌할 수 없었던 잇달은 재해를 겪게 되었다. 농업이 아직은 가장 중요한 생계 수단이었고, 유럽인은 알맞은 식량 저장 기술을 생각해 내지 못하고 있었으므로, 기후의 변덕 특히 지나친 강우량은 일상생활에 막대한 영향을 끼치기 마련이었다. 중세 내내 틈만 나면 찾아 들곤했던 기근은 14세기에 특히 파멸적인 규모로 유럽을 강타하였다. 예컨대 1315년은 극심한 흉작을 기록하였는데, 그 해에는 여름비가 너른 지역에 너무나 줄기차게 퍼내려, 연대기 작가들이 창세기 제7장의 대홍수에 비견했을 만큼 커다란 홍수가 발생하였다. 이 홍수로 유럽 전역에서 북으로는 스코틀랜드와 러시아로부터 남으로는 스페인과 이탈리아에 이르기까지 작물이 온통 쓸려내려 갔고, 이로 말미암은 기근은 너무나 심각하여 몇몇 지역에서는 사람들이 자기 자식을 잡아먹고 있다는 기록까지도 있었을 정도였다. 굶주림 때문에 사람들은 범죄를 저질렀을 뿐 아니라, 쉽게 병에 걸리게 되었고, 사회 질서까지 크게 위협받게 되었다. 종말이 가까워졌다는 예언들이 널리 퍼져, 프랑스 목동(Pastoureaux)의 반란과 같은 폭동이 일어날 조짐을 보여 주고 있었고, 또 어느 정도는 그런 폭동을 촉발시킨 요인이 되기도 하였다. 1316년은 풍년이었으나, 앞 해의 피해는 한 해의 풍년으로 복구되기에는 너무나 심각한 것이었다. 심각한 식량난이 유럽의 여러 지역에서 1317년까지 계속되었다. 심지어 폴란드와 슐레지엔에서는 1319년에 가서도 가난한 사람들이 사형수의 시체를 교수대에서 끌어내려 먹어 치웠다는 기록에 있듯이, 더욱 오랫동안 식량난이 가시지 않았다.

홍수는 1315년의 대기근을 일으킨 뒤에도 14세기에 거듭거듭 찾아들었다. 예컨대 폴란드에서는 12세기나 13세기에 있었던 것보다 훨씬 더 파괴적인 홍수를 수차례 겪었다. 1333년에는 노도와 같은 홍수가 플로렌스의 다리들을 휩쓸면서, 플로렌스의 역사상 가장 극심한 자연 재해로 기록되었다. 기후의 변덕은 강우량의 급증으로만 나타난 것이 아니었다. 그린란드, 아이슬란드, 그리고 노르웨이의 빙하에 대한 연구는 기후가 크게 차가와져 스칸디나비아 반도의 수목한계선이 남쪽으로 옮겨졌음을 알려 주고 있다. 그리고 이러한 요인들 모두의 누적된 영향은 경제적 팽창을 중지시키고 쇠퇴를 야기하는 데 충분했을 것이다.

이러한 추세는 역시 서유럽인으로서는 속수무책일 수 밖 에 없는 일이었던 교역로의 위축으로 말미암아 더욱 가속화되었다. 성지(the Holy Land)에서 마지막까지 그리스도교 세계의 일부로 남아 있던 아크레(Acre), 티루스(Tyre), 베이루트(Beirut), 시돈(Sidon), 그리고 토르토사(Tortosa) 등의 중요한 항구들이 마침내 1291년에 이슬람교도에게 장악되었던 것이다. 같은 시기에 상대적으로 평화를 유지해 주고 교역에 유리한 조건을 마련해 주고 있던 몽골족이 레반트(Levant) 지역에 이르는 교역로에 대한 지배권을 상실하기 시작하였다. 몽골 세력의 분해로 생긴 힘의 공백은 오스만 투르크가 채웠다. 1354년에 이들은 유럽에 첫 교두보를 만들었고, 14세기 말에 발칸 반도를 장악하였다. 발칸의 회복을 위한 서유럽의 십자군은 1396년 니코폴리스(Nicopolis)에서 패퇴하였고, 잠시 유명한 타멀레인(Tamerlaine)의[179] 지도 아래 일부 몽골족이 세력을 회복했을 동안에만 오스만 투르크의 진출이 저지될 수 있었을 뿐이었다. 게다가 타멀레인의 몽골족은 상황을 결코 호전시킨 것이 아니

179) 타멀레인 : 절름발이 티무르 Timur the Lame의 또 다른 이름.

었다. 그들이 지나간 뒤에는 폐허만 남았을 뿐, "개 짖는 소리도, 닭 울음소리도, 아이가 우는 소리도 모두 사라져 버렸던 것"이다. 동방에서의 이러한 혼란은 13세기에 번창하던 교역을 삽시간에 퇴락시켰다. 예컨대 1343년에 크리미아(Cremea)에서 몽골족과 제노아인이 벌인 색다른 전쟁으로 말미암아 향료의 값이 50%~100%나 갑자기 뛰어 올랐던 것이다. 오토만족 자체는 교역에 적대적이지 않았으나, 전에 그 지역을 지배하던 나약한 비잔티움 황제나 몽골족 통치자보다는 훨씬 융통성이 없었다.

또 하나의 재난은 유럽과 레반트 지역을 휩쓴 전쟁의 물결이었다. 이탈리아 도시들, 독일의 제후국들(Princedoms), 북방의 교역 세력들, 그리고 서방의 군주국들이 서로 전쟁에 휩쓸렸다. 또한 좀 더 소규모의 -도시와 농촌, 계급과 계급, 가문과 가문 사이의- 싸움도 만연하였다. 영국과 프랑스 사이의 백년전쟁(the Hundred Years' War, 1337~1453)으로부터 몬태규가(the Montagues)와 카풀렛가(the Capulets) 사이의 싸움이 이르는,[180] 역사상 가장 유명한 투쟁 몇몇이 바로 이 시대에 속해있다. 사실상 이 뿐만 아니라 오히려 더 많은 갈등과 투쟁이 역사에 흔적을 남기지 못하고 잊혀 졌을 것을 감안한다면, 14세기는 10세기 이래의 어느 세기보다도 더 많고, 더 처절하며, 더 장기간에 걸친 전쟁들에 시달린 세기였음이 분명하다. 이렇게 혼란한 상황에 필연적으로 따르는 모리와 투기로 삽시간에 벼락부자가 탄생되었다가는 곧 파멸되곤 하였다. 이런 상황이 계속됨에 따라, 가장 기반이 튼튼한 기업들마저 파산하는 일이 심심치 않게 발생하였다. 예컨대 영국이 전비로 인한 채무를 이행하지 않음으로써 지나치게 사업을 확장시켰던 유명한 플로렌스의 은행가인 바르디(Bardi)가와 페루지(Peruzzi)가가 졸지에 파산하였으며, 이 때문에

---

180) 셰익스피어의 『로미오와 줄리엣』에 나오는 두 집안임.

이탈리아 전체에 광범위한 경제적 위기가 불어 닥쳤다. 오직 무기 산업만이 번창하였을 뿐, 그 밖의 경제 부문은 황폐화된 도시와 텅 빈 농촌에서 시들어 갔다.

흑사병

이러한 재난들 모두가 가혹한 것이기는 하였지만, 유럽인들이 긴축과 적응을 통해 이를 극복할 수 있었을 여지는 있었다. 그런 재난들은 14세기에 좀 더 강도 높게 밀어닥치긴 했지만, 항상 중세인의 생활을 위협해 온 것이었고, 바로 이 때문에 일부 역사가는 14세기 초반의 여러 재난을 위기라고까지는 지칭하지 않으려 하는 것이다. 그러나 14세기 후반에 대해서는 그러한 신중함이 전혀 필요 없을 것이다. 1347년에 유럽은 그 때까지 서방에 닥쳐왔던 어떤 재난보다도 훨씬 더 광범위하고 강도 높은 새로운 재해로 말미암아 거의 파국에로 치달았던 것이다.

선 페스트인 흑사병(the Black Death)은 콘스탄티노플을 통해 유럽으로 전파되었다. 흑사병은 그곳에서 교역로를 따라 곳곳의 항구에 퍼져갔고 결국에는 유럽 전역을 휩쓸게 되었다. 이 전염병은 전혀 새로운 것이어서, 의사들도 어찌할 바를 몰랐다. 감염된 사람들은 거의 모두 삽시간에 쓰러져갔다. 인구가 밀집해 있고 비위생적이었던 도시가 농촌보다, 그리고 가난한 사람이 부자보다 더 큰 피해를 입을 수밖에 없었다. 이 전염병이 사람을 골라가며 침투하진 않았지만, 그래도 기운찬 젊은이와 부자들도 너무나 많이 쓰러져갔다. 흑사병은 1348년과 1349년 내내 이탈리아로부터 영국에 이르기까지 모조리 휩쓸고는, 다음해에는 그린란드와 아이슬란드 그리고 러시아에까지도 진출하였다. 그 뒤 잠시 동안 잠잠하였던 흑사병은 마치 할 일을 다 마치지 못하였다는 듯이, 60년대와 70년대, 그리고 그 뒤에도 틈만 나면 거듭하여 발생하였다.

흑사병으로 인한 사망률이 어느 정도였는가는 정확한 자료가 없기 때문에 추정하는 수밖에 없다. 당시 사람들이 말해 주고 있는 수는 공포로 말미암아 과장된 것이어서 신빙성이 없지만, 그래도 오늘날 학자들은 사망률이 지역에 따라 20%에서 50%에 이르렀으리라는 데 대체로 동의하고 있다. 예컨대 플로렌스와 시에나의 인구는 1348년 여름의 불과 몇 달 만에 반으로 줄어버린 것으로 여겨지며, 영국 브리스톨의 인구는 35%~40%가량 줄어들었다. 몇몇 도시는 아무런 피해도 입지 않았으나, 완전히 파멸당한 도시도 여럿 있었다. 유럽 전체로 보아 사망률이 25% 정도에 "지나지 않았다"고 하더라도, 흑사병은 20세기에 있었던 양차 대전을 포함하여 어떤 전쟁보다도 훨씬 더 큰 비율의 인구를 앗아간 셈이었다. 보카치오(Boccaccio)는 그의 『데카메론 *Decameron*』의 배경을 묘사하면서, 출처를 밝히지 않은 채 아테네에 역병이 창궐했을 때 시체가 어떻게 처리되었는가에 관한 투키디데스(Thucydides)의 서술을 빌었다. "사람들은 커다란 구덩이를 파고는 한꺼번에 수백 구씩 밀어 닥치는 시체들을 배에 화물을 싣듯이 차곡차곡 꼭대기까지 쌓은 다음 약간의 흙으로 덮어 버렸다."

흑사병은 그 전의 재난들을 모두 합친 것보다 더 심각한 영향을 경제에 미쳤다. 기근과 전쟁은 대체로 인구와 식량 공급을 동시에 감소시키는 경향이 있지만, 역병은 재화나 재산에는 피해를 주지 않으면서 인구만을 감소시킨다. 그리하여 마을과 도시는 텅텅 비게 되었지만, 곳간과 창고는 비지 않은 채로 있었다. 양떼는 목동들이 없어 제멋대로 들판을 떠돌아 다녔고, 밀은 수확되지 못한 채 밭에서 썩어 갔다. 그 결과 재화는 엄청난 공급 과잉 상태가 되었고, 시장은 그 보다도 더 크게 위축되었으며, 노동력이 심각하게 부족해졌다. 사회의 일부는 이러한 상황을 틈타 실제로 많은 이익을 얻었다. 한 사람당 화폐의 공급은 증가하였지만, 가격은 떨어졌다. 동시에 노동력의 부족 때문에 임금이 급격히 상승하여 농촌에서는 많은 예농이 자유를 살 수 있게 되었다. 영주들은 신분의 자유를 비롯한 온갖 유혹에 이끌려 도시로 떠나가고 있었던 농업인구를 붙잡아 두기 위해 예농의 해방을 비롯한 여러 양보를 하지 않을 수 없었다. 그리하여 이 시대는 종종 임금노동자의 황금시대라고 일컫어 진다.

그러나 이러한 좋은 측면들 뒤에는 영주들의 희생이 깔려 있었다. 영주들은 곡가가 뚝 떨어짐으로써 큰 타격을 받았고, 몇 푼 안 되는 수익마저 급격한 임금 상승으로 모조리 빠져 나갔다. 더욱이 영주들이 방앗간과 포도 압착기 사용의 대가로 농민들로부터 받아오던 시설 이용료도 흑사병으로 차지인이 격감했기 때문에 크게 줄어들었다. 또한 이러한 손실을 지대와 기타 부과금을 올려 받아서 벌충할 수도 없었다. 이들은 대개 관습에 의해 고정되어 변경하기가 매우 어려웠을 뿐만 아니라, 변경이 가능하다고 해도 노동력을 유인하고 확보해야 하는 상황에서 이들 부과금의 인상은 사태를 더욱 악화시킬 것이었다. 따라서 수입의 감소에 대처하는 가장 간명한-그리고 가장 보편적으로 쓰였던- 방법은 직영지의 경작 면적을 줄이는 것이었다.

한편 도시민도 정도는 좀 덜 하였지만 역시 상당한 영향을 받았다. 농업 위기로 농민들은 가격이 아직 낮고 임금은 높은 도시로 몰려들게 되었다. 그 결과 노동인구의 조건은 많은 경우 전보다 더 좋아졌다. 그러나 유감스럽게도 이러한 조건 개선은 단단한 기반 위에서 이루어진 것이 아니었다. 농촌에서와 마찬가지로 도시에서도 결정적인 경제적 요인은 시장의 위축이었던 것이다. 수공업자와 기업가들은 그들의 상품이 점점 더 낮은 가격으로 팔리는 상황에서 영주들과 마찬가지로 계속 높은 임금을 지불할 수 없었다. 생산을 줄여 나가도 시장 역시 위축되고 있었으므로 공급은 여전히 과잉 상태였으며, 이는 경제를 질식시켰다. 도시와 농촌 모두에서 처음에 나타난 본능적인 대응은 법으로써 노동력의 수요와 공급을 통제하려는 것이었다. 새로운 시장을 개척한다는 것은 거의 가능성 없는 일로 여겨졌기 때문에, 여러 경제 집단들은 그러한 노력 대신에 줄어들고 있는 수입 가운데 더 큰 몫을 차지하기 위해 서로 투쟁하였고, 이에 따라 14세기는 산업혁명 이전의 유럽에서 가장 격렬하고 파괴적이었던 계급투쟁으로 점철되었다.

농업과 제조업

14세기 불황은, 그 직접적인 영향에서가 아니라 유럽사의 대국적인 전망에서 볼 때, 임금과 가격 그리고 총생산량이 불규칙하고도 큰 폭으로 오르내리는 유형을 보여준다. 그러나 몇몇 특정 경제 부문이 번창하고 많은 사람의 생활수준의 향상을 겪었음에도 불구하고, 경제 전반은 실질적으로 위축되고 쇠퇴하였다.

이미 살펴보았듯이 인구 감소로 인한 한 가지 긍정적인 결과는 예농 신분의 해방이었다. 인구의 갑작스러운 감소로 서유럽과 동유럽 모두에서 대부분의 예농이 해방됨으로써 수 세기에 걸친 예농의 자유화 과정이 완결되었다. 그 시대의 혹독한 재난은 어쨌든 긍정적인 사회적 발전이라는 결실을 낳았던 것이다. 그러나 영농의 수익성이 너무나 크게 악화되었기 때문에, 연이은 경작이 불가능한 한계지는 대부분 황무지로 되돌아갔다. "토지 문제의 역사에 있어서는 일반화만큼 큰 잘못이 없다"고 일컬어지고는 있지만, 서유럽 전역에 걸쳐 거의 예외 없이 한계지가 버려지고 있었음은 분명하다. 그 가운데에서도 독일의 일부 지역은 특히 심각한 타격을 입었다. 예컨대 독일 남서부에서는 경작지의 반 이상이 황무지화 되었고, 오스트리아 쪽 알프스 지역과 흑림(the Black Forest) 지대의 몇몇 곳에서는 오늘날까지도 흑사병 이전의 인구 수준을 회복하지 못하고 있다.

농업이 지배적인 경제에서 농업의 불황은 모든 다른 경제 부문에 영향을 끼칠 수밖에 없었고, 그 영향은 종종 다른 요인에 의해 더욱 심각해졌다. 예컨대 광산업에서는 때마침 원광석, 특히 은과 구리의 원광석이 고갈됨으로써 더욱 혹심한 불황이 몰아닥쳤다. 단지 철 광업만이 불황에 빠지지 않았는데, 이는 철광석이 비교적 풍부했을 뿐 아니라 전쟁 무기에 대한 수요가 계속되었기 때문이었다. 그러나 은의 고갈은 유럽 화폐가 만성적으로 동방에로 빠져나가고 있었던 상황에서 중금의 심각한 부족을 야기하였고, 이에 따라 화폐의 질 저하가 광범위하게 잇달았다. 이 같은 화폐의 혼란은 끊임없이 불만을 자아냈을 뿐만 아니라, 여기저기서 돈더미가 발굴되고 있는 것에서 알 수 있듯이, 사람들은 허겁지겁 영화를 뒷전에 빼돌리게 되었다.

모직물 산업 역시 전반적인 불안정과 침체의 영향을 받았으나, 이 경우에도 역시 일부 부문의 손실은 다른 부문에게 이익을 가져다주었다. 계속된 전쟁과 수요의 감소, 관세의 인상, 그리고 치열한 경쟁 때문에, 한 때 영국의 가장 중요한 수출 품목이었던 양모의 해외 판매량은 크게 감소하였다. 14세기 초에는 영국 양모의 평균 수출량이 1년에 3만 5천 자루에 달했으나, 15세기 중엽에는 8천 자루로 줄어들었다고 추산된다. 그러나 양모 교역은 쇠퇴하였지만, 그 대신 양모를 천으로 가공하는 모직물 산업이 크게 성장하였다. 이러한 성장은 모직천의 올을 촘촘히 만드는 축융 공정에서의 기술 혁신으로 촉진된 것이었다. 새로운 기술은 물레방아의 동력을 이용한 것으로서 옷감을 방망이로 치거나 발로 밟아대는 종래의 원시적인 방법보다 훨씬 효율적이었다. 물레방아의 이용은 또한 산업을 영국 농촌 전역에 퍼뜨리는 효과도 지니고 있었는바, 이는 농촌에서 도시로 노동력이 빠져나가는 것을 억제하는 동시에 제조업자들로 하여금 도시 길드의 규제를 벗어날 수 있게 해주었다. 이러한 모직물 산업의 성장으로 영국은 오랜 기간에 걸친 산업화 과정의 첫발을 내디뎠다.

영국의 모직물 산업이 성장하는 동안 플랑드르의 모직물 산업은 쇠퇴하였다. 한 때 중세 경제에서 가장 발전된 분야의 하나였던 플랑드르의 모직물 산업은 14세기에 사회불안과 전쟁, 영국산 양모의 공급 감소, 그리고 영국산 모직물 완제품과의 새로운 경쟁 때문에 심각한 타격을 입었다. 대부분의 경우 이러한 압박의 결과는 파멸적인 것이었다. 한 때 모직물 제조의 중심지로 번창했던 이프르(Ypres)시의 인구는 14세기 초의 약 2만에서 15세기 말에는 8천으로 줄어들었다. 플랑드르의 대도시인 브뤼지(Bruges)는 상업 활동으로 그럭저럭 명성을 유지할 수 있었으나, 이 브뤼지 조차 사회적 동요와 함께 영국으로부터의 수입을 금지시킴으로써 영국산 모직물의 진출을 억제하려는 헛된 시도들 때문에 종종 위기에 빠지곤 하였다. 15세기 말에는 영국산 모직물의 수입 금지 조치로 말미암아 브뤼지의 총 교역량이 크게 줄어들었고, 이를 계기로 브뤼지의 경쟁 도시인 안트워프(Antwerp)가 선두에 나서게 되었다. 브뤼지의 오랜 쇠퇴 과정은 결국 바다와 브뤼지를 이어 주던 강이 뻘로 막힘으로써 완결되었다.

여기서는 위에서 언급한 지역 이외의 유럽의 모든 지역들이 각각 제조업과 교역에 있어서 어떠한 변화를 겪게 되었는가를 일일이 고찰할 수 없지만, 14세기에 유럽에서 가장 번창했던 지역인 북부 이탈리아조차 생산과 소득에 있어서 큰 폭의 변동을 겪었다는 사실은 주목할 필요가 있다. 그러나 이탈리아는 진보된 경영기법 덕분에 이 시기에 유럽의 총 부 가운데 큰 부분을 빨아들일 수 있었고, 바로 이 때문에 북유럽 사람들은 대부분 이탈리아인을 마음 깊이 미워했던 것이다. 심지어는 제조업이 낙후되었던 프랑스나 독일 같은 지역에서도 경제 위기는 그 흔적을 남기었다. 독일에서는 경제 위기로 말미암아 인구가 대거 농촌을 떠나 도시로 향했으며, 이에 도시는 황금시대를 맞이하였다. 웅장한 시청 건물들이 들어서고 대학들이 설립되었다. 그러나 그 그늘 아래에서는 대부분의 도시민이 빈곤과 절망 속에서 신음하고 있었다.

교역동맹

14세기 초반에 가격이 큰 폭으로 오르내리자, 투기꾼들은 막대한 재산을 끌어 모을 수 있는 좋은 기회를 만났다. 영국 왕이 플로렌스의 바르디 은행에 대해 돈 갚기를 거부하자, 영국의 금융업자들은 그 틈바구니에 끼어들어 왕에게 전쟁비용을 융자해줌으로써 막대한 이익을 얻었고, 또 다른 사람들은 이제 막 성장하기 시작한 모직물 산업에 뛰어 들어 벼락부자가 되기도 하였다. 그러나 그 시대의 불안정한 상황 때문에 벼락부자가 되기도 쉬웠지만 졸지에 알거지가 되기도 쉬웠다. 그래서 장기적으로 보면 번창했던 부류는 손 큰 투기꾼이 아니라 신중하고 착실한 사람들이었다. 불황의 파괴적인 영향을 될수록 줄이려는 시도들 가운데 가장 한 결 같이 좋은 결과를 낳았던 것은 교역동맹(trade alliance)의 결성이었다.

이러한 교역동맹 가운데 가장 유명한 것은 북부 독일의 한자동맹(the Hanse League)이었다. 13세기 내내 독일 항구들의 상인들은 북해와 발트해를 바쁘게 돌아다녔다. 이들은 긴밀한 협조 속에서 일하는 가운데 13세기 말에는 런던, 브뤼지, 베르겐(Bergen), 그리고 노보고로드(Novogorod)에 치외법권 지대를 설치하였다. 그러나 다음 세기에 불황이 불어 닥치자, 이들은 이 비공식적인 협력 체제를 굳게 결착된 동맹으로 발전시켰다. 14세기 중엽에 독일 상인들로 이루어진 비공식적인 연합체는 상인들의 출신 도시들, 특히 뤼벡(Lübeck), 함부르크(Hamburg), 브레멘(Bremen), 비스마르(Wismar), 그리고 로스토크(Rostock)의 시정부가 제공하는 지원에 의지하고 있었다. 이 동맹은 외부로부터의 위협에 직면하여 크게 강화되었다. 덴마크 왕이 1367년에 북해와 발트해를 오가는 독일인들의 교역을 제한하려 하자, 한자도시들의 동맹은 그들의 상인들과 교역을 지키기 위해 전쟁을 일으켰던 것이다. 그 결과 한자동맹은 커다란 승리를 거두었고, 이 승리를 토대로 1370년에 스트랄준트(Stralsund) 평화조약을 맺어 북방의 중요한 목재, 생선, 그리고 곡물의 교역을 독점하게 되었다. 15세기 초에는 동맹이 발트해를 지배했을 뿐만 아니라 폴란드, 러시아, 그리고 스칸디나비아 대부분과의 교역까지 독점하였다. 실로 한자동맹의 위력은 너무나 커서 뤼벡과 함부르크, 그리고 브레멘은 오늘날까지도 자랑스럽게 한자도시임을 자칭하고 있으며, 그들의 위대한 전통을 기념하여 머리글자를 자동차 번호판에 새겨 넣고 있다.

한자동맹의 성공은 유럽 전역에 경제적 국가주의와 독점의 바람을 일으켰다. 영국에서는 양모상 조합(the Staple)이 양모 교역의 통제를 목적으로 왕의 인가를 받아 설립되었다. 인가의 우선적인 목적은 징세에 있었으나, 이는 또한-교역을 어느 정도 위축시키기는 했지만-조합원에게 안정된 수입을 제공하고 무절제한 투기를 억제하는 데 기여하였다. 양모상조합은 저지대(the Low Countries)의 주요 도시들을 차례로 옮겨 다니다가, 결국 1363년에 칼레(Calais)에 정착하였다. 칼레는 왕의 입장에서는 영국의 영토라는 이점이 있었다.[181] 그 이후 주석과 납 그리고 직물의 교역을 독점하는 비슷한 조합들이 각각 설립되었다.

불황에 따르는 시장의 위축과 경쟁의 과열은 합리적인 경영기법의 발전을 촉진하였다. 사실 일부 역사가는 이 시기에 개발된 정교한 금융과 회계 그리고 경영의 기법들이 자본주의 탄생의 필요조건을 이루었다고 본다. 그러나 다른 역사가들은 단지 제도만으로는 자본주의가 형성될 수 없음을 지적하고, 14세기에는 아직 필수적인 자본주의 정신이 결여

181) 칼레는 백년전쟁에서 크레시전투 이후 1347년에 영국군에게 함락되었다.

되어 있었다고 주장하곤 한다. 그러나 자본주의 정신이 아직 성숙되지 않았다고 하더라도, 제도적인 혁신이 생계를 꾸려나가기 위해 애쓰던 사람들의 꿋꿋한 용기와 더불어 15세기 후반에 유럽 경제의 회복에 기여하였음은 결코 부정할 수 없다.

사회적 동요

14세기는 경제적인 관계뿐만 아니라 사회적인 관계에 있어서도 불안정한 시대였다. 14세기의 역사는 거의 끊임없는 소요와 반란으로 점철되었고, 또한 중세사 전반에 걸쳐 가장 크게 사회적 지위와 안정이 갈구되는 현상을 보인다.

14세기가 막 시작되면서부터 심각한 사회적 동요와 그 당시 가장 인구가 조밀하고 산업이 발달한 지역이었던 플랑드르와 북부 이탈리아를 위협하였다. 이들 지역의 노동자들은 그들에게 원료를 공급하고 동시에 그들이 만든 완제품을 기업가들에게 농락당하고 있었다. 이들 도시 노동자는 가격의 하락과 시장의 위축으로 절망에 빠지고, 또한 노동력의 부족에 자극되어 수공업자 및 도시귀족(patricians)과 끊임없이 투쟁하였다. 일찍이 1302년에 이러한 불만은 플랑드르에서 이른바 브뤼지의 아침기도폭동(Martins of Bruges)으로 폭발하였다. 하층민들은 분연히 봉기하여 도시귀족의 이익을 지켜주고 있던 프랑스군 수비대를 공격하였다. 프랑스 왕은 이에 대한 보복으로 폭도들을 진압하기 위하여 대군을 파견하였으나, 결과는 그의 의도와는 정반대로 나타났다.

쿠트레(Courtrai)에서 왕의 군대는 브뤼지의 한 가난한 직조공이 이끄는 플랑드르 노동자들에게 결정적인 패배를 당하였던 것이다. 그러나 이 놀라운 승리로 사회적 특권이 사라지거나 투쟁이 종식된 것은 아니었다. 상층 계급은 다시금 권력을 되찾았고, 이에 격렬한 계급투쟁이 14

세기 내내 계속되었다.[182)]

이탈리아에 있어서는 플로렌스가 가장 주목할 만한 하층민의 반란을 겪었다. 주로 모직물 산업에 종사하는 치옴피(Ciompi)라 불리던 가난한 노동자들은 플로렌스의 법에 의해 조합의 결성을 금지당하여 시 행정에 관여할 수 없게 되어 있었다. 이들은 절망 속에서 1378년 여름에 일련의 격렬한 폭동을 일으켰고, 잠시 동안 시정부를 장악하기도 하였다. 그러나 이들은 새로운 시정부를 구성하는 데에는 성공했으나, 불과 몇 주일 뒤에 온건파와 과격파로 분열되어 버렸다. 이에 온건파는 과격파를 타도하기 위해 자신들의 바로 윗 계급인 상점주들과 연합하였다. 강력하고 보수적인 조합으로 조직되어 있었던 이 상점주들은 하층민들에게는 치명적인 동맹자임이 판명되었다. 이들은 혁명의 전형적인 패턴에 따라 과격파가 진압되자마자 온건파 프롤레타리아를 배척하고는 구질서를 상당한 정도로 복구하였다. 그리하여 1382년에는 플로렌스의 과두 지배층이 재집권하여 시정부로부터 하층민이 그토록 힘들여 얻었던 실로 모든 영향력을 내몰아 버리고는 옛 제도를 재건하였다. 사실 이러한 부류의 도시 반란은 유럽 전역에서 발발하였으며, 종종 놀라운 그러나 역시 일시적인 성공을 거두곤 하였다. 좀 더 일찍이 1340년대에는 비슷한 사회적 동요가 그리스의 테살로니카(Thessalonica)를 뒤흔들었다. 그 도시의 선원 조합이 백여 명의 도시귀족을 살육하고는 하층민의 민주적 정부를 수립하려 했다. 그러나 플로렌스에서처럼 궁극적인 승리는 도시귀족에게 돌아갔다.

사회적 혼란은 도시에서만 나타난 것이 아니었다. 이미 언급한 프랑스의 목동들은 1320년에 원래는 예루살렘의 탈환을 위해 출발하였으

182) 플랑드르에서의 사회적 동요는 플랑드르가 영국 양모의 주된 수입지였기 때문에 백년전쟁의 중요한 요인으로 작용하였다.

나, 곧 이웃한 도시들에 있는 권위의 상징들에 공격을 가하기 시작하였고, 그리고는 유대인을 과녁으로 삼아 그들의 분노를 쏟아 내었다. 이탈리아에서는 14세기 첫머리에 정체불명의 수도사 돌치노(Fra Dolcino)라는 자가 비의종교에다 부자에 대한 증오를 결합시킨 교리를 설파하여 4천여 명의 추종자를 획득하였다. 이들은 노바라(Novara)와 베르첼리(Vercelli) 주변의 구릉 지대에 자리 잡고는 수 년 동안 롬바르디아의 농촌지대를 공포에 떨게 하였다. 플랑드르의 농촌에서도 역시 동요가 벌어졌다. 1323년부터 1328년까지 바다에 면한 서부지역의 농민들은 십일조와 세금에 항거하여 약탈과 파괴로 점철된 격렬한 내란을 치렀다. 14세기에 로빈 후드(Robin Hood)가 완전히 민중의 영웅-부자에겐 공포의 대상이지만, 부하들에게 "쟁기에 매달려 밭을 가는 농부에게는 해를 끼치지 말라"고 분명하게 지시하는 의적-으로 부각된 사실 또한 놀라운 일이 아니다.

14세기에 농촌의 불만을 그토록 광범위하게 퍼지게 하였던 한 가지 주된 요인은 전쟁으로 말미암은 폐해였다. 중세의 전사들은 농민들의 오두막과 경작지를 약탈하고 불태우는 일을 무엇보다도 좋아했던 듯하다. 예컨대 프랑스에서는 백년전쟁이 가장 격렬한 국면에 있었던 1358년에 농민들이 미친 동물처럼 분기하여 자크리(Jacquerie)의 난을 일으켰다.[183] 이 난이 프랑스 대혁명 이전에 프랑스가 겪었던 가장 격렬하고 광범위한 농민반란이긴 하였지만, 귀족은 결국에는 조직되지 못한 농민들을 진압할 수 있었다. 한 연대기 작가에 따르면, "귀족들이 일으킨 재난이 너무나 극심하여 …적인 영국군은 농촌에서 더 이상 파괴할 것을 찾아내지 못할 지경이었다."

183) 자크리라는 명칭은 프랑스 귀족이 농민을 경멸하여 부르던 통칭인 Jacques Bonhomme(선량한 쟈크)에서 유래하였다.

그리고 영국도 곧 1381년 농민반란(the Peasant's Revolt)에 휘말리게 되었다. 다른 곳에서와 마찬가지로 영국에서도 반란의 원인은 복잡하였으나 기본적인 유형은 동일하였다. 흑사병의 결과 비참한 상황에서 어느 정도 벗어날 수 있었던 농민들이 이제는 점점 더 심각해지는 경제 불안의 영향을 느끼게 되었고, 또한 이들을 다시 흑사병 이전의 상태로 되돌려 놓으려는 새로운 억압적인 법령들에 대해 반발하게 되었다.[184] 이제 막 머리를 쳐들기 시작하고 있던 이들로서는 다시금 굴종하는 것은 참을 수 없는 일이었다. 이에 격심한 분노가 들끓게 되었고, 마침내 인두세가 잇달아 부과되자 공공연하게 반란이 발발하였던 것이다. 반란의 불길은 이단적인 사제인 존 볼(John Ball)과 같은 원시적 공산주의자들의 부채질로 더욱 활활 타올랐다. 존 볼은 "모든 것이 공유되고… 모든 차별이 사라지지 않는다면, 영국에서의 상황은 좋아질 수 없고, 또 영원히 좋아지지 않을 것"이라고 설교하였다. 농민들은 여러 차례 지방에서 성공적인 봉기를 일으킨 뒤 1381년에 모두 런던으로 향했고, 그들의 힘과 런던시 당국의 태만에 힘입어 런던을 장악하였다. 그러나 농민들은 왕에게 직접 호소하기만 하면 모든 것이 해결되리라고 믿어 머뭇거리게 되었다. 14살의 리처드 2세(Richard II)는 용감하게 이들과 만나 이들의 요구를 들어주겠다고 약속하였으나, 한번은 그가 반란군과 대면하는 가운데 런던 시장이 농민의 지도자인 와트 타일러(Wat Tyler)를 살해하였다. 졸지에 지도자를 잃은데다가 순진하게도 왕의 약속을 곧이곧대로 믿고 있었던 반란군은 곧 뿔뿔이 흩어졌고, 이를 틈탄 귀족들의 야만적인 보복을 꼼짝 못하고 당하게 되었다. 반란의 불길은 연기처럼 공중으로 흩어져 버렸다.

184) 대표적인 것으로는 임금상승을 억제하기 위한 노동자 조례(the Statute of Labourers)를 들 수 있다.

14세기에 발발한 여러 사회적 반란은 세세한 점에서는 서로 달랐지만 몇 가지 중요한 공통점을 지니고 있었다. 가장 두드러진 점은 하층민이 광범위하게 참여하였다는 것이었다. 로마제국이 멸망한 이래 최초로 하층민은 사회구조 안에서 독자적인 압력집단으로 작용하기 시작하였다. 심지어 뛰어난 역사가인 크리스토퍼 도슨(C. Dawson)은 "유럽사에 있어서 평민이 그토록 열렬하게 자기주장을 했거나 그렇게 뛰어난 지도자를 맞이했던 시기는 없었다"고까지 단정한다. 이러한 하층민의 반란은 격렬하긴 했지만 대개 세 가지 상황 때문에 성공 직전에 좌절되고 말았다. 첫째, 말할 것도 없이 상층 계급은 훨씬 더 잘 조직되고 풍부한 자원을 지녔을 뿐 아니라, 또한 장기적으로 볼 때 공동 이익에 대한 인식도 훨씬 더 잘 갖추고 있었다. 지배 계급의 구성원들은 종종 서로 갈등을 일으켰으나, 그들의 계급 이익이 심각하게 위협당할 때는 언제나 서로 간의 갈등을 옆으로 제쳐놓고 서로 굳게 단합하였다. 둘째, 하층민은 결국 지속적이고 폭넓은 토대를 지닌 연맹을 결성할 수 없었다. 농촌의 하층민들은 넓은 지역에 흩어져 있었기 때문에 함께 만나 효율적인 조직을 구성하기 어려웠다. 한편 도시의 하층민들은 직종과 직업에 따른 서로 다른 이해관계로 심각하게 분열되어 있었다. 상인들은 본능적으로 하층 계급의 요구에 적대적이었다. 와트 타일러를 쓰러뜨린 런던 시장의 직업은 바로 어물상이었다. 끝으로 하층민들은 공통된 이념이나 개혁 프로그램을 지니고 있지 못하였다. 이들의 반란은 대개 직접적인 착취에 대한 본능적인 반발이었으며, 선언문으로 자신들의 행위를 정당화하려 한 경우에도 이들 선언문은 거의 모두 종교적 윤리적 평등주의를 표방하는 것으로서 에덴동산(the Garden of Eden)에로의 복귀를 내세웠을 뿐이었다. 그리하여 이들의 투쟁은 거의 승리에 가까워진 순간에 와해되었고, 이들로부터 겁을 먹은 만큼 복수심에 불타있던 상층민들의 반격 앞에 무력하게 노출되었다.

신분에의 집착

전반적인 경제적 불안감과 끊임없는 폭력의 위협은 사람들로 하여금 사회적 지위에 집착하게 하였다. 영주 귀족들은 스스로의 불안한 위치를 뼛속 깊이 인식하게 됨으로써 다른 계급들을 낮은 지위에 묶어 두기 위한 법규를 정교하게 다듬기 시작하였다. 이런 법규 가운데 일부는 계급에 따라 입어야 할 복식을 규정하는 금령의 형태를 취하고 있었다. 이에 따라 각 계급은 그 옷으로 엄격하게 구별되었으므로 어떤 사람의 지위에 관해서 어떠한 의문도 있을 수 없었다. 게다가 출신 가문 및 지위의 등급과 그 등급에 해당하는 문장 및 의식을 규정하는 문장학과 기사도 역시 더욱 정교해지면서 법규화 되었다. 영국에서는 귀족의 표지를 지닐 권리를 규정하고, 귀족들 사이의 사적인 분쟁을 중재하기 위해 문장 및 기사의 법정(Courts of Heraldry and Chivalry)이 설치되었다. 이름난 가터 기사단(the Order of the Garter)은 1340년에 사회적 특권 집단으로서 설립되었고, 영국 왕은 귀족 신분을 높은 값에 팔아넘기는 수지맞는 장사를 시작하였다. 더구나 14세기에는 그러한 계급적 구별이 의식적인 중요성에만 그치지 않았다. 예컨대 백년전쟁 동안 전투에서 포로가 되어도 귀족들은 기사도의 규칙에 따라 목숨을 잃지 않았지만, 평민 출신 군인들은 즉각 살해당했던 것이다.

문학에서도 똑같이 그러한 사회적 구별이 반영되었다. 대부분의 시인이 귀족들의 입맛에 맞는 시를 썼고, 따라서 고귀함(gentillesse) 또는 귀족다운 행동거지라는 관념을 찬양하였다. 고귀함은 단테의 장편 논문이라 할 『향연 *Convivio*』의 주제가 되어 있고, 지오프리 초서(Geoffrey Chaucer)의 『캔터베리 이야기 *Canterbury Tales*』에서도 핵심을 이루고 있다. 『캔터베리 이야기』에서는 겨우 귀족 계급에 속할지 아닐지하는 인물인 프랭클린(Franklin)이 고귀함의 특징적인 관념에 가장 깊이 매료된 인물이었다.

보카치오 역시 『데카메론 *Decameron*』에서 "주머니가 텅 비어있으면서 귀족의 딸에게 아양을 떨고, '나는 이런 가문 출신으로 선조들께서는 이러이러하셨다'고 떠들어 대며 귀족임을 내세우는 무리들"을 공격하면서도 그 자신 귀족임을 자처하였다. 보카치오가 『데카메론』을 집필하고 있던 1350년대에 상인가문들이 선조들의 옛 고귀한 업적을 증명해 줄 문서를 발견해 내도록 전문 '꾼'들에게 위촉하고 있었음은 결코 놀라운 일이 아니다. 귀족 신분을 확실하게 증명하고 유지하려는 이러한 끊임없는 노력이 그 시대의 사회적 갈등을 더욱 심화시키는 역할을 하였다면, 이와 같은 거의 보편적인 신분에의 집착은 광범위하고 불길한 불안을 반영하는 것이었다.

일탈 그리고 죽음의 환영

경제적 불황, 사회적 갈등 그리고 자연 재해들은 14세기 사람들에게 불건전한 성향을 뚜렷하게 심어 놓았다. 그 당시 사람들이 가장 즐겨 입에 올리던 말 가운데 하나는 "죽음만큼 확실한 것은 없고, 언제 죽음이 올 것인가 하는 것만큼 불확실한 것은 없다"는 성 아우구스티누스의 경구였다. 물론 흑사병이 그 놀라운 위력으로 이러한 분위기를 조장하는 데 가장 큰 역할을 하였다. 여기저기에서 몇몇 의사가 흑사병의 증후와 원인을 과학적 합리적으로 해명하려고 하였으나, 대부분의 경우 흑사병은 신의 진노가 직접 나타난 현상으로 믿어졌다. 이러한 전제 위에서 유럽인들은 채찍질 고행자(the flagellants)처럼 참회나 히스테리, 또는 그 둘 모두에로 빠져들 수밖에 없었다. 흑사병이 기승을 부렸던 1348~1349년에 여러 집단의 참회자들이 서로의 등을 몽둥이나 채찍으로 후려갈기면서 유럽을 가로질러 행진하였다. 대부분의 사람들은 이 채찍질 고행자들이 자신들의 죄 뿐만 아니라 모든 인간의 죄도 속죄하고 있다고 생각했으므로, 이들은 어디에서건 환영을 받았고, 이들 주위에는 군중이 벌떼처럼 모여들어 함께 서로를 치며 눈물과 한숨을 내쏟곤 하였다. 사실 그 운동을 이단으로 여긴 사제들만이 그 히스테리를 중지시키려 하였으나, 그 운동은 흑사병 자체가 물러날 때까지 사라지지 않았다.

흑사병으로 인한 집단적인 반응 가운데에는 채찍질 고행과는 정반대로 방종하고 방탕한 생활로 도피하면서 당시의 모든 재앙을 다름 아닌 바로 이 비도덕성에 대한 신의 형벌로 돌리는 성향이 있었다. "우리는 너무나 타락하고, 대부분이 너무나 사악하여, 역병과 전쟁과 기근은 더 이상 누구도 놀라게 하지 않는다"고 이탈리아의 한 작가는 한탄하였다. 유럽인은 도덕가들이 비난한 만큼 타락하지는 않았고, 많은 사람들이 경건과 금욕 속에서 구원을 얻으려 하였으나, 흑사병이 극도의 방탕을 낳았음은 의심할 수 없다. 의복은 과장된 깃에 코가 길게 말려 올라간 신발 그리고 주렁주렁 매달린 값비싼 보석들로 매우 야하고 종종 기묘한 모습을 띠었다. 당시의 사제들은 이러한 사치풍조를 격렬히 비난하였으나, 별 소용이 없었다. 한편 사악한 마술과 마법에 대한 관심이 크게 높아졌고, 성적 방종과 사회적 비도덕성을 정당화하는 자유영성주의자 이단(the heresy of the Free Spirit)이 많은 열렬한 추종자를 맞이하였다. 이와 비슷한 것으로 춤꾼(dancers)이라 알려진 이단적인 운동도 있었다. 그 추종자들은 남녀를 불문하고 채찍질 고행자들을 거꾸로 모방하여 참회 대신 난잡한 행위를 자행하면서 곳곳을 춤추며 몰려다녔다. 당대의 연대기 가운데 자유영성주의자 이단들과 춤꾼들에 대한 서술이 있었다면, 이는 아주 최근에 이르기까지 검열의 대상이 되었을 것이다.

조형 예술에서도 새로운 풍조가 널리 퍼졌다. 12세기와 13세기의 작품들은 희망과 신념을 내보이고 있었던 반면에, 14세기의 작품들은 병적이고 비관적인 양상을 크게 강조하였다. 가장 즐겨 다루어진 주제가운데에는 일곱 가지 중죄와 최후의 심판이 있었는데, 둘 다 소름끼치는 고문과 끔찍한 야수들에 관한 상세한 묘사로 표현되었다. 동일한 성향이 특히 14세기 후반에 십자가 처형의 광경이 구원과 승리의 주제에서 슬픔과 공포의 주제로 바뀐 데에서도 나타났다. 중세 성기에는 이 장면에서 희망을 내보이고 있던 성모 마리아가 점점 더 우울하고 슬픔에 찬 모습을 보이게 되었고, 급기야는 십자가 아래에서 통곡을 하는 모습으로까지 묘사되었다.

이러한 죽음에의 집착은 14세기가 진행되면서 점점 더 심각해졌다. 비석의 조각에는 종종 썩어가는 시체의 모습이 새겨졌고, 건강한 청춘 남녀에게 덮치는 죽음의 광경이 수도 없이 그려졌다. 심지어 당시의 문학도 죽음에 관한 불건전한 유머로 가득 차 있다. 그는 자식과 친구들이 전염될까봐 자기를 피하자, 매 해 제삿날에 상속인들이 파리들을 위해 한 바구니의 배를 마련해야 한다는 조건을 유언장에 첨가하라고 공증인에게 지시하였다. 그는 그 이유로 "내가 아플 때 친구와 친척들은 모두 나를 버렸지만, 파리들만은 끝까지 곁에 남아 있어 주었다. 따라서 나는 파리들에게 감사를 표시하지 않고서는 감히 신에게 은총을 구하지 못할 것이다"라고 말하였다. 이러한 전반적인 분위기의 성격은 아마도 한 그리스인이 쓴 다음과 같은 글로 가장 잘 요약될 것이다. "행운은 우리에게 미소 짓는 일이 거의 없고, 다가오는 경우에도 꽃이 지듯 재빨리 사라지고 만다. 그러나 이는 우리 인간으로 하여금 자만에 빠져 자신이 죽음을 면치 못할 존재임을 잊지 않도록 스스로 자제케 하려는 신의 뜻에 의한 것이다."

14세기에 나타난 일련의 대 재앙들은 유럽 문명의 골격을 무너뜨리면서 당시 사람들의 성격을 심각하게 굴절시켰다. 그러나 이러한 재앙들로 야기된 병적인 반응들에도 불구하고, 살아남은 사람들은 용기와 힘을 끌어 모아 두려움을 억누르면서, 그들을 압도하려 하는 문제들과 끈질긴 투쟁을 계속하였다.

2. 지역국가의 대두

14세기의 막이 올랐을 당시 정치적 발전에의 전망은 아주 불투명하였다. 위대한 13세기의 제도들은 무너질 낌새를 보이고 있었으며, 심각한 경제적 불황이 느껴지기 시작하고 있었다. 이러한 불길한 상황에 더하여 파국적인 사건들이 잇달아 발발하였다. 두드러진 인물들이 갑자기 무대에서 사라졌고, 일련의 혹심한 기근이 시작되었으며, 뒤이어 14세기 중엽에는 전례 없이 혹독한 역병이 창궐하였던 것이다. 이러한 타격들 아래에서 사회가 비틀거렸음은 놀라운 일이 결코 아니다. 경제와 마찬가지로 정치적 권위도 크게 약화되고 분해되었다. 사람들은 자신의 권리와 이익이 위협받고 있음을 깨닫고 절망적인 반응을 보였다. 무력투쟁이 이제 예외가 아니라 보편적인 일로 되었으며, 유럽은 무정부 상태로 와해되고 있는 것처럼 보였다. 그러나 기록들을 면밀히 살펴보면, 예상보다는 혼란의 정도가 덜했음을 알 수 있을 것이다. 우선 대부분의 정치 담당자들은 전통적인 제도를 유지하기 위해 노력하였다. 그러한 노력이 실패로 돌아간 경우에도, 그로 말미암은 정치적 질서의 해체는 독일과 이탈리아에서는 매우 심각했고 또 오래도록 극복되지 못했지만, 영국과 프랑스에서는 일시적이고 부분적인 현상으로 그치는 경향이 있었다. 또한 구질서의 잔해 속에서 이 따끔 중요한 새로운 출발의 싹이 돋아나고 있었다. 사람들은 그들의 방어가 수포로 돌아가기 시작하자 즉흥적인 대처에 열렬히 매달리게 되었다. 그러한 대처의 결과들은 너무나 다양하여 체계화는 고사하고 요약도 어려운 형편이지만, 몇 가지 일반적인 성향은 가려낼 수 있을 것이다.

중앙 권위의 해체에 따라 사람들은 자기 스스로의 자원-이는 대개 소속된 계급 및 지역의 동료들 사이의 긴밀한 협의와 협력을 뜻하였다.-에 의존할 수 밖에 없었다. 어떤 때에는 당사자들이 모두 중립적인 중재자에게 복종함으로써 다른 경우에는 협의 절차를 공식적으로 마련함으로써 해결책을 찾았다. 즉 사람들은 고난에 처하여 종종 전혀 예상밖의 문제에 직면했을 뿐만 아니라 전례 없는 해결책을 시도하지 않을 수 없었던 것이다. 이러한 새로운 해결책들은 –물론 무너지고 있는 구제도를 유지하려는 헛된 노력의 결과였지만-이따금 새로운 근대로의 출발점을 이루며, 바로 이 점이 14세기의 정치사를 흥미롭고 중요하게 만드는 것이다.

14세기의 가장 강력한 통치자들은 거의 예외 없이 무대에 등장하자마자 퇴장하였다. 영국의 에드워드 1세, 프랑스의 필립 4세, 그리고 교황 보니파키우스 8세는 모두 극도로 활동적인 인물들이었으나, 또한 너무나 많은 일을 너무 짧은 기간 안에 하려다가 실패한 공통점도 지니고 있었다. 권력과 술책을 마음껏 휘둘러 이들은 많은 일을 성취하였다. 그러나 이들은 그 과정에서 많은 희생자와 적을 만들어 냈고, 친구들의 신뢰를 잃게 되었다. 에드워드 1세와 필립 4세는 둘 다 크게 강화해 놓은 왕권이 귀족의 반항으로 위협당하는 상황을 맛보아야 했고, 보니파키우스 8세는 교황의 우위를 내세운 자신의 전례 없는 주장이 완전히 부정되는 수치를 겪어야 하였다. 심지어 이들이 이루어낸 엄청난 업적의 광휘도 이 야심적인 통치자들이 죽을 무렵에는 빛을 잃었고, 이들의 신민은 점점 더 짙어져 가는 불황과 혼란의 어두움 속에서 안정을 찾아 헤매게 되었다. 이러한 탐색이 어떤 방향으로 이루어졌는지는 유럽 여러 나

라의 역사를 하나하나 살펴봄으로써 가장 잘 이해될 수 있다.[185)]

14세기에 에드워드 1세의 뒤를 이은 영국 왕은 셋뿐이었다. 이 가운데 둘-에드워드 2세와 리처드 2세-은 왕으로서는 전혀 부적격한 인물로서 폐위당했고, 에드워드 3세는 훨씬 더 유능하고 성공적이었으나 너무나 오래 살아 노망이 든 채로 치세를 끝마쳤다. 어쨌든 셋 모두 당시의 혼란한 상황을 제어하기에는 너무나 나약하고 변덕스럽게 왕권을 행사하였다.

1307년에 에드워드 1세가 죽었을 당시 영국의 귀족들은 위험스러울 정도로 반란의 분위기에 빠져 있었다. 전쟁 특히 스코틀랜드에서의 전쟁에 점점 더 많은 돈이 들어가면서도 전쟁의 결과가 신통하지 않자 신민은 분노하기 시작하였고, 이에 따라 에드워드 2세는 아버지가 침략적인 대외정책에 필요한 돈을 마련하기 위해 사용했던 지나치게 강압적인 수단에 대한 반발을 왕관과 함께 물려받게 되었다. 그러한 상황은 강철 같은 의지가 필요했을 것이나, 에드워드 2세는 유감스럽게도 병적인 변덕쟁이였다. 어떤 문제에 대해서든 그의 반응은 대개 망설이는 것뿐이었고, 아주 드물게 단안을 내리는 경우에도 그의 결정은 대개 방향이 잘못된 것이었다. 이러한 결점은 괴이한 성벽과 충신 피에르 가베스통(Piers Gaveston)에 대한 지나친 총애로 더욱 심각해졌다. 인정 많은 역사가들은 에드워드를 비정상적이라고 부르는 데 그치곤 하지만, 다른 역사가들은 그가 실제로 미치광이였다고 말한다. 어쨌든 그가 통치자로서 전혀 부적격했음은 의심할 여지가 없다.

에드워드의 결점들은 처음부터 분명히 드러났다. 그는 즉위하자마자 정사를 가베스통에게 일임하였다. 이 평판 나쁜 외국인 모험가는 무능

185) 여기서는 스페인과 스칸디나비아를 다루지 않을 것이다. 그들은 서구 그리스도교 세계의 일부를 이루고, 실제로 유럽 주요국들과 관계를 맺었으나, 그들 내부의 역사는 음산하고 무의미한 혼란으로 점철되어 있었다.

과 거만을 유감없이 발휘하여 이미 불만에 차 동요하고 있던 제후들을 즉각 연합케 하였고, 이 제후 연합은 1311년에 에드워드로 하여금 왕권에 대한 새로운 입헌적 제한을 인정하도록 강요하였다. 그러나 여전히 가베스통의 감언이설에 홀려있던 에드워드는 기왕의 약속을 회피하려 하였다. 이에 대응하여 제후들은 내란을 일으켰다. 제후들은 가스베통을 체포해 처형하고 왕으로 하여금 1년 안에 양위하도록 강요하였으나, 아직 항구적인 평화는 확립되지 못하였다. 오히려 이들은 왕의 총신을 처형함으로써 에드워드로 하여금 복수를 하려는 비밀스러운 그러나 확고한 결심을 갖게 만들었다.

영국은 이렇게 내분으로 약화되고 있는 가운데 밖으로는 커다란 군사적 시련에 봉착하였다. 스코틀랜드인은 여러 차례 에드워드 1세에게 패배를 당했지만 완전하게 복속된 것은 아니었다. 적의 내분으로 숨돌릴 틈을 얻은 로버트 브루스(Robert Bruce)는 스코틀랜드인을 규합하여 1314년 스코틀랜드 역사상 가장 영광스러운 승전의 하나인 배넉번(Bannockburn) 전투를 치렀다. 이 멋들어진 역전으로 스코틀랜드 왕국이 부활할 길이 열렸고, 브루스와 그의 거미는 스코틀랜드의 전설에 길이 남게 되었다. 이는 또한 에드워드 2세로부터 거의 남아 있지도 않은 위신마저 앗아갔다. 그리하여 그는 1322년에 제후들을 패퇴시켜 그들의 개혁요구를 물리칠 수 있었으나, 그의 승리는 일시적인 것으로 그칠 수 밖에 없었다. 5년도 채 되지 않아 프랑스의 암컷 이리(the she-wolf of France)라고 널리 불리던 그의 아내 이사벨라(Isabella) 왕비가 군사를 일으켜 그를 체포하였고, 그에게 양위를 강요한 뒤 그를 살해함으로써 그의 실정을 끝장내었던 것이다.[186)]

1327년 당시 영국의 장래는 결코 밝지 못하였다. 에드워드의 외아들

186) 이사벨라에게는 로저 모티머(Roger Mortimer)라는 정부가 있었다.

은 아직 미성년자였고, 이사벨라는 섭정권을 장악함으로써 세력을 다졌다. 그러나 그 아들은 아버지와는 전혀 다른 인물이었다. 그의 어머니가 3년 동안 권력을 남용하는 것을 바라보고 자란 젊은 에드워드 3세는 무력으로 그녀를 몰아내고 1330년에 14세기에서 가장 길고 인기 있을 치세를 시작하였다. 아버지가 괴팍했던 만큼 아주 전통에 충실했던 그는 온 열정을 왕의 일 가운데 가장 존경받던 사업인 전쟁에 쏟았다. 실제로 그는 유능한 군인이었고, 싸움터에서 계속 승리하는 한 영국인의 충성과 사랑을 누릴 수 있었다.

에드워드는 스코틀랜드인에 대한 승리로 영국의 군사적 위신을 내세움으로써 그의 군사적 경력을 매우 상서롭게 시작하였다. 1329년에 로버트 브루스가 죽은 뒤 스코틀랜드가 약화된 틈을 타 에드워드는 전쟁을 재개하여 1333년 핼리돈 힐(Halidon Hill)에서 승리를 거두었다. 이 승리로 그는 영국인의 마음속에 깊이 아로새겨졌고, 프랑스와의 예정된 충돌을 개시하는 데 필요한 지지를 얻을 수 있었다. 그러나 이 새로운 모험에서는 승리가 그렇게 빨리 그리고 쉽게 거두어지지 못하였다. 오히려 그의 침략 정책은 뒷날 백년전쟁으로 불리게 된 프랑스와의 파멸적인 투쟁 속으로 질질 끌려들어가게 되었다. 개전 초에 보다 빨리 승리를 거두지 못함으로써 영국에서 에드워드의 권위가 손상되었고, 그는 1340~1341년의 위협적인 제후 반란을 교묘한 술책과 단호한 저항 그리고 깨끗한 양보로 겨우 극복할 수 있었다. 그 뒤 마침내 크레시(Crecy)와 푸와티에(Poitiers)에서 각각 1346년과 1356년에 놀라운 승리를 거둠으로써 프랑스 전역이 영국 제후들의 공격적 정열과 탐욕 앞에 노출되자, 반항적인 제후들에 대한 그의 권위가 완전히 재확립되었다. 이제 영웅으로 떠받들어지게 된 에드워드는, 그의 기나긴 치세 말기에 점점 더 심해지는 노망기와 프랑스 전쟁에서의 소강상태로 말미암아 늘 잠재해 꿈틀거리고 있던 제후들의 준동이 재발할 때까지, 평온하고 번창하는 영국을 평화롭게 다스렸다.

50년 동안 다스린 에드워드 3세는 장남인 전형적인 기사 흑태자(the Black Prince)가 그 보다 먼저 죽었기 때문에 왕위를 손자인 어린 리처드 2세에게 물려주었다. 리처드 2세는 성격에서나 경력에서나 증조부인 에드워드 2세를 꼭 빼 닮은데다가, 어떤 면에서는 더 괴팍하였다. 예컨대 그는 예술의 후원자였고 도덕적 이유로 전쟁을 혐오했던 듯한데, 이 두 가지 속성은 중세의 왕에게서 전혀 기대되지 않았던 것일 뿐만 아니라 좋게 평가되지 못하던 것이었다. 그리고 그는 또한 개인적으로는 대단한 매력을 지니고 있었지만 에드워드 2세처럼 허황되고 천박했으며 속 좁고 신뢰성이 없었다. 지나치게 의심 많고 고집센 그는 입헌적 규제를 통해 왕권을 제한하려는 필연적인 시도들에 대해 분개하였다. 일부 역사가들은 이러한 반응에서 근대적인 절대주의 이론의 전조를 찾으려 하지만, 설사 리처드가 무제한의 통치권이라는 관념을 키웠다고 하더라도 그는 그 관념을 반항적인 귀족들에게 강요하는 일에는 전혀 부적당한 인물이었다. 그의 치세는 격렬한 분노의 발작과 그에 못지 않게 격렬한 불만에 찬 귀족들의 반발로 점철되었고, 리처드가 역사적 인물로 남게 된 것은 어쩌면 낭만적인 전기 작가들과 사변적인 심리학자 그리고 셰익스피어(Shakespeare)가 매우 널리 주제로 삼아온 그의 비극적인 성격상의 결함 때문일지도 모른다.

리처드는 1377년에 즉위했을 당시 열 살밖에 안되었으므로 귀족회의가 섭정을 하게 되었다. 4년 뒤인 1381년에 농민반란의 와중에서 어린 왕은 놀라운 용기를 발휘하여 근위 귀족들의 목숨을 구하였고, 18살이 되자 집요한 섭정회의에게 친정을 요구하기에 이르렀다. 그러나 그는 주로 인기없던 명분인 프랑스와의 휴전을 지지했기 때문에 이 요구를 관철시키지 못하였고, 1389년에 가서야 제후들의 통제에서 벗어날 수 있었다. 그때 그는 에드워드 2세처럼 그의 권력을 제한하거나 전복하려는 자들에 대한 격심한 분노를 마음속에 품고 있었다. 그는 8년 동안이나 짐짓 온건한 통치를 하는 체 가장하다가 마침내 1397년에 숨겨온 의도를 공공연하게 드러내었다. 그는 전혀 아무런 낌 새도 내보이지 않다가 갑자기 해묵은 적들을 반역자로 몰아세우고는 신속하게 그들을 체포하여 심문한 후 처형해 버렸다. 이들의 재판을 위해 소집된 의회가 그에게 종신 과세권을 허용했을 때, 그는 완전한 전제정의 기반을 마련한 듯하였다. 그러나 리처드는 너무 성급하게 행동하다 결정적인 실수를 저질렀다. 자기의 힘을 너무 믿은 그는 아일랜드 원정을 결정했는데, 그가 영국을 떠나자마자 반란이 발발했던 것이다. 반란을 평정하기 위해 급히 되돌아 온 그는 사촌인 헨리 랭카스터(Henry of Lancaster)에게 체포되어 폐위당한 뒤 비밀리에 살해되었다. 이로써 백여 년에 걸친 왕과 귀족들 사이의 투쟁은 완강한 왕의 피살과 어울리게 결말 지워졌다.

영국 - 입헌제로의 발전

왕과 제후들이 더욱 오랫동안 보다 격렬하게 싸울수록, 중앙 정부의 질서와 일관성은 더욱 더 뚜렷하게 필요해졌다. 그러나 당시의 혼란이 이러한 필요성을 높인 장본인이라 해도, 이는 또한 안정에 기여할 중요한 새로운 제도들의 출현을 저해하는 경향도 있었다.

영국의 핵심적인 통치기구는 왕실자문회의(*curia regis*)였다.[187] 원래는 전문적 분화가 되지 않은 대제후들의 국왕 보좌 기구였던 이 왕실자문회의는 14세기에 이르러 왕의 전문적인 행정 관료로 구성된 기구로 탈바꿈하고 있었다. 그러나 제후들은 왕의 정책수립에 참여할 권리를 포기하려 하지 않았고 끊임없이 왕실자문회의를 장악하려고 애썼다. 하지만 그들은 종종 성공을 거두긴 했지만, 항구적으로 실질적인 통치업

187) Sidney Painter, *The Rise of the Feudal Monarchies* (Ithaca, N.Y., 1951), pp. 76~79

무를 장악할 수는 없었다.

복잡하고 성가신 행정업무를 다루는 데 필요한 경험과 기질 그리고 능력을 결여한 제후들은 항상 그러한 일을 새로운 전문 관료들에게 내맡기거나 되돌려 주었다. 그런데 이들 관료는 제멋대로인 제후들보다는 왕이 기질적으로 더 그들에게 맞고 봉건제후의 독립이란 관념보다는 왕정의 관념이 그들의 목적에 더 유용함을 깨닫고 있었다. 이러한 상황에서 왕들은 제후의 간섭을 모조리 애써 저지함으로써 14세기 내내 적어도 명목상으로는 왕실자문회의에 대한 통제권을 유지할 수 있었다. 오랜 투쟁도 헛되지 않았다. 그에 힘입어 중앙정부의 고유한 기능들이 좀 더 뚜렷하게 규정되었고, 전문적인 행정 관료의 필요성이 여지없이 드러났던 것이다. 사실상 직업 관료제는 매우 효율적인 행정기술을 발전시켰고, 그 지위를 아주 확고하게 다지게 되었기 때문에, 그 구조에서나 업무처리 절차에서나 이후 백여 년 동안 어떤 중요한 변화도 필요하지 않게 되었다.

왕실자문회의의 가장 잘 알려진 분과는 의회(Parliament)였다. 의회는 가장 단순한 의미로 왕실자문회의의 공개적인 최고 확대회의를 뜻했으나, 그 기능과 구성원에 대해서는 14세기까지도 모호하게 규정되어 있었을 뿐이었다. 그 이후 왕실자문회의 업무가 점점 더 전문화되면서 관료적인 업무 전반에 관해서는 의회가 점점 더 쓸모없게 되어 갔다. 그 대신 의회는 자체의 고유한 영역과 권한을, 특히 사법과 입법 그리고 과세의 분야에서 확립하였다. 왕실자문회의의 최고 확대회의로서 의회는 영국의 최고 재판소로 인정되었다. 이러한 권한으로 의회는 특수한 소송사건을 심리하였고, 이따금은 사법적인 탄핵절차를 통해 왕의 관리들을 심사하였다. 의회는 또한 입법체로서도 인정받기에 이르렀는데, 이 입법기능은 장차 지극히 중요한 의미를 지닐 것이었다. 원래 왕이 선포한 칙령은 그 왕이 살아 있을 때까지만 구속력을 인정받았다. 그러나 13세기와 14세기를 지나면서 왕과 의회 모두에 의해 통과된 조례는 항구적인 법의 효력을 지닌다고 인정되기에 이르렀다. 그리고 끝으로 의회는 과세권을 행사함으로써 그 권한의 토대를 마련하였다. 일찍이 1297년에 에드워드 1세는 영국 사회(the community of the realm)의 동의가 있어야만 일반 과세를 하겠다고 약속한 바 있었다. 14세기 초에는 이 말이 의회의 동의를 뜻하는 것으로 받아 들여졌고, 이 원칙은 1340년의 위기 속에서 에드워드 3세의 양보로 더욱 분명해지고 강화되었다. 14세기에 왕의 돈줄에 대한 통제권을 확고하게 장악한 의회는 실제로는 그 통제권을 그리 강력하게 행사하진 않았지만, 이를 토대로 유리한 전략적 위치를 차지하였고, 이를 이용하여 영국에서 절대왕정의 위협을 저지하는 가장 중요한 방파제로 기여하게 될 것이었다.

이러한 고유 권한의 중요성 때문에, 의회 의원의 자격을 규정하는 문제가 매우 큰 의미를 지니게 되었다. 에드워드 1세는 물론 자기 자신의 이익을 위하여 이따금 주와 도시의 대표들을 의회에 소집하였다. 점차 이들은 더욱 자주 소집되었고, 결국 이들을 소집하지 않는 것이 이상한 일로 되었다. 그러나 이들이 당연한 권리로서 정규적으로 참여하기 시작한 때가 정확히 언제였는지는, 영국 헌정의 발달에서 나타난 다른 중요한 변화들의 경우와 마찬가지로, 꼭 집어 말하기 힘들 것이다.

우리가 확실하게 알고 있는 것은, 14세기 초에는 도시 및 주의 대표들이 의회가 기능하는데 없어선 안 될 존재는 아니었지만, 14세기 말에는 하원(the House of Commons)을 구성하게 되었다는 사실 뿐이다. 한편 왕의 실질적인 통치 업무에 관여하지 못한 대제후들은 이후 상원(the House of Lords)으로 불리게 될 모임을 구성하였다. 이러한 하원의 정규적인 참여와 의회의 상하원 분리는 영국 헌정의 가장 항구적이고도 중요한 특징이 될 것이었다.

의회의 발전은 14세기 내내 끊임없이 계속되었다. 왕과 제후들은 양측 모두 의회를 스스로의 이익을 위해 이용할 수 있으리라 믿었고, 따라서 의회의 권한을 증대하기 위해 애썼다. 예컨대 제후들은 에드워드 2세를 복속시키려는 노력의 일환으로 그를 의회의 통제 아래 두려하였고, 왕은 왕대로 의회를 강화하여 제후들의 간섭을 막는 제도적인 방파제로 삼으로 하였다. 그러나 그처럼 의회의 권한이 강화되었음에도, 의회는 여전히 정부의 보조적인 한 부서로만 남아 있었다. 매일 매일의 행정 업무는 왕실자문회의에서 처리되었고, 왕과 영국민은 아직은 의회를 완전히 말살시킬 수 있었다. 그들이 그렇게 하지 않은 이유는 부분적으로는 아마도 전례를 존중하는 영국인의 성향으로 돌릴 수 있을 것이다. 의회는 일단 확립되자 당연한 존재로 받아들여졌고, 그에 따라 발전할 수 있는 기회를 얻게 되었던 것이다.

14세기의 혼란은 영국 특유의 또 한 가지 제도인 치안판사직의 발전을 촉진시켰다. 지방행정에서 왕을 대리하던 직책은 예로부터 주장관(sheriff)이었다. 왕 직속의 이 관리들은 처음에는 신망도 얻고 효율적으로 일을 처리하여 점점 더 많은 임무를 부여받게 되었으나, 바로 이 때문에 점차 효율성과 신망을 잃기 시작하였다. 예컨대 『로빈 후드 *Robin Hood*』에 나타나는 부패한 주장관에 대한 주민의 증오는 14세기 전부터 진작 만연되어 있던 분위기를 보여준 것뿐이었다. 이 주장관의 부패를 억제하고 동시에 흑사병 이후에 제정된 광범위한 사회관계 법령을 시행하기 위해 왕은 점점 더 새로운 지방 관리에게 의지하게 되었다.

이들 치안판사(justice of the peace)라 불리던 지방 관리들은 왕과 나라 모두에게 주 장관에 비해 중요한 이점들을 지니고 있었다. 우선 이들은 지방 지주인 젠트리(gentry)출신으로서 지방민들에게 잘 알려지고 존경받는 존재였으며, 또한 이들을 임명한 왕에게 충성스럽고 책임감도 강하였다. 게다가 이들 가운데 많은 사람이 주장관의 참여가 배제된 의회에서 출신 주를 대표하는 의원의 신분이었으므로, 법률 및 재정 문제에 관한-희귀하지만 그 만큼 매우 값진-경험을 쌓고 있었다. 그리고 끝으로 언제나 정해진 한도 내에서 재정을 지출하도록 신경 써야 하는 왕의 입장에서는 이들이 무보수라는 점이 아마 적지 않은 매력이었을 것이다. 1년에 4번 열리기 때문에 "Quarter Sessions"라 이름 지워진 이 하급 법원에서 치안 판사들은 지방법정을 주재했을 뿐만 아니라, 많은 양의 행정업무도 처리하였다. 그리고 왕권이 심각하게 도전받고 있는 혼란기에는 이들이 결코 지방제후들의 맞수가 되지 못했지만, 강력한 왕들 아래에서는 치안판사들이 왕권과 효율적으로 협력할 수 있는 지방 자치 정부의 능력을 분명하게 보여 주었다.

프랑스-백년전쟁

14세기가 막을 올릴 무렵, 프랑스왕의 위엄은 전 유럽에서 가장 높았다. 루이 경건왕 9세(Louis Ⅸ, 1226~1270)는 카페조 선왕들로부터 물려받은 왕정 체제를 완성하였고, 그의 자비로운 통치 아래 프랑스는 전례 없는 번영을 누렸다. 그 뒤 손자인 필립 4세(Philip Ⅳ, 1285~1314)는 독일의 영토를 잠식하여 왕령지를 크게 늘렸고, 교황을 그의 꼭두각시로 만듦으로써 프랑스의 세력을 증대시켰으며, 프랑스 안에서도 왕의 권위를 크게 높였다.

후세에 단려왕(the Fair)이라 불리게 된 필립은 당시 사람들에게는 올빼미(the Owl)-새들 가운데 가장 멋지지만 전혀 쓸모가 없는 새-라는 별명으로도 불리었다. 그토록 많은 업적을 이룬 왕에게 이러한 부정적인 별명이 붙었음은 왕정 체제 자체 내에서의 중요한 발전을 빗댄 것이라 여겨진다. 영국에서와 마찬가지로 프랑스에서도 상당 기간 동안 왕의 통치 업무가 점점 더 직업 관료들에게 위임 또는 점유되어 갔고, 이들 직업 관료는 점점 더 많은 수가 법률가 출신으로 충원되어 갔다. 이 법률가 출신 관료들은 필립의 치세에 처음으로 왕국을 통치하는 데 있어서 중요할 뿐만 아니라 공적인, 더 나아가 심지어는 독자적이라 할 수도 있을 역할을 하기 시작하였다. 실제로 필립이 사실상 화려한 간판인물에 지나지 않으며, 그 뒤에서 그의 관료들이 전형적인 형태는 아니더라도 꽤 정비된 형태의 왕정 체제를 발전시키는 일을 도맡은 것이 아닌가 하는 의문이 제기되었던 듯하다. 그러나 오늘날의 역사가들도 이 의문을 속 시원히 풀지 못하고 있다.

필립과 그의 관료들은 프랑스를 위해 많은 일을 했지만, 이들은 너무나 자주 필립의 할아버지인 루이 9세의 고결한 정책에 어긋나는 불미스러운 수단을 사용하였다. 당시의 영국 왕 에드워드 1세와 마찬가지로 필립은 값비싼 전쟁을 치루어 그 전비를 마련하기 위해 부당한 수단을 쓸 수밖에 없었다. 전형적인 보기로 성당기사단(the Templars)에 대한 그의 취급을 들 수 있다. 이 성당기사단은 12세기에 십자군이 팔레스타인을 정복한 뒤 순례자 보호와 예루살렘 왕국의 방어를 위해 설립된 군사적 교단이었다. 그러나 시일이 지나면서 이들은 막대한 부를 얻었고, 이를 순례자와 십자군에게 대부해 주는 데 이용하였다. 성지 예루살렘(the Holy Land)의 그리스도교도 거점들이 상실되었을 때, 성당기사단은 어쩔 수 없이 유럽으로 되돌아왔고, 이들의 금융자본 및 기술을 프랑스 왕을 위해 제공하였다. 그러나 이들은 일단 왕의 주된 채권자가 되자, 불가피하게 왕의 채권자가 예로부터 걸어온 운명을 맞이하게 되었다. 막대한 부를 소유한데다가 원래의 종교적 목적과 군사적 위험을 상실한 이들은 쉽게 공격의 표적이 될 수 있었다. 그리하여 1307년이 왕의 가장 무도한 법률가들 가운데 하나가 이단과 동성애를 비롯한 온갖 죄목을 조작하여 성당기사단을 고발하였다. 프랑스에 있던 기사단원은 모조리 단숨에 체포되었고, 많은 사람이 잔혹한 고문을 받고 거짓 자백하였다. 이러한 허위 자백을 증거로 필립은 교황을 들볶아 조치를 취하게 했고,

이 문제는 여러 해 동안 질질 끌긴 했지만, 결국 성당기사단은 1312년에 교회의 공의회에 의해 해체되고 말았다. 그러나 얄궂게도 성당기사단의 재산은 또 하나의 군사적 교단인 병원기사단(the Hospitalers)에게로 양도되었고, 필립은 그가 성당기사단에게 빌려주었다고 주장한 만큼만 차지할 수 있었을 뿐이었다. 그가 진정으로 목표로 하였던 성당기사단의 부는 대부분 그의 손아귀를 빠져 나갔다.

돈을 갈취하기 위한 그 밖의 다른 시도들은 이 보다는 좀 더 성공적이었다. 필립은 유대인을 프랑스에서 추방하고는 이미 확립된 전례에 따라 프랑스에 남아 있던 이들의 재산을 모조리 몰수하였다. 그는 또한 그 당시 유대인보다 훨씬 더 부유했던 프랑스 주재 이탈리아 은행가들의 재산도 압류하였다. 게다가 그는 화폐를 자신의 이익을 위해 마구 조작하였고, 선왕들 가운데 누구도 부과하지 못했던 종류의 세금을 과세하였다. 그러나 정부에서는 점점 더 많은 비용이 들어갔고, 필립의 전쟁에도 너무나 돈이 많이 들었기 때문에, 그는 언제나 새로운 재원을 필요로 하였다. 그가 1314년에 죽었을 때, 왕정 체제는 상당한 정도로 정비되어 있었고, 프랑스는 이웃 나라들의 부러움을 사고 있었다. 그러나 필립의 신민들은 재정적 압박에 지쳐 불만에 차있었고 왕정을 불신하고 있었다.

이에 봉건귀족과 지방 세력의 반발이 잇달았다. 필립이 죽고 1년 뒤이자 영국에서 대헌장(the Magna Carta)이 선포된 지 꼭 백 년이 되는 1315년에 루이 10세(Louis X, 1314~1316)는 준동하는 지방 귀족들에게 일련의 헌장을 내리지 않을 수 없었다. 그러나 그 유명한 영국의 헌장과는 달리 이 헌장들은 왕권에 대한 건설적인 입헌적 제한이라 할 만한 것을 거의 담고 있지 않았다. 제후들이 전 왕국을 대상으로 하는 하나의 헌장 대신에 지방별로 일련의 헌장들을 요구하였다는 사실 그 자체가 그들의 요구가 이기적이라고까지는 할 수 없어도 매우 개별적인 성향을 띠었음을 보여 주며, 이들의 저항이 궁극적으로는 매우 무력할 수밖에 없었음을 설명해 준다고 하겠다. 공통된 명분 아래 단합하지 못했던 프랑스의 제후들은 결코 왕정 체제 말고는 어떤 다른 정체에도 동의할 수 없었고, 따라서 왕이 아무리 나약하거나 평판이 나빠도 왕에게 자신들의 뜻을 강요한다는 것은 거의 불가능하였다. 더구나 14세기의 경제적 불황과 자연 재해들로 말미암은 혼란 속에서는 아무리 억압적인 왕정이라 하더라도 그것이 제공해 주는 안정이 프랑스 사람들의 마음을 끌기에 족하였다.

고집장이(the Stubborn)라는 별명을 가진 루이 10세는 1316년에 죽었고, 그 뒤를 이어 그의 두 형제가 잇달아 왕위에 올랐으나 두 경우 모두 치세는 아주 짧았다. 1328년에 그 둘 가운데 막내마저 죽음으로써 3백 년 이 넘게 아버지에서 아들로 대를 이어오던 카페 왕조가 단절되었고, 프랑스는 수 세기만에 처음으로 왕위계승의 문제에 직면하게 되었다. 가장 보편적인 봉건적 관례에 따르면, 왕위는 필립 단려왕의 딸이나 또는 적어도 그녀의 아들에게 계승될 것이었다. 그러나 그녀의 아들은 다름 아닌 영국의 젊은 왕 에드워드 3세였다. 영국 왕이 프랑스의 왕위에 오를 가능성에 직면한 프랑스 왕의 법률가들은 여성에게의 또는 여성을 통한 왕위계승은 있을 수 없다고 선언하고는 필립의 친조카를 왕으로 추대하였고, 이로써 새로운 발루아(Valois)왕조가 탄생하였다. 뒷날 이 결정을 둘러싸고 논란이 크게 벌어지자, 법률가들은 이 결정이 옛 프랑크의 관례-이를 이들은 살리법(Salic Law)이라 일컬었다-에 근거한 것이라고 주장하였다. 이리하여 이들은 프랑스에서 왕정이 사라질 때까지 존속하면서 여러 가지 중요한 결과를 낳게 될 한 가지 원칙을 확립한 셈이었다.

처음에는 새로운 왕조의 설립이 합리적이 해결책으로 보였는지 모르지만, 그러한 느낌은 필립 6세(Philip VI, 1328~1350)가 허무맹랑한 멍청이임이 판명되고서는 곧 깨어졌다. 자신의 정당한 프랑스 왕위계승권이 무시당하였다고 쉽사리 주장할 수 있었던 에드워드는 왕위에 오른 경쟁자가 아주 멍청이임을 깨닫고는 참을 수 없는 유혹을 느꼈다. 필립이 영국의 이익과 영향력이 지배적이었던 플랑드르의 내란에 무력으로 개입하자, 에드워드는 여태껏 기다려온 기회를 포착하여 스스로 프랑스 왕임을 선포하였다. 필립은 프랑스 내에 있는 에드워드의 봉토를 몰수한다고 선언함으로써 이에 맞섰다. 이러한 행동으로 두 왕 모두 프랑스를 파멸적인 백년전쟁 속으로 끌어넣게 된 복잡한 원인들을 보다 더 심각하게 만들었다.

에드워드가 실제로 프랑스 왕위를 차지하려 했는지는 의심스럽지만, 그의 주장은 그에게 편리한 구실과 경쟁자인 필립으로부터 양보를 얻어내기 위한 훌륭한 수단을 제공해 주었다. 둘 사이의 싸움은 곧 에드워드가 프랑스 왕으로부터 직접 보유하고 있던 봉토를 특히 생통주(Saintonge)와 보르들레(the Bordelais)를 과녁으로 삼게 되었다. 매우 풍요로운 이 포도주 산지는 12세기 이래로 영국의 영토가 되어 있었고, 런던과의 교역은 중요한 수입원을 이루고 있었다. 당연하게도 영국인은 어떤 댓가를 치르고라도 옛 가스코뉴 공령(the Duchy of Gascony)에서 마지막 남은 그리고 가장 값진 부분을 고수하려 하였다. 반면에 프랑스 왕의 법률가들은 왕에게 유리하지 않은 모든 봉건적 관계를 시대착오적인 것으로 간주하게 되었다. 따라서 14세기 초에 이들은 에드워드의 봉토들을 프랑스 왕국의 당연한 일부로 보려는 경향이 매우 짙었다. 프랑스 왕의 관리로서 이들은 가스코뉴에서도 다른 지역에서와 마찬가지로 왕권을 확립하려 하였고, 이를 위해서는 영국인의 축출도 불사하는 입장이었다. 한편 영국인은 그들대로 수입 좋은 봉토에 대한 봉건적 토지보유를 완전한 소유로 바꾸어 강력하게 지배하기 위하여 프랑스 왕의 모든 방해를 단호하게 물리치려 하였다. 이 지역을 둘러싼 무력투쟁은 이미 에드워드 1세와 필립 단려왕의 치세에 잠시 동안 발발한 적이 있었고, 그 이래로 양국 간의 긴장상태는 끊이지 않고 있었다.

그러나 프랑스와 영국이 처음으로 본격적인 충돌을 일으킨 곳은 가스코뉴가 아니라 플랑드르였다. 경제적으로 플랑드르는 유럽에서 가장 앞서있고 번영하던 지역의 하나였다. 그러나 바로 이 때문에 플랑드르는 안팎에서 특수한 문제들에 직면하였다. 그 지역 도시들의 번영과 함께 발달하면서 더욱 더 번영을 촉진시켜온 뛰어난 사업가에게는 그 지역의 귀족 및 상위 주군인 프랑스 왕과의 전통적인 봉건적 관계가 참을 수 없는 제약이 되었다. 한편 프랑스 왕들은 전례 없는 규모의 부가 자신들의 손아귀에 들어오려는 것을 놓치지 않으려면, 플랑드르의 도시들이 독립을 얻으려고 노력하는 경우 온 힘을 다해 이를 저지하지 않을 수 없었다. 이를 위해 왕들은 대개 도시들과 전통적으로 적대관계에 있던 농촌의 귀족들을 지원함으로써 자신의 입장을 강화하고 도시의 입장을 약화시키려 하였다. 반면에 영국인은 이 당시 플랑드르와의 양모교역에 깊이 관여하고 있었으므로 도시들을 지원하고 프랑스의 입김을 배제하는 데 온 힘을 다하였다. 백년전쟁은 바로 이러한 복잡한 투쟁으로부터 마침내 1337년에 터져 나왔던 것이다.

전쟁의 주요 싸움들에서 프랑스는 잇달아 패배를 맛보았다. 웨일즈인 및 스코틀랜드인과의 싸움에서 얻은 경험으로 영국인은 장궁(long bow)의 효력을 깨달았고, 그 이점을 살릴 전술도 개발해 내었다. 여전히 전통적인 기병 공격과 기사도의 영웅주의에 의존하고 있던 프랑스군은 영국 궁병들의 공격에 치명타를 입었다. 프랑스군은 이 새로운 전술을 모방하지도 또 그에 맞서지도 못할 입장이었다. 그 이유로는 평민 출신 병졸들에 대한 사회적 편견 때문에 프랑스가 자체의 보병을 양성해 내지 못하였다는 점이 오래 전부터 지적되어 왔으나, 문제는 이보다 훨씬 더 복잡하였다. 활을 제대로 쏘려면 대단한 기술과 힘이 필요하며, 따라서 기사가 되는 것 못지않게 끊임없는 훈련이 요구되므로, 일반 농민이 숙달된 궁병이 된다는 것은 전혀 불가능한 일이었던 것이다. 따라서 프랑스군은 영국군의 새로운 전술에 맞서 용기밖에는 내세울 만한 것이 없었다.[188] 그 결과 두 나라 군대가 싸움터에서 정면으로 맞닥뜨리는 경우 영국군은 수적으로는 열세이면서도 거의 언제나 승리를 차지하였고, 특히 1346년과 1356년에 각각 크레시와 푸와티에에서 벌어진 중세 전사상 길이 남게 될 두 차례의 전투에서는 프랑스군을 완전히 궤멸시켰던 것이다.

1350년에 필립 6세의 뒤를 이어 프랑스 왕위에 오른 장 선량왕(John the Good, 1350~1364)은 푸와티에에서 비참한 패배를 당하곤 포로가 되어 영국으로 이송되었다. 프랑스는 혼란에 빠졌다 당시의 한 연대기 작가가 기술하였듯이 "그 이후로는 통치 질서가 붕괴되고 그에 따라 국방이 약화됨으로써 프랑스인에게 끊임없이 재난과 불행 그리고 위험이 다가왔다." 그러나 장의 아들 샤를 5세(Charles V, 1364~1380)는 바로 이 어려운 시기에 프랑스인을 규합하여 약탈자인 영국인들에 맞서 스스로를 지키게 할 수 있었다. 그 다음에 그는 1360년에 브레타뉴 조약(the Treaty of Brétigny)을 맺어 일단 휴전하였다. 이 조약에 따라 에드워드 3세는 프랑스 왕위계승권을 포기하는 대신 남으로는 가스코뉴와 북으로는 칼레(Calais) 및 퐁티외(Ponthieu)를 직접 소유하게 되었다. 장 선량왕은 막대한 몸값을 내기로 약조하고 풀려났으나, 프랑스가 그 몸값을 마련할 수 없음이 분명해지자, 기사답게 스스로 영국에 되돌아가 그곳에서 1364년에 삶을 마쳤다.

영국인은 싸움에서의 빛나는 승리에 도취하여 프랑스를 완전히 정복

---

188) 프랑스군은 제노바 사람들로 이루어진 석궁사 부대를 고용하였으나, 석궁(crossbow)은 영국군의 장궁보다 사정거리가 짧았고, 프랑스군은 또 석궁사를 이용하는 전술을 개발해내지 못하고 있었다.

할 수 있으리라고 믿고 있었다. 그러나 그것은 현실적으로 불가능한 일이었다. 그토록 큰 나라를 점령하고 수비하기에는 인력이 턱없이 모자랐기 때문에, 이들은 결코 프랑스인의 저항을 완전히 분쇄할 수는 없었던 것이다. 그러나 영국 왕에게는 승리의 영광이 꼭 필요하였고, 그의 제후들은 약탈로 한 몫 잡기를 열망했기 때문에 전쟁은 질질 끌게 되었다. 영국의 제후들은 폴스태프(Falstaff)의 불량한 동료들처럼 다음과 같은 외침에 환호하였다.

> 프랑스로 가자. 모두들 말거머리처럼, 그 피를 빨고, 빨고, 또 빨기 위해

1364년에 공식적으로 부왕의 뒤를 이은 샤를 5세의 영리한 지도 아래 프랑스인은 영국인이 뿌리가 약했던 휴전을 깨고 전쟁을 재개했을 때 효과적으로 방어를 하기 시작하였다. 샤를 5세는 교활하고 재능이 뛰어난 군 지휘관을 하나 발굴해 내었는데, 그는 바로 브레타뉴 출신의 베르트랑 게스클랭(Bertrand du Guesclin, c.1320~1380)이었다. 그는 로마의 유명한 장군 파비우스(Fabius)를 본 따 결코 정면 싸움을 하지 않았다. 그 대신 그는 소규모의 잦은 습격으로 영국군을 성가시게 하고, 성들을 탈취 · 장악하며, 각지의 저항운동을 조직하는 따위의 방법으로 영국군을 지치게 만들었다. 전쟁은 15세기에 들어서서까지도 열기가 식지 않았으나, 영국군은 이러한 전략에 말려들므로써 완전히 탈진하여 전쟁의 주도권을 상실하고 새로이 얻은 영토를 거의 모두 다시 내어주고 말았다. 영국군을 궁지에 몰아넣은 프랑스인은 휴식과 회복의 시대를 누렸다. 오늘날 현명왕(the Wise)이라 불리는 샤를은 심지어 나라 안팎에서 왕의 위엄과 권위도 되살릴 수 있었다. 그러나 그는 1380년에 때 이른 죽음을 맞이하였고, 이에 프랑스는 훌륭한 통치자를 잃은 동시에 무능한 샤를 6세(Charles VI, 1380~1422)의 실정을 겪어야 하는 이중의 재

난을 당하였다. 유능한 아버지의 이 가엾은 아들은 곧 정신이상의 징후를 분명하게 드러냈고, 이는 영국인에게 새로운 침략을 하도록 공식으로 초청한 것이나 다름없었다. 영국군은 다시 한 번 놀라운 승리를 거두게 될 것이었다.

영국과 투쟁하는 동안 그리고 부분적으로는 바로 그 투쟁 때문에, 프랑스에서 진행된 내부의 정치발전은 해협 건너편에서 이루어지고 있던 정치발전과 매우 중요한 대조를 이룬다. 크레시에서 패배당한 뒤에 소집된 삼부회(the Estates-General)는 전비를 위한 더 이상의 과세를 거부하고 재정개혁을 요구하였다. 필립 4세가 프랑스 전역으로부터 소집했던 삼부회는 이 당시 별개의 두 집단으로 나뉘어 소집되었다. 하나는 랑그도일(Langue d'Oil)이라고 불리던 루아르(Loire)강 이북 지역을, 다른 하나는 랑그독(Langue d'Oc)이라 불리던 남부 지역을 대표하였다.[189] 이 두 명칭은 프랑스어 악센트의 지역적인 차이에서 유래되었으며,[190] 남부 프랑스는 아직도 이따금 랑그독(Languedoc)이라 불리곤 한다. 그러나 1355년에는 남 · 북의 두 삼부회가 이례적으로 단합된 행동을 보여 장으로부터 중요한 양보들을 얻어 내었다. 장은 새로운 세금을 과세할 때마다 먼저 삼부회의 협의를 거치겠다고 약속하였다. 그러나 그는 곧 바로 삼부회에 맞설 대립세력을 조직하기 시작하였고, 그가 푸와티에에서 포로가 되자 섭정을 맡은 태자 샤를은 이 세력을 유지할 수 있었다. 1357년에 재정의 압박으로 삼부회를 소집할 수밖에 없었을 때, 샤를은 대조례(the Great Ordinance)로 집약된 일련의 광범위한 요구들에 직면하였다. 이들은 분명 영국에서 의회가 얻어 내기 시작하고 있던 것과 같은 재정 통제권을 삼부회에 부여하려는 것이었다. 샤를은 당장에는 타

---

189) Painter, *Feudal Monarchies*, pp. 40, 41.

190) "그렇다 yes"에 해당하는 말이 oc와 oil로 달랐고, 이에 따라 북부 프랑스어는 오일어 langue d'oil, 남부프랑스어는 오크어 langue d'oc로 불리었다.

협하는 쪽을 택하였으나, 삼부회의 성공은 한 순간에 그쳤다. 이들은 곧 바로 다시 두 쪽으로 분열되었고, 뿐만 아니라 이들의 가장 중요한 지도자인 에티엔느 마르셀(Etienne Marcel)이[191] 결정적인 실수를 저질렀던 것이다. 전쟁으로 극심한 혼란이 벌어지고, 뒤 이어 휴전 시에는 왕의 군대와 일거리를 잃은 용병대가 마구 착취와 약탈을 저질렀기 때문에 농민들은 분연히 봉기하여 이른바 자크리(Jacquerie)의 난을 일으켰다. 파리의 가장 부유한 상인이었던 마르셀은 왕에 맞서 삼부회에 대한 대중의 지지를 얻을 심산으로 농민 지도자들과 밀통을 하기 시작하였다. 이러한 전례 없는 조치로 말미암아 귀족은 즉각 그리고 완전히 마르셀과 결별하였으며, 결국 마르셀은 살해당하였다. 이에 샤를은 파리로 되돌아올 수 있었을 뿐 아니라 프랑스 전역에 걸쳐 왕권을 다시 확립할 수 있었다.

삼부회의 역사가 영국 의회의 역사와 그토록 크게 다른 데에는 많은 이유가 있다. 삼부회는 대개 중대한 위기가 발생했을 때에만 소집되었으므로, 입헌적이라기보다 혁명적인 성격을 지닌 것으로 비추어지기 십상이었고, 이에 잠재적인 지지자들 가운데 대다수로부터 외면을 당하였다. 게다가 프랑스인은 영국인에 비해 계급 뿐만 아니라 지방색에 의해서도 더욱 심각하게 분열되어 있었다. 자유농 또는 요맨(yeoman)이 군대에 대거 복무하였고, 하급귀족이나 기사들이 하원에서 도시민들과 함께 주 대표로 앉아 있었다는 점들이 프랑스가 도저히 따라갈 수 없는 영국의 사회적 통합을 보여주는 예들로 일컬어져 왔다. 프랑스에서는 농민들이 비천한 일에 종사하는 것 외에는 어떠한 일로부터도 엄격하게 배제되었고, 도시민은 귀족들로부터 사회적으로 열등한 존재이자 정치적인 적으로 간주되었다. 게다가 이러한 사회적 편견과 함께 지방

191) 마르셀은 파리의 민선시장 provost of merchants이었다.

색이 왕에 대한 충성심보다 종종 더 강했고, 남 · 북 양 지역의 이해관계는 자주 갈등을 일으켰다. 그 결과 입헌주의 세력이 단합하여 왕에 맞선다는 것은 극히 어려운 일이었고, 바로 이러한 삼부회의 실패는 적어도 상대적으로 왕의 위엄을 높여주었다.

유럽의 어떤 군주보다도 프랑스 왕은 높은 위엄을 누렸는데, 이에는 여러 가지 요인이 개재되어 있었다. 그 가운데 전형적인 것은 랭스(Reims)에서 거행되는 장엄한 대관식이었다. 이 대관식에서 왕은 성유를 도유받았는데, 이 성스러운 기름은 성령(the Holy Spirit)이 비둘기의 모습으로 하늘에서 가지고 내려왔으며, 손만 대면 연주창을 낫게 하는 따위의 기적을 일으키는 힘을 왕에게 준다고 널리 믿어지고 있었다. 또 하나 이에 못지않게 중요하지만 성격은 매우 다른 요인으로는 후기 카페 왕조를 섬겼던 솜씨 좋은 선전가들의 활발한 활동을 들 수 있다. 이들은 필립 단려왕의 치세 때에 프랑스 왕의 지배권을 주장하였다. 이러한 거창한 주장은 필립의 몰염치한 책략 때문에 어느 정도 손상되었고, 그의 바로 뒤를 이은 왕들은 누구도 프랑스 왕이 전에 받았던 존경을 되찾을 만큼 유능하지도 매력적이지도 못하였다. 샤를 5세에 이르러서야 프랑스 왕은 잃었던 것을 회복할 수 있었다. 그는 부와 권력을 과시하면서, 명민한 보좌관과 솜씨 좋은 장인들의 봉사에 힘입어 그의 궁정을 뒷날의 베르사유(Versailles)에 버금가게 고급스럽고 풍요로우며 위풍당당한 모습으로 꾸며 놓았다. 게다가 적인 에드워드 3세와는 군사적 용맹성에 있어서 도저히 겨룰 수 없었던 샤를은 왕이 직접 군대를 이끌고 전투에 뛰어들 필요는 없다는 관념을 성공적으로 널리 퍼뜨렸다.

실로 그가 선왕들이 싸움터에서 잃었던 것을 궁정에서 모조리 되찾았다는 것은 그의 위엄을 한껏 높여 주었다. 요컨대 이렇게 새로이 높아진 위엄으로 프랑스왕은 유럽의 문제에 개입할 권위를 지니게 되었으며, 이후 왕위에 오른 자가 무능하여 어려운 시기를 맞이한다 해도 이를 극복할 수 있는 힘을 얻게 되었다.

독일 - 동쪽으로의 편향

14세기에 독일의 상황은 영국 및 프랑스의 상황 못지않게 혼란스러웠지만, 제국과 서유럽 왕국들의 중요한 공통점은 이것 뿐이었고, 심지어 이 점에 있어서도 독일에서는 혼란이 결코 새로운 것이 아니었다는 중요한 차이점이 있었다. 12세기와 13세기에 영국과 프랑스에서는 왕권이 강화되고 있었던 반면, 독일에서는 황제의 권력이 끝없는 투쟁 속에서 흩어지고 있었다. 14세기 초 제국의 서부 변경은 프랑스의 위협을 받고 있었고, 흔적만 남아있던 황제권마저 독일에서 교황들의 간섭과 제후들의 책략으로 말미암아 도전받고 있었다. 그리하여 영국과 프랑스는 강력한 왕정 체제를 갖추고서 14세기의 위기를 맞이한 반면, 제국은 바야흐로 해체될 것으로 보였고, 제국의 지지자들은 제국을 어떻게든 존속시키기 위해 필사적으로 새로운 방책을 궁리해야 하였다. 당시의 혼란 속에서 이러한 노력들이 마구잡이로 이루어져 성공할 가능성이 희박한 것으로 여겨졌음은 당연한 일이라 하겠지만, 장기적으로는 이들이 제2차 세계대전에 이르기까지 독일의 역사발전에 영향을 미치게 될 새로운 방향을 정립시켜 놓았다고 할 수 있다.

14세기 초에 합스부르크가의 알베르트 황제는 날로 자라나는 제후 세력을 저지하기 위해 분투하였으나, 1308년에 조카에게 살해당하고 말았다.

이 반역 사건을 틈타 엄청난 파고의 혼란이 벌어졌다. 황제들은 세습의 원칙을 결코 정립해 놓지 못했으므로, 대제후들은 이 결정적인 상황에서 전혀 어렵지 않게 합스부르크가의 후계자를 무시하고 서부 변경 출신의 보잘 것 없는 룩셈부르크백 하인리히를 황제로 선출하였다. 그는 바로 세력이 별 볼일 없었다는 점 때문에 제후들의 마음을 끌었지만, 알베르트가 제후들에게 정면으로 맞섰기 때문에 비극적인 종말을 맞이하였음을 충분히 깨닫고 있었다. 현실주의와 낭만적 성격이 기묘하게 뒤섞인 이 하인리히 7세는 알베르트의 공격적이지만 아무 쓸모없는 정책을 뒤따르려 하지 않았다. 그는 제위의 공허한 위엄을 지키려 애쓰기보다는 자신의 가문을 보헤미아(Bohemia) 왕가로 만들므로써 시기심 많은 제후들의 영향력이 미치지 않는 곳에서 확고한 세력기반을 다지기 시작하였다. 그러나 독일의 문제에 대한 그의 현실주의적인 접근은 이탈리아에 관련해서는 비극적인 낭만주의에 자리를 내주었다. 독일 황제들은 언제나 이탈리아에 대한 지배권을 주장했고, 12세기와 13세기에는 그 주장을 거의 실현하기에 이르렀다. 그러나 14세기 초 하인리히 이탈리아 여행은 완전히 넋 나간 짓이었다. 처음에는 단테 및 옛 황제파의 잔당이 그를 구세주로 환영하였다는 사실만 봐서라도, 그는 시대착오적인 과오에 빠져들고 있음을 스스로 깨달았어야 하였다. 그러나 하인리히는 1311년에 로마에서 대관식을 치름으로써 혼란한 이탈리아 정치의 진흙 구덩 속에 빠져 헤어나지 못하게 되었다. 그는 필사적으로 몸부림쳤지만, 결국 그의 군대는 잦은 포위공격과 질병에 시달리다 못해 그의 곁을 떠나고 말았다. 1313년에는 그 자신이 독살당했는데, 당시 소문으로는 한 사제가 성체성사(the Eucharist)용 포도주 속에 독약을 넣었다고 전해진다. 이탈리아에 대해 지배권을 행사하려던 중세의 마지막 독일 황제는 바로 그러한 최후를 맞이했던 것이다.

다음 황제의 선출 문제로 독일은 30년이 넘게 내란을 겪어야 하였다. 가장 강력한 후보였던 루드비히 바바리아(Louis of Bavaria, 1314~1347)는 싸움터에서는 합스부르크가의 경쟁자를 패배시켰으나, 교황의 반대는 군사 행동으로나 비굴한 굴종으로나 결코 극복할 수 없었다. 교황과의 싸움은 독일로 장소를 옮겨 루드비히와 독일의 교황 지지자들 사이의 장기간에 걸친 무력투쟁으로 이어졌고, 이 투쟁은 독일을 헐벗게 했을 뿐만 아니라 별로 남아 있지도 않은 제위의 위신마저 모조리 없애 버렸다. 결국 선제후들은 루드비히를 버리고 하인리히 7세의 손자인 카알 보헤미아(Charles of Bohemia, 1346~1378)을 선출하였다.

루드비히의 실패에서 어떤 황제도 제후와 교황의 단합된 공격을 견뎌낼 수 없음을 깨닫게 된 카알은 새로운 세력기반을 찾기로 마음먹었다.

1356년에 그는 제후들과 손잡고 독일에 대한 교황의 간섭을 배제하는 황금칙서(Golden Bull)를 선포하였다.

황금칙서는 제위 계승에 관한 전권을 선제후(prince-electors)들에게 부여함으로써 황제 선출에 간여할 교황의 권리를 부정했을 뿐만 아니라, 제국에 대한 교황의 영향력을 실질적으로 배제한 것이었다. 이는 또한 선제후들에게 각자의 영지에 대한 완전한 주권을 부여한 것이기도 했는데, 선제후들의 경우에서 일단 이러한 선례가 확립되자 군소 제후들이 이 선례를 이용하여 유사한 권한을 요구하고 얻어내는 것은 불가피한 일이 되었다. 독일로부터 교황의 영향력을 배제하기 위하여 카알은 자신과 그의 계승자들이 실질적으로 황제권을 회복할 가능성을 완전히 버렸던 것이다. 그는 자신과 가문을 위해 보헤미아에 확고한 지위를 구축해 놓았지만, 이는 독일에 전혀 영향을 미치지 못하였다. 실제로 그는 보헤미아의 아버지이자 독일의 의붓아버지라 불리었고, 그의 못난 아들인 이름난 주정꾼 벤케슬라스(Wenceslas)는 1400년에 선제후들에 의해 폐위 당하였다.

이러한 황제권의 쇠퇴는 다른 요인과 함께 독일인의 관심을 서부에서 동부로 돌리는 데 기여하였다. 이웃이 나약해진 틈을 타 프랑스는 독일과의 경계 전역에 걸쳐 영토 확장의 가능성을 시험하였고, 남서부에서는 스위스가 독립된 연방을 구성하여 14세기를 스위스의 역사에서 가장 영광된 시대로 만들었다. 전설적인 빌헬름 텔(William Tell)의 공적과 모르가르텐(Morgarten)의 극적인 승리를 시발로 하여 스위스는 독립을 성취하였을 뿐 아니라, 그들의 보병부대를 대륙에서 가장 강력한 군대로 등장시켰다. 독일의 왕조 가운데 비교적 강력한 축에 드는 왕조들은 이렇게 서부에서 잃은 것을 동부로 세력을 신장시킴으로써 보상받으려 하였다. 예컨대 합스부르크 왕조와 룩셈부르크 왕조는 서부의 군소제후 가문으로 출발하였으나, 14세기에 동부로 눈을 돌려 각각 오스트리아와 보헤미아에 성공적으로 그들의 왕조를 세웠다.

이에 못지않게 튜튼기사단(Teutonic Knight)에 의한 프로이센(Prussia)의 정복 및 통합도 중요하였다. 십자군 전쟁의 종결로 할 일이 없게 된 준종교적인 이 기사단은 그들의 기지를 프로이센으로 옮겨, 그곳으로부터 세력권을 리투아니아에로 넓히려 하였다. 이들은 초창기에 커다란 성공을 거두었는데, 이것은 슬라브족의 격렬한 저항을 불러 일으켰다. 1386년에 왕가 사이의 결혼으로 리투아니아와 합병되었던 폴란드는 마침내 1410년에 전설적인 탄넨베르크(Tannenberg) 전투에서 튜튼기사단을 제압할 수 있었다. 그러나 이 결정적인 패배를 시발점으로 그 유명한 기사단은 서서히 쇠퇴와 해체의 길을 걷게 되었지만, 프로이센에 대한 독일의 지배는 결코 약화되지 않았다. 이후 호엔졸레른(Hohenzollern)가는 이 프로이센에 강력한 본거지를 구축하였고, 결국에는 이를 핵으로 하여 새로운 독일 제국을 건설하였던 것이다.

황제권의 쇠퇴는 독일인의 관심을 서부에서 동부로 돌려놓은 요인이 되었지만, 또한 독일 정부를 더욱 더 심각하게 와해시킨 요인이기도 하였다. 대 제후 가문들은 황제들이 포기한 권한과 특권들을 즉각 차지하려 대들었고, 특히 합스부르크가와 룩셈부르크가, 그리고 후에는 호엔졸레른가를 비롯한 몇몇 가문은 옛 제국으로부터 너른 독자적 지배영역을 떼어 가질 수 있었다. 그러나 그 밖의 대 제후들은 그들 자신이 그들 자신 다음 차례로 바로 그 분권화 추세의 희생물이 되었다. 군소 제후들이 자신들의 더 작은 정치 단위 내에서 독립적 사법권을 행사해야 하겠다고 주장하기 시작했다. 종종 분권화 과정은 그 논리적 귀결로 개개 기사의 아주 작은 지배 영역에 이르기까지 계속되었고, 이에 독일의 지도는 조각그림 맞추기처럼 되었다. 각 지방의 사람들은 그들의 관심을 자기 지방의 법정과 극히 소규모의 군대에만 쏟음으로써 독일인으로서의 일체감을 완전히 상실하였다. 이렇게 국지적인 이익 추구와 소규모 전쟁에 힘을 낭비한 결과 독일은 수세기 동안 마비상태에 빠지게 되었다.

이러한 전반적인 분열의 와중에서 그리고 부분적으로는 바로 이 때문에 14세기는 독일 도시들의 황금시대가 되었다. 상황 때문에 어쩔 수 없이 자위하고 자치해야 했던 도시들은 많은 경우 독립을 성취하였고, 심지어는 불황이 유럽을 강타하고 있었음에도 아랑 곳 없이 경제적 번영을 구가하기까지 하였다. 이렇게 자체의 자원을 크게 늘린 도시들은 통치기술을 혁신적으로 발전시켰다. 이들은 행정 기술을 발전시켰을 뿐 아니라 도로포장, 소방, 그리고 공중보건과 같은 혁명적인 공공사업을 시행하였다. 실로 한 권위 있는 학자에 따르면, "독일의 중세 도시는 근대국가의 선조였다."

당시의 극심한 혼란에 비추어 볼 때, 이러한 것들은 결코 보잘것없는 업적이 아니며, 옛 사회적 정치적 구조가 제국의 붕괴로 심각하게 손상당하긴 했지만 이 재앙이 사회의 일부에 있어서는 건설적인 반응을 일으켰던 것이다.

교황과 이탈리아 - 교회의 주도권 상실

이미 살펴보았듯이, 보니파키우스 8세는 성년을 성공적으로 치른 직후 교황이 그리스도의 지상 대리인이며 따라서 모든 속권은 교황으로부터 나오는 것이라고 강력하게 주장함으로써 영국 왕과 프랑스 왕에게 정면으로 도전하였다. 필립 4세의 지나치게 야비한 대응은 이탈리아인의 감정을 자극하여 교황 쪽으로 돌아서게 하였지만, 이는 또한 보니파키우스를 정신적으로 강타하여 결과적으론 죽음에로 몰아갔다. 필립은 자신의 권위에 시비를 걸 사람이 모두 사라지자 교황청을 마음껏 공공연하게 주물러 대어, 1308년에 한 관찰자는 "프랑스왕은 교황이자 황제"라고까지 썼을 정도였다.

보니파키우스의 뒤를 이은 교황들은 이탈리아의 혼란한 정치상황을 피하고 프랑스 왕의 보호를 받기 위하여 아비뇽(Avignon)에 거처하였다. 이 도시국가는 교황령에 속해 있고 명목상 프랑스의 종주권 바깥에 독립해 있었으나, 실제로는 남동부 프랑스의 중심지로서 프랑스의 영향아래 있었다. 새로운 거주자들의 눈에는 중세 로마보다 훨씬 더 쾌적한 환경과 기후가 적지 않은 매력이었으며, 교황청은 곧 세속적인 안락과 편리를 탐하게 되어 좋지 않은 평판을 얻게 되었다. 포도주로 유명한 이 지역에서 교황청의 옛 위엄은 새로운 뿌리를 바로 내리지 못하였다. 오히려 교황들은 프랑스의 정치에 얽혀 들어, 영국과 프랑스의 무자비하거나 무능한 군주들에게 거절당한 사람들로부터 얻어 낼 수 있었을 신망과 지지를 헛되이 잃고 말았고, 스스로의 평판을 나쁘게 만들었다. 이른바 교황의 바빌론 유수(The Babylonian Captivity)가 시작되었던 것이다.

교황들은 아비뇽으로 옮김으로써 새로운 어려움에 봉착하였을 뿐 아니라, 로마에 있을 때와 다름없이 여전히 중세 교회의 커다란 딜레마에 직면해 있었다. 이 딜레마란 교회의 영적인 임무를 수행하기 위하여 사제의 위계조직이 반드시 필요하지만, 이 조직은 불가피하게 세속 관료조직과 격렬한 투쟁을 벌일 수밖에 없다는 점이었다. 이 불가피한 투쟁이 진행되면서 일부 교황은 이에 대해 지나칠 정도로 관심을 쏟게 되었고, 이는 많은 사람들로부터 교황청이 교회의 주된 목적을 망각하지나

않을까 하는 염려를 자아내게 되었다. 보니파키우스 8세는 영국과 프랑스의 왕들과 힘겨루기를 시작했을 때, 선임자들이 종종 그러했던 것과는 달리 적의 신민들로부터 더 이상 대중적인 지지를 얻어낼 수 없다는 사실을 깨달았다.

그러나 보니파키우스의 비극적 실패가 보여주는 명백한 교훈을 그의 후임자들은 헛되이 놓쳐버렸다. 이들은 뛰어난 재정가로서 매우 효율적으로 온갖 부과금과 세금 그리고 벌금을 거두었고, 아주 약삭빠르게 재정을 확대하였으나, 바로 이 때문에 교황청의 영적 권위는 크게 약화되기 시작하였다. 이들은 또한 독일의 문제에 개입하는 옛 정책을 되풀이하여 루드비히 바바리아를 상대로 한정된 정도나마 성공을 거두었지만, 그 대신 대개 탐욕스럽고 세속적인 꼭두각시로 여겨지게 되었다. 그로 말미암아 교황들은 영적 권위를 크게 잃었고, 이는 교회에 심각한 해를 입혔다. 14세기 사람들은 당대의 거듭된 혼란으로 말미암아 세속적인 심지어는 지저분한 문제에 크게 매달릴 수밖에 없었지만, 본능과 취향에 있어서 선조들 못지않게 종교적이었다. 이미 당시의 타락상으로 말미암아 상당히 꺾여 있었던 그들의 믿음은 아비뇽 교황들의 충격적인 세속성 때문에 더욱 능멸당한 셈이었다. 순전히 혐오감 때문에 많은 사람이 교회에 등을 돌렸고, 일부는 신비주의와 이단에서 위안을 찾으려 하였다. 심지어는 아비뇽 교황들 스스로도 그러한 추세에 숨겨진 위험성을 인식하고 이에 대처하려 하였다. 그러나 진지한 정신적 혁신에 대한 이들의 무관심은 너무나 근본적인 것이어서 얼렁뚱땅 은폐될 수 없었으며, 결국에는 이들의 노력을 좌절시키고 동시에 비판자들의 권위를 높이는데 이바지하게 되었다.

예컨대 교황청은 프란시스회 정통파(the Spiritual Franciscans)라 불리는 성 프란시스의 추종자들을 탄압함으로써 대중의 신망을 크게 잃었다. 1318년에는 네 명의 극단주의자가 교황의 명령에 거역하여 프란시스 수도회 안에서 절대적 청빈을 굳게 지켜야 한다고 고집하다가 화형을 당하였다. 그 뒤 1322년에 교황은 그리스도와 그의 사도들이 아무런 재산도 소유하지 않았다는 견해를 이단으로 선언함으로써 온건한 프란시스회 수도사들마저 반란에 뛰어들게 만들었다. 교황이 교황청의 재정을 유지하기 위해 몹시 노력할 수밖에 없다는 사실도 대중의 분노를 전혀 삭이지 못하였다. 경건한 신도들은 초기 교회의 소박한 동기들이 그런 후계자들의 손 안에서 어떻게 변질되고 있는가를 곰곰이 생각하지 않을 수 없었다.

교황이 없는 이탈리아에서는 기왕의 서로 물고 물리는 투쟁이 더욱 심각해지고 있었다. 하인리히 7세의 수치스러운 패배 이후 독일 황제의 간섭을 통해 안정이 이루어질 가능성은 완전히 사라졌다. 반도의 남부만이 하나의 왕국인 나폴리 왕국(the Kingdom of Naples)으로 통일되어 있었으나, 이 지역은 빈곤과 무법의 상태로 빠져들고 있었고, 근대에 이르기까지도 이 상태를 벗어나지 못해 왔다. 그밖에 북부의 도시들은 훨씬 부유하긴 하였지만, 종종 폭군의 시대라 불리는 시대로 들어서고 있었다. 그들 대부분은 12세기와 13세기에 독일 제국으로부터 독립을 쟁취하여 코뮌(communes)이라 불리는 공화정 자치정부를 수립하였다. 그러나 부가 증대되면서 불가피하게 내적인 갈등이 심화되었다. 성장하는 교역과 산업으로 큰 이익을 얻어 새로이 대두한 계급들은 기존 지주계층의 지배를 거부하여 격렬한 투쟁을 벌였으나, 이 투쟁은 대개 어떤 계급도 다른 계급을 항구적으로 제압할 수 없다는 사실만을 증명해 줄 뿐이었다. 이러한 전형적인 난국은 전형적인 타협을 낳는 경향이 있어 한 강력한 인물에게 전체적이지만 편파적이지는 않은 통치를 하도록 내맡겨지곤 하였다. 그리고 그러한 인물은 일단 권력을 잡으면 그 권력을 움켜쥐게 마련이었다. 그들은 별 어려움 없이 공화정을 뒤엎고, 자기의 자손을 세습군주로 내세울 수 있었다.

이러한 일반적인 유형은 북부 이탈리아의 거의 모든 도시에서 나타났다. 가장 중요한 경우는 밀라노(Milan)였다. 그곳에서는 비스콘티(Visconti) 가문이 아주 강력하게 세습 전제정을 확립하여, 1400년경에는 그 집안에서 가장 위대한 공이 죽지만 않았다면 북부 이탈리아 전역을 정복할 수도 있었을 것이다. 이 유형에서 벗어난 중요한 예외는 베니스(Venice)였다. 아드리아 해안에 위치한 이 교역 도시에는 배후지가 거의 없어 강력한 지주 계급이 형성될 수 없었고, 이에 베니스는 다른 도시들과는 달리 사회적 투쟁을 겪지 않았으며, 그 지배층인 대상인 계급은 아무 도전도 받지 않고 과두적인 공화정을 장악할 수 있었다. 플로렌스(Florence) 역시 정도는 덜하지만 밀라노의 유형에서 벗어난 예외적인 도시국가였다. 전형적인 계급투쟁이 밀어닥쳤을 때, 플로렌스 사람들은 힘을 다해 이에 대처하여 공화정을 구해 내었으나, 그들의 성공은 겉모습에 지나지 않았다. 신중하게 겉으로는 전통적인 정체를 유지하고 옛 직명들을 그대로 쓰면서 메디치(Medici)라는 강력한 가문이 15세기에 당시의 다른 폭군들이 누리던 것과 실질적으로 다를 바 없는 권력을 장악하고 이를 유지했던 것이다. 요컨대 북부 이탈리아에서 전제정이 대두함으로써 규모는 작지만 부와 문화로 이를 벌충한 작은 영방국가(territorial state)의 성장이 촉진되었다. 일부 이탈리아 역사가들은 아직도 15세기에 극에 달한 이러한 발전을 향수어린 눈으로 바라보고 있으나, 이 시대의 업적은 피비린내 나는 기나긴 투쟁을 통해 이루어진 것임을 상기할 필요가 있다.

쇠퇴하는 남부 왕국과 성장하는 북부 도시들 사이에 위치한 로마 근교지역은 혼란 속에 빠져 있었다. 교황들이 아비뇽에 머무르게 되자, 한때 위대했던 이 도시는 무질서한 시민과 탐욕스러운 제후들 그리고 외국인 용병들의 폭력에 내맡겨졌다. 이들 가운데 누구도 항구적인 안정을 이루어내지 못하였다. 그러나 짧은 막간 동안 혼란스러운 '영원한 도시 the Eternal City'의 지배권은 잠시 본토박이로 벼락출세한 콜라 리엔지(Cola di Rienzi)라는 허황된 낭만적 몽상가에게 장악되었다. 냉혹한 외국인 용병들과는 대조적으로 그는 로마를 사랑하였고, 불신당하고 있던 교황이 없는 가운데 이탈리아를 단합시킬 새로운 권위의 상징이 필요함을 느끼고 있었다. 이를 위해 그는 로마의 옛 영광과 그것의 고전적인 공화정에 대한 이탈리아인의 자긍심을 부활시키려 하였다. 그의 노력은 처음에는 상당한 성공을 거두었다. 그의 놀라운 열정은 시인 페트라르카(Petrarch)를 비롯한 많은 사람들의 상상력을 사로잡아 커다란 지지를 얻었고, 결국 1347년에 그는 호민관(Tribune of the People)으로서 권력을 장악하기에 이르렀다. 그러나 이러한 최초의 성공은 그를 다음의 승리에로 매진하게 만드는 대신 너무나 터무니없이 오만한 주장을 하게 만들었고, 이 때문에 그는 곧 추방되었다. 그러나 그는 이에 기를 꺾이지 않고 1354년에 되돌아 왔지만, 옛 로마의 전통을 되살려 온 인물답게 로마의 주피터 신전이 있는 카피톨(the Capitol)에서 살해당하였다. 정치적으로 그의 시도는 시대착오적인 오류였다. 웅대한 그의 환상은 다음 세기에 매우 눈부신 영향을 끼치게 될 고전시대에 관한 이탈리아인의 관심을 높이는 데 중요한 요인이 되었을런지 모르지만, 오늘날 그에 관한 기억은 바그너(Wagner)의 가장 형편없는 오페라 가운데 하나의 제목으로만 남아있을 뿐이다.

교황들은 아비뇽에서 오랜 동안을 지내고 나서도 로마에 대한 책임에서 완전히 벗어나지 못하였고, 마침내 이탈리아로의 복귀가 불가피한 일임을 깨닫게 되었다. 그 동안 교황령에 속한 많은 도시가 폭군들에 의해 장악되었고, 이들은 새로이 얻은 영역을 힘으로라도 지키려 하였다. 이에 교황은 1353년에 유능한 외교가이자 전사인 추기경 알보르노즈(Albornoz)를 이탈리아로 파견하여 가능하면 협상을 통해, 또는 필요하다면 무력으로라도 교황의 주권을 재확립시키려 하였다. 알보르노즈는 여러 해 동안 노력한 결과, 부분적이고 빈약한 성공을 거두었을 뿐이었다. 1367년에 교황 우르바누스 5세(Urban Ⅴ)는 마침내 로마로 되돌아갔으나, 3년도 채 되지 않아 그의 권위를 이탈리아의 여러 당파들에게 인식시키는데 완전히 실패하고는 절망하여 아비뇽으로 다시 옮겨갔다. 그의 뒤를 이은 그레고리우스 11세(Gregory XI, 1370~1378)도 1376년에 다시 똑같은 일을 겪게 되었다. 다만 그는 1378년에 죽었기 때문에 프랑스로 되돌아가지 못했을 뿐이다.

이 시점에서 교황청은 가장 큰 재난을 겪었다. 아직 로마에 남아 있던 추기경들은 서둘러 매우 고압적인 사람인 이탈리아인 우르바누스 6세(Urban Ⅵ, 1378~1389)를 교황으로 선출하였다. 그러나 이들은 곧 자신의 선택을 후회하여, 그의 선출을 위법으로 선포하고는 그 대신 프랑스인인 클레멘트 7세(Clement Ⅶ)를 선출하였다. 우르바누스는 자신의 퇴위를 정면으로 거부하고는 로마에 눌러 앉았고, 클레멘트는 아비뇽으로 가서 또 하나의 교황청을 세웠다. 이로써 교황청은 완전히 막다른 골목에 이르렀으며, 바빌론 유수의 수치는 교회 대분열(the Great Schism)의 추문으로 이어졌다.

그리스도교 세계는 10세기 이래로 그렇게 수치스러운 일을 겪어보지 않았다. 대립 교황들은 서로 너무나 야비하고 지독스럽게 권력을 남용하면서 상대방을 비난하는 데 몰두하였다. 우르바누스가 사망하였을 당시 그를 추종하던 추기경들은 너무 깊이 투쟁에 얽혀들어 있어서 자신들의 이기적인 목적을 위해 화해의 기회에 등을 돌렸다.

클레멘트와의 타협에 노력하는 대신 이들은 동료 추기경 가운데 하나를 우르바누스의 후임자로 선출하여 분열을 더욱 연장시켰던 것이다. 아비뇽의 추기경들 역시 이들과 똑같이 처신하였고, 이에 어떠한 있음직한 위기 해소책도 나올 수 없게 만들어 버렸다. 양측은 서로 그리스도교 세계의 통치자와 인민으로부터 지지를 얻어내려 하였고, 이에 교회의 분열은 교황청을 훨씬 넘어서서 전 유럽을 거의 동등한 두 진영으로 분열시키는 데까지 확산되었다. 영국인은 프랑스인 교황에게 충성하기를 거부하였고, 플랑드르인과 대다수 독일인 및 이탈리아인도 영국인의 뒤를 따랐다. 그러나 프랑스인은 스페인과 시실리 그리고 스코틀랜드 사람들로부터 지지를 받았다. 이리하여 양측은 팽팽한 균형을 이루게 되었고, 따라서 어느 쪽도 타협을 강요당하거나 먼저 타협을 제안하려 하지 않았다.

교회 권위의 궁극적인 원천이 이렇게 절망적으로 분열되어 버리자, 사제들의 규율은 양측의 모순된 행정과 맞비난에 의해 크게 해이해졌다. 많은 사람들에게는 그리스도의 사지가 영원히 찢길 것처럼 여겨졌다. 이에 인민의 반발과 절망이 점점 더 심각해지자, 결국 표면상으로는 모든 당파를 망라한 추기경 회의가 피사에서 열리게 되었다. 이 회의는 난국을 타개하려는 강력한 시도로 1409년에 양측의 교황을 함께 폐위하고는 양측 사이의 싸움에 얽혀들지 않아 모두에게 받아들여질 수 있을 만한 한 그리스인 성직자를 교황으로 옹립하기로 타협하였다.[192] 그러나 양측 교황 가운데 어느 쪽도 회의의 결정을 결코 인정하려 들지 않았고, 새로이 선출된 교황은 일년도 채 안되어 세상을 뜨고 말았다. 회의에 참여한 추기경들은 회개하지 않는 두 교황의 완강한 저항이나 새 후보자의 별세에도 굴하지 않고, 자신들의 교회법적 권위를 주장하면서 다시 한 번 필사적으로 위기의 타개를 시도하였다. 이들은 이때에는 중립적인 후보자를 선택하지 않고 호전적이고 평판이 나쁜 볼로냐(Bologna)의 추기경 겸 교황사절을 선출하였는데, 그는 요한 23세(John XXⅢ)라는 칭호로 교황에 올랐다.

---

192) 베네딕트 13세와 그레고리우스 12세를 폐위하고, 밀라노의 추기경이었던 칸디아 페르투스(Petro of Candia)를 알렉산더 5세로 옹립하였다.

그는 싸움터에서 피사에 모인 추기경들의 이익을 충실하게 보호해 주긴 했지만, 그의 경력이나 평판은 교황직에 전혀 걸맞지 않은 것이었다. 1415년에는 대중의 반발이 워낙 거세어져 그는 결국 심판대에 오르게 되었다. 역사가인 기번(Gibbon)이 뒷날 지적한 바에 따르면 "가장 추악한 죄목은 비밀에 부쳐졌고 … 그 그리스도의 대리인은 단지 약탈과 살인, 강간, 남색 그리고 근친상간의 죄로만 피소되었다." 그러나 냉소적인 기번에게는 재미있는 일이었던 것이 중세 말의 경건하고 무서움에 떨던 세계에게는 결코 재미있는 일이 아니었다. 그는 탄핵되어 폐위 당했으나, 재판을 통해 드러난 일이 너무나 충격적이어서 그의 이름이 교황 명부에서 삭제되었음에도 불구하고 후대 교황들은 오늘날까지도 요한이라는 이름을 갖지 않게 되었다.

수지의 결산

14세기의 정치적 발전에 관한 고찰을 교회의 분열에 대한 서술로 끝맺는 것은 당시의 폭력적이고 혼란한 성격을 강조할 수밖에 없다. 그리스도교 세계를 통합시켜 온 모든 위대한 관념과 제도들이 와해되고 있는 듯하였다. 교황청이 분열되었을 뿐 아니라, 이탈리아는 서로 다투는 나라 및 도시들의 집합체로 전락하였고, 제국은 끝없이 작은 단위로 해체되고 있었으며, 심지어 프랑스 왕국도 전쟁과 왕위 계승 문제 그리고 한 미치광이 왕의 실정으로 약화되어 와해되고 있는 것처럼 보였다. 오로지 영국에서만 정부가 왕국의 영토적 통합을 유지할 수 있을 만큼 강력하고 안정되어 있었지만, 이따금 공공연한 투쟁으로 불타오른 격렬한 당쟁의 대두를 저지하지는 못하였다.

유럽인의 삶에서 지리멸렬한 지방주의가 그토록 많은 측면을 지배하고 있었던 이러한 전반적인 상황을 염두에 둘 때, 일부 학자들이 14세기에서 민족주의의 중요한 시발점들을 찾아내고 있음은 놀라운 일이다. 이러한 가설은 같은 시대에서 자본주의의 기원을 찾는 비슷한 가설과 마찬가지로, 극히 신중한 고찰을 요한다. 맹아적인 민족의식은 대개 백년전쟁의 와중에서 태동하였다고 주장되곤 한다. 끊임없는 전쟁에 시달린 프랑스 사람들은 점점 더 단호하게 처음에는 지방적으로 그러다가 결국에는 전국적으로 자체방어의 노력을 기울이게 되었다. 프랑스의 방위를 위한 이러한 단합된 노력은 필연적으로 침입자가 외국인이란 사실에 주목하게 하였고, 영국인에 대한 증오를 널리 퍼뜨렸으며, 아마도 어느 정도는 맹아적이나마 프랑스에 대한 사랑의 감정을 태동시켰는데, 이 감정은 얼마 뒤 잔 다르크(Jeanne d'Arc)에서 매우 두드러지게 구현되기에 이르렀다는 것이다. 그리고 영국인도 역반응에 의해 그들이 외국에서 하나의 공통된 국민적 목적을 추구하고 있다는 생각을 가졌을 수 있다. 하지만 그렇다고는 해도, 백년전쟁의 초기 국면에서 대부분의 영국군 지휘관들이 여전히 프랑스어를 쓰고 있었고, 이들 가운데 적어도 일부는 자신이 장차 프랑스 봉토의 정당한 보유자가 되리라고 기대하였다는 사실은 반드시 염두에 두어야 할 것이다. 그밖에 유럽의 다른 지역에서는 지방주의가 여전히 지배적이었다. 예컨대 플로렌스의 주민들은 스스로를 우선은 플로렌스 사람으로, 그 다음에는 토스카나 사람으로, 그리고 마지막에 가서야 이탈리아 사람으로 여겼다. 그들은 민족 전체를 위하여 그들의 지역감정을 결코 버리려 하지 않았고, 이웃 피사 사람들에 대한 그들의 경멸은 그들이 관습적으로 사기와 배신을 피사인의 악습(the pisan vice)이라 불렀다는 사실에서 극명하게 나타났다. 영국과 프랑스를 제외한 유럽의 어떤 지역에서도 근대적 의미의 민족(nation)이라 할 만한 것은 거의 존재하지 않았으며, 심지어는 이 두 나라에 있어서조차 우리는 아주 원초적이고 간헐적인 상태로만 맹아적인 민족주의를 감지할 수 있을 뿐이다.

그러나 14세기 유럽인의 삶이 많은 측면에서 지리멸렬한 모습을 보여주고는 있지만, 사람들은 종종 영웅적인 용기로 엄청난 파멸의 위기에 맞섰다. 당시의 위대한 군사적 승리들은 절대적으로 불리한 여건을 극복한 결과였고, 가장 칭송받던 영웅들은 빌헬름 텔이나 로버트 브루스처럼 용감한 패배자였다. 실제로 브루스와 그의 거미에 관한 이야기는 지어낸 것일지는 몰라도, 14세기의 역사를 아주 상징적으로 요약하고 있다. 극심한 혼란 속에서도 사람들은 더 좋은 세계에 대한 희망을 버리지 않았다. 사람들은 그 당시 개혁과 혁신을 제1의 과제로 삼았다. 예컨대 교회가 그 주도권을 잃고 미래가 세속국가에게 있음이 분명해지자, 사람들은 안정된 근대적 정부의 유형과 그 토대를 발전시키는 데 힘을 쏟았다. 살아남을 가능성이 있는 정부 유형들은 일단 확립되면 보존·유지되었고, 새로운 제도들이 필요한 경우에는 즉석에서 만들어지고 개선되었다. 무질서와 재난에도 불구하고 행정업무를 수행할 수 있는 새로운 관료제도가 유럽 전역에서 싹트기 시작하였다.

14세기는 어두운 겉모습에도 불구하고 로마의 몰락이나 가톨릭 제국의 붕괴에 뒤이어 찾아왔다는 것과 같은 암흑시대로 이어지지는 않았다. 한때 번창했던 중세 경제의 쇠퇴도, 전통적인 정치적 지도력의 와해도, 유럽 사회의 근본 구조를 파괴하지는 못하였다. 이 시대 사람들은 가혹한 시련을 겪었지만 결코 이에 꺾이지 않고 그들 문명의 가장 본질적인 요소들을 보존하였으며, 그대로는 유지될 수 없는 것들은 변형 또는 대체시켜 나아갔다. 그들이 그토록 험난한 고난에 처하여 이러한 일을 해냈다는 사실은 그들의 지략과 단호한 마음가짐을 증명해 주고 있다.

3. 극복에의 모색

한 13세기 신학자의 묘비명은 당시의 지배적인 지적 풍토를 한마디로 요약하고 있다. 거기에는 간단하게 "그는 알아야 할 것을 모두 알았다"고 새겨져 있는 것이다. 자신감에 넘쳐 있던 13세기의 사람들은 자신들을 둘러싸고 있는 세계의 본성을 이해하고 일반화시킬 수 있다고 굳게 믿었으므로, 이런 말이 농담으로 받아들여질 우려는 전혀 없었다. 게다가 그러한 놀라운 자신감은 당당한 업적으로 완전히 증명되는 듯하였다. 고딕 성당들은 지평선 위로 하늘을 찌를 듯이 솟아올라 이전의 낮고 평평한 건물들과 첨예한 대조를 이루고 있었다. 경외심을 자아내는 이러한 건물들을 장식한 조각과 색 유리창은 창세기로부터 최후의 심판에 이르는 인류의 전 역사를 말해주고 있었으며, 종종 일컬어지듯이 문맹자를 위한 그림 백과사전이 되어 있었다. 읽을 줄 아는 사람들을 위해서는 글로 된 백과사전들도 역사, 자연사, 법률 그리고 윤리를 포괄하는 방대한 규모로 수없이 출현하였다. 아마도 그 가운데 가장 인상적인 것은 성 토마스 아퀴나스의 『신학대전 *Summa Theologica*』일 것이다. 이는 신학의 대 요람으로서 인간의 이성을 사용하여 수많은 난해한 형이상학적 문제들을 제기하고 해결하려 한 것이었다.

그러나 경제와 정치에 있어서처럼 문화면에서도 13세기는 너무나 빨리 너무 멀리까지 나아갔다. 농민들이 이익을 거둘 욕심에 빠져 한계지의 경작을 시도하고, 왕들이 권력에 목말라 신민으로부터 점점 더 강력하게 복종을 요구하였던 것과 같이, 13세기 말에 가면서 성당들도 너무 높게 지어지도록 계획되어 완공되지 않은 채로 남거나, 또는 보베(Beauvais)에서처럼 실제로 붕괴되어 버렸다. 성 토마스는 왕성하게 활동할 나이에 사망하였는데, 그는 죽기 바로 얼마 전에 『신학대전』의 저술 작업을 "나는 그 일을 해낼 수 없다"고 탄식하면서 포기하였다고 전해진다. 중세 문명에 의미와 형태를 부여하였던 위대한 조화와 종합은 기근과 역병 그리고 전쟁으로 말미암은 사회의 극심한 혼란 속에서 사람들이 살아남기 위한 몸부림을 치게 되면서 곧 흔들리기 시작하였다. 당시의 도덕적 정신적 분열에 환멸을 느낀 사람들은 절망적으로 온 힘과 재주를 발휘하여 안정과 구원을 찾아 나섰다.

현대인들은 13세기의 자기 확신을 찬탄과 향수가 어린 마음으로 바라보는 경향이 있으며, 심지어 일부는 13세기를 서양의 역사상 가장 위대한 세기로 간주하기도 한다. 이는 아마도 알 수 있는 모든 것을 안다는 관념이 오늘날 우리의 지적 능력에 대한 생각에 있어서 우리는 14세기 사람들과 비슷하다. 정치경제적 혼란기에 사람들은 사방에서 제기되는 새로운 심각한 문제들에 대해 전통적인 해결책이 전혀 알맞지 않음을 깨닫곤 하였다. 이러한 마음가짐의 변화는 13세기에 즐겨 사용하던 저술 형식인 대요(*summa*)가 소논문(tract) 형식에 자리를 내주었다는 사실에서 분명하게 드러난다. 이 특징적인 저술 형식은 특수한 그리고 종종 실제적인 문제를 다루는 데 이용되었고, 보수적이건 진보적이건 온갖 가능한 관점에서 씌어졌다. 어떤 측면들에서는 이 시대가 실로 매우 보수적인 동시에 진보적이라는 인상을 준다. 그러나 반동적인 접근들마저 종종 새로운 결론으로 귀결되었고, 돌이켜 보건대 14세기는 몇몇 뚜렷하게 근대적인 관념들이 태동했던 시대라 할 수 있다. 이 마지막 절에서는 바로 그러한 견해를 피력하게 될 것이지만, 독자들은 대부분의 근대적인 움직임들이 아직 맹아 상태에 머물러 있었으며 당시의 극심한 다양성 때문에 일반화가 거의 불가능한 지경이라는 사실을 늘 유념해야 한다.

이러한 점과 함께 14세기 사람들이 아직 전적으로 중세적이었다는, 즉 뼛속 깊이 종교적이었다는 사실 역시 재삼 강조되어야 한다. 이는 그들이 도덕적이거나 경건하였다는 것이 아니라, 좋든 나쁘든, 강하든 약하든, 그들이 아무 의문 없이 삶에 있어서 정신적 가치가 궁극적으로 우위에 있다고 믿었음을 뜻한다. 바로 이 때문에 교황의 굴욕과 사제의 타락은 크나 큰 충격이 되었던 것이다. 어쨌든 오로지 신을 믿으려는 이들의 욕구는 더욱 커져 갔고, 그 결과 14세기에는 종교적 혁신이 나타나 많은 사람들이 기성 교회에서의 예배 대신에 직관적인 종교적 체험을 추구하든지(신비주의), 아니면 기존 교리 대신 독자적으로 필요한 믿음을 교리화하는 길(이단)을 택하였다.

신비주의

신비주의는 그리스도교 발전에 있어서 긴 역사를 지니고 있었다. 예컨대 성 아우구스티누스(St Augustine, 354~430)의 『고백록 *Confessions*』은 신비주의적 성향을 보이고 있으며, 12세기에는 역사상 가장 위대한 신비주의자의 하나인 성 베르나르(St. Bernard, 1090~1153)가 배출되었다. 그러나 13세기에는 신비주의자가 직관적으로 신을 찾는 데 반해, 그 시대는 본질적으로 직관보다 이성을 중시하는 합리주의적 성향을 지니고 있었기 때문에, 신비주의 세력이 위축되었다. 그러나 14세기에는 거꾸로 합리주의가 심각하게 의문시되었고, 신비주의가 유럽의 종교 생활을 지배하게 되었다.

14세기의 신비주의자 가운데 가장 먼저 나타난 그리고 가장 위대한 인물은 성 토마스 아퀴나스처럼 도미니크 수도회(the Dominican order)

에 속해있던 독일의 에크하르트(Eckhart, 1260?~1327)였다. 에크하르트는 성 토마스의 스콜라 철학(scholasticism)을 교육받았으나, 이에서 더 나아가 신플라톤 철학(Neoplatonism)도 연구하였다. 이 총서의 다른 책에서 그 저자가 설명하였듯이, "신플라톤주의자들은 그들이 모든 현상의 배후에 놓여 있다고 생각한 절대적이고 영원한 존재와의 접촉을 추구하였다."[193] 개개인의 영혼과 절대자와의 합일을 지향하는 이러한 노력은 에크하르트의 주된 관심사가 되었다. 에크하르트는 개개인이 신과의 합일을 목표로 온 힘을 다해 매진한다면 반드시 신의 은총에 의해 영혼의 정수 또는 그 자신의 말로는 불꽃(spark)이 신과 하나가 될 수 있다고 가르쳤다. 그러나 이처럼 신과 하나로 될 수 있다고 강조하는 것은 범신론(pantheism)에 지나치게 근접하는 것이었고, 그 결과 에크하르트는 아비뇽의 교황청으로부터 이단이라 탄핵받았다. 이 판결은 약간의 논쟁을 불러 일으켜 왔다. 에크하르트의 언동이 너무 모순적이고 모호해서 정통 신학자들의 심기를 거슬렸으리라는 것을 부정할 학자는 거의 없을 것이다. 그러나 에크하르트가 그의 충격적인 언동에도 불구하고 전혀 이단의 의도를 품고 있지 않았음 역시 분명한 사실로 보이는 것이다.

에크하르트의 독일인 제자들인 요한 타울러(Johann Tauler, 1300?~1361)와 하인리히 수소(Heinrich Suso, 1295?~1366)는 좀 더 신중하였다. 수소는 끊임없이 그리스도의 슬픔에 관해 말을 함으로써 정통 가톨릭의 전통에 완전히 흡수되었다. 수소와 타울러는 삼위일체에 관한 에크하르트의 모호한 언명을 회피하였고, 또한 범신론적 이단들을 아주 격렬하게 (비난하진 않았지만) 공격함으로써 범신론자로 의심받지 않을 수 있었다. 유럽의 다른 지역에서도 많은 신비주의자가 비슷한 길

193) Solomon Katz, *The Decline of Rome and the Rise of Medieval Europe* (Ithach, N.Y., 1955), p. 41.

을 택하였다. 플랑드르에서는 위대한 신비주의자 얀 뤼이스브뢰크(Jan Ruysbroeck, 1293~1381)가 에크하르트의 사고 유형을 대체로 뒤따르면서도 범신론과 공공연하게 결별하였고, 남부에서는 유명한 성 카트린느 시에나(St. Catherine of Siena, 1347~1380)를 비롯한 신비주의자들이 북부의 신비주의와 어떠한 직접적인 관련없이 행동하면서 좀 더 정통에 밀착되고 투쟁적인 길을 추구하였다.

이러한 신비주의적 물결은 여러 방면에 영향을 미쳤다. 이전의 신비주의자와는 달리 14세기의 신비주의자들은 외따로 혼자서 자신들의 환상을 좇는 데 만족하지 않았다. 에크하르트와 그의 추종자들은 열렬히 믿는 하나의 메시지를 지니고 있었으며, 이들의 가장 지속적인 활동은 이 메시지를 가능한 한 많은 사람에게 전하는 것이었다. 그리하여 신비주의 운동은 독일 속어로 작성되고 행해진 설교들에서 가장 특징적으로 표현되었다. 이 설교들은, 복잡하고 환상적인 관념을 표현하는데 독일어가 꾸준히 사용되면서 독일어의 어휘가 풍부해지고 독일 산문의 발전이 이루어졌으므로, 독일 문화에서 매우 중요한 위치를 차지한다.

신비주의의 확산은 또한 중요한 도덕 혁신 운동으로도 이어졌다. 신비주의자들은 신과의 합일이 순수한 마음에 의해서만 이루어질 수 있다고 강조하였으므로, 사람들은 도덕과 윤리의 문제에 관심을 갖게 되었다. 독일에서는 이러한 관심이 사회적 혼돈의 시대에 사람들에게 삶의 목적을 갖게 하는 데 기여하였다. 게다가 이 운동의 실제적인 측면은 교육 과정에도 영향을 미쳤다. 뤼이스브뢰크의 영향을 통해 네덜란드에서는 젊은이를 교육하며 이른바 새로운 신앙(*Devotia moderna*)에로 이끄는 공동체가 설립되었다. 이 공동체는 이후 위대한 그리스도교 인문주의자(Christian Humanist) 에라스무스(Erasmus, 1466~1536)를 비롯한 후세의 지도적 사상가들을 배출하게 되었다. 신비주의는 또한 프로테스탄트 종교개혁(Protestant Reformation)과도 분명한 연관을 맺고 있다.

수소와 타울러 등은 신중하게 정통임을 자처하였으나, 이들의 가르침은 안으로부터의 영적인 반응을 강조하였고, 이러한 강조는 암암리에 쉽사리 성사와 같은 외적 형식에 대한 경멸로까지 확대될 수 있는 것이었다. 타울러는 자신의 내면을 바라보는 인간(inner-looking man)에 관해 언급하였고, 교회는 어느 누구도 신성하게 만들지 못하나, 인간은 교회를 신성하게 만든다고 설파하였다. 이러한 감정이 상존함으로써 교회로부터의 점진적인 이탈과정이 촉진되었고, 이후 마르틴 루터(Martin Luther, 1483~1546)가 수확하게 될 곡식이 자라게 되었다.

이단

14세기의 대다수 신비주의자는 정통 가톨릭 진영에 남았고, 대개 신중하게 교회의 교리와 마찰을 일으키지 않도록 조심하였다. 그러나 당연한 일로 교회에 대한 비판은 거기에서 더 나아가 종종 이단으로 귀착되었다. 사실상 14세기 내내 이단은 교회의 계율과 그리스도교도의 삶에 커다란 문제이자 도전을 제기하였다.

가장 급진적인 도전은 자유영성주의자(the Free Spirit) 이단에 의해 제기되었다. 이 이단은 13세기에 나타났으나, 진정한 위험은 교황청이 아비뇽으로 옮겨 간 뒤의 일이었다. 자유영성주의자들이 쓴 글들은 거의 모두 불태워졌기 때문에, 이들의 신앙에 관해서는 믿을만한 증거가 많지 않다. 그러나 주된 윤곽은 분명하게 드러나 있다. 기본적인 교의는 인간이 신의 은총에 기댈 필요 없이 스스로의 의지만으로 거룩해질 수 있다는 것이었다. 자유영성주의자들은 자신들에게 신과 같은 힘이 있다고 주장했으며, 이들이 전통적인 윤리를 무의미하게 만드는 순결한 상태에 도달하였다고 선언하였다. 이러한 교의는 중세의 역사상 전통에 대한 가장 과격한 도전이었을 것이다. 그 추종자들은 통상적인 도덕률을 완전히 뒤엎어 무절제한 성적 방종을 찬양하고 게으름과 절도를 정당화하려 하였다. 이들이 실제로 자신들의 주장을 실행에 옮겼는지 아닌지는 결코 확답할 수 없지만 그러한 교의를 가르쳤다는 것만으로도 정통에는 충분히 위험스러운 것이었다. 게다가 그 추종자들은 놀라울 정도로 훌륭하게 조직되어 있었고, 이에 힘입어 자신들의 이념을 프랑스에서 오스트리아까지 그리고 네덜란드에서 이탈리아까지 확산시킬 수 있었다. 당연한 일로 교회는 이 이단의 뿌리를 뽑는 데 전력을 다하였고, 15세기에는 이 작업이 대체로 성공을 거두었다. 그러나 이 이단이 초기에 큰 성공을 거두었다는 사실은 그 당시의 세태를 보여주는 중요한 징후이자 미래를 짐작케 해주는 의미심장한 전조였다.

자유영성주의자 이단과 전혀 다른 또 하나의 이단은 영국인 존 위클리프(John Wyclif, 1330?~1384)라는 이단이었다. 위클리프는 초창기에 옥스퍼드 대학의 교수로 있을 때에는 복잡한 신학 논쟁을 즐기는 학자로만 알려져 있었다. 그는 만약 좀 더 평온한 시대에 살았더라면 일생을 무미건조한 학문적 논쟁으로 보냈을지도 모른다. 그러나 14세기 말에 영국은 반사제주의(anticlericalism)의 온상이 되고 있었다. 우선 프랑스 왕의 꼭두각시인 교황들이 강압적으로 끊임없이 돈을 요구하고 있었다. 영국의 귀족들은 결코 이러한 요구를 받아들일 마음이 없었고, 이에 아비뇽 교황청의 권위에 도전하면서 잠재해 있는 반사제주의와 위클리프 같은 유력한 대변자의 도움을 얻으려 하였다.

위클리프는 자유영성주의자 이단과 정반대의 입장에서 사제를 공격하였다. 자유영성주의자 이단이 인간은 신의 은총의 도움이 없이도 스스로의 의지에 의해 신성해질 수 있다고 주장한 반면, 위클리프는 구원에 필요한 신의 은총의 중요성과 인간의 원죄성을 크게 강조하였다. 그에 따르면 어떤 인간도 은총을 받지 않고서는 절대적 힘이나 통치권(*dominion*)을 지닐 수 없었다. 그는 이러한 제한을 심지어 사제직과 교황을 포함한 모든 사제에 까지 확대 적용하였다. 그에 따르면 은총을 받지 못한 사람은 누구든 결코 사제일 수 없었다. 아비뇽의 교황들과 사제들이 점점 더 세속적인 일에 관여하고 있던 상황에서 이러한 교의는 많은 호의적인 관심과 지지를 얻게 되었다. 그러나 위클리프는 나이가 들수록 더욱 급진화되었다. 그는 말년의 저술에서 교회 행정을 맡고 있는 무가치한 담당자들뿐만 아니라 교회 정부의 존재 자체를 공격하였고, 참된 그리스도교적 삶을 위해서는 성서를 관례대로 비유적으로 해석할 것이 아니라 글자 그대로 해석해야 한다고 주장하였으며, 이러한 주장은 그 문맥에서는 성직자 계급의 제거를 뜻했던 것이다. 마침내 그는 죽기 직전에 성체성사(the Eucharist)의 교의마저 공격하였다. 이 교의는 사제에게, 그의 인격이 어떻든, 교회의 핵심적인 성사인 성체성사를 집전할 배타적인 권력을 부여하는 것이었으나, 위클리프는 사도 전승의 기록에서 이러한 독점을 정당화시켜 줄 전거를 전혀 발견하지 못했던 것이다. 위클리프는 이로써 급진적 개혁을 청원하는 것을 넘어서서 교회의 가장 근본적인 교리에 대해 직접 도전하기에 이르렀다. 그의 유력한 지지자들은 공공연한 이단으로 나아갈 마음이 거의 없었으므로, 여기서 그와 결별하기 시작하였다. 그는 좀 더 오래 살았다면 엄한 처벌을 받았을지도 모르지만 형세가 완전히 그에게 불리해지기 전에 평온한 죽음을 맞이하는 행운을 누렸다. 위클리프의 이단은 여러 가지 이유에서 주목할 만하다. 14세기 말 이전의 영국은 정통 신앙의 보루였고, 이단에 거의 전염되지 않고 있었다. 이렇게 가장 정통 신앙이 뿌리 깊었던 나라에서 위클리프가 성공적인 경력을 쌓을 수 있었다는 사실은 교회의 규율이 약화되었고, 전통적인 규범 및 교리에 대한 비판이 대두하고 있었음을 아주 인상적으로 보여주는 증거였다. 좀 더 구체적으로는 성서를 글자 그대로 해석해야 한다는 위클리프의 주장이 성서의 영역으로 이어졌다. 위클리프의 영역 성서는 널리 유포되어 영국의 종교적 발전뿐만 아니라 영어의 발전에도 중대한 영향을 끼쳤다.

위클리프는 말년에 가면서 점점 더 비타협적으로 되어감으로써 귀족들의 지지를 잃었지만, 그 대신 하층 계급 가운데에서 상당한 추종자를 얻었다. 그가 죽은 뒤 롤라드파(Lollards)라 불리게 된 이 추종자들은 박해받아 지하로 숨어들었으나, 종교개혁 동안에 다시금 자신들의 비판을 공공연하게 내세울 수 있게 되었다. 또한 위클리프의 견해는 체코인 학자들에 의해 보헤미아로 전해져, 그곳에서 더욱 큰 성공을 거두었다. 보헤미아로 옮겨 심어진 위클리프의 사상은 존 후스(John Hus, 1370~1416)를 일깨워 14세기 내내 중부 유럽에서 막강한 영향력을 행사하고 종교개혁의 또 다른 선구가 된 이단을 형성케 하였다.

유명론과 정치사상

신비주의자의 내성적 개혁론, 자유영성주의자 이단이 제기한 급진적 개혁론, 그리고 위클리프 등의 거의 프로테스탄티즘에 가까운 개혁론 이외에도 14세기 사상 및 비판은 더욱 다양한 모습을 나타내 유명론(nominalism)의 논리적 개혁론까지 탄생시켰다. 유명론의 주된 논의는 이미 언급한 세 운동과 마찬가지로 14세기에 새로 나타난 것은 아니었다. 새로웠던 것은 그러한 논의가 궁극적인 귀결로까지 거침없이 치달았다는 사실과 그로 말미암아 일련의 극히 중요한 결과가 나타났다는 점이었다.

14세기의 위대한 유명론자는 영국의 프란시스회 탁발 수도사였던 윌리엄 오캄(William of Ockham, 1295?~1349)이다. 중세 말에 프란시스회는 그에 필적하는 대교단인 도미니크 수도회 공공연하고도 종종 열띤 경쟁을 벌이고 있었다. 이에 따라 철학의 영역에서 프란시스회의 학자들은 도미니크 학파의 웅대한 이론적 체계에 내재된 모순들을 드러내려 하였다. 성 토마스 아퀴나스의 『신학대전』으로 집대성된 그 이론 체계는 인간의 이성이 대체로 신앙과 조화될 수 있다는 원칙을 바탕으로 세워진 것이었다. 예컨대 성 토마스는 신의 존재와 같은 그리스도교 신앙의 근본적인 전제가 인간 이성에 의해 증명될 수 있음을 밝혀내려 하였다. 반면에 오캄은 이성과 신앙을 뚜렷이 구분해야 한다고 주장하였다. 그에 따르면 인간은 직관 또는 감각을 통한 직접 체험으로 얻어진 지식에 관해서만 확신할 수 있고, 그러한 체험은 구체적인 개체들만을 감지할 수 있을 뿐 일반적인 범주는 감지할 수 없는 것이었다. 따라서 오캄은 스콜라 철학의 큰 범주들이 단지 명목(라틴어로는 *nomina*로서, 유명론을 가리키는 영어 nominalism은 여기서 파생된 낱말이다)일 뿐이며, 그의 논적들이 주장하듯이 이성적 탐구의 주제가 될 수는 없다고 논하였다. 물론 이러한 일반 범주 가운데 가장 중요한 것은 신의 관념이었고, 오캄은 그의 논의에 내포된 논리적 귀결로 곧바로 나아가 신에 관한 지식은 이성적인 탐구를 통해서가 아니라 계시신학(revealed theology)에서만 제대로 추구될 수 있다고 주장하였다. 다시 말해서 이성적 탐구는 신학이나 형이상학에 관여하지 못하며, 마찬가지로 신학은 문법, 논리학 또는 물리학과 같은 이성적 탐구에 관여하지 않아야 한다는 것이었다. 이러한 간명하지만 강력한 주장으로 성 토마스가 애써 이루어낸 정교한 종합은 산산이 와해되었다.

우리에게는 근대과학의 당연한 전제가 되어 있는 오캄의 견해가 자명한 것처럼 보이겠지만, 14세기에는 유명론이 소수 의견으로 머물렀다. 그러나 그 파급효과는 추종자가 적었음에 비해 훨씬 더 광범위하고 중요하였으며, 14세기의 특징적인 몇몇 경향들에는 종종 유명론의 영향이 깃들어 있었다. 예컨대 유명론은 확실하게 증명될 수 있는 세속적 지식을 강조하는 면에서 신비주의의 여지를 거의 남겨주지 않는 듯하지만, 신에 관한 지식이 본질적으로 비이성적인 것으로서 인간 이성을 통해 얻어질 수 없다고 주장하는 또 다른 면에서는 이 궁극적인 문제를 신비주의자들이 개발한 주관적 방법에 맡기는 결과를 낳았다. 이런 맥락에서 결코 신비주의자는 아니었으나 종교의 주관성을 강조하고 성 토마스의 가르침을 부정한 마르틴 루터가 유명론이 우세한 에어푸르트(Erfurt) 대학에서 교육받고 오캄을 자신의 존경하는 스승이라고 떠받든 사실은 주목할 만하다.

유명론은 정치이론의 발전에도 커다란 영향을 미쳤다. 오캄 자신이 대학 안에서 삶을 보내는 데 만족하지 않았다. 그는 적극적으로 정치에 뛰어들어 프란시스회 편에 서서 교황의 세속화를 공격하였다. 그 결과 그는 탄핵을 받아 교황의 주된 적인 황제 루드비히 바바리아(Louis of Bavaria)의 궁정으로 피신하였고, 그곳에서 교황의 분노를 사 쫓겨 온 다른 사람들과 함께 황제를 위한 선전에 힘을 쏟았다. 이러한 선전가들 가운데 가장 독창적이고 유능한 인물의 하나로는 마르실리우스 파두아(Marsiglio of Padua, 1275?~1343)를 들 수 있다. 그는 오캄과 비슷한 사상을 지녔으나, 난해한 어휘를 쓰지 않아 훨씬 더 명료한 글을 남겼고, 또한 오캄의 것보다 훨씬 더 혁명적인 결론을 내놓았다.

마르실리우스의 주저는 『평화의 수호자 *Defensor Pacis*』로서, 1324년에 파리의 학자 장 장덩(John of Jandun)과의 공저로 쓰였다. 중세 말의 가장 중요한 정치이론서 가운데 하나인 이 책은 교황이 지배하는 통일된 그리스도교 세계라는 관념을 공격한 것이었다. 오캄이 신앙의 영역과 이성의 영역을 분리해야 한다고 주장했듯이, 마르실리우스는 교권과 속권의 분리를 주장하였다. 그러나 마르실리우스는 두 권위의 병존 및 조화라는 이론에 머무르지 않고 교회가 국가에 예속되어야 한다고까지 주장하였다. 그에 따르면 사제는 성서를 가르치고 해석하는 특수한 기능을 지니고 있다는 점을 제외하고서 사회의 다른 계급들과 마찬가지로 국가의 구성원이며, 따라서 속권에 복종해야 한다는 것이었다.

교권에 대한 속권의 우위를 주장한 것 외에 마르실리우스는 또한 국가 자체의 본질에 관한 몇몇 놀라운 입헌주의적 이념을 발전시켰다. 그는 권력의 궁극적인 원천은 국가의 명예로운 시민들에게 있다고 단언하였다. 법률을 제정하는 것은 바로 이 시민들이어야 하고, 군주의 기능은 단지 이 법률을 시행하는 것뿐이며, 이러한 기능을 제대로 수행하지 못하거나 권한을 남용하는 군주는 축출되어야 하는 것이었다. 오늘날의 용어를 빌리면, 마르실리우스는 행정부가 입법부에 예속되기를 바랐던 것이다.

이러한 온건한 입헌주의 이론은 권력 분립에 대한 명백한 언명과 함께 대단히 근대적인 것으로 보이며, 실제로도 14세기에는 지나치게 앞선 사상이었다. 마르실리우스의 주장이 교황에게 어떤 의미를 지니는 것이었는가를 생각해 볼 때, 그가 파문당하였다는 사실은 결코 놀라운 일이 아니지만, 그의 주장이 대체로 이미 존재하고 있던 상황을 그린 데 불과한 것이었음을 생각해 볼 때에는, 그에게 세속 군주들이 별로 주목하지 않았다-그의 책은 널리 읽히지 못하였다-는 사실은 이상한 일이라 하겠다. 에드워드 1세나 필립 단려왕과 같은 군주들은 이미 이따금 교회를 국가에 복속시켜 왔고, 명예로운 시민들의 회의체들도 이미 영국을 비롯한 유럽 여러 지역에서 군주에 대해 입헌적 제한을 가하기 시작했던 것이다. 그러나 중세에는 곧잘 이론이 실제보다 훨씬 뒤늦었고, 『평화의 수호자』는 실로 획기적인 것이었음이 분명하다. 위클리프로부터 16세기의 종교개혁가들에 이르기까지 교황의 우위에 반대한 모든 사람들이 이론적 무기를 그 책에서 찾았을 뿐 아니라, 이 책은 근대세계의 특징적인 면을 이루는 세속 정치의 우위를 선언하였던 것이다.

유명론과 자연과학

14세기에 이루어진 가장 뛰어난 업적 가운데 하나는 옥스퍼드 대학과 파리 대학의 학자들이 새로운 과학이론들을 발전시킨 것이었다. 그들은 중세에 받아들여지고 있던 아리스토텔레스의 자연관을 지탱하는 전제들을 하나하나 의문시하여, 완전히 근대적이진 않지만 기존 전통으로부터의 중요한 결별을 이루는 이론들을 만들기 시작하였다. 이러한 업적을 상세하게 고찰하고, 그것이 16세기와 17세기의 과학자들에게 끼칠 영향을 살펴보기 전에 그것 역시 유명론적 태도와 관련되어 있었음을 주목할 필요가 있을 것이다. 물론 14세기의 과학자들이 모두 오캄의 추종자는 아니었으나, 유명론적인 지식관이 과학적 사고에 더 알맞은 풍토를 제공하였음은 의심할 여지가 없다.

중세 전반에 걸쳐 대부분의 사람들은 자연계를 신성한 진리를 비추어 주는 거울로 여겼다. 이들은 우주에 신의 뜻이 반영되어 있다고 믿었으며, 자연계의 물체들을 그것들 자체의 독특한 성질을 밝혀내기 위해서가 아니라, 보다 위대한 그 무엇을 가리키는 상징으로서 연구하였다. 예컨대 사람들은 새끼 사자가 생명이 없는 채로 태어났다가 셋째 날에야 그리스도의 부활을 상징하는 것으로서 생명을 얻게 된다고 생각하였다. 그러한 접근은 시에는 기여했을지 모르지만, 비판적 관찰 대신에 신학적인 일반화를 지향한다는 점에서 과학적 사고를 저해하게 되었다. 반면에 유명론은 그러한 상징적 진리들을 구체적인 실체들로 해부하였다. 유명론자들은 확실한 것으로 간주될 수 있는 한정된 범위의 지식을 찾으려 하였고, 직접적인 체험에 합치되지 않는 모든 추상을 부정하였다. 이러한 접근으로 이들은 완전히 새로운 과학적 세계를 열어 놓았다.

그러나 과학에 대한 중요한 기여들은 오캄보다 훨씬 오래전에 이루어졌다. 파리에서 도미니크파 신학이 전성기에 달해 있었던 13세기에 옥스퍼드에서는 프란시스회와 연관을 맺고 있던 한 무리의 학자들이 수학과 과학에 눈을 돌리고 있었다. 그 첫 번째 인물인 로버트 그로스테스트(Robert Grosseteste, 1175?~1253)는 기하학과 광학에 관해 상당한 업적을 남겼고,[194] 많은 제자들을 길러 내었다. 그의 제자들 가운데 가장 뛰어난 인물은 로저 베이컨(Roger Bacon, 1214?~1294)이었는데, 괴짜 천재였던 그의 업적은 여러 측면에서 실험 과학의 선구가 되었으나, 그 당시에는 제대로 평가받지 못하였다. 이러한 옥스퍼드의 과학 연구 전통은 14세기 머튼 칼리지(Merton College)에서 특히 토마스 브래드워딘(Thomas Bradwardine, 1290~1349)을 비롯한 일군의 학자들에게 이어져 내려왔다. 이들은 수학 연구에 크게 기여했을 뿐만 아니라, 운동의 문제에 대한 관심을 크게 일깨웠으며, 이러한 관심은 곧 파리 대학의 학자들에게 옮겨졌다.

앞에서 살펴본 바와 같이 과학적 관심이 오로지 오캄의 철학에서만 비롯된 것은 아니었지만, 14세기에 가장 두드러진 업적이 이루어진 것은 바로 오캄의 영향이 매우 뚜렷하였던 파리에서였다. 파리의 이론가들은 아리스토텔레스의 물리학에서 출발하여 스스로 아리스토텔레스의 추종자임을 자처하였으나, 스승의 업적에 관해 주석하는 가운데 중요한 수정을 가하게 되었고, 이러한 수정은 갈릴레오(Galileo, 1564~1642)와 뉴튼(Newton, 1643~1727)의 업적으로 절정에 이르는 전통적인 자연관으로부터 결별하는 과정의 첫 단계를 이루게 되었다. 가장 중요한 것은 운동에 관한 이들의 새로운 연구였다. 이 문제에 대한 기존의 모든 이론은 자연스러운 수직운동과 힘에 의한 수평운동의 기본적인 구분에서 출발하는 아리스토텔레스 물리학에서 파생된 것이었다. 여기서 수평운동은 운동하는 물체에 계속 힘이 가해짐으로써 이루어진

194) 그는 특히 무지개의 형성을 정교하게 설명해 내었다.

다고 설명되었다. 즉 투사된 물체는 최초에 가해진 힘에 의해 앞으로 나아가면서 계속 공기를 교란시킴으로써 추진력을 얻는다고 여겨졌다. 그러한 설명은 가장 단순한 상식적인 분석에도 부합될 수 없었다. 두 사람이 서로 상대방을 향해 활을 쏘는 경우, 두 화살은 아리스토텔레스 학파에 따르면 서로 반대되는 방향의 공기 운동에 의해 추진되는 셈이 되는 것이다. 이는 너무나도 분명히 터무니없는 것이어서, 일부 중세 철학자들은 아리스토텔레스가 말하는 공기의 미는 힘이 작용하지 못할 때에는 눈에 보이지 않는 정신이 물체에 작용하여 운동을 계속 시킨다고 주장하기까지 하였다.

이는 파리의 유명론들에게는 도저히 받아들일 수 없는 해결안이었으며, 이에 이들은 그 대신 관성(impetus)의 이론을 만들어 내었다. 그 대표적 인물인 장 뷔리당(John Buridan, 1300?~1358?)은 투사체가 계속 움직이는 것은 최초의 운동을 일으킨 힘이 투사체에 관성을 부여했기 때문이라고 주장하였다. 이 이론은, 곧 인식된 사실이지만, 천체의 회전에 관한 그 당시의 지배적인 설명을 뿌리째 흔들어 놓은 것이었다. 운동을 운동자(mover)의 계속된 작용으로만 설명할 수 있었던 아리스토텔레스 학파의 우주론자들은 천체들이 투명한 구들에 보석처럼 붙박혀 각 구의 지성(intelligences), 또는 그리스도교의 용어로는 천사들에 의해 지구 주위를 회전하게 되는 것이라고 주장하였다. 그러나 파리의 유명론자들은 관성의 개념을 적용함으로써 그러한 초자연적인 힘을 상정해야 할 필요성을 제거할 수 있었다. 이들은 태초에 신이 천체들에 관성을 부여하였고, 그 이후에는 천체들이 관성에 의해 끊임없이 영원히 궤도를 돌게 되었다고 주장하였다. 이러한 설명은 비록 근대적인 관성의 법칙(law of inertia)에 완전히 합치되는 것은 아니었지만, 어느 정도는 그 선구가 되었다. 더욱 중요한 사실은 그 이론으로 우주의 운행을 설명하는 데 특정의 불가사의한 또는 신성한 힘을 상정할 필요가 없어졌고, 이에 레오

나르도 다 빈치(Leonardo da Vinci, 1452~1519)와 갈릴레오의 더욱 정교한 연구로 나아가는 길이 마련되었다는 점이다.

파리가 배출한 또 하나의 독창적이고 유능한 사상가는 니콜라 오렘(Nicolas of Oresme, 1330?~1382)었다. 그는 뷔리당의 제자로서 주교이자 프랑스 왕 샤를 5세의 친구 겸 보좌관이었다. 니콜라는 우주를 신이 태초에 만들어 작동시켰으나 그 다음에는 스스로 움직이게 해놓은 거대한 시계로 비유하는 데까지 나아갔고, 그로써 뉴튼 이후 18세기에 풍미한 기계론적 사상의 선구가 되었다. 14세기의 다른 다수의 중요한 저작들처럼 속어로 씌어진 우주론에 관한 니콜라의 저작은 더 나아가 지구가 그 축을 중심으로 매일 한 바퀴씩 회전한다는 당시로서는 충격적인 지동설 이론도 제시하였다. 또한 니콜라의 관심이 우주론에만 국한된 것도 아니었다. 그는 실로 중세 말엽의 가장 재능 많은 천재 가운데 하나였다. 예컨대 그는 중세 특유의 매우 추상적인 형상(forms)과 질료(qualities)에 대한 개념들을 분명하게 제시하기 위한 수단으로 도표화의 방법을 개발하였는데, 이는 수학적 관계를 도식으로 표현하는 이후의 방법을 생각하게 하는 것이었고, 이에 오늘날 일부학자들은 그를 분석기하학의 선구자로 여기고 있다. 그는 또한 화폐제도에 관한 글도 한 편 썼는데, 이 글은 화폐 및 재정의 문제에 관한 최초의 과학적 연구 가운데 하나가 되었다.

14세기의 파리학파가 그토록 진보되어 있었다면, 도대체 왜 이들은 이후 이들의 이론으로부터 당연히 귀결되는 것으로 여겨지게 된 실제적인 결론으로 나아가지 못했을까? 이는 복잡한 문제이지만, 기본적인 이유는 이들이 아직 증명 가능한 이론보다는 사변적인 철학에 훨씬 더 많은 관심을 두었다는 점에서 뼛속 깊이 중세적이었다는 데 있는 듯하다. 이들은 자신들의 이론이 어떻게 실제로 응용될 수 있는가를 고찰하는 것은 고사하고, 실험을 하는 데에도 관심이 없었다. 이들은 실용을 중시하는 근대 과학자들과 가장 달랐던 점은 바로 이러한 마음가짐에 있었다. 그러나 그런 측면에도 불구하고 이들은 심대한 영향을 끼쳤고, 이들의 이론은 16세기에 이르기까지 계속 학생들에게 가르쳐졌다. 게다가 1400년 당시 끊임없는 관심과 열의를 지니고 과학을 연구하고 있었던 것은 전 세계에서 유럽인뿐이었고, 이들은 이로써 그때까지 과학 연구의 선두주자였던 중국인과 힌두인 그리고 이슬람인을 앞지르게 되었다.

기술

14세기의 유명론자 학자들은 그들 이론의 실용 가능성에 관심을 두지 않았지만, 기술에 적극적인 관심을 지니고서 유럽인의 일상생활에 훨씬 더 직접적인 영향을 끼친 사람들도 -대개 이름은 전해지지 않지만- 다수 있었다. 전쟁은 종종 기술의 발전을 촉진하는 법이고, 14세기의 끝없는 전란도 예외가 아니었다. 우리는 이미 영국의 장궁이 어떻게 백년전쟁에서 결정적인 승리의 열쇠가 되었는지 살펴본 바 있다. 그러나 당시에는 장궁보다 덜 효과적이었지만 미래에 있어서는 훨씬 더 중요해질 화포도 14세기에 개발되었다. 1300년에 유럽인은 상당히 앞선 금속주물 기술을 개발하였고, 화약 제조법을 습득해 놓고 있었다. 그 둘이 합하여 낳은 것이 바로 대포였다. 이 새로운 무기를 그린 유럽 최초의 그림은 1327년 작이며, 그 그림에서는 포탄이 아니라 화살이 발사되고 있었다. 그러나 유럽인은 빨리 배웠다. 영국군은 아마도 1346년의 크레시 전투에서 대포를 사용한 것으로 보이며, 포위 공격에서는 이미 1339년에 대포를 사용한 것이 분명하다. 대포는 곧 통상적인 군사장비로 여겨지게 되었고, 더 작은 크기의 총포류도 같은 기간에 개발되었다. 말할 것도 없이 이러한 원시적인 화포들 가운데 일부는 그 앞에서보다 뒤에 서있는 사람에게 더 치명적인 해를 입히곤 하였다. 그러나 일단 화포류가 개발된 이상 개선은 시간문제일 뿐이었고, 소 화기의 탄생과 함께 전투의 성격은 완전히 바뀌지 않을 수 없었다.

파괴의 기술이 14세기 사람들에겐 가장 중요한 의미를 지니고 있었지만, 이들이 평화적 목적을 위한 도구 및 기술의 개선 가능성을 도외시한 것은 아니었다. 기술혁신이 이루어진 중요한 분야로는 조선과 항해술을 손꼽을 수 있다. 유럽인이 광대한 대양으로 진출할 수 있을 만큼 튼튼하고 바람이 불어오는 쪽으로도 쉽게 진행하도록 조작될 수 있는 배를 만들기 시작한 것은 바로 이때였다. 또한 나침반의 발명으로 바다에서 정확한 방향을 잡을 수 있게 되고, 그에 힘입어 정밀한 해도와 지도가 제작됨으로써 항해술은 크게 혁신되었다. 항해자들은 더 이상 태양과 별을 보고 방향을 잡기 위해 하늘이 맑기만을 바라지 않아도 되었다. 믿을만한 해도와 항해 기구들에 힘입어 이들은 또한 길을 잃을까봐 해안에 바짝 붙어 항해하지 않아도 되었다. 14세기에는 이탈리아 배들이 지중해를 벗어나기 시작하고 있었다. 유명한 베니스의 갤리선(galleys)은 지브롤터해협(the Straits of Gibraltar)을 지나, 영국과 플랑드르 해안까지 거슬러 올라가고 있었다. 또 대양으로 과감히 나아가 카나리아(Canary) 제도와 마데이라(Madeira) 제도까지 진출하는 선박들도 있었던 것 같다. 이러한 과감한 대서양 진출은 콜럼부스(Columbus, 1441~1506)의 항해를 예견케 하는 것이었을 뿐 아니라, 그것을 가능하게 한 항해술을 확립시키는 역할도 하였다. 실제로 콜럼부스는 거의 전적으로 나침반에만 의존해 항해하여 해와 별을 보고 항해하는 방법은 제대로 알지도 못하고 있었다.

지도와 해도 제작의 발전은 측정 기술에 대한 광범위한 관심의 한 측면에 지나지 않았다. 공간과 거리의 측정 방법을 개발하는 한편, 14세기인은 시간을 측정하는 기계도 만들었다. 중세 초에는 시간을 재는 데 해시계가 사용되었고, 해가 비치지 않을 때는 물시계나 모래시계 따위가 이용되었다. 예컨대 9세기의 알프레드 대왕(Alfred the Great, 871~899)은 밤중에 시간을 알기 위해 금이 새겨진 초를 켰다. 그러나 유럽인은 13세기 말에는 이미 기계 제작 기술에 상당히 능숙해져, 이러한 단순한 시간 측정법을 톱니바퀴와 탈진장치를 이용한 시계를 고안해 냄으로써 크게 개선할 수 있었다. 14세기에는 기술자들이 믿을만한 시계를 상당히 대량으로 생산할만큼 기술에 숙달하여 시계가 유행품으로 등장하게 되었다. 공공건물의 우아한 시계는 지위의 상징이 되었으며, 도시와 단체들은 시간을 알려줄 뿐만 아니라 일정한 시각에 여러 가지 복잡한 재주도 보여주는 시계를 설치하는 데 서로 앞을 다투었다. 오늘날 본거지 구단이 홈런을 칠 때마다 불빛을 번쩍번쩍 비추는 야구 점수판은 바로 이러한 경쟁에서 시작된 전통을 이어받고 있는 것이다. 유럽인은 시계의 발달과 함께 1시간을 60분, 1분을 60초로 나누기 시작하였다. 그리하여 서양 문명의 가장 특징적인 측면 가운데 하나인 정확한 시간 관념이 탄생되었다.

14세기에 이루어진 다른 기술적 발전들은 여기서는 간단하게 언급될 수밖에 없다. 1300년경에 안경이 서유럽에서 최초로 출현하였다. 광학 연구가들은 또한 원근법에도 더욱 친숙해졌고, 이 원근법은 뒤에 살펴보겠지만 예술의 역사에 커다란 영향을 미쳤다.

실용 의학 역시 14세기에 발전을 이루었다. 흑사병 이후 아주 서서히 위생 기술과 전염병 환자의 격리 그리고 시체 해부가 점점 더 보편화되어 갔다. 많은 사람이 여전히 인체 해부를 신을 해부하는 것과 거의 다름없는 불경스러운 일이라 여기고 있었으나, 이러한 편견과 그로 말미암은 비난을 무릅쓰고 이탈리아와 프랑스의 의사들은 인체 탐구에 몰두하였다. 하지만 이들의 연구 결과인 인체 해부도들은 뱃사람들이 사용하던 해도에 비해 훨씬 뒤떨어진 것이었다. 그러나 의학에서 정확한 관찰과 측정이 필요함은 분명히 인식되어 가고 있었다.

미술

정확한 관찰과 측정의 필요성을 인식한 시대에 미술의 혁명이 이루어졌음은 놀라운 일이 아니다. 이러한 혁명은 14세기에 있었던 기술과 이론과학 그리고 철학적 사상의 괄목할만한 발전에 분명히 합치되는 것이었다. 측정 기술과 해부학에 대한 관심의 증대는 인체의 각 부위들에 대한 예술적 관심을 촉발시켰고, 광학의 연구와 기하학의 새로운 발전은 원근법의 문제를 최초로 인식하게 하였으며, 일반적 유형보다 구체적인 개체를 고찰해야 한다는 유명론적 견해는 예술적 자연주의에로의 길을 여는 데 기여하였다. 그러한 강력한 요인들은 어차피 회화의 발전에 영향을 끼쳤을 터이지만, 더 나아가 위대한 이탈리아 화가 지오토를 통하여 커다란 미술 혁명을 낳았다.

지오토(1266?~1336)는 통상 문화사에서 가장 두드러진 인물 가운데 하나로 간주된다. 목동이었으나 양떼를 떠나 고전시대 이후 최초의 진정으로 위대한 화가로 변신한 그는 이탈리아 미술을 당시 지배적이었던 비잔티움 형식주의(formalism)의 영향으로부터 해방시켜, 유럽에서 독보적인 위치에 올려놓았다. 당시 사람들은 지오토를 사실적으로 자연을 그린 최초의 인물로 칭송하였다. 예전의 중세 미술가들은 추상적인 주제에 집착하였고, 평면적이고 매우 상징적인 이들의 미술은 대상의 실제 모습보다 관념(ideas) 또는 본질을 포착하려는 것이었다. 이에 반해 지오토는 공간을 입체적으로 그리려고 애썼고, 회화에서 원근법의 문제를 고려한 선구적 화가 가운데 하나가 되었다. 그의 작품은 또한 가정의 광경으로부터 극적인 상황에 이르는 온갖 일상적인 주제를 인간적인 감정이 넘쳐 흐르게 그려내었다. 예컨대 그는 성 프란시스를 그리면서 중세에 없었던 전혀 새로운 방식으로 이 성인의 인간적 면모를 묘사하였다. 그러나 지오토가 사진과 같은 사실주의를 지향한 것은 결코 아니었다. 그의 걸작 가운데에는 우화적인 형상과 초자연적인 사건들을 묘사한 것도 많았던 것이다. 그러나 이런 그림에서도 그는 현세적인 주제를 그릴 때와 똑같이 자연주의적 기법을 사용하였다. 그의 이러한 재능은 너무 뛰어나, 보카치오는 지오토의 그림이 사람들의 감각을 속일 수 있다고까지 말하였다.

지오토의 화풍은 곧 그의 고향인 플로렌스에서 크게 확산되었고, 이웃한 시에나(Siena)의 주요 화가들에게도 영향을 끼쳤다. 시에나의 화가들은 선의 우아함에 있어서 얼마 안가 지오토 자신을 능가하게 되었다. 14세기 중엽에는 흑사병을 비롯한 여러 재앙으로 일깨워졌으리라 여겨지는 죽음 및 최후의 심판에 대한 관심이 커짐에 따라 일시적인 반동으로 상징적 · 신비적인 주제가 부활되었다. 잠시 추상적인 주제에 대한 관심이 이처럼 되살아남에 따라 지오토의 소박한 자연스러움은 뒷전에 물러앉게 되었다. 그러나 오래지 않아 이탈리아의 미술가들은 지오토의 화풍으로 되돌아가, 15세기에는 인류 역사상 가장 현란한 예술적 창조의 시대를 이루어 내면서 그 화풍을 완성시키게 되었다.

지오토의 영향은 이탈리아에만 국한되지 않았다. 이탈리아에서의 원근법 실험은 급속히 북구로 전파되어 필사본의 삽화에서 사용되었다. 흥미롭게도 이 새로운 기법은 유명론과 이론과학의 본산인 파리에서 가장 먼저 채택되었다. 1325년 경 이따금 북방의 지오토라 불리는 프랑스의 장 푸셀(Jean Pucelle, ?~1334)은 필사본의 삽화에서 원급법과 심리묘사를 처음으로 사용하기 시작하였다. 푸셀은 또한 삽화에서 많은 자연물을 즐겨 그렸다. 그 자신 중세 프랑스어로 잠자리를 뜻하는 푸셀(pucelle)을 자신의 이름으로 삼았다. 푸셀의 뒤를 이어 다른 프랑스 삽화가들도 전통적인 우화적 형상들 대신에 초보적이긴 하지만 입체적인 풍경묘사를 통해 사계절을 그려내기 시작하였다. 14세기 말에는 북구의 화가들이 자신들의 스승이라 할 이탈리아 화가들과 견줄 수 있을 만큼 원근법을 비롯한 새로운 기법들을 완전히 습득하게 되었다. 이들은 곧 이탈리아로 그들의 기법을 역수출하기 시작하였고, 이렇게 영향력을 서로 주고받는 가운데 결국 이른바 국제양식(International Style)을 낳게 되었다.

14세기 미술에서 나타난 또 하나의 매우 중요한 혁신은 초상화의 발전이었다. 중세 성기에는 사람들이 개개인의 사람됨을 드러내는 것보다는 중요한 도덕적 유형을 이상화하여 표출해 내는 데 더 많은 관심을 지니고 있었기 때문에 초상화가가 전혀 없었다. 자신의 초상화를 그리게 하는 일은 자만의 죄를 범하는 대표적인 행위로 간주되곤 하였다. 그러나 14세기에는 개체에 대한 관심이 보편에 대한 관심을 서서히 위축시키고, 명성에 대한 숭배가 문학에서 지배적인 주제로 등장하면서 오랫동안 등한시되어 온 초상화 분야도 이러한 분위기에 자극되어 부활하기 시작하였다. 성격을 드러내기 위한 특징적인 묘사는 우선 조각에서 찾아볼 수 있다. 14세기 초에 제작된 교황 보니파키우스 8세의 실물크기 흉상 조각은 실물과 꼭닮은 최초의 교황상으로 여겨진다. 입체적 형태를 지녀 조형성이 크다는 특성 때문에 조각이 좀 더 쉽게 초상에 이용될 수 있었음은 분명하지만, 14세기 말에는 회화에서도 초상화가 크게 나타나게 되었다. 현재 남아있는 것 가운데 가장 시기가 이른 작품은 나무틀로 짜인 화폭 위에 그려진 프랑스의 장 선량왕(John the Good)의 인상적인 초상화로서 1360년경에 제작되었다고 알려진다. 곧 중요한 인물들은 으레껏 세속적인 영생을 얻는 수단으로 초상화에 자신의 모습을 담아 두게 되었다. 그 덕분으로 중세사가들은 14세기의 유명인들을 특징없는 모습으로 가려진 수수께끼의 인물로서가 아니라 진정 살아 숨쉬는 존재로 대할 수 있게 되었다.

속어 문학

14세기에 보편적인 형태가 와해되고 있었음을 보여주는 또 하나의 보기로 라틴어 사용이 유럽 각국의 속어에 밀려 급속하게 쇠퇴하였다는 사실을 들 수 있다. 유럽의 속어 문학은 이미 12세기에 출현하였지만, 전문적 또는 학문적인 글에서는 라틴어에 대한 선호가 여전히 강력하게 남아 있었다. 그리하여 13세기에는 무용담, 역사, 서정시 따위의 주로 즐기기 위한 분야는 점점 더 많이 속어로 씌어지고 있었으나, 철학, 신학, 법률, 정치 등 학자들이 국제적인 전문가층을 대상으로 다루는 진지한 주제들은 대개 여전히 라틴어로 씌여졌다. 그러나 14세기에는 관리들이 공문서를 속어로 작성하기 시작하였고, 오렘과 같은 철학자 및 과학자들도 가장 큰 영향력을 미치게 될 몇몇 논저들을 속어로 썼다. 당시의 격렬한 종교적 논란들에서도 일반 대중의 관심이 이에 쏠리게 되면서 속어가 점점 많이 쓰이게 되었다. 이미 고찰하였듯이, 독일의 신비주의자들은 속어로 설교하고 글을 썼으며, 위클리프와 같은 급진적 개혁론자들은 성서 등을 속어로 번역해야 한다고 주장하였다.

한편 속어 문학도 세계의 최대 걸작으로 평가될 수 있는 작품들이 출현하면서 새로운 발전 단계에 올라섰다. 이 가운데서도 단테(1265~1321)의 『신곡 *Divine Comedy*』은 손꼽히는 작품이다. 그리스도교도의 순례와 구원을 그리고 있는 이 장편 우화시는 단테가 정치적인 이유로 고향인 플로렌스를 떠나서 후원자와 피난처를 찾아 북부 이탈리아를 헤매며 돌아다니던 때에 집필된 것이었다. 이런 상황을 고려할 때, 사람들은 『신곡』에서 암울하고 비장한 분위기를 기대하겠지만, 단테는 자신의 비탄을 인간과 우주의 관계에 관한 가장 고결한 이야기로 승화시켜 내었다. 그 우주는 여전히 성 토마스의 『신학대전』이 보여주는 우주였으나(『신곡』은 종종 『신학대전』과 비교된다), 난해한 학술적 산문은 가슴을 뛰게 하는 힘찬 싯귀로 대치되었다. 하지만 그의 『신곡』이 그 영감과 분위기에 있어서 문학자들이 지적하듯이 중세적이라고 해도 단테는 지오토와 마찬가지로 중세 세계의 전통적인 한계를 뛰어 넘은 듯하며, 이러한 인상은 부분적으로는 그의 놀라운 천재성에서 비롯되는 것이리라. 예컨대 그는 지오토와 마찬가지고 전통적인 우화적 추상들을 매우 인간적인 형상으로 바꾸어 놓았다. 이와 같은 점에서 단테와 지오토는 어떠한 범주에도, 심지어는 중세적이라는 매우 폭넓은 범주에도 딱 들어맞게 끼워 넣을 수 없을 만큼 너무나 위대하였다고 하겠다.

게다가 단테의 기본적인 전제들이 중세적이었다고 해도, 그의 판단은 종종 전통적인 신학에서 발견되는 것과는 다르게 인간성에 대한 관심을 드러내 주었다. 성 토마스의 『신학대전』과는 대조적으로 단테의 시는 지성보다는 감성에 호소한다. 성 토마스는 신앙과 이성을 조화시키려 노력한 데 비해, 단테는 희망과 두려움을 일으켰고, 「천국」편에 나오는 논쟁을 즐기는 중세의 예언가와 이단자에 대한 서술에서 엿볼 수 있듯이 신앙보다 행위를 강조하였다. 이렇게 단테는 되풀이하여 스콜라 철학의 논리적 독단에서 벗어나 르네상스의 문학을 특징지우며 또 불을 밝히게 될 인간에 대한 인문주의적이고 윤리적인 관심에로 나아간다. 끝으로 물론 단테의 문체는 아주 독창적이고 힘이 넘쳐 문어로서의 이탈리아어에 지워지지 않는 흔적을 남기었다.

이탈리아 문학의 발달에 있어서 단테는 페트라르카(1204~1374)와 보카치오(1313~1375)에 의해 계승되었다. 이른바 토스카나의 세 대가로 불리는 이들 세 사람은 모두 중세적 전통에서 태어났으나, 각각 공동의 유산이었던 13세기의 문화적 종합으로부터 차례로 더욱 멀리 떨어져 나가게 되었다. 페트라르카는 단테처럼 방랑자였다. 토스카나에서 태어났으나, 단테보다도 더 많은 세월을 방랑하며 지낸 그는 그의 긴 생애 동안 거의 모든 문학적 철학적 장르에 걸쳐 글을 썼다. 그가 남긴 막대한 작품은, 그가 습관적으로 곧잘 관점을 바꾸었기 때문에, 학자들을 매료시키는 동시에 좌절시키곤 한다. 그러나 그의 신념이 덧없이 바뀌긴 했지만, 그의 기본적인 노선은 대체로 분명하다. 그는 단테보다도 더 신학적 교설의 문제를 경시하고 인간 윤리의 문제를 중시하였다. 이에 그는 중세 스콜라 학파의-그에게는-무미건조한 철학을 비난하고, 그 대신 키케로(Cicero)와 같은 위대한 고전적 도덕가들을 모방하려 애쓰게 되었다. 키케로에 대한 페트라르카의 심오한 이해와 사랑 그리고 (그리스어를 알지 못해 읽을 수는 없었지만) 플라톤에 대한 그의 감정적인 애착은 다음 세기에 절정에 다다를 이탈리아의 위대한 고전 예찬을 점화시키게 되었다.

페트라르카는, 종종 일컬어지는 것과는 달리, 그리스도교에 대한 대안으로서 고전에 눈을 돌린 것은 아니었다. 오히려 그는 키케로의 도덕철학을 본질적으로 그리스도교적인 것으로 여겼고, 키케로의 글 못지않게 성 아우구스티누스의 도덕적 글도 사랑하였다. 그러나 페트라르카는 도덕철학에 대한 관심을 통해 세계에서 인간이 갖는 역할을 강조하게 되었다. 그 결과 그는 명성을 좇은 새로운 풍조를 받아들여, 1342년에는 로마의 카피톨 언덕(Capitole Hill)에서 기꺼이 계관시인으로 임명받는-그가 찬미하던 성 아우구스티누스로서는 결코 좋아하지 않았을-명예를 누렸다. 페트라르카는 속어로 아름다운 소네트와 노래를 지어 이탈리아어를 살찌웠으나, 그는 이보다는 라틴어로 쓴 자신의 작품들을 더 애지중지하였고, 속어 작품들을 보잘 것 없는 것으로 경시하였다. 그는 매력적인 성격을 지니고 있었으며, 그의 사람됨은 많은 저작과 서한을 통해 생생하게 드러난다. 실로 그는 겉껍데기를 모두 벗어 던지고 진정한 자기의 참모습을 드러낸 최초의 문필가 가운데 하나이다. 이런 이유로 페트라르카는 그에게 남아있는 많은 중세적 요소들에도 불구하고 최초의 근대인으로 불리어 왔다.

14세기의 3대 이탈리아 작가 가운데 마지막 인물인 보카치오 또한 토스카나 사람이었다. 페트라르카의 절친한 친구이자 단테 숭배자로서 단테의 고향인 플로렌스에서 단테에 관해 강연을 한 적도 있는 보카치오는 그 두 사람의 취향과는 상당히 다른 양식의 글을 썼다. 그는 두 선배의 고상한 문체를 피하여 구어의 운율과 잘 조화되고 일상적인 사건의 서술에 적합한 독특한 세속적 문체를 개발해 냈던 것이다. 그의 대표작인 『데카메론 *Decameron*』은 제목에서 알 수 있듯이, 각각 열 개의 단락으로 이루어진 열 가지 이야기를 모은 것이다. 그는 이 책을 좋은 가문에서 자라난 당시의 상류층을 위한 품위 있는 오락물로 썼다. 따라서 그에 의해 사용된 언어는 그들이 쓰던 속어이고, 그 문체는 매끄럽고 매력적이다. 주제는 비극에서 우스개에 이르기까지 다양하나, 이야기 하나하나는 작가의 위대한 문학적 재능과 함께 독자를 즐겁게 하기 위한 그의 정열을 드러내 주며, 이에 『데카메론』은 전통으로부터의 신선한 결별을 이루었을 뿐만 아니라 이후의 모든 이야기꾼들에게 모형이 되었다.

이탈리아의 작가들은, 이탈리아 화가들과 마찬가지로, 14세기에 독보적인 지위를 누렸으나, 속어 문학의 출현과 발전은 유럽 전역에 걸친 현상이었다. 중세 고딕 양식의 발전을 주도하였던 프랑스는 이탈리아의 문학 양식을 받아들이는 데 뒤처졌고, 사실상 14세기에 프랑스 문학은 침체하였다. 그러나 속어는 엉뚱한 곳에서 세력을 얻게 되었다. 예컨대 오를레앙(Orleans) 대학의 교수들은 라틴어 대신 프랑스어로 강의하기 시작하였고, 프랑스의 가장 위대한 역사서술 가운데 하나인 장 푸르와사르(Jean Froissart)의 『연대기 *Chronicle*』도 매우 간명하고 우아한 프랑스어로 씌어졌다.

영국에서는 더욱 두드러진 발전이 이루어졌다. 영어가 노르만 정복(the Norman Conquest) 이후 주된 문어로 행세해 오던 프랑스어를 몰아내기 시작했던 것이다. 14세기 초에 영국의 귀족은 프랑스어를 사용하였고, 법률과 정부 문서에서도 라틴어 대신 프랑스어가 대두하고 있었다. 그러나 백년전쟁이 진행되면서 영어가 서서히 영국 전역에 걸쳐 문어와 구어 모두에서 프랑스어를 대신하게 되었다. 하지만 이러한 전환기에 사람들은 종종 두 언어를 기묘하게 섞어 쓰곤 하였다. 리처드 2세의 치세 초에 씌어진 한 서한에서 발췌한 다음 글은 좋은 예가 된다.

> Trschere cosyn, ieo vous pry bryng a wryt of trspas ver Richard forde of Sulyhul, Wyliam of Noryng of Yzerdeley, Wilyam Ducy of Northfield, the wheche trespas hu duden the waley of twenty marktouching to me and my tenante[195)]
>
> (사랑하는 사촌! 솔리헐의 리처드 포드 Richard Ford of Solihull, 야들리의 윌리엄 노링 William Noring of Yardley, 노스필드의 윌리엄 두시 William Ducy of Northfield에 대해 불법침입죄로 영장을 청구해 주세요. 그 작자들은 불법침입을 자행하여 저와 제 차지인에게 20마르크의 손해를 입혔답니다.)

이러한 기묘하고 불안정한 합성은 과도기에는 당연한 것이라 하겠다. 그러나 다른 한편으로는 여러 시인이 영어를 문어로서 아주 효과적으로 사용하고 있었다. 그들 가운데 가장 위대한 인물인 지오프리 초서(Geoffrey Chaucer, 1340?~1400)는 아마도 14세기에 단테와 페트라르카 그리고 보카치오와 어깨를 겨눌 수 있는 유일한 작가였을 것이다. 초서는 몇몇 이야기의 구성에 있어서 페트라르카와 보카치오를 크게 모방하였고, 그의 대표작인 『캔터베리 이야기 *Canterbury Tales*』는 여러 측면에서 『데카메론』과 매우 흡사하다. 그러나 초서는 보카치오의 걸작을

---

195) Rose Mountefort가 그녀의 사촌에게 보낸 편지. H. S. Bennett, *Chaucer and the Fifteenth Century* (Oxford, 1947) pp. 177~178에서 재인용.

읽은 일이 분명 없었던 듯 하고, 모방을 하였다 하더라도 그를 단순한 표절꾼으로 간주할 수는 결코 없다. 그의 작품의 등장인물들은 그들만의 독특한 성격을 지니고 있으며, 『캔터베리 이야기』의 영국적인 배경은 『데카메론』의 이탈리아적인 배경 못지않게 독특하고 사실적이다. 또한 초서는 런던에서 일상적으로 쓰이던 말을 매우 훌륭하게 시어로 바꾸어 놓아 토스카나의 3대 작가가 이탈리아어의 발전에 기여한 것 못지않게 영어의 문학적 발전에 지대한 공헌을 하였다. 초서는 또 문학사의 한 귀퉁이를 차지하는 과거의 인물로만 남아 있는 것이 아니다. 『캔터베리 이야기』를 독서 과제물로 받은 대학생들은 종종 초서가 역사상 가장 재미있는 작가의 하나임을 알고는 놀라는 것이다.

역사

14세기사를 다루는 글을 14세기의 역사관에 대한 고찰로 마무리하는 것은 그럴듯한 일이다. 우선 주목되는 사실은 14세기가 결코 서술형식에서 혁신이 이루어진 시대는 아니라는 점이다. 14세기의 가장 대표작인 역사서술들은 푸르와사르의 『연대기』처럼 생동하는 문체로, 또는 빌라니의 『플로렌스의 역사』처럼 세세한 사실에 대한 꼼꼼한 서술로 두드러진 면모를 보여주고 있다. 하지만 이들은 전통적인 서술형식을 모방하고 기존의 선입견을 뚜렷하게 내보이고 있다는 점에서 여전히 중세의 틀에 매여 있었다. 그리하여 신선한 역사관은 역사가가 아니라 문필가들, 특히 페트라르카에게서 발견된다. 사실 페트라르카가 그렇게 독창적이고 중요한 결론에 다다른 것은 고전고대에 대한 그의 열렬한 관심이 전통적인 역사서가 아니라 문학에 집중되었던 덕분이었다.

중세인은 종종 이야기 되고 있듯이 역사적 연속성을 아주 강하게 느끼고 있었으나, 역사적 조망에 있어서는 너무 빈약하였다. 이들은 고전

시대를 자신들의 시대로부터 멀리 떨어진 아주 다른 시대로 생각하지 않았다. 사실상 이들 대다수는 로마제국이 결코 멸망한 것이 아니라 그들 시대에까지 존속해 왔다고 믿었다. 그러한 생각은 상당한 혼란을 야기하였다. 예컨대 한 필사본에서는 머큐리(Mecury)신이 14세기 주교의 복장을 하고 있다. 즉 중세 사상가들은 자신들이 오늘날 중세라 불리는 시대에 살고 있다는 사실을 전혀 인식하지 못했던 것이다. 이 사실은 페트라르카에 이르러서야 비로소 인식이 되었다. 그는 고전적 정신을 찬미하는 가운데 로마의 몰락과 함께 암흑시대가 세상에 도래하여 14세기 당시까지 계속되었다고 최초로 주장했던 것이다. 이로써 그는 암암리에 역사를 우리에게 친숙해 있듯이 고대, 중세, 근대의 세 시대로 나누었다.

역사에 대한 이러한 새로운 접근은 엄청난 영향을 미쳤다. 학자들은 페트라르카의 뒤를 이어 선입견을 배제하면서 고전고대를 과거의 한 독립된 시대로 연구하기 시작하였다. 더욱 중요한 것은 역사가 세 개의 개별적인 시대로 나뉨으로써 인류의 운명에 관한 낙관적 조망이 가능해졌다는 점이다. 예전의 중세인들은 세계가 점점 노쇠해지면서 종말로 치닫고 있다고 확신한 반면, 14세기의 이탈리아 저술가들은 줄기차게 회춘과 재생을 외쳤다. 이들은 지오토가 회화 예술을, 단테와 페트라르카가 문학 예술을 재발견하였다고 믿었다. 물론 이러한 견해는 이탈리아에 국한되어 있었고, 이탈리아에서조차 소수 엘리트만이 이런 생각을 지니고 있었다. 또한 14세기 내내 대다수 유럽인은 비관적이었고 죽음의 망령에 사로잡혀 있었다. 그러나 시간이 지나면서 위대한 부활로 나아가는 길목에서 살고 있다는 확신이 점점 더 많은 이탈리아 지식인들 사이에서 퍼져나가기 시작하였다. 이들은 스스로를 황금시대의 선구자로 믿었다. 14세기의 그토록 압도적인 재난들에도 불구하고 많은 업적이 이루어진 것을 고려할 때, 그들의 믿음은 옳았던 것이 아닐까?

1400년에는 성년 선포가 없었다. 그 당시 교황청의 분열은 22년째 계속되고 있었으며, 상황은 전보다도 더 절망적으로 비추어졌다. 양측의 두 교황은 각각 자기 진영 추기경들의 지지를 받고 있으면서 전혀 타협할 생각을 갖고 있지 않았고, 분열 해소를 위해서는 세속 군주들의 합의만이 유일한 방도인 듯하였다. 그러나 유럽의 주요 국가들은 대부분 서로 전쟁을 치르고 있었으며, 어떤 나라도 그 문제를 단호하게 처리하는 데 필요한 확고한 지도력을 지니고 있지 못하였다.

한 흥미로운 일화가 그 당시 유럽이 처해있던 곤경을 잘 말해준다. 1398년 대립 교황들이 서로 상대방에게 파문을 선고하고 있는 가운데 프랑스 왕과 독일 황제는 분열을 종식시키기 위해 만나기로 결정하였다. 그러나 유감스럽게도 두 사람은 각자 약점을 지니고 있었다. 프랑스의 샤를 6세는 사람됨은 좋았으나, 시시때때로 정신병이 발작하였고, 황제인 벤케슬라스(Wenceslas)는 한 설에 따르면 성실왕(the Good)이라 불리었다지만 사실 단 한 가지 일에만 성실하였으며, 그것은 바로 술 마시는 일이었다. 샤를은 제 정신으로 돌아오는 때가 드문 편이었으나, 점심을 잘 먹고 소화시킨 날 오후에는 대개 머리가 좀 맑아지곤 하였다. 그러나 그때쯤이면 벤케슬라스가 술을 마시기 시작하였고 그 뒤에는 마이동풍이었다. 그래서 두 군주는 서로 이야기를 나눌 기회를 전혀 잡지 못하였고, 회합은 교회의 분열과 그리스도교 세계의 타락을 그대로 방치한 채 유산되었다.

이 기묘한 이야기가 14세기의 어두운 종말을 상징하는 것이라면, 14세기의 처음과 끝이 매우 대조적인 양상을 보여준다는 사실은 곧 분명해진다. 1300년에는 로마가 세계의 수도로 여겨졌으며, 유럽인들은 자기 확신에 도취되어 있었다. 그러나 1400년에 로마는 신뢰를 잃은 로마측 교황파의 전초기지가 되어 있었고, 유럽인들은 연이은 역병과 오랜 전쟁으로 탈진한 듯하였다. 그러나 이러한 겉모습은 거짓된 것이었다.

이미 살펴보았듯이, 교황 보니파키우스 8세의 위풍당당한 성년 선포는 시작이 아니라 끝이었다. 1300년 이후 수십 년 동안에 우선 보편적인 교황의 지배가 와해되었고, 뒤이어 세속 국가들에게서도 고난의 시대가 도래하였던 것이다. 반면에 1400년 이후에는 유럽의 상황이 서서히 호전되기 시작하였다. 1417년에는 교황청의 분열이 콘스탄스 공의회(the Council of Constance)에 의해 마침내 해소되었고, 그리스도교 세계는 다시 통일되었다. 한편 역병의 기세도 수그러지기 시작하였고, 정치경제적으로도 유럽에 서서히 안정이 찾아들게 되었다. 이탈리아는 가장 먼저 회복하여 창조적 정열을 내뿜으면서 전진함으로써 이탈리아 역사상 가장 영광스러운 시대 가운데 하나를 이루어 내었다. 북유럽은 그 뒤를 따라 비교적 완만하게 발전하였다. 그곳에서는 전쟁이 15세기 말까지 경제 발전을 저해하고 정치적 불안을 심화시켰던 것이다. 그러나 그 이후 북유럽은 짧은 시간 안에 경제적, 정치적 그리고 문화적인 발전을 이루어 곧 이탈리아를 따라잡았고, 전 세계에 세력을 확장하기 시작하였다.

그렇다면 14세기는 어떻게 평가되어야 하는가? 그 시대는 중세와 근대 사이의 막간에 지나지 않았는가? 어떤 점에서는 그렇게 볼 수 있지만, 14세기는 그 보다 더 큰 의미를 지니고 있었다. 14세기는 중세 성기의 문명이 시험대에 오른 시대였다. 이에 시험을 이기지 못한 많은 것들이 사라져 갔으나, 14세기 사람들은 대단한 결심으로 중세의 많은 긍정적인 업적들을 고수하였고, 유럽을 완전한 파탄으로부터 구해 내었다. 또한 14세기의 고난은 필요한 곳에 새로운 형태와 사상을 형성시켰으며, 그 가운데 많은 것들은 다음 시대에 유산으로 남겨졌다. 우리들 가운데 누구도 역경의 시대인 14세기에 살려하지는 않겠지만, 14세기 사람들이 그토록 무거운 고난을 짊어졌다는 사실에는 고마움을 느낄 수 있을 것이다.

1권 차 례

용어해설

고등비평

구약 성서와 신약 성서의 본문, 구성, 역사적 문제 등을 연구하는 학문을 성서비평이라고 하는데, 현대의 성서비평이 근거하고 있는 과학적 원리는 성서가 유일하게 신성한 책이라기보다는 학문적인 연구에 적합한 대상이라는 견해에 의존하고 있다. 역사적 사건들에 관한 증거를 밝히기 위해 성서를 비평하는 것을 고등비평이라 부른다. 19세기 문헌학의 급속한 발전과 더불어 20세기에 이루어진 고고학적 발견은 성서비평에 일대 변혁을 가져왔고, 에큐메니컬 운동(Ecumenical movement)의 진전 또한 고등비평이 태동한 배경이 되었다.

불트만 (R. Bultmann, 1884~1976)

독일의 프로테스탄트 신학자로, 신약성서의 양식사(樣式史)적 연구를 개척하였으며, 변증법적 신학운동을 주도하였다. 제2차 세계대전 후 그가 제창한 성서의 비(非)신화화론은 큰 반향을 불러일으켰으며, '불트만 학파'가 형성되었다. E. 푹스(E. Fuchs)와 G. 에벨링(G. Ebeling)은 불트만의 실존주의적 분석을 토대로 하여 인간 실존의 언어적 양식을 강조하는 신약 성서 해석방법을 발전시켰던 바, 이것이 이른바 새로운 해석학(new hermeneutic)이다. 주요 저서로는 『예수』, 『신약성서 신학』 등이 있다.

멜기세덱 (Melchizedek)

구약성서에 나오는 사제- 군주(Priest- king)로서 흔히 교권의 속권에 대한 우위를 입증하는 고전적 예로 언급되어 왔다. 중세 교황으로서 그리스도의 대리자(Vicar of Christ)라는 호칭을 공식적으로는 처음 사용했던 이노센트 3세는 자신을 멜기세덱에 비유하였다. 실제로 그는 멜기세덱이 구약시대에 그러했던 것처럼, 교황정부를 중심으로 하는 통합적인 그리스도교 사회를 적극 추진하였다.

미드라시

유대교에서 구전 전승에 의해 성서 본문을 해석하고 설명하는 성서 연구방법을 의미한다. 이 같은 성서 연구방법은 성서 본문을 자구적으로 해석하지 않고 그 안에 담긴 정신을 집중적으로 연구하고 조사한다. 이러한 방법론은 모세 5경에 '기록된 율법'을 후대의 역사적 상황에 비추어 재해석할 필요성에 의해 대두하게 되었다. 미드라시는 성서 본문의 문자적 뜻을 해석하는 문헌학적인 방법으로 출발하여 성서의 모순들을 제거하고 성서 본문에서 새로운 뜻을 제시하는 등의 해석체계로 발전하였다.

사해문서와 에세네파

사해문서는 1947년 사해 서안(西岸)의 쿰란 동굴에서 우연히 발견된 구약 성서의 사본이자 유대교 관련 문서로 기원전 2세기 이 일대에서 공동생활을 하였던 에세네파(Essenes)가 남긴 것으로 추정된다. 성서의 여러 사본 및 외경(外經)에 대한 단편 그리고 알려지지 않은 700점 가량의 기록물이 발견되었다. 이 사해문서의 발굴은 구약 성서 연구에 새로운 전기가 되었다. 에세네파는 그리스도 시대의 유대교의 일파로 바리사이파 및 사두가이파와 더불어 상당한 영향력을 가진 교파의 하나였으나 1세기 말엽 소멸되었다. 금욕주의와 신과의 보다 완전한 일치라는 신비주의를 추구하였으며 장로의 지도하에 공동생활을 영위하였다.

터툴리안 (Tetulian, 160~220)

초기 라틴 교부로서 서구 그리스도교 사상 형성의 중요한 토대를 놓은 인물. 카르타고에서 태어나 2세기 말엽 그리스도교로 개종하였다. 당시 카르타고 교회는 이미 북아프리카에서 강력한 세력을 형성하고 있었다. 터툴리안은 그리스도교 신앙과 관행을 변호하는 변증가로서의 재능을 발휘하였으며, 아프리카 교회의 지도자 겸 호교론자가 되었다. 주요 저술로는 『변증』 『헤르모게네스 비판』, 『영혼의 증명에 대하여』등이 있다.

필로 유다에우스 (Philo Judaeus, 기원전 15?~45?)

헬레니즘 유대주의의 대표적 인물이다. 그의 저작들은 디아스포라에서의 유대주의의 발전에 관해 명확한 견해를 제공해주고 있다. 계시 신앙과 철학적 이성을 종합하려고 한 초기의 인물로서 철학사에서 독특한 위치를 점하고 있다. 그리스도교도들로부터는 그리스도교 신학의 선구자로 여겨지기도 한다. 그는 황제 칼리굴라(Caligula)에게 유대인의 황제예배 의무의 면제를 청원하기 위한 사절로서 로마에 파견될 만큼 알렉산드리아 공동체 내에서 중요한 위치를 점하였다. 그리스 철학에 조예가 깊었던 그는 그리스 철학과 유대인의 유일창조신 신앙과의 조화를 추구하였다. 성서의 비유적 해석방법을 도입하여 유일신과 물질세계를 맺는 중간자로서 로고스(logos)설을 제시하기도 하였다. 그의 사상은 고대 그리스도교 신학 및 철학사상 형성에 많은 영향을 끼쳤으며, 이후 신플라톤주의에도 영향을 미쳤다. 『제(諸)문제와 그 해결』, 『성스러운 율법의 비유』 등을 저술하였다.

에드워드 기번 (E. Gibbon, 1737~1794)

영국의 합리주의 역사가로, 2세기부터 1453년 콘스탄티노플의 멸망까지의 로마 역사를 다룬 6권의 방대한 『로마제국 쇠망사』 저자로 유명하다. 1763년 유럽 대륙여행을 시작하였는데, 로마의 폐허를 보고 로마사 집필을 구상하였다. 1776년부터 1788년에 이르는 기간 동안 『로마제국 쇠망사』를 완성하였다. 이 책에서는 기번은 로마제국의 멸망원인으로 로마제국의 분열과 그리스도교의 전래 및 게르만족의 침입을 주요 원인으로 지적하였다. 하지만 그가 로마제국의 멸망원인으로 제시한 그리스도교의 역할에 대해서는 오늘날 대다수 학자들이 동의하지 않고 있다. 그럼에도 불구하고 『로마제국 쇠망사』는 역사를 보는 뛰어난 안목과 더불어 유려한 문체로 많은 이들로부터 사랑을 받았다. 영국의 역사가 J. 뷰리(J. Bury)가 기번을 "여전히 '시대'를 초월한 우리의 스승"이라고 평가하였던 것은 결코 우연이 아니다.

페르디낭 로 (F. Lot, 1866~1952)

프랑스의 역사가로 중세 초기와 로마제국 후기를 전문적으로 연구하였다. 저술로는 『위그 카페의 치세와 10세기 말에 대한 연구』, 『이민족의 침입과 유럽의 이주』, 『중세의 군사기술과 군대』 등을 남겼다.

마르크 블로크 (M. Bloch, 1886~1944)

프랑스의 역사가로 역사 새로운 역사학파인 아날학파를 창시함으로써 20세기 역사서술에 혁명적 변화를 가져다 주었다. 1929년 뤼시앵 페브르(Lucien Febvre)와 함께 『사회경제사 연보 Annales d'histoire économique et sociale)』, 즉 『아날(Annales)』을 창간하고 공동편집을 맡게 되었으며, 아날학파라는 명칭도 여기에서 유래되었다. 사건 내지 정치사 중심의 전통적인 역사학의 방법론에서 탈피하여 사회과학을 포함한 인접학문의 방법론과 연구성과를 적극 활용하여 전체사를 추구하고자 하였다. 그의 주저 『봉건사회』는 아날학파의 방법론과 성과가 잘 드러나 있는 대표적 저서 중 하나이다. 그는 제2차 세계대전이 발발하자 레지스탕스에 가담하였으나, 1944년 체포되어 총살을 당하였다. 『프랑스 농촌사의 기본성격』, 『역사를 위한 변명』등의 저술을 남겼다.

타키투스 (Tacitus, 56?~120?)

로마의 정치가 겸 역사가. 호민관으로 공직생활을 시작하여 콘술(집정관)을 역임하였다. 저작으로는 『율리우스 아그리콜라』, 『역사』, '게르마니아'로 알려진 『게르만족의 기원과 환경』 등의 저술을 남겼다. 특히 '게르마니아'는 게르만족을 이해하는데 매우 중요한 사료이다.

신의 평화운동

샤를마뉴제국이 와해되고, 노르만족을 비롯한 외부로부터의 침입이 잦게 되자 서유럽 사회에서는 폭력이 일상화되었다. 이 같은 혼란 가운데 로마 가톨릭 교회는 사투(私鬪)를 금지하고 비무장한 성직자나 속인 혹은 재산에 대한 폭력을 규제하고 평화를 정착시키기 위한 일종의 사회종교적 운동을 주창하게 되었다. 10세기 말엽 프랑스 남부와 중부 지방을 중심으로 신의 평화가 본격적으로 논의되었던 바, 이는 수도 사제들을 비롯한 다수의 성직자로부터 지지를 얻게 되었다. 신의 평화운동은 사투, 교회 건물과 가축 및 농기구에 대한 파괴 그리고 성직자, 순례자, 상인, 여성, 농민 등 비무장 민간인에 대한 폭력 등을 완화하는데 기여하였다. 신의 평화운동에 관해서는 T. Head and R. Landes, *The Peace of God: Social Violence and Religious Response in France around the Year 1000* (Ithaca, 1992)을 참고할 수 있다.

그레고리 투르 (Gregory of Tours, 538~594)

투르의 주교로 『프랑크족의 역사』, 『순교자들의 영광에 대하여』, 『고해자들의 영광에 대하여』 등의 작품을 남겼다. 이들 저작은 메로빙조 시기 수도승의 삶이나 교회 직무에 관한 정보를 전해주고 있다는 점에서 사료적 가치가 많다.

베드로 이론

로마 교회는 사도들의 우두머리인 베드로가 설립하였고 교황권은 베드로에게서 유래한다는 이론으로 로마 교회의 우위를 뒷받침해주는 근거로 활용되었다. 이는 성서의 마태복음 16:18~19, 누가복음 22:32, 요한복음 21:15~27에 기초를 두고 있다.

겔라시우스 이론

이는 교황 겔라시우스 1세(492~496)에 의해 선포된 것으로 그리스도교 세계의 통치에 있어서 성직자와 세속 군주의 역할을 분명히 구분하는 내용이다. 겔라시우스는 이를 두 개의 칼에 비유하였던 바, 정신사의 칼은 교황에게 세속사의 칼은 세속에게 위임되었다고 지적하였다. 이 이원적 이론은 그 이후 중세의 교권과 속권과의 관계에 대한 중요한 이론적 틀이 되었다.

성 보니파키우스 (St. Boniface, 680?~755)

성 보니파키우스는 교황과 긴밀하게 협력하면서 게르만족을 그리스도교로 개종시키기 위해 교회 조직을 확립시킨 위대한 조직가였다. 그는 교황 그레고리우스 2세에 의해 지금의 독일 지역으로 파견되어 수 많은 베네딕트 수도원을 설립하였으며, 다수의 게르만족을 그리스도교로 개종시켰다. 또한 갈리아 지방의 교회 개혁에 주된 역할을 담당함으로써 프랑크 교회와 교황과의 관계가 전례 없이 밀접하게 되었다.

카시오도루스 (Cassiodorus, 490?~580)

로마 귀족으로 동코트왕국의 테오도릭 치세 하에서 서기직에 오른 인물이다. 그는 수도원을 설립하여 고전 문학 작품 및 그리스도교 저술의 수집과 보존 활동에 주력하였다. 또한 신학과 교양 과목을 모두 포괄하는 실용적인 문헌 소개서인 『성 · 속의 필독서 안내』에서 그리스도교 학자를 위한 교과 과정을 제시하였다. 이는 후대의 인문학의 중요한 기초를 놓았다.

아인하르트 (Einhard, 770?~840)

프랑크왕국의 학자이자 궁정인. 샤를마뉴의 비서로 있으면서 그의 전기를 집필하였다. 샤를마뉴의 전기는 초기 중세의 대표적인 문학 작품 겸 사료이다. 또한 아인하르트는 샤를마뉴의 아들 루이 경건왕의 충실한 신복이었다.

『베오울프 *Beowulf*』

앵글로색슨의 서사시로 작자는 미상으로 8세기 초에 작성된 것으로 추정되지만 현존하는 가장 오래된 사본은 10세기의 것이다. 베오울프는 게르만족의 축제 때 불리던 영웅적인 전사들의 노래로 그 가운데 가장 중요한 서사시이다. 그리스도교가 전래되기 이전의 덴마크 반도에서 만들어져 구전되다 앵글로 색슨족이 개종한 뒤 글로 옮겨지면서 다수의 노래가 결합된 것으로 여겨진다. 내용은 2부로 나누어져 있다. 1부는 젊은 무사 베오울프의 이야기이고 2부는 베오울프가 왕이 된 이후의 이야기이다. 이 시는 이교도인 게르만 전설에서 나타나는 초기 게르만 전사집단의 윤리관에 입각한 이상적 인물상을 표현하는 동시에 이를 그리스도교적 윤리와 조화시키고 있다는 특징을 가지고 있다. 또한 인간의 영웅적 행위를 찬양하면서도 초자연의 운명의 힘 앞에서는 인간이 무력하다는 고대 영국의 시에 공통적으로 발견되는 비극적 세계관을 보여주고 있다.

리보니아 십자군

리보니아(Livonia)는 라트비아와 에스토니아의 옛 명칭으로 12세기 중반 발틱해 인근 지역에서 독일 상인들 및 선교사들과 현지 이교도 주민들 간의 갈등으로 소규모 전쟁이 빈발하자 1199년 리보니아의 신임 주교 알베르트가 십자군의 기치를 내걸고 이 지역 주민들을 복속시켰다.

자크 마리탱 (J. Martin, 1882~1973)

자유주의적 프로테스탄트 집안에서 태어난 마리탱은 24세 되던 1906년 유대계 러시아인이었던 아내 라이사와 함께 가톨릭으로 개종했다. 그 뒤 마리탱은 자신의 주저(主著) 제목처럼 『통합적 휴머니즘』으로 새로운 그리스도교의 토대를 마련하는데 주력하였다. 그는 전쟁 중 『인권과 자연법』, 『그리스도교와 민주주의』 등의 저서를 통해 그리스도교 사상과 계몽주의의 유산을 화해시키고자 노력하였다.

성 암브로즈 (St. Ambrose b. 339)

로마인 그리스도교도 귀족가문에서 태어난 그는 법률과 인문학을 수학하여, 리구리아와 에밀리아의 집정관이 되었다. 374년 밀라노 주교직을 놓고 가톨릭파와 아리우스파가 심각한 분쟁에 빠짐에 따라 당시 35세였던 암브로즈가 중재를 위한 조정관으로 초빙되었다. 이를 계기로 그는 가톨릭파와 아리우스파 모두의 동의에 입각해서 밀라노의 주교직을 맡게 되었다. 그가 주교로서 도시의 빈민을 구제하고, 테오도시우스 황제에게 공개적인 참회를 명한 일 등은 널리 알려져 있으며, 아우그스틴이 회심한 계기도 그의 감동적인 설교 때문이었다고 알려져 있다. 성 아우구스티누스의 친구이자 멘토였던 그가 세상을 떠난 날은 397년 4월 4일이다.

『재속 사제 *Clrericis Laicos*』

교황의 동의 없이는 사제가 그 나라 국왕에게 세금을 내지 못하게 금지하는 내용의 칙령이었다.

단성론자들 (Jacovite)

Jacobite는 시리아의 단성론자(Monophysite)를 가리킨다. 이들의 명칭은 그리스도의 인성적 요소를 부정하고 신성만을 인정하였으며, 또한 매우 강력한 선교활동을 하였다고 알려져 있던 Jacovus Varadaeus(578년에 죽음)에서 유래하였다.

재속사제와 수도사제

재속사제의 규율을 개선하기 위해 그들에게 수도원적인 계율이 부과된 경우가 많았는데, 이 경위의 사제는 수도 사제로 불리었다.

면벌부 (plenary indulgence)

죄를 고해한 자는 속죄의 고행을 해야만 연옥 체류기간이 면제되는데, 고행을 하는 대신 자선기금의 기부 등을 하면 면벌부를 받았다. 완전 면벌부는 연옥생활을 완전히 면제해 주는 것이었다.

엠스(Ems) 전보

스페인 왕위 계승문제를 둘러싸고 프로이센왕이 엠스 온천장에서 비스마르크에게 보낸 전보. 비스마르크는 이 전보를 압축하여 공표함으로써 프랑스-프로이센 양국민의 적대감을 불러일으켰고, 결국 이를 기화로 프로이센-프랑스 전쟁이 발발하였다.

하급 성직자단 (minor orders)

성직자지만 정식 사제는 아닌 자들로서, 이들로부터 서기들이 배출되었다.

르낭 (Renan)

Joseph Ernest Renan (1823~1892), 문헌학자이자 종교사가로서, 그리스도교의 역사를 실증적으로 연구한 19세기 프랑스의 대표적인 비판 철학자. 르낭의 주저로는 *La Vie de Jesus* (1863), *Les Aportres* (1866), *Marc Aurele et la Fin du Monde Antique* (1880) 등이 있다.

클레멘트 6세 (Clement VI, 1342~52)

1342년 교황 클레멘트 6세로 즉위한 후 발로아 가의 필립 6세에 대한 지지를 천명했음에도 불구하고, 43년 영국 군주 에드워드 3세의 프랑스 침입을 방지하지 못하였다. 신성로마제국 제위 문제에 있어서도 루드비히 4세(바바리아)가 아니라 찰스 4세(룩셈부르그)를 지지하여, 마르실리우스 파두아, 윌리엄 오캄, 프란시스 수도회 등과 갈등을 빚었다. 특히 그는 혈족주의와 낭비벽으로 인해 재위기 말년에는 아비뇽 교황청과 교황청 법정에 대한 정치적 저항을 널리 일반화시켰다.

그레고리우스 11세 (Gregory XI,1370~78)

교황 그레고리우스 11세, 클레멘트 6세의 조카이기도 했던 그는 1376년 플로렌스가 교황령 국가내에서 반란을 후원하자, 이 도시 전체를 성례 금령(interdict)에 처하고, 이를 진압하기 위해 이탈리아를 방문하였다가 아비뇽으로 돌아가던 중 로마에서 사망하였다. 그러니까 그레고리우스 11세가 교황청을 로마로 귀환시킨 한 주역이 된 것은 다분히 역사의 아이러니에 해당한다.

우르바누스 6세 (Urban VI,1378~89)

교황 우르바누스 6세, 나폴리 출신의 이탈리아 인으로서 아크렌짜(1363)와 바리(1377)의 대주교를 거쳐 1378년 교황으로 즉위하였다. 그러나 그는 재위기 내내 아비뇽의 대립교황과 끊임없는 전쟁을 피할 수 없었다. 심지어 그는 자신의 개인적 행적을 문제 삼았던 이탈리아인 추기경들에 대해서조차 고문과 처형을 요청하는 일탈된 족적을 보이기도 하였다.

클레멘트 7세 (Clement VII,1378~94)

교황 클레멘트 7세, 제네바 귀족 가문 출신이었던 그는 1378년 프랑스 추기경들에 의해 아비뇽에서 교황으로 추대되었다. 그의 교황직 정통성은 프랑스 군주 샤를 5세를 비롯한 대부분의 유럽 군주들에 의해 인정되었으나, 로마 교황청으로부터는 파문령에 처해졌다. 이로부터 교회의 대분열이 비롯되었다.

르네상스 교황들

르네상스 교황(Renaissance Pope)들은 교회의 대분열을 수습하고, 서유럽 사회에 대한 자신의 통합적 권위를 재확립하는 과정에서 인문주의 문화 활동을 적극적으로 후원하고, 호사스런 교회와 궁정의 건축사업들을 추진했으며, 당대의 세속 도시군주들과 다름없는 정치적 군사적 기술의 활용 및 도덕적 부패 등으로 널리 알려지게 되었다. 대표적인 인물들을 들어보면, 피우스 2세(1458~64), 바오로 2세(1464~71), 식스투스 4세(1471~84), 이노센트 8세(1484~92), 알렉산더 6세(1495~1503), 율리우스 2세(1503~13), 레오 10세(1513~21) 등이다.

J. 테젤 (Johann Tetzel)

J. 테젤(1464~1519), 라이프치히 대학에서 공부하고 가르친 독일인 도미니크회 수도사. 생애의 많은 부분을 이단심문관으로 일했던 그는 1516년부터 마인츠 대주교의 지휘 하에 면벌부 설교사로 나서게 되었다. 설령 신의 은총에 속하지 못한 사람이라 하더라도, 면벌부의 구매를 통해 연옥 영혼의 구원을 도와줄 수 있다는 그의 주장이 루터의 『95개조 반박문』의 직접적인 빌미가 되었다. 1518년 그가 루터파와 격렬히 논쟁했던 근거는 루터의 논제가 단지 면벌부에

관련된 것만이 아니라 가톨릭측의 정통 교회론(orthodox ecclesiology) 전반에 대한 심각한 도전을 포함하고 있다고 판단했기 때문이었다.

아마프 주교

445년 성 페트릭이 아마프(Armagh)에 대주교좌를 설립한 이후 아마프와 이곳의 주교는 아일랜드의 종교 문화 교육 그리고 정치의 중심으로 기능하였다. 12세기에 들어 성 말라키 주교 등에 의한 개혁 노력에도 불구하고 1176년 영국에 의해 정복되자, 그 이후로는 영국 성직자들에 의해 관리되는 등 아일랜드 교회의 중심이라는 전통적 위상이 크게 위축되었다.

트렌트 공의회 (1545~1563)

트렌트 공의회는 교황 바오로 3세가 소집한 제19차 세계교회 공의회(Oecumenical Council)로서 가톨릭 종교개혁의 이념을 가장 인상적으로 집대성하였다. 1기(1545~47), 니케아 신조와 7성사 교리의 재확인 ; 2기(1551~52), 성체성사 및 화체설 교리의 정당성 재천명 ; 3기(1562~63), 예수회의 활동과 교황 피우스 4세의 신조 승인 등의 성과로 각각 구분된다. 참고로 교회법에 따른 교회의 공의회 유형은 다음의 4 가지이다.

(1) 교구 공의회(the diocesan council), 소집자/ 주교
(2) 지역 공의회(the provincial council), 소집자/ 대주교
(3) 대 공의회(the general council), 소집자/ 교황
(4) 세계교회 공의회(the oecumenical council), 소집자/ 교황, 황제 등

프리드리히 1세 바바로사 (Frederick I Babarossa, 1152~1190)

신성로마 제국의 황제. 대략 1123년경 출생. 1152년 독일 군주로 선출되어 로마인의 군주가 되었다. 그의 야망은 제국으로 복귀하여 옛 로마제국의 영광을 되찾는 것이었다. 그리하여 프리드리히는 여섯 차례에 걸쳐 이탈리아 원정에 나섰으며, 1158년에는 롬바르드의 도시들을 복속시키기도 하였다. 이탈리아 정책을 둘러싸고 교황 알렉산더 3세와 갈등을 겪게되자 대립 교황을 지지하였다. 그는 강력한 통치자로서 제국을 부활시키고자 열정을 쏟은 인물이었으나 제3차 십자군 원정 참전 중 익사하였다.

알렉산더 3세 (Alexander III, 1159~1181)

교황. 1105년 시에나 출생. 그의 이름은 로란두스 반디넬리였고 볼로냐 대학의 법학 교수였으며, 추기경을 거쳐 교황에 선출되었다. 교회법 학자였던 그는 제3차 라테란 공의회(1179)에서 교회의 원칙과 관행에 관련된 많은 논쟁들을 해결하였고, 독일 황제 프리드리히 바바로사와도 갈등을 빚었다. 프리드리히는 교황 빅토르 4세가 될 추기경 옥타비아를 지지하였으며, 알렉산더의 선출을 받아들이지 않았다. 알렉산더는 1162년과 1166년에 프랑스로의 망명 협박을 받았으나, 1176년 롬바르드 협약으로 황제가 패배하자 1177년 베니스 협약을 수호할 것을

프리드리히에게 강요할 수 있었다. 한편 알렉산더는 영국의 헨리 2세와 갈등을 빚었던 토마스 베켓을 지지하였으며, 베켓과 헨리 2세와의 화해를 모색하기도 하였다.

베니스 협약 (1177)

1159년 교황 알렉산더 3세의 취임이후 신성로마제국과 교황청의 갈등이 재개되었다. 신성로마제국 황제들, 특히 프리드리히 바바로사는 황제직에 오른 이후 이탈리아에서의 제국의 지위를 강화하고자 하였다. 이는 교황청 및 롬바르드 동맹과의 갈등을 사실상 불가피하게 하였다. 교황 유게니우스 3세는 이탈리아의 교황령을 정비하여 그 지배권을 재편하였다. 알렉산더와 프리드리히 바바로사 간의 갈등은 1177년 베니스 협약에 의해 종식되었다. 황제 프리드리히는 유게니우스를 교황으로 정식으로 인정하는 대신, 자신이 세운 대립교황을 폐위하였고, 교황청은 프리드리히 바바로사에게 내린 파문을 철회하였다. 교황청은 일종의 절충안에 만족할 수밖에 없었다. 프리드리히는 로마 교외의 교황령에 대한 지배권을 포기하는 대신 독일 교회의 수장직을 유지하였으며, 독일 주교들은 자신들의 교구 재산을 유지하게 되었다.

프리드리히 2세 (1212/1220~1250)

신성로마 제국 황제. 1194년 출생. 1198년에는 시실리의 군주였으나 1212년부터 독일의 군주가 되고 1229년에는 예루살렘의 군주도 되었다. 군주 바바로사의 손자로서 1212년에는 오토 4세의 통치에 반발한 독일 제후들에 의해 제국의 왕관을 수여 받았으며, 1220년 황제로 대관받았다. 1215년과 1220년에 성지로 향하는 십자군에 참전하겠다는 약속에도 불구하고, 참전하지 않자 교황 그레고리우스 9세는 결국 그를 파문하였다. 그 이후 프리드리히는 십자군에 참전하여 예루살렘을 평정하였다. 그는 1230년대의 북부 이탈리아 도시동맹의 문제에 개입함으로써 제국과 교황 간의 평화를 깨뜨렸다. 교황 그레고리우스 9세가 그에게 선전포고를 하였고, 그레고리우스의 타계 이후 교황 이노센트 4세는 리옹 공의회(1245년)에서 프리드리히를 폐위하고 파문에 처하였다.

세속주의 로마교회사상 (Secular Romanism)

800년 샤를마뉴 대제가 교황 레오 3세에 의한 황제 대관식을 통해 서로마제국의 황제로 등극하게 되었다. 이는 신성로마제국의 황제가 교황에 의해 로마제국의 황제로 추앙되는 것을 의미하게 되었다. 여기서 로마제국의 황제란 실질적인 지배자라기보다는 명목상의 통치자였다. 그런데 호엔슈타우펜 왕조의 황제 프리드리히 1세는 '로마제국' 혹은 '로마인들의 군주'로서 실제적인 군주로서의 역할을 추구하였던 바, 이는 바로 이탈리아 영토에 대한 실질적인 지배권을 주장하고자 하였다. 이에 교황으로부터 수여받는 황제로의 대관은 단지 선언적인 의미에 지나지 않는다는 주장이 제기되었다.

오토 4세 부른스빅 (1175~1218)

신성로마제국의 황제. 오토는 부친 바바리아 겸 작센공 하인리히 사자심왕과 영국인 모친 마틸다 플랜타지넷 사이에서 셋째 아들로 태어남. 어린 시절 조부였던 영국의 헨리 2세의 보호하에 영국에서 성장하였다. 신성로마제국의 황제 하인리히 6세의 사망이후, 1198년부터 신성로마제국의 두 명의 경쟁자 군주들 가운데 한 사람이었다. 1208년 왕이 되었고, 1209년 황제가 되었다. 그는 호엔슈타우펜 왕조와는 대립적인 관계였던 벨프가의 유일한 군주로서 필립 스와비와는 물론 교황 이노센트 3세와도 갈등을 빚었다.

프레켄스 (Frequens) 칙령

1417년 콘스탄스 공의회에서 만들어진 칙령. 그 핵심 조항에 따르면 공의회들은 정규적으로 소집되어야 하는데, 5년이 경과하고 나서 첫 번째, 이후 7년이 지나 두 번째, 그 후부터는 매 10년이 되는 해마다 소집되어야 한다는 내용이다. 그리하여 교황 마르틴 5세는 자신의 의지와 관계없이 공의회를 정기적으로 소집해야 했다.

'하늘아 기뻐하라' (Laetentur coeli)

1439년 플로렌스 공의회에서 교황 유게니우스 4세에 의해 공포된 법령. 이것이 담고 있는 핵심 내용은 로마 주교는 전 세계에 대한 수장권을 행사하며, 베드로의 계승자인 로마 주교는 그리스도의 진정한 대리자이며 전 교회의 수장이고 모든 그리스도교도들의 아버지이자 스승이라는 것이다. 그리하여 교황은 그리스도에 의해 보편 교회를 양육하고 다스리고 통치하는 전권인 교황수장제론을 주창하게 되었다.

부르주 국본조치 (Pragmatic Sanction of Bourges)

1438년 7월 7일 프랑스의 군주 샤를 7세에 의해 반포된 것으로 여기서 샤를은 교황의 권위보다 우세한 공의회에서 교회 관리의 선출을 요구하였고 교황의 성직록 수여권과 수익권을 금지하고 로마로의 항소 제한을 요청하였다. 이는 바젤 공의회 법령의 많은 부분을 수용한 것이었다. 일각에서는 이를 갈리칸(프랑스) 교회가 로마 교회로부터의 행정적인 독립 선언으로 간주하였다. 이 조치에는 로마 교황청에 대한 성직자의 첫해 수입세 납부를 폐지하고 교황에 의한 프랑스 고위 성직자 임명 금지가 포함되어 있다. 이는 프랑스에서 교황권의 상실을 가져오는 결과를 낳았던 반면, 공의회주의 운동의 분열의 원인을 제공하기도 하였다. 1449년 바젤 공의회는 해산되었고, 공의회 운동은 거의 치명타를 입게 되었다.

'법률적 방안' (이른바 via facti)

로마 교황청과 아비뇽 교황청이 대립하였던 교회 대분열 시기에 두 교황들 간의 중재의 가능성과 선출의 유효성에 대한 판단을 내리고자 전체 교회를 대표하는 공의회를 소집함으로써 이 문제를 해결하고자 제안된 방안이다. 공의회를 소집하자는 견해는 우르바누스의 선출에 뒤 이어 수 개월 내에 이탈리아 추기경들에 의해 제기되었으며, 아라곤의 성 빈센트 페레르 그리고 독일의 신학자 콘라드 겔른하우젠(Conrad of Gelnhausen), 하인리히 랑겐스타인(Henry of Langenstein) 및 공의회주의자였던 프랑스의 피에르 다이이(Pierre d'Aillye)에 의해 표명되었다.

'양보 방안' (via cessionis: 자발적 사임)

이 안은 경쟁적인 로마 및 아비뇽 교황청 양측 모두의 주장을 기각하고, 새롭게 보편적으로 받아들여질 교황을 선출하기 위해 양 추기경단의 일련의 화합을 도모하자는 것이었다. 이러한 움직임은 특히 1394년 이후의 시기에 두각을 나타냈는데, 클레멘트 7세의 사망 시에 아비뇽의 추기경들은 프랑스 군주의 탄원을 무시하고 신임 교황 선출에 대한 절차를 논의하였다. 독일 통치자들은 로마 교황에게 프랑스 군주는 그의 아비뇽 교황에게 사임 압박을 가하였다. 그러나 이러한 시도는 실패하였다. 하지만 '양보 방안'을 촉진시키려는 일련의 노력들이 이루어짐에 따라 무익해 보이던 외교적 노력들이 1408년 후반에 이르자 공의회운동 이념의 부활이라는 예상치 못한 결실을 얻게 되었다.

콘스탄스 공의회 (1414~1418)

이 공의회에서는 난립하던 3명의 대립 교황들을 폐위하고 교황 마르틴 5세를 선출함으로써 교회 대분열을 종식시켰다. 또한 이 공의회에서는 후스를 정죄하고 화형에 처하였으며, 국가 주권의 문제, 이교도들의 권리 및 폴란드 왕국과 튜튼 기사단 간의 갈등에서 야기된 정당한 전쟁을 다루었다. 이 공의회는 공의회가 교회의 최고 권위를 가지며, 이 권위가 교황의 권위보다 우월하다고 천명하였다.

아비뇽 (Avignon)

프랑스 프로방스 지방의 도시. 14세기 동안 교황청이 있었던 곳으로 유명하며 당시 건축된 종교적 건축물들과 성벽은 지금도 남아 있다. 12세기 말엽 공화국 지위를 획득하였으나, 1226년 군주 루이 8세의 알비파 이단을 축출하기 위한 전쟁으로 쇠퇴하였고, 1251년에는 툴루즈와 프로방스 백작들에게 복속하게 되었다. 1309년 교황 클레멘트 5세는 자신의 거주지로 아비뇽을 선택하였으며, 1348년 이 도시는 프로방스의 백작부인 조안나가 교황 클레멘트 6세에게 매각함으로써 교황청 소유가 되었다. 이후 교황청은 교황 그레고리우스 11세가 1377년 로마로 귀환할 때까지 아비뇽에 머물렀다. 1309년~1377년의 이 시기를 일명 '아비뇽 유수'라고 부른다. 아비뇽은 교황청이 로마로 귀환한 이후에도 교황의 재산으로 남아 있었으나, 1791년 이후 프랑스혁명 때 프랑스에 합병되었다.

교회 대분열 (Great Schism, 1378~1417)

교황청의 아비뇽 유수의 연장선상에서 중세 말엽 교황권의 추락을 단적으로 보여준 사건이었다. 1378년 4월 로마에서는 교황청의 아비뇽 유수에 불만을 품었던 다수의 추기경들이 이탈리아인 대주교 바리(Bari)를 교황 우르바누스 6세로 선출하였다. 그러나 다음 해에 프랑스 추기경들을 중심으로 교황 우르바누스의 선출이 무효라는 주장이 제기되었고, 이들의 지원을 받은 로버트 제네바가 교황 클레멘트 7세로 선출되었다. 그리하여 로마와 아비뇽에 서로 반목하는 두 명의 교황이 존재하게 됨으로써 교회는 크게 분열되었다. 뿐만 아니라 유럽은 아비뇽의 교황을 지지하는 프랑스, 스코틀랜드, 카스티유, 아라곤 그리고 로마 교황을 지지하는 신성로마제국, 영국, 스칸디나비아, 이탈리아 등으로 양분되었다. 이 같은 교회의 분열상을 극복하기 위해 교회 내부로부터 일어난 것이 공의회 운동이었다. 마침내 1409년 피사 공의회에서 아비뇽 및 로마의 교황들을 모두 해임하고, 교황 알렉산더 5세를 새로이 선출하였다. 그러나 이는 사태를 진정시키보다는 더욱 악화시켰으며, 이로 인해 3명의 교황이 난립하는 상황에 직면하게 되었다. 1417년 11월 콘스탄스 공의회에서 교황 마르틴 5세가 선출되어 교황청을 로마에 복귀시킴으로써 마침내 교회 대분열은 종식되었다.

보니파키우스 8세, 교황 (Boniface VIII, 1294~1303)

1233년 이탈리아 아냐니 출생. 볼로냐 대학에서 법학을 연구하고, 1281년에 추기경 부제, 1291년 추기경 주교, 1294년 마침내 교황에 즉위하였다. 그는 주요 교회법들을 분석하여 교회법의 토대를 닦았으며, 성직자 과세 문제를 둘러싸고 프랑스 및 영국의 군주와 갈등을 빚기도 하였다. 1302년 선포한 교황 칙서(Unam Sanctam)에서 정신사는 물론 세속사에 대한 교황의 신정적 수장제를 주장하였다. 이에 반발한 프랑스의 군주 필립 4세는 교황 보니파키우스 8세를 감금하였고, 그 충격으로 연로한 보니파키우스는 곧 타계하였다.

살리 왕조 (1024~1137)

1024년 독일의 작센 왕조 이후 프랑크족 계통의 살리족인 슈바벤의 콘라드가 독일 황제로 선출되면서 왕조가 시작되었다. 1027년 콘라드 2세가 신성로마 제국 황제로 즉위하여 부르고뉴 왕국을 복속하면서 이탈리아에서도 독일 세력을 다시 확보했다. 그는 새로운 관료계급인 미니스테리알을 황제 직속의 하급 귀족으로 두었다. 콘라드의 계승자였던 하인리히 3세(1039~1056)는 하급 귀족과 독일 성직자들과의 긴밀한 협력 관계에 기반하여 강력한 중앙집권적 체제를 구축하였을 뿐만 아니라 교황청을 지배하기 위한 정책을 추진하였다. 그를 뒤이어 그의 아들이 여섯 살의 어린 나이에 하인리히 4세로 등극하였으나, 대외적으로는 교황 그레고리우스 7세와 서임권 투쟁 등 교황청과의 심각한 갈등 및 대내적으로는 독일 제후들의 반란으로 어려움을 겪게 되었다. 그 이후 그의 아들 하인리히 5세가 즉위하였으나, 상속자 없이 타계하자 살리 왕조는 와해되었다.

호엔슈타우펜 왕조 (1138~1273)

중세 독일의 가장 유력한 통치 가문. 이 왕조는 스와비와에서 기원하였다. 11세기 말엽 군주 하인리히 4세의 핵심 지지자들이었던 이 가문의 수장은 군주의 딸 아그네스(1079)와 결혼한 프리드리히 1세이다. 1138년 호엔슈타우펜의 콘라드가 황제 콘라드 3세(1138~1152)로 선출되었다. 그 뒤를 이어 프리드리히 1세인 바바로사(1152~1190), 하인리히 6세(1190~1197), 필립 스와비와(1198~1208), 프리드리히 2세(1212~1250), 콘라드 4세(1250~1254) 등이 왕위를 계승하였다. 이들 군주 중 십자군에 참전하는 등 강력한 군주로서의 면모를 보여주기도 하였으나, 전반적으로 독일 및 이탈리아에서 확고한 통치체제를 구축하는데 실패하였다.

신성로마제국

신성로마제국은 부침을 거듭하면서 1806년까지 존속하였다. 카로링 왕조는 구체적인 실제 영토에 대한 언급 없이도 '황제' 칭호를 사용하였다. 982년 오토 2세는 비잔티움의 주장에 맞서 스스로를 '로마의 황제임을 밝힌바 있었다. 1034년 콘라드 2세는 처음으로 '로마제국'이라는 용어를 사용하여 독일, 이탈리아, 부르군디 지역이 한 사람의 보편 군주에 의해 통치되는 통일 제국임을 천명하였다. 1157년 프리드리히 바바로사는 '신성제국'이라는 명칭을 채택하여 제국의 정치 권위의 신성한 기원을 강조하였다. '신성로마제국'이라는 명칭이 공식적으로 등장한 것은 1254년이었다.

라테란 공의회

로마의 라테란은 교황의 원 거주지로서, 12 · 13세기 교황권이 절정에 달했던 시기 동안 대공의회가 열렸던 곳이다. 제1차 라테란 공의회(1123년)는 서임권 투쟁과 결부된 문제들을 해결한 직후 열렸으며, 제2차 라테란 공의회(1139년)는 교회의 분열을 종식시키고 아르놀드 브레시아를 이단으로 정죄하기 위해 개최되었다. 교황 알렉산더 3세에 의해 소집되었던 제3차 라테란 공의회(1179년)는 프리드리히 바바로사와의 분쟁을 해결하고 광범위한 개혁을 추진하였다. 참석 인원이 가장 많았던 동시에 가장 중요한 공의회는 교황 이노센트 3세에 의해 소집된 제4차 라테란 공의회(1215년)였다. 이 공의회에서는 성직자의 도덕적 개혁뿐 아니라 삼위일체, 성육신 등의 교리를 명확히 하였고, 카타르파 등을 이단으로 정죄함으로써 이단 억제책도 논의되었다.

프록토르 (proctor)

프록토르는 지역단(nations)의 대표를 의미한다. 지역단은 낯 선 곳에서의 유학 생활의 애환을 함께 나누고 대학 생활을 어려움을 공동으로 해결위해 결성된 일종의 조합이다. 파리 대학의 경우 프랑스 지역단, 잉글랜드 지역단, 노르만 지역단, 피카르디 지역단이라는 4개로 구성되어 있었다. 이 지역단에서 선출된 대표가 프록토르이며, 이들 4명의 프록토르가 인문학부의 학장(rector)을 선출하였다

부르고뉴파

부르고뉴공 장을 수장으로 하는 정파로서 장(Jean)과 경쟁 관계에 있던 오를레앙 공 살해 사건(1407)을 계기로 아르마냑파와 격렬하게 반목하였다. 부르고뉴파는 백년전쟁 중 아쟁쿠르 전투(1415)에서 프랑스군이 패배한 후 영국과 동맹을 맺고, 영국 군주가 지지하는 인물을 프랑스 군주로 내세우는 등 영국에 우호적인 정책을 추진하였으나, 백년전쟁에서 정적이었던 아르마냑파에 패배하였다.

아르마냑파

프랑스 군주 루이 6세의 섭정을 둘러싼 군주의 아우 오를레앙 공과 그의 사촌 부르고뉴 공 간의 갈등은 부르고뉴 공의 하수인에 의한 오를레앙 공의 살해로 증폭되었다. 이를 계기로 오를레앙 공의 인척이었던 아르마냑이 정파의 중심 인물로 부상함으로써 아르마냑파라는 명칭이 붙게 되었다. 아르마냑파는 영국에 우호적이었던 부르고뉴파에 맞서 백년전쟁을 승리로 이끌었다

아베로스주의자 대위기

이슬람의 아리스토텔레스주의자 아베로스(Averros)의 이론을 적극 수용하여 이를 신학에 적용하게 되자, 당시의 파리 주교 탕피에르(Tempier)는 1270년과 1277년 그리스도교의 교리와 배치가 되는 자유의지의 부정이나 세계의 영원성 등을 정죄하고 이에 대한 강의를 금지하는 명령을 내렸던 사건을 지칭한다

시제르 브라방 (Siger of Brabant, 약 1240~1280)

파리 대학의 대표적인 아베로스주의자로 1277년 아리스토텔레스주의에 대한 신봉자로 정죄를 받았으며, 신앙의 진리와 이성의 진리는 별개라는 이중 진리론을 주창하기도 하였다. 주요 저작으로는 『지적인 영혼에 관하여』, 『논리의 문제들』, 『세계의 영원성에 관하여』 등을 남겼다.

로렌조 발라 (Lorenzo Valla, 1405~1457)

이탈리아의 인문주의자 겸 수사학자. 그는 언어학적 분석을 통해 가톨릭 교회가 속권에 대한 교권의 우위에 대한 이론적 원천으로서 활용되었던 이른바 '콘스탄티누스 기진장'이 4세기의 문서가 아니라 8세기경에 작성된 위서임을 밝혀냄으로써 학문적 명성을 얻었다. 『쾌락론』, 『라틴어의 우아함에 관하여』 등의 저술을 남겼다.

필립 멜란히톤 (Philip Melanchton, 1497~1560)

독일의 종교개혁가. 비텐베르크 대학의 교수로서 성서가 신앙의 준거라는 루터의 종교개혁의 이념적 토대를 제공하였을 뿐만 아니라 성서의 율법과 신의 은총을 통한 구원을 구분하는 등 루터의 종교개혁을 여러모로 지원하였다. 저작으로는 『신학 강요』와 『아우크스부르크 신앙고백』 등이 있다

부수적 위계 (minor holy orders)

문지기(porter), 성서 봉독자(lector), 미사 집전을 돕는 복사(acolytes) 등이 대표적이다.

페시아 제도 (pecia system)

한 권의 책을 장이나 절로 분철한 후 복제하여 판매하는 제도로 책 한 권 전체를 복제하는데 드는 비용과 시간을 줄이는 효과가 있었다.

프랭크 스텐튼 경 (Sir F. Stenton, 1880~1967)

스텐튼은 앵글로-색슨 시대 전문가로서 영국 왕립역사학회 회장을 역임하였다. 그의 저서 *Anglo-Saxon England*(1943)는 이 시기에 관한 고전으로 평가받고 있다. 레딩 대학의 교수 및 부총장을 역임하기도 하였다. 학자 겸 대학 관리자로서의 공적을 인정받은 그는 1948년 기사 작위를 수여받았다.

윌리엄 맘즈베리 (William of Mamlesbury, 약 1095/96~1143)

베드 이후 영국의 대표적인 역사가로서 저술로는 『영국 군주들의 행적』, 『영국 주교들의 행적』 등이 있다.

대헌장 12조 및 14조

대헌장 12조의 핵심적 내용은 어떠한 군역세 또는 봉건적 부조도 영국 왕국의 공동의 조언에 의하지 않고서는 징수되지 않는다는 것이다. 또한 14조는 군역세 내지 봉건적 부조를 징수하기 위해 공동의 조언을 얻기 위해서는 대주교, 주교, 수도원장, 백작 및 대 배런들을 개별적으로나 혹은 서신을 통해 소환해야 한다는 것이다. 12조와 14조는 조세 징수에 관한 중요한 법률적 근거가 되었다.

아크레 (Acre)

북서 이스라엘의 갈릴레아 지구 서쪽 항구 도시로 지중해 연안의 하이파만의 북쪽 끝에 위치한 항구도시로 레반트 지역과 지중해 연안 및 유럽을 연결해 주는 역사상 중요한 전략적 요충지였다. 현재 지명은 Saint Jean d'Acre이다.

다미에타 (Damieta)

이집트 나일강 삼각주 지역의 항구도시. 이곳은 성지의 배후 도시로 제5차 십자군의 공격 목표지였다. 1219년 십자군이 이 도시를 포위하고 점령하고 있다가 1221년에 카이로로 진격하였으나 카이로 점령에는 성공하지 못하였다. 십자군이 다미에타를 점령하였던 1219년에 성 프란시스도 다미에타에 있었으며, 이슬람 통치자와의 평화 회담을 시도하였다.

라베르나 (La Verna)

이탈리아 투스카니 지방의 아펜니노 산맥의 외곽에 자리한 산. 카센티노 계곡에서 부터 높이가 1220미터나 되며 특히 명상생활에 적합한 장소이다. 1213경 이 산의 소유주였던 오란도 키우시 백작이 이 산을 성 프란시스에게 기증하였다. 프란시스는 이곳에서 기도 중에 성흔을 받았다.

피터 아벨라르 (Peter Abelard, 1079~1142)

철학가이자 신학자. 당대의 저명한 학자들이었던 로설렝, 귀욤 샹포, 안셀름 등에게서 수학하였다. 변증법으로 무장한 그는 이들 교수와의 격렬한 논쟁을 벌였고, 파리, 멜룽, 코르베이유 등지에서 가르쳤다. 파리의 성당참사원 풀베르의 질녀 엘로이즈와 비밀 결혼을 하였으며, 이들 간에는 아들이 태어났다. 아벨라르는 풀베르의 수하에게 강제적으로 거세를 당하였다. 1121년에는 스와송에서 이단으로 첫 번째 정죄되기도 하였다. 그는 당대의 최고의 논객이었던 베르나르 클레르보, 귀욤 샹포, 휴 생 빅토르와도 논쟁하였는데, 『나의 재난의 역사』에서 자신의 야망과 좌절 그리고 자긍심 등을 서술하였다. 아리스토텔레스의 논리학을 명쾌하게 정리하였고, 언어의 기능과 한계를 연구하는데 헌신하였다. 『예 그리고 아니오』, 『신학론』 등의 저술을 남겼다.

휴 생 빅토르 (Hugh St. Victor, 1096~1141)

프랑스의 학자이자 신비주의 신학자. 리처드 휴 생 빅토르와 더불어 빅토르 가의 가장 탁월한 인물. 그가 파리의 생 빅토르의 수도원장 및 참사원으로 있던 시기에 이 곳은 프랑스에서 가장 탁월한 지적 중심지의 하나였다. 12세기 생 빅토르 수도원은 이성과 변증법의 성장에 대비되는 신비주의의 주된 중심지가 되었다. 주저로는 휴의 그리스도교 신학 및 신비주의 이념이 담겨져 있는 『그리스도교 신앙의 성사론』 및 『학문입문서』 등이 있다.

지오토 (Giotto di Bondone, 1266? ~ 1337)

플로렌스 출신의 화가. 관념적인 평면 회화를 극복하여 화면에 입체감과 사실감을 표현하는 기법을 창시함으로써 르네상스 미술의 새로운 장을 연 인물로 평가받고 있다. 대표적인 작품은 <마리아와 그리스도의 이야기>, <최후의 심판> 등의 벽화가 있다. 지오토는 화폭을 인물과 공간과의 연관성을 중심으로 합리적으로 구성하였을 뿐만 아니라 인물상의 움직임을 입체적으로 표현함으로써 이탈리아 르네상스 회화의 창시자로 불린다.

단테 (A. Dante, 1265~1321)

중세의 가장 위대한 시인 가운데 한 사람. 플로렌스의 명문가에서 태어난 그는 소년 시절부터 사랑했던 베아트리체가 1290년 세상을 떠나자, 이탈리아어로 집필된 추모집 『새로운 삶』을 출판함으로써 타고난 문학적 재능을 세상을 알리게 되었다. 그는 플로렌스의 정무관으로 시정에 가담하였으나 정쟁으로 오랫동안 유랑생활을 해야 했다. 단테의 유명한 저서 『신곡』은 지옥편, 연옥편, 천국편의 3부로 구성되어 있으며, 중세 가톨릭의 우주관과 종교적 이상을 열정적으로 표현한 작품으로 평가받고 있다. 이 밖에 그의 정치사상이 체계적으로 집약된 것이 『제정론』이다.

에드워드 1세 (Edward I, 1272~1307)

시몽 드 몽포르의 반란으로 1264년 헨리 3세와 함께 포로가 되었으나, 탈출에 성공하여 다음 해에 시몽을 처형하였다. 에드워드는 오랜 세월에 걸쳐 발전해온 관습법을 체계적으로 정비하는 한편, 귀족의 세력을 견제하고 이들의 군사력을 약화시키기 위한 법률을 다수 제정하였다. 또한 치세기에 국왕재판소가 그 형태를 갖추기 시작하였다. 1295년 웨일즈와 스코틀랜드 정복을 위한 전비를 마련하기 위해 성직자와 귀족, 각주에서 2명의 기사 및 도시의 대표들을 모아 그가 소집한 의회는 '모범의회'로 이후 의회의 한 전형이 되었다. 국제(國制)를 정비하는 한편 대외적인 정복전쟁에도 참여한 그는 웨일즈를 정복하고 이어서 스코틀랜드를 공격하였으나, 이후 스코틀랜드인이 일으킨 반란을 진압하던 중 전사하였다

필립 4세 단려왕 (Philip IV the Fair, 1285~1314)

프랑스의 국가 통합 체제를 마련하고 왕권 신장에 중요한 계기를 마련하였다. 프랑스의 성직자에 대한 과세 문제로 교황 보니파키우스 8세와 갈등을 빚게 되었다. 교황 보니파키우스 8세가 속권에 대한 교권의 우위를 주장하자 1303년 최초로 삼부회를 소집하여 왕국 내 여론을 결속시켰으며, 한 걸음 더 나아가 아냐니에 있던 교황 보니파키우스 8세를 체포하기까지 하였다. 마침내 필립의 압력아래 로마 교황청이 아비뇽으로 옮겨 감으로써 교황의 바빌론유수(1309~1377)가 시작되게 되었다. 또한 필립은 재정적 기반을 확충하기 위해 성당기사단의 해산을 명하고 그 전 재산을 몰수하는 정책을 취하였다

알베르트 1세 황제 (Albert I of Germany, 1298~1308)

1283년 레이펠덴 조약에 의해 부왕 아돌프로부터 유일한 통치자로서의 권한을 부여받았다. 알베르트의 형제 루돌프 1세가 죽자 알베르트의 권력 장악을 두려워 한 선제후들은 아돌프 공을 독일의 왕으로 선출하였다. 1298년 독일의 일부 선제후들에 의해 독일 왕으로 선임된 알베르트와 아돌프 간의 물리적 충돌은 피할 수 없게 되었다. 아돌프는 보름스 근교의 괄하임 전투에서 아돌프는 전사하였다. 알베르트는 1298년 신성로마제국의 황제로 대관을 받았다. 한편 알베르트는 교황 보니파키우스 8세로부터 독일의 왕으로 인정을 받지 못하다가 1303년 보니파키우스 8세로부터 독일 왕으로 미래의 신성로마제국의 황제로 인정을 받게 되었다. 알베르트는 스와비아 반란을 진압하려 가는 도중 조카에 의해 살해당하였다.

지오프리 초서 (G. Chaucer, 1340?~1400)

영국 문학의 대부로 알려져 있음. 중세 영국의 가장 위대한 시인으로 간주되고 있으며 시인으로서는 최초로 웨스트민스터 사원에 안장되기도 하였다. 그는 작가로서 뿐만 아니라 철학자, 관료, 궁정인 및 외교관으로서도 활약하였다. 중세 영어의 발전에 매우 중요한 토대를 놓은 인물로 알려져 있다. 대표적 저작인 『켄터베리 이야기』 이외에 『트로일루스와 크리세이드』, 『선녀의 전설』 등이 있다.

찾아보기

ㄷ

ㄹ

ㅅ

ㅇ

ㅈ

ㅊ

ㅋ

ㅌ